O LIVRO DE JACK

UMA BIOGRAFIA ORAL DE JACK KEROUAC

O LIVRO DE JACK

UMA BIOGRAFIA ORAL DE JACK KEROUAC

BARRY GIFFORD
& LAWRENCE LEE

TRADUÇÃO
BRUNO GAMBAROTTO

BIBLIOTECA AZUL

Texto fixado conforme as regras do Novo Acordo Ortográfico da Língua Portuguesa (Decreto legislativo nº 54, de 1995).

Diretor editorial: Marcos Strecker
Editor responsável: Alexandre Barbosa de Souza
Editor assistente: Juliana de Araujo Rodrigues
Preparação: Isabel Jorge Cury
Revisão: Bruno Costa
Diagramação: Negrito Produção Editorial
Tratamento de imagens: Wagner Fernandes
Imagens da capa, pp. 144, 342 e 388: © Elliott Erwitt/Magnum Photos/Latinstock
Imagem da pp. 32: © Allen Ginsberg/CORBIS/Latinstock (Hal Chase, Jack Kerouac, Allen Ginsberg e William Burroughs)
Imagem da pp. 58: © Bruce Davidson/Magnum Photos/Latinstock (Allen Ginsberg, Jack Kerouac e Gregory Corso)

1ª edição, 2013

CIP-Brasil. Catalogação na Publicação – Sindicato Nacional dos Editores de Livros, RJ

G388L
Gifford, Barry
O livro de Jack : uma biografia oral de Jack Kerouac / Barry Gifford, Lawrence Lee; tradução Bruno Gambarotto. – 1. ed. – São Paulo: Globo, 2013. – il.

Tradução de: Jack's book: an oral biography of Jack Kerouac
Inclui índice
ISBN 978-85-250-5526-2

1. Kerouac, Jack, 1922-1969. 2. Escritores americanos – Século XX – Biografia. 3. Geração beat – Biografia. I. Lee, Lawrence. II. Título.

13-03362
CDD: 928.1
CDU: 929:821.111(73)

Índices para catálogo sistemático:
1. Ficção: Literatura norte-americana ir823.9

Direitos exclusivos de edição em língua portuguesa, para o Brasil, adquiridos por EDITORA GLOBO S.A.
Av. Jaguaré, 1485 – 05346-902 – São Paulo-SP
www.globolivros.com.br

Para Marshall Clements, o livro que ele sempre quis
E para Mary Lou, como sempre
B. G.

Para John e em memória de Robert Goodman
L. L.

Os autores desejam agradecer a todos que participaram deste projeto — "uma Educação Arriscada" tanto quanto certamente foi *Vanity of Duluoz*, de Jack — e, em especial, àqueles que nos auxiliaram pessoalmente: Carolyn Cassady, James Grauerholz, Les Pockell, Marshall Clements, Pat e Liz Delaney, Ken e Tony Anderson, Lorna Goodman, Don Ellis, Deirdre Tabler, Dennis McNally, Duane BigEagle, Ray Neinstein, Sarah Satterlee, Bill Alexander, Paul DeAngelis, Mary Lou Nelson, aos funcionários da rádio KSAN-FM e a Julie Lyon, por sua transcrição infatigável do que parecia impossível de ser transcrito.

B. G. e L. L.

"A sua América inteira... como uma densa colmeia balzaquiana em um grão de joia."
Jack Kerouac em *Doctor Sax*

"All your America [...] is like a dense Balzachian hive in a jewel point."

Sumário

Apresentação

Você nunca lerá uma biografia como *O livro de Jack*. Partindo de longas entrevistas realizadas em meados dos anos 70 para uma adaptação cinematográfica de *Pé na estrada*, Barry Gifford arquiteta uma fascinante biografia oral do homem que deu régua e compasso para a geração Beat. O resultado é um retrato caleidoscópico, de uma rara fluidez e espontaneidade, de Kerouac.

Biografias são muitas vezes o resultado de uma pesquisa exaustiva, posteriormente organizada a partir de um vetor claramente definido. Gifford, um dos mais talentosos e originais escritores norte-americanos, opta por trilhar um caminho diferente. Em *O livro de Jack*, pontos de vista colidentes sobre o mesmo evento são constantemente oferecidos ao leitor, na voz daqueles que foram próximos de Kerouac. Há aqui um respeito à subjetividade, à percepção de que um mesmo acontecimento pode ser entendido de formas diversas por diferentes pessoas.

O resultado é uma biografia que pulsa tão livre e intensamente quanto a prosa de Kerouac. Cada peça vai se somando a outra como parte de um extraordinário quebra-cabeça, cada ponto de vista enriquecendo ou questionando o anterior. Não estamos distantes da estrutura de "Rashomon", o conto do escritor japonês Akutagawa que Kurosawa verteu para o cinema, ou de *A cada um a sua verdade*, a peça de Pirandello.

Só que aqui tudo pode ter acontecido. Ou não, dependendo de quem narra a estória. "O que torna a geração de Kerouac extraordinária é o fato de que cada autor daquela geração tinha uma voz única e singular", diz Ann Charters, uma das maiores especialistas do movimento Beat.

Dando voz a cada um dos coautores desse movimento, Barry Gifford nos dá a possibilidade de entender por que nada mais seria como antes na cultura norte-americana depois de Kerouac, Ginsberg, Ferlinghetti, Corso, Di Prima, Burroughs ou daquele que inspirou boa parte dessa geração, Neal Cassady. Se algo os unia, era a percepção de que "o futuro é hoje". Tinha que ser inventado a quente. Não era necessário esperar por ele.

Gifford tem a generosidade de nunca tentar impor ou julgar aquilo que é dito. O resultado é um texto cortante, cheio de ângulos inesperados. Estamos na contramão de uma "biografia oficial", onde arestas são aparadas e uma lógica acrítica impera. Tudo em *O livro de Jack* é agudo, reflexo da inquietude que caracterizava a geração que implodiu a cultura do medo dos anos 50, abrindo as frestas pelas quais os movimentos libertários dos anos 60 se infiltraram e eclodiram.

Alguns dos mais reveladores depoimentos de *O livro de Jack* vêm daqueles personagens que são geralmente pouco ouvidos, como Luanne Henderson, a Marylou de *Pé na estrada*.

O seu depoimento contém um humor e uma sagacidade que contradizem a maneira com que o próprio Kerouac a retrata em *Pé na estrada*. Percebe-se aí o quanto um relato considerado como reflexo direto de experiências vividas na carne é, em muitos momentos, o ponto de encontro entre ficção e realidade. *O livro de Jack* lança assim não somente luz sobre Kerouac, mas também sobre características pouco analisadas de sua obra.

Do jovem filho de imigrante do Quebec que sonha em partir ao encalço de Jack London ao homem que, sedentário e alcoólatra, chega ao ocaso ao lado da mãe, é toda a complexidade de Ti-Jean, como Kerouac era chamado por sua família e amigos mais próximos, que emerge em *O livro de Jack*. Se o livro fica tão marcantemente conosco, é porque tivemos a rara oportunidade de conhecer as múltiplas e mais obscuras facetas de um homem incomum, que viveu entre culturas e teve um profundo impacto sobre todos aqueles que o conheceram intimamente.

"Não pergunte o caminho para quem o conhece, você corre o risco de não se perder." Barry Gifford sabe o que isso significa. Suas colaborações com David Lynch no cinema (em *Coração selvagem* e *Estrada perdida*, co-roteirizado por Lynch e ele), seus romances, contos e ensaios como "The Cavalry Charges" compõem uma das mais obras mais expressivas e contundentes da cultura contemporânea norte-americana. "Gifford faz Camus parecer Poliana", escreveu um crítico do *Chicago Tribune*. Para muitos, não é um exagero.

Para os admiradores de Kerouac e de Gifford, o prazer de *O livro de Jack* pode ser estendido com a leitura de *Bordertown*, incursão de Gifford e do fotógrafo David Perry aos bordéis da fronteira entre o México e os Estados Unidos, ecoando os passos dos personagens de Sal e Dean em *Pé na estrada*. É como se as últimas páginas do romance de Kerouac ganhassem uma tradução livre, aguda e contemporânea. O mesmo desejo de entender e dar voz que alimenta *O livro de Jack* permeia *Bordertown*. O inferno, para Gifford, não são os outros.

Walter Salles

Introdução à nova edição

Em carta para Arnold Zweig, datada de 30 de maio de 1936, Sigmund Freud escreve: "Para ser um biógrafo, você precisa ocupar-se de mentiras, acobertamentos, hipocrisias, falsidades e mesmo apagar sua falta de compreensão, pois a verdade biográfica é impossível, e, se a ela chegássemos, não poderíamos utilizá-la... A verdade não é possível, a humanidade não a merece...".

Atentos à advertência de Freud, Larry Lee e eu optamos pelo método à época (1975) pouco ortodoxo de uma "história oral" para dar notícia e registro da vida breve de Jack Kerouac. Larry dizia ser nosso método "uma forma mais crua de biografia". Eis a ideia: considerando que a maior parte da família e dos amigos de Kerouac ainda vivia (ele morreu em decorrência do alcoolismo aos 47 anos), se pudéssemos encontrá-los e convencê-los a falar com tranquilidade sobre o assunto, caberia a nós — e ao leitor — atravessar o elenco variado de depoimentos em retrospecto e decidir quais versões mais se aproximariam de uma inelutável "verdade". Foi Allen Ginsberg, amigo de longa data de Jack, que disse, tendo terminado de ler as provas ainda não revisadas do volume: "Meu Deus, é como o *Rashomon* — todo mundo mente, e a verdade vem à tona!". As palavras de Allen estão vivas na minha memória; isso não é uma paráfrase.

Era o desejo bem-intencionado de Allen ver Kerouac apresentado sob as "melhores" luzes, o que se deve, sem dúvida, ao desrespeito e desprezo que Jack — e Allen e outros contemporâneos — conheceu dos críticos e da imprensa durante o auge da "Geração Beat". Embora *O livro de Jack* certamente apresente as imperfeições de Kerouac, era nosso intuito, meu e de Larry Lee, conduzir o público à leitura dos onze romances de Jack, quase sempre ignorados, e de seus demais trabalhos. Quando começamos nossa pesquisa para esta biografia, apenas três livros de Jack constavam em catálogo: *On the Road*, *The Dharma Bums* e *Book of Dreams*. Em 1980, dois anos depois da publicação de *O livro de Jack*, pelo menos oito títulos estavam à disposição. Em 2012, praticamente todos os trabalhos de Jack podem ser encontrados em novas edições, filmes de seus romances *On the Road* e *Big Sur* foram produzidos, e ele praticamente se tornou o centro de uma indústria.

Não era objetivo nosso fazer de *O livro de Jack* um estudo "definitivo". Sabíamos que visadas mais acadêmicas se seguiriam à nossa — "*Après moi*", escreveu Jack, "*le déluge*" —, e não demorou para que viesse a avalanche. A bem da verdade, ela ainda não acabou. Quisemos produzir uma resposta testemunhal e novelística (no que se refere ao diálogo) à vida desse homem. Procuramos as pessoas que ele conhecia e amava e odiava, e os que o conheciam e amavam e odiavam, para que dissessem o que tivessem a dizer sem que tivessem muito tempo ou muitos anos para pensar a respeito. Na maioria dos casos, essas pessoas jamais haviam tornado públicas quaisquer opiniões sobre Jack Kerouac. Seus pensamentos eram espontâneos — elas não sabiam o que pensavam até o momento de dizê-lo, e assim o fizeram. Um crítico chegou a dizer que "se você está interessado em saber como soavam as conversas da década de 1950, e se você acredita que a literatura tem alguma coisa a ver com a vida, leia esse livro". Era exatamente *isso* o que procurávamos — a *conversa*.

O jornalista e romancista Dan Wakefield, depois de ele próprio produzir uma crônica do período em suas memórias, *New York in the 50's*, descreveu nosso esforço como "um fascinante documento histórico e literário, a perspectiva mais aguda da Geração Beat". A palavra-chave para nós, ali, era *documento*. *O livro de Jack* é construído como um documentário, o que Kerouac, em seu *Doctor Sax*, chamou de "livro-filme". Outros representantes da geração de Wakefield observaram com pesar o interesse renovado por Kerouac; eles haviam detestado o homem e sua obra naqueles idos, e os detestavam — assim como, por associação, a nós — naquele momento. Para nós estava tudo bem; nós, que nos importávamos com seus escritos o suficiente para dedicarmos dois anos da vida ao esforço de recolocar a obra de Jack na praça, não esperávamos outra coisa.

Sabíamos que a simples menção ao nome de Jack Kerouac era suficiente para incomodar algumas pessoas. Também sabíamos que seus romances inspiraram milhares e milhares de leitores — especialmente os jovens — a cair fora de toda e qualquer situação enfadonha e encruzilhada em que estivessem e a assumir os riscos. Sempre respeitarei o escritor Thomas McGuane por ter registrado em um ensaio que ele, McGuane, jamais quereria escutar uma palavra que fosse contra Kerouac, pois havia algo como uma magia em Jack que envolvera não poucos de maneira salutar. "Ele nos formou sob aquela noção épica de que... você não precisa necessariamente ficar em Dipstick, Ohio, para sempre", escreveu McGuane. "Kerouac me colocou na vida e despertou em mim a paixão pela estrada." A despeito de sua qualidade literária, Kerouac sabia como colocar os outros *em movimento*.

Kerouac não tinha atributos divinos, nem *O livro de Jack* foi pensado para ser a hagiografia de um ser inatingível. Este livro — biografia, reportagem, colagem, mosaico sagrado, bagunça profana, seja lá como tenha sido e seja definido — não é de modo algum indiferente aos sentimentos; pelo contrário, traz algumas peças bastante emotivas e confessionais. A despeito do dr. Freud, há, sim, uma espécie de verdade a ser encontrada aqui. Este livro pertence às pessoas que se expuseram de corpo e alma durante nossas conversas sobre seu amigo ou adversário morto. Assim, ele pertence a Kerouac, razão pela qual o intitulei *O livro de Jack*. Essas são cartas a um homem morto, cartas de pessoas que por uma razão ou outra não lhe disseram o que pensavam dele ou sobre ele enquanto estava vivo. O prazer de lhes dar essa oportunidade é todo meu e de Larry.

Nunca vou me esquecer de estar sentado com Jimmy Holmes, o pobre corcunda de Denver, na sala de estar abarrotada do apartamento de uma velha tia sua, onde ele vivia, ouvindo-o dizer, depois de eu ter lido uma passagem lírica de *Visions of Cody* que Kerouac baseara em sua vida e que ele, Holmes, nunca havia lido: "Eu não sabia que Jack se preocupava comigo dessa forma. Ele realmente se *preocupou*, não?". Ou de cambalear bêbado pelo Bowery num amanhecer frio de fevereiro com Lucien Carr, que ficava repetindo: "Eu *amei* aquele homem. Cacete, como *amei* aquele homem, e nunca *disse* a ele!".

Esta nova edição é dedicada de todo o coração à memória de Lawrence Lee, que morreu em 5 de abril de 1990.

Barry Gifford, 2012

Prólogo

A América faz estranhas exigências a seus escritores de ficção. Não basta apenas a arte. Esperamos que eles nos deem um estêncil social, expectativa tão forte que não raro julgamos a vida deles em lugar de suas obras. Se eles se declaram formalmente como movimento ou se se levantam unidos como geração, ficamos agradecidos, pois adiantam o que já planejávamos fazer deles. Se eles nos proporcionam um manifesto, este é aceito com a força de um contrato.

Assim, desde Henry James, a Europa é vista pelos norte-americanos como uma enorme biblioteca circulante para a inspiração, e a emigração torna-se uma espécie de dever, a ser ou não cumprido. Ernest Hemingway abriu um mercado para odres de vinho. Já na fonte da *piazza* o casal Scott se tornaria exemplo de comportamento para jovens norte-americanos de determinada época e classe.

Extraindo um manual de conduta de seus escritos, acabamos por compreender esses autores como criaturas do momento em que tomamos conhecimento deles. Quando abandonamos nossas expectativas, os críticos literários e cronistas os colocam em seu devido lugar, como figurinhas que tivessem sido coladas no espaço errado do álbum. Desse modo muitas vezes recusamos aos artistas as oportunidades de crescimento e transformação que estão entre as mais básicas necessidades da arte.

Este livro trata de um homem que foi vítima do espírito do utilitarismo literário. Jack Kerouac é lembrado como exemplo da "Geração Beat". Mas a Geração Beat não foi uma geração. Inventada em uma tentativa de autoexplicação enquanto os jornalistas faziam suas perguntas, a expressão fez-se rótulo. Kerouac utilizou-a em uma das primeiras publicações parciais de *On the Road* quando procurava uma editora (o trecho publicado como "Jazz of the Beat Generation" [O jazz da Geração Beat], 1955), e seu amigo John Clellon Holmes, que havia descrito o mesmo universo em seu romance *Go*, ofereceu à *New York Times Magazine* e à *Esquire* artigos de opinião sobre essa nova geração escritos no estilo esperado pelos leitores dessas publicações.

Kerouac foi um escritor cujo sucesso tardio se relaciona a um novo método de prosa que ele aplicou a uma velha e vigorosa forma, as aventuras diversas de um jovem. O azar de Kerouac foi que sua fama — distinta de seu valor literário, este a ser determinado — se deveu mais às pessoas e acontecimentos que ele retratou do que ao modo como os retratou, como ele posteriormente disse que teria preferido.

Deixando de fora os amadores, os oportunistas e as figuras cuja identificação geracional foi efêmera ou menos que empenhada, a Geração Beat — como escola literária — remonta especificamente a Kerouac e seus amigos William Burroughs e Allen Ginsberg. Na vida e na arte os três cultivaram laços fortes e complexos, e mais de quatro décadas depois de sua morte o estilo da prosa de Kerouac vive nas formas que Ginsberg adotou para tornar-se a voz da poesia mundial que é hoje. Ginsberg interpretou o papel do sério e engravatado "Ginsy" dos anos 1940 e se valeu da perigosa energia da autopublicidade para projetar uma imagem útil a seus motivos como poeta. Burroughs, cuja distância polar e silêncio sepulcral logicamente estiveram em seu repertório desde a mais tenra juventude, buscou a solidão. Uma quarta figura, Gregory Corso, só fez parte do grupo posteriormente e permaneceu no papel de *poète maudit*, ultimamente na França, onde tal posição é consagrada como tradição. O fracasso de Kerouac em adotar qualquer uma das táticas de sobrevivência de seus antigos companheiros ou de encontrar uma própria é o cerne da última e triste parte deste livro.

Quando *On the Road* apareceu, em 1957, depois de anos de ostracismo na mochila de Kerouac, Jack conseguiu o sucesso comercial e literário que perseguia desesperadamente e que não havia atingido com seu primeiro romance, *The Town and the City*, publicado em 1950. Ginsberg pediu-lhe que escrevesse uma breve explicação de sua técnica, e ela foi publicada na *Black Mountain Review*, a revista daquela faculdade sulista realmente avançada, como "Essentials of Spontaneous Prose" [Fundamentos da prosa espontânea]. O método de Kerouac era uma guerra contra o preciosismo do artífice, mas suas notas foram tomadas como desculpa para o pior da prosa e da poesia baseada em fluxo de consciência. Sem querer, Kerouac foi colocado como a imagem de um movimento ao qual ele não tinha nenhuma vontade ou pouca habilidade de dar sequência. Subitamente, viu-se posto pela mídia no centro do palco travestido dos adereços e predicados do existencialismo francês (suéter preto, boina), do romantismo tardio (hedonismo desbragado) e de todas as ideias sobre drogas acumuladas pela humanidade, de De Quincey a Anslinger.

Kerouac percebeu a armadilha, porém reagiu com uma estranha mistura de timidez e beligerância. Aceitou a atenção, de início, como reconhecimento. O foco dela era um insulto. Por que os jornalistas não avaliavam os livros mas o homem? Como ele disse a *The Paris Review* em 1967:

> Estou tão ocupado entrevistando a mim mesmo em meus romances, e tenho estado tão ocupado escrevendo essas autoentrevistas, que não vejo por que eu deveria me matar todo ano dos últimos dez para repetir e repetir para todos que me entrevistam o que eu já expliquei nos próprios livros... isso é mendigar por um sentido.

Ele começou a falar com franqueza sobre seu conservadorismo e religiosidade vitais, e eles foram estupidamente reproduzidos com a ironia sintética de um redator de manchetes. A *Esquire* o retratou como um traidor de classe patético, anticomunista e oportunista. Ainda que esse insulto em especial tenha sido proferido apenas depois de sua morte, Kerouac viveu o suficiente para reconhecer a iminente realização da profecia que proferiu em 1951 em uma mesa de cozinha altas horas da noite para Neal Cassady:

> Uma festa no Ritz Yale Club aonde fui com um garoto em uma jaqueta de couro, eu também vestia uma, e havia centenas de outros garotos vestindo jaquetas de couro no lugar dos ternos grã-finos... todos cheios de si, todos fu-

mando maconha e saudando a nova década numa *galera* selvagem.

Ele viu isso acontecer antes de todos, e, por fim, foi culpado por isso.

Essa confusão entre algumas das formas sociais de fins dos anos 1960 e o conteúdo do trabalho de Kerouac continua a causar danos a sua reputação. Em seu *Exile's Return*, dedicado aos aspectos sociais da literatura norte-americana do entreguerras, Malcolm Cowley descreve a implicância de trinta anos do *Saturday Evening Post* contra o Greenwich Village, uma vingança replicada pelo *New York Times*, que ainda mantém um especialista em ataques críticos aos "beats". Estudantes de literatura esperaram vinte anos para a primeira edição acadêmica de *On the Road*, e apenas recentemente o trabalho de Kerouac começou a prevalecer contra o que o poeta Jack Spicer chamou de "grande e melancólico Departamento de Inglês da caveira".

Mas, a despeito das listas de leitura obrigatória, estudantes de qualquer faculdade de certo porte, sejam elas Ann Arbor, Chapel Hill, Austin ou Cambridge, sempre tiveram a oportunidade de atravessar a rua e encontrar uma boa seleção de romances de Kerouac, não raro em edições econômicas britânicas. Os livros vivem. *On the Road* jamais ficou fora de catálogo. Ginsberg e outros poetas criaram a Jack Kerouac School of Disembodied Poetics (Escola Jack Kerouac de Poética Desencarnada) no Naropa Institute, uma faculdade budista no Colorado. Companhias de produção cinematográfica vêm explorando os romances de Kerouac, e uma peça baseada em sua vida foi produzida em Nova York em 1976 e em Los Angeles em 1977.

Como aconteceu com Scott Fitzgerald, outro católico alcoólatra que acabou no meio do caminho, existe a possibilidade de que a lenda de Jack Kerouac substitua — e não apenas abafe — sua obra. Tivesse ele vivido para uma glória literária tardia, é possível que algum editor houvesse realizado seu desejo de edição corrigida e uniformizada (com os nomes verdadeiros, de uma vez por todas) de seu "imenso e único volume... uma enorme comédia, como a de Proust". Ele poderia tê-lo batizado *The Duluoz Legend*. Tal como se apresenta, esse "volume imenso e único" não poderia acomodar seu primeiro romance, *The Town and the City*, fato que Jack reconhecia. Ele o teria deixado de lado. Há outros problemas. Editores muito certinhos forçaram-no a dar aos mesmos personagens uma lista irritante de pseudônimos que mascaravam pseudônimos e até mesmo, em *The Subterraneans*, a trocar Nova York por San Francisco como forma de evitar processos de difamação. Suas obras estão dispersas entre editoras norte-americanas e estrangeiras, com volumes entrando e saindo de catálogo.

A ideia deste livro é fornecer a moldura para uma primeira ou renovada leitura de Kerouac como um homem que conseguiu nos dar seu "imenso e único volume", mas nos pedaços e fragmentos que o mercado exigiu. Os autores são homens nascidos durante ou pouco tempo após a Segunda Guerra Mundial que conheceram seu objeto primeiramente pelo contato com suas obras, nas quais eles encontraram a energia para aprender muito sobre sua vida.

Kerouac morreu em 1969 aos 47 anos de idade, jovem para os padrões de nosso tempo. A maioria de seus amigos sobreviveu a ele. Nossa ideia foi procurá-los e conversar com eles sobre a vida de Jack e suas próprias vidas. O resultado final, assim o esperamos, é uma enorme conversa transcontinental, completa com suas interrupções, contradições, velhas rusgas e memórias brilhantes, todas elas trazendo uma interpretação do próprio homem através das pessoas que ele escolheu para povoar seu trabalho.

O trabalho nos levou de um ponto a outro do país duas vezes, quase sempre de avião. As próprias estradas têm sido substituídas desde as viagens de Jack pela cultura homogênea do Sistema Interestadual, mas as pessoas dos romances de Kerouac sobreviveram. Conversamos com mais ou menos setenta, das quais 35 aparecem aqui. Não tínhamos uma "Rosebud" para perguntar-lhes, como os amigos e vítimas de *Cidadão Kane*, nem, ainda que mais de um entrevistado tenha sugerido a metáfora, nos sentíamos como investigadores de campo seguindo os procedimentos de canonização da Igreja Católica. Muito do que aprendemos com essas conversas foi utilizado no texto que reúne os trechos selecionados. Deixamos os amigos de Kerouac falarem bastante sobre eles mesmos, pois nos pareceu possível e apropriado construir um retrato tanto do grupo como do homem que permanece em seu centro. Devido ao fato de o elenco atingir proporções dignas de romance russo, oferecemos as chaves de personagens como auxílio para seguir suas aparições ao longo deste livro e ao longo das obras de Kerouac sob suas respectivas sombras ficcionais.

A seguir você lerá não poucas vezes e em muitas vozes que os romances de Kerouac eram ficção, não reportagem. Concordamos. É fascinante ver como pessoas reais, lugares e acontecimentos surgem nos livros que, por sua vez, modificam a realidade, mas os saltos técnicos e a beleza pungente da prosa de

Kerouac colocam suas obras em um universo além do da reportagem e do diário. Seus livros são o produto de um gênio da recordação. Quando criança em Massachusetts, os amigos de Jack o apelidaram de "*Memory Babe*", o "garoto-memória". Para o editor que trouxe a lume *On the Road* ele era o anjo do registro. Para seu amigo e parceiro de faina John Clellon Holmes, ele era "o grande recordador". E para a grande maioria daqueles com quem falamos, as memórias de Jack se misturaram a noções de santidade. Se milagres são exigidos como evidência de sua vida, seus livros devem bastar.

1

CIDADE PEQUENA

Trinta metros acima do nível do mar, no platô onde o poderoso Merrimack se une ao lento Concord, está Lowell, uma das mais importantes cidades manufatureiras da Nova Inglaterra. Canais e canteiros gramados entrecortam a agitada área de comércio da cidade. Nas colinas ao longe estão as moradias da cidade, da mansão ao cortiço.

Projeto federal dos escritores de Massachusetts, 1937

Os CORTIÇOS eram, e são, o bairro canadense. Existem outros Little Canada em Burlington, Nashua e Portsmouth, áreas onde os letreiros das lojas são em inglês, mas a língua e os modos franceses prevalecem. Você ainda pode encontrar jovens franco-canadenses se divertindo na porta da frente do Pawtucketville Social Club, pista de boliche e cervejaria aonde o pai de Jack, Leo, ia nas tardes em que o movimento era fraco em sua Spotlight Printshop, na "agitada área de comércio" cruzando o rio.

Como acontece em muitas cidades pequenas da Nova Inglaterra, Lowell se constitui em um conjunto de vilas, cada qual com sua história. Jack Kerouac nasceu em Centralville e cresceu numa sucessão de casas e apartamentos alugados em Dracut e

Pawtucketville, todos a norte do Merrimack e das hoje extintas fábricas que uniam o poder deste à força do mais tranquilo Concord, que é um rio como Lowell é uma cidade, em pequena escala — a escala da Nova Inglaterra.

No início da Revolução Industrial Lowell era uma cidade prodigiosa, literalmente uma capital da indústria. As fábricas produziram fortunas que sobrevivem até hoje. Charles Dickens, crítico ferrenho da escravidão fabril em seu país, visitou Lowell e enviou a Londres um relatório favorável. Dickens estava particularmente impressionado com o ambiente e os modos das mocinhas de fazenda que migravam para trabalhar nos teares e não viu problemas em seus salários, de dois dólares por semana. Os proprietários das fábricas deram à cidade um Instituto Têxtil, instalado na margem norte do Merrimack, mas foram menos generosos com os trabalhadores. No decorrer do século XIX, o salário dos "especialistas" só caiu. As mocinhas de fazenda passaram a procurar Boston para trabalhar como estenógrafas e telefonistas. Seus postos nos teares foram ocupados por imigrantes da Irlanda, França (via Canadá), Polônia e Grécia.

As fábricas funcionaram até o fim da Primeira Guerra Mundial, quando o tecido importado e as fábricas sulistas impuseram a competição que as fez fechar. À época do nascimento de Jack — 12 de março de 1922 —, o formidável século de Lowell já havia terminado. Cem anos de imigração para as fábricas construíram uma constelação dispersa de grupos étnicos unidos por um catolicismo comum, porém separados por sua lealdade a uma paróquia ou língua específicas. Todos foram atingidos por uma grave recessão econômica, não diferente da que acometeria o resto do país dez anos depois.

Leo Alcide Kerouac e Gabrielle-Ange L'Évesque se conheceram e se casaram em New Hampshire, para onde suas famílias haviam migrado vindas do Canadá. Leo era um impressor que antes tentara a sorte vendendo seguros até conseguir o dinheiro para montar sua gráfica. Quando jovem, trabalhara nas serralherias de New Hampshire. Jean-Louis Lebris de Kerouac foi seu terceiro e último filho. Sua irmã, Caroline, "Nin", era três anos mais velha, e seu irmão, Gerard, cinco.

Quando distantes de seu ninho alugado, Leo e Gabrielle viviam em mundos separados. Leo era um comerciante de classe média amistoso e sociável cuja loja estava sempre cheia de amigos. Estes não viam dificuldade em arrastá-lo para tardes de bilhar ou conversas sobre política. Certa feita, propuseram que ele se candidatasse à prefeitura de Lowell; ele recusou antes mesmo das prévias. Leo transmitiu a Jack uma complicada ideia de ancestralidade da parte dos Kerouac: seu próprio pai, um carpinteiro emigrado da Bretanha, seria descendente dos celtas da Cornualha. Leo trazia ainda a nobreza em um ramo de sua árvore genealógica, um brasão de armas com três pregos de carpinteiro e os dizeres que se traduziam como "Amar, trabalhar e sofrer". O pai de Jack contava com gregos, poloneses e irlandeses entre seus amigos e clientes e era fluente no inglês, língua que todos compartilhavam. Gabrielle preferia o francês e com ele conduzia a vida doméstica; ademais, era a língua da paróquia onde rezava suas novenas e cuja escola era frequentada pelas crianças.

Quando Jack contava quatro anos, Gerard, com nove, morreria de febre reumática. Gerard era uma criança frágil e alegre que tratava Jack, sua irmã, Nin, seu gato de estimação e um camundongo que resgatara de uma armadilha com a mesma e extraordinária ternura. Jack o adorava e imitava e sentiu demais sua morte, marcada pelo pranto das freiras professoras. Gerard era o preferido das irmãs. Quando morreu, elas refletiram sobre as coisas que ele dissera e fizera em sua vida breve e começaram a tratá-lo como um menino-santo. Gerard foi enterrado com a família de Gabrielle em Nashua, New Hampshire; e sua alma, consignada a um céu que a mãe procurava fazer confortável e próximo a Jacky e Nin. Para Gabrielle não restava dúvida de que Gerard era santo, e Jacky cansou de ouvi-la falar sobre o assunto. A consequência foi, talvez, Jack não ser mais um santo.

A santa especial e oficial a quem Jacky devia rezar era Thérèse de Lisieux, cuja vida serviu de modelo para suas memórias da santidade de seu irmão. Thérèse era a filha tísica de um relojoeiro da Bretanha, região da França que os Kerouac consideravam sua terra natal. Em 1888, aos quinze anos, ela tomaria o hábito das carmelitas. Quando ficou claro que Thérèse morreria de tuberculose, a madre superiora a instruiu a produzir um diário, que a garota povoou de simples e alegres memórias de sua infância burguesa. Depois de sua morte, as carmelitas editaram o diário e o transformaram em um panfleto obituário, *A história de uma alma*, que rapidamente ganhou centenas de milhares de leitores por todo o mundo. Em uma seção do diário que muito se assemelhava a uma peça de campanha, Thérèse prometia "passar minha eternidade fazendo o bem à Terra" e previa uma "chuva de rosas" sobre os que rezassem por ela depois de sua morte, Gabrielle-Ange L'Évesque entre elas. As carmelitas receberam toneladas de cartas sobre os milagres da menina, mas o Vaticano permanecia inflexível acerca do período de espera requerido para o início do processo de canonização. Finalmente, depois de admitir a certeza de sua santidade a um bispo visitante, Pio X cedeu em 1914 e abriu caminho a seu reconhecimento. Em 1923, 25 anos depois de ter morrido, aos 24 anos, Thérèse foi beatificada por Pio XI e imediatamente colocada ao lado de Joana d'Arc como santa copadroeira da França.

Hoje ela é conhecida como Santa Teresa do Menino Jesus, e sua iconografia cromolitografada é rica em imagens do Menino Jesus, de cordeiros, rosas e raios amarelo-ovo saídos de nuvens para iluminar seu rosto simples e adorável. Quarenta anos depois da canonização de Thérèse, Jack, literalmente de ressaca do sucesso, deitaria em um parque de San Francisco e explicaria ao poeta Philip Whalen o conforto e a proteção que sentia ao rezar a Santa Teresa e ao "cordeirinho Jesus" para aliviar sua dor.

Jack guardou lembranças amargas da rigidez das irmãs da escola paroquial, provação que acabou quando foi matriculado na escola pública, aos sete anos. O caixão de Gerard, o bosque escuro onde os Kerouac fizeram a *via crucis*, os retratos baratos do Cristo lamentoso — todas essas imagens permaneceram em sua lembrança, e sua lembrança permaneceu em Lowell, ou "Galloway", como a chamou em seu primeiro romance, *The Town and the City*. Os tempos difíceis transformariam Jack e sua família em nômades saltando de vizinhança em vizinhança do cada vez mais pobre norte do Merrimack, mas, a despeito das sombras, Jack recordava e registrava uma infância plena e rica, um tempo em sua vida a que nunca deixou de se referir e recriar em seus escritos, avaliando-o sempre de novo e sob diferentes ângulos.

Em *The Town and the City* Jack multiplica a si próprio e vale-se de aspectos da figura de seus amigos para recriar uma grande e difícil família que batiza com o sobrenome Martin. Martin era o nome da família de Santa Teresa e um importante nome do comércio de Lowell. Jack dá a sua família fictícia a casa grande e de ampla varanda que avistava nas caminhadas das tardes de verão com sua mãe e sua irmã. Os Martin do romance são católicos não praticantes e, dada a realidade econômica de Lowell nos anos 1930, quase milagrosamente remediados. Apenas a sra. Martin, a mãe, era de família francesa, traço de que Kerouac se utiliza para dar nuances a sua personagem, mas não para defini-la. Os Martin provavelmente representam um amálgama de todas as famílias abastadas da Varnum Road com as quais Gabrielle desejava que seu filho se relacionasse.

Mais tarde em sua carreira de escritor, quando Jack lutava para colocar no papel seus verdadeiros sentimentos, seu lado francês veio à tona, como em *Visions of Gerard*, a longa reflexão do homem de 34 anos sobre o irmão que morrera quando Kerouac contava apenas quatro. Invoca-se com intensidade um mundo de pudins quentes e tardes chuvosas dividido entre casa e escola. Jack recupera conversas com Gabrielle — *Mémère* — em francês e então as traduz. "Quando leio sobre a xícara de chá de Proust", ele escreveu, "— todos aqueles pires em uma migalha — toda a história literária na estrada — toda a cidade em uma deliciosa migalha — recobro minha infância inteira em ondas de inverno sabor baunilha ao redor do forno."

Jack pintava e desenhava, estava sempre atento às conversas da casa e era um fiel leitor das páginas de esporte do *Lowell Sun* e dos jornais de Boston. Quando tinha mais ou menos onze anos divertia-se escrevendo crônicas esportivas sobre o que acontecia em seu estábulo, feito de uma caixa de bolinhas de gude. Em outro momento as bolinhas transformavam-se em jogadores de um jogo de beisebol estatístico e altamente elaborado que Jack seguiu jogando de uma forma ou de outra ao longo de toda a sua vida.

Os ingressos de cinema para crianças custavam onze centavos naquele tempo, mas Jack e Nin podiam ir de graça, pois Leo imprimia os programas da sala. Jack tinha sete anos quando as imagens começaram a falar, o que fez dele um membro da primeira geração a ligar sua fantasia nessa coisa tão barulhenta e norte-americana. Até então o principal teatro de Lowell, o Keith era parada do circuito de *vaudeville* Keith-Albee, e a ligação de Leo com a sala de espetáculos permitiu a seu filho ver um pouco do trabalho dos Irmãos Marx e de W. C. Fields no palco antes de sua fama no cinema. Como estrelas nos filmes falados eles se tornariam os grandes heróis da comédia para Jack e seus amigos. Os homens de *The Big Parade* [*O grande desfile*] foram verdadeiros heróis — modelos, caso o Kaiser decidisse marchar de novo. A vilã de *Murder by the Clock* [*Assassinato pontual*] assustava Jack. Ela era sempre apenas uma sombra, nunca um rosto inteiro.

Na escola paroquial, o catecismo de Jack e sua primeira leitura da Bíblia foram ministrados em francês. Iniciando a escola pública, ele começou a ler os livros infantis populares na época: *The Little Shepard of Kingdom Come*, *Rebecca of Sunnybrook Farm* e as aventuras dos gêmeos Bobbsey, um trio de obras muito próximas cuja existência insossa desafiava as estatísticas do senso comum. Todos esses livros foram volumes em capa dura e de grande popularidade, aceitos por professores e bibliotecários de escolas, a despeito de sua falta de mérito literário, por suas edificantes lições morais. Mas o gosto de Jack logo o levaria às revistas novelescas de suspense e sensacionalismo que editoras como a Street & Smith, entre outras, publicavam semanalmente e que eram vendidas nas bancas de jornal ou nos mercadinhos, em Lowell chamados "spas". A personagem que Jack seguia com devoção era o Sombra, Lamont Cranston, que sabia "que o mal permanece furtivo na mente dos homens" e tinha o poder de colocá-la em suspenso para vencer esse mesmo mal. O Sombra, criação de — este é o pseudônimo — Maxwell Grant, já havia se estabelecido em diversos meios de comunicação quando Jack tinha doze anos, aparecendo em revista, nas séries de cinema e em um programa de rádio.

Nos dias de neve Jack voltava da escola para casa e ligava a vitrola para tocar discos grossos de guta-percha que serviam de trilha sonora para corridas, jogos de beisebol e os filmes de mistério e aventura que rodavam continuamente em sua cabeça. Mas na primavera e no verão suas fantasias se estendiam a um palco mais amplo, os bancos de areia do Merrimack, os bosques de Dracut, o gramado da mansão da Wannalancet Street e o orfanato na colina que ele consagraria em um único castelo povoado por um grupo de vampiros e sicofantas conspiradores, os arqui-inimigos de seu herói das sombras, Doctor Sax.

Em *Doctor Sax*, romance de Jack sobre as últimas semanas de sua infância, as sombras da provinciana Lowell se aprofundam e se estendem para conter um mundo paralelo em que Doctor Sax, figura de feições esverdeadas e sempre envolta em sua capa, é colocado em confronto com forças do mal que agem atráves de agentes cômicos e banais. Jack escreveu o livro quando tinha 35 anos e visitava William Burroughs no México.

O próprio Sax traz elementos de Burroughs, e W. C. Fields aparece sob o nome de Bull Balloon, com uma dose de intelectualidade que não fazia parte do mundo infantil de Kerouac. Há, por exemplo, uma ótima sequência dedicada à vida boêmia — o *Bohemianism* — à Isadora Duncan ou Amy Lowell. Mas todo esse material se relaciona com o subenredo fantástico de Kerouac, uma batalha titânica entre o bem e o mal travada de modo insuspeito sob o nariz da municipalidade de Lowell. Os sons, cheiros e sabores de uma infância de Massachusetts estão aqui, e a cabana subterrânea onde Doctor Sax se esconde é posta na estrada em que, na vida real, Jack e seus amigos caminhavam para chegar a seu campo de jogos no fim dos bosques de Dracut, ao norte da cidade.

O mesmo pequeno círculo de meninos — "um time de beisebol de verão, um time de basquete de inverno e um invencível time de futebol americano no outono" — povoa todos os escritos de Jack sobre Lowell. Os meninos vivem do trivial, jogam bola, fazem traquinagens, nadam sem roupa e conversam uns com os outros em código para confundir os adultos enquanto selam sua amizade. Mas em todos os seus livros e histórias sobre a infância Jack produz um corte bem definido entre si e os demais. Ele despreza os que encontraram seus heróis nas páginas de Alexandre Dumas, e não nas páginas de Maxwell Grant e seu Sombra. Apenas Jacky consegue ver e falar com Doctor Sax. É sugerido que os outros meninos não tenham noção de que o mal vive furtivo no coração dos homens, mas Jacky sabe. Ele gentilmente culpa seus amigos pelo crime da pouca imaginação. Como se provou, Jack foi o único de seu círculo a deixar Lowell para fazer a vida.

George J. Apostolos era o amigo de infância mais próximo de Jack. Nos livros, como na vida, ele é "G. J.", afiado e agressivo. Tem uma cópia bastante surrada de *On the Road* na estante atrás de sua mesa na agência de seguros que possui em Lowell.

G. J. Apostolos:

Tudo machucava o cara. Até um dia chuvoso de novembro o afetava. Acho que, se você ler os livros dele, acho que em algum lugar você acha a resposta.

A mãe de Jacky desejava muita coisa para ele. Jack tinha tudo. Ela tentou fazer com que ele se relacionasse com pessoas "melhores".

"Eu nunca conseguirei ser quem ela quer. Não consigo viver com minha mãe. Ela está desapontada comigo", ele dizia. Jack sempre tentou agradar à mãe. Isso parecia destruí-lo por dentro. Ele seguiu com a Geração Beat, mas nunca deixou de se preocupar com ela.

Roland Salvas também ficou em Lowell. Ele é o Albert "Lousy" Lauzon dos romances de Jack, membro de uma família franco-canadense muito grande que Jacky Duluoz (Kerouac) encontra nas festas de cozinha sempre abarrotadas de gente ou que acompanha em piqueniques de verão à margem do rio.

Roland Salvas:

Sempre imaginei que Jack fosse chegar lá, de um jeito ou de outro. Quer dizer, ser um escritor — *querendo* ser um escritor —, você não se torna um escritor em sua própria cidadezinha. Você precisa sair e dar tudo que puder e aprender tudo que puder. Mas você não vai conseguir fazer esse tipo de coisa ali, ao redor de sua cidadezinha ou cidade. É um aprendizado que se faz passo a passo. E foi o que ele fez.

Ele era um garoto bem apessoado. E um *backfield* teimoso — um *right halfback* ou um *left halfback*, a posição no campo eu não lembro. Ele gostava de futebol [americano]. Ele costumava dizer ao *quarterback*: "Pete, a próxima bola é minha. Sei que consigo passar por aquele cara". Ele era um corredor, um corredor de verdade.

Na vizinhança tudo era francês. A mãe dele falava francês. Não sei se o pai falava, mas a mãe era uma verdadeira francesa. O pai de Jack era um homem grande que fumava feito uma chaminé. Um homem imenso, muito grande. Ele gostava de brincar com qualquer um. Não posso falar nada de ruim sobre aquela família.

Acho que Jack sonhava fazer algo mais da vida, não ser apenas normal. Ele falava muito sobre o Sombra. Ele gostava daquele tipo de coisa, sabe? "*Mwee-hee-hee-hee-hee!*"

Ele realmente gostava do Sombra.

G. J. Apostolos:

Lembro que uma vez ele brincou de ser o Silver Tin Can. Se houvesse uma janela aberta, ou uma porta, ele jogava uma lata através dela com um bilhete: "Silver Tin Can ataca novamente!". Ele vestia uma capa e dava aquela sua risada à Doctor Sax. "*Mwee-hee-hee-hee-hee!*"

Todo mundo pensava que era aquele moleque grego — eu. A mãe de Jack não conseguia acreditar que Jack fosse capaz de uma coisa daquelas. Mas ele estava lá, com sua capa — treze anos de idade —, saltando cercas e correndo, sempre correndo.

Vou lhe contar uma coisa sobre o castelo do Doctor Sax.

Nós encontramos um velho caminhando pela Textile Bridge; ele estava bêbado e nós o levamos para sua casa, uma casa grande e velha, e ele não parava de dizer: "Tem chineses sob o assoalho". A gente colocou o velho na cama, mas ele rolou para o outro lado, caiu e bateu a cabeça. A casa ficava na Riverside Street, na direção de Dracut.

Escrevendo sobre aquele episódio em *Maggie Cassidy*, Jack lembrou que G. J. estava convencido de que o velho morrera com a pancada. No dia seguinte os três meninos esperaram em suspense pela edição da tarde do *Lowell Sun*. Para seu alívio, o obituário do velho não estava lá.

Joseph Henry "Scotty" Beaulieu, Scotty Boldieu nos romances, foi apelidado por seu "controle ante barras de chocolate de cinco centavos e filmes de onze centavos". Jack o descreve em *Doctor Sax* como "um menino de postura muito heroica pela manhã". Scotty era um pouquinho mais velho do que Jack e quase um ídolo, especialmente quando o assunto era esporte.

Scotty Beaulieu:

Jack era duro como pedra, um grande atleta. Quando o agarrava ou tentava agarrar — nossa, uma vez agarrei suas pernas e vi estrelas! Ele simplesmente me atropelou.

Era também um cara engraçado. Sua família teve uma série de problemas e má sorte, mas Jacky nunca tocava no assunto. Claro, todos nós tínhamos problemas, mas nós, os garotos, nunca falávamos sobre isso, então acho que ele não era tão diferente dos outros.

Eu, Jack e G. J. éramos como os Três Mosqueteiros, estávamos sempre juntos e nunca brigávamos. Os pais de Jack não gostavam que andássemos com ele, como se não fôssemos bons o suficiente para seu filho. Mas sua mãe era uma boa mulher. Seu pai também era bom, mas nunca teve muito a ver com a gente.

Na primavera de 1936, ano em que Jack completava catorze anos, inundações varreram a Nova Inglaterra. A salvo na colina de Pawtucketville, Jack e sua família viram o Merrimack avançar sobre suas margens, cobrir os bancos de areia em que os meninos brincavam e, finalmente, a própria Textile Bridge, isolando Little Canada do centro de Lowell. Uma das velhas comportas salvou a zona do comércio da completa destruição; não obstante, a água subiu a uma altura de quase dois metros na gráfica de Leo. A inundação afogou seus projetos de homem de negócios autônomo. A partir de então ele passou a trabalhar nas gráficas que o contratassem, conseguindo um dinheiro extra como atendente no boliche do Social Club.

De início, Jack, G. J. e os demais viram a inundação como uma maravilhosa aventura. De repente, Lowell era um lugar importante. Fotógrafos vinham de Boston para cobrir a devastação. Destroços dignos de atenção chegavam de New Hampshire descendo a correnteza, e Jack os via flutuar para longe, para além de Lowell. Recordando a ocasião vinte anos depois, enquanto escrevia *Doctor Sax*, Jack mais ou menos ignora os efeitos da inundação na vida de sua família, lembrando em seu lugar o medo que sentia de que a cheia não permitisse que fosse à biblioteca no centro para renovar sua pilha de livros.

Mas na manhã de sábado a água já havia recuado. Jack e Nin foram ao centro como sempre, passando pela sala de cinema que frequentavam antes mesmo de saber ler — "agora éramos crescidos, líamos livros". O registro de Kerouac desse dia e noite é um de seus mais brilhantes atos de recordação. Os acontecimentos sem dúvida foram selecionados em meio a semanas e meses e experiências reais, mas foi esse sábado em particular que Jack escolheu para lembrar como o fim de sua infância e o início de sua adolescência. (Essa passagem nada tem a ver com a descoberta sexual. Esta se deu em outra ocasião, quando preguiçosamente inventou a masturbação enquanto refletia sobre a morte de um cão de estimação.) Foi, em seu lugar, uma profunda mudança no modo como ele via o mundo.

Jacky passa o dia sozinho, escalando a "Colina da Cobra" e explorando o gramado da mansão abandonada que abriga as forças do mal. Depois do jantar, no banco de areia, a ele se une Doctor Sax, que fala ao garoto pela primeira vez: "'A inundação', disse Doctor Sax, 'fez chegar a hora da decisão.'" Coberto pela capa de invisibilidade de Sax, Jacky sai com o fantasma em um passeio pela vizinhança sem que amigos e família o vissem. Gabrielle corre para casa depois de sair atrasada para comprar frios; Leo planeja uma festa. Nin persegue a mãe para falar-lhe de um vestido que viu no centro da cidade. No rádio uma orquestra de baile toca uma canção de Gershwin. Uma porta de celeiro bate. Uma mulher ri desbragadamente de uma piada suja.

O garoto e o fantasma saltam cercas para espiar a vida dos vizinhos: Scotty, pensativo, come uma barra de chocolate; G. J.

analisa a escuridão; Gene Plouffe está na cama com os lençóis até o pescoço lendo um *pulp western* da Street & Smith. Um menino mais velho caminha com confiança e a passos largos para casa. Jacky sabe, mas sem saber como, que a história que o jovem vai contar a seus pais sobre trabalhar até tarde é uma mentira, que ele está retornando de um episódio de amor às escondidas com sua namorada em um celeiro dos bosques de Dracut. A vida noturna de Lowell segue, mas Jacky não é parte dela. Com seu Sombra ao lado, ele conscientemente se torna, e pela primeira vez naquela noite, a testemunha que tudo anota. Ele vê. Ele escuta. Ele registra tudo. O comentário de Sax na sequência traz um *obbligato* furiosamente confuso e, então, esta sentença, proferida por Gene Plouffe na cama com sua história de suspense:

> Logo, logo você vai se levantar ao sol e atravessar com seus ossos duros imensos trabalhos e ótimos jantares fumegantes e cuspir suas sementes, latejando com seu amor de pica pelas teias noturnas da lua, a névoa da poeira cansada no entardecer, o milho, a seda, o trilho — isso é o que chamamos de Maturidade —, mas você jamais será tão feliz quanto agora na noite imortal de sua infância cobertinha e inocente de devorador de livros.

As nuvens de chuva cobrem a Lua, e então Sax e o menino estão no castelo, onde o satânico mundo-cobra salta de seu sono para um ataque às claras. Durante a luta titânica que se segue, amálgama de todas as cenas de todos os filmes B em que camponeses destroem o laboratório do cientista louco, Sax tira sua capa e chapéu, revelando-se ao menino assustado como personagem menor, totalmente incapaz de lidar com as forças que ele ajudou a liberar. Não importa. A serpente é derrotada tão logo se forma a tempestade — o que Kerouac toma de empréstimo da mitologia do México, onde estava vivendo quando escrevia *Doctor Sax* —, e cabe ao próprio Sax proferir a moral: "Meu Deus... o Universo dá cabo de seu próprio mal".

Analisar a visão do escritor maduro a respeito desse sábado divisor de águas não significa concluir que sua lição foi clara ou mesmo intuída pelo menino Jacky, de catorze anos, mas parece que por trás de muitas das escolhas e ações futuras de Kerouac, algumas das quais aparentemente impulsivas e destrutivas, existe uma certeza fundamental no universo como mecanismo que se autorregula. Os presbiterianos abastados da Varnum Road poderiam confortar a si mesmos com a doutrina da predestinação, mas tal doutrina era impraticável aos Kerouac da paróquia de São João Batista. Mais tarde Jack pegaria emprestado da noção budista de *dharma* um nome para essa postura.

Jacky agora era Jack, naquela e em cada uma das estações pelos três anos seguintes, um pouco mais forte, um pouco mais certo de suas habilidades como atleta. Ele era habilidoso em todos os esportes, mas o futebol americano era seu jogo. Por toda a sua vida Kerouac lembraria outubro como o mais agradável dos meses — "Todo mundo vai para casa em outubro", ele escreveu —, e naqueles anos finais da década de 1930, cada outubro prometia quatro ou cinco sábados em que os meninos e sua plateia de pais e irmãos subiam Snake Hill como fossem uma manada ao campo dos Dracut Tigers, coordenando o jogo em pelo menos três línguas, às vezes quatro. Alguns dos meninos podiam ser mais altos, mas Jack era mais forte — e mais rápido. Suas pernas grossas escondiam a velocidade e as fintas bruscas que produziam sempre que tinha a bola em mãos.

Agora existiam garotas, embora poucas. Algumas viam a timidez de Jack como artimanha. Ele era esperto nas aulas, bom nos esportes e, ademais, estava se tornando um rapaz bonito à maneira clássica. O abismo entre meninos e meninas naqueles tempos não era maior do que o que existe hoje, mas Jack parece ter tido mais dificuldade de ultrapassá-lo do que seus amigos. As distâncias e silêncios decorrentes foram suficientes para confirmar sua imagem de rapaz fechado em si mesmo.

No entanto, uma garota, Mary Carney, tocou seu coração. Ela estava um ano à frente de Jack na escola e vivia no bairro irlandês do outro lado do rio. Seu irmão menor fazia as vezes de alcoviteiro, e Jack tornou-se parte da paisagem diante da casa dos Carney. O pai de Mary era ferroviário, uma ocupação que fascinava Jack, e talvez os Carney o tenham suprido de um carinho e intimidade difíceis de exigir ou aceitar de Leo e Gabrielle. Jack e Mary tinham longas e sinceras conversas. G. J., Scotty e Roland escutavam Jack falar sobre suas complicadas ambições e pensamentos, mas Mary Carney aparentemente o compreendia. Como os outros três, Mary Carney nunca deixou Lowell.

MARY CARNEY:

Havia algo profundo entre mim e Jack, algo que ninguém entendia ou sabia que existia. Depois que aquele livro, *Maggie Cassidy*, saiu eu tive um bocado de problemas. As pessoas me ligavam, os vizinhos comentavam. Foi terrível.

Jack era um amor de pessoa. Um menino doce e bom, e as pessoas em Lowell não o compreendiam. Nunca compreenderam. Ninguém sequer lê por aqui. Eles não mandariam fazer uma placa que fosse por ele.

Jack era tão sensível. Tudo que ele queria era uma casa e um trabalho na ferrovia. Jack costumava me contar tudo.

De todo modo, ninguém entenderia, então não vou continuar falando a respeito disso. Eu me convenci há muito tempo de que não iria falar, e assim será. De todo modo, ninguém escuta.

G. J. Apostolos:

Não havia relação entre Maggie Cassidy e Mary Carney. Jack a inventou. Lembro de Jack vir depois da guerra e fazer com que eu ligasse para Mary Carney. Ele queria vê-la. Ela disse que tudo bem, por dez minutos, e então nós fomos até lá: eu, Jack e uns dois outros amigos meus.

Mary estava sentada na varanda que Jack comenta em *Maggie Cassidy*. Ela estava cercada por seu noivo, sua mãe e seu pai.

Jack e ela apenas olharam um para o outro. Ele não disse nada. Ele travou. Não havia nada entre eles. Tudo era coisa da cabeça, da imaginação de Jack. Realmente, não havia nada entre os dois.

Depois de Leo perder seu negócio na inundação, os Kerouac se mudaram para a sobreloja de uma lanchonete na Moody Street. Uma noite, enquanto lia em seu quarto, ele ouviu a voz de um estranho que o chamava da rua. Seu nome era Sammy Sampas, um garoto um ano mais velho que vivia do outro lado da cidade. Ele ouvira falar de Jack por sua reputação — não a de jogador de futebol americano, mas a de leitor voraz e escritor. Como Jack, Sammy estava estudando autores sérios seguindo um programa particular, mas seu gosto era mais elevado e até mais seguro. Talvez mais importante do que tudo, Sammy estava certo de que poderia fazer sua vida como escritor, e sua perspectiva pessoal do sucesso incluía a Broadway, onde tinha a esperança de se tornar produtor e dramaturgo.

> ROLAND SALVAS:
>
> Aquele sujeito, o Sammy, era inteligente. Eu o conheci através de Jack e George. O vocabulário deles era mais rico do que o meu, então quando começavam a falar, digo os três, muitas vezes eu apenas balançava a cabeça. Eu e mesmo Scotty não conseguíamos entender. Mas não importava, sabe. Não importava.
>
> Quando se fala de Sampas, se fala de Sampas, Jack e George, os três. Eram caras sérios.

Pelos idos do outono de 1938, o primeiro semestre de Jack como sênior na Lowell High School, Gabrielle retornara a seu velho trabalho de raspagem, ou corte, de couro em uma fábrica de sapatos. Além de seus deveres no clube social, Leo tinha uma renda mais ou menos regular advinda de seu trabalho na gráfica de uma família irlandesa. Roland Salvas abandonara a escola para trabalhar no estaleiro da Marinha em Boston. George Apostolos se alistara em um importante programa de criação de empregos da era Roosevelt — o Civilian Conservation Corps[1] — e estava no Colorado ajudando na construção do Parque Nacional de Estes.

"Queria ir para a faculdade e de algum modo sabia que meu pai jamais seria capaz de pagar a matrícula", Jack escreveu. O futebol americano era uma alternativa. A despeito de sua rapidez e solidez, Jack era menor que os jovens do time da cidade, todos garotos que haviam jogado uns contra os outros no areião em Dracut. O técnico deixaria Jack no banco de reservas durante a maior parte da temporada de 1937, e a inveja que Jack sentia dos titulares era imensa. Mas no outono de 1938 ele fez uma série de performances excepcionais em suas entradas de último quarto, as quais chamaram a atenção dos repórteres de esportes de Boston — e dos olheiros do Boston College, Duke e Columbia.

Em certo jogo Jack ignorou as ordens diretas do técnico e tentou uma veloz e solitária investida. A bola, no entanto, escapou de suas mãos, e lhe veio a dor na consciência. Mas no jogo que realmente contava, o encontro do Dia de Ação de Graças com o time de Lawrence, Jack marcou o único *touchdown*. A partir daquele momento sua vaga na faculdade estava assegurada. A questão era que instituição escolher.

Os chefes de Leo na gráfica foram designados pelos recrutadores do Boston College para ajudá-los a trazer Kerouac para

1. O Civilian Conservation Corps (CCC) — ou Exército Civil de Preservação — foi um programa governamental de emprego dirigido a desempregados e jovens solteiros de famílias de baixa renda. Esteve em operação entre 1933 e 1943 como parte das políticas do New Deal e tinha o objetivo de criar áreas de preservação ambiental e fomentar o desenvolvimento rural. (N.T.)

seu time. Jack resistiu. Não queria ter jesuítas como professores, e Boston não era distante o suficiente. Ele estava apaixonado pela Nova York dos filmes; ademais, havia as promessas de uma vida mais interessante, compartilhada com Sammy Sampas. Gabrielle ficou do lado de Jack, fantasiando que toda a família o seguiria para Nova York. Jack escolheu Columbia. Pouco tempo depois Leo foi demitido da gráfica, e mesmo anos mais tarde Jack acreditava ter sido o responsável pelas dificuldades de Leo ao recusar o Boston College.

O livro do ano da Lowell High School de 1939 mostra Jack em seu traje diário: olhar cristalino; topete negro; pernas poderosas capazes de fintas que só não deixavam para trás os melhores defensores. Naquela primavera ele começou a cabular aulas uma vez por semana, passando a manhã na biblioteca procurando livros sobre xadrez e tudo o mais que lhe chamasse a atenção: "Goethe, Hugo, até mesmo as *Máximas* de William Penn — lendo apenas para mostrar a mim mesmo que estava lendo". Às tardes ele ia ao Rialto para "estudar em detalhes os velhos filmes dos anos 1930". Para Jack, a Manhattan que Don Ameche e Alice Faye atravessavam a passeio de limusine era um lugar real com apartamentos de varanda reais, e ele os visitaria em breve.

G. J. Apostolos:

Entre 1938 e 1939, as cartas que ele me escrevia eram livros. Eu estava no CCC no parque Estes, no Colorado, onde cavávamos valas e pintávamos barracões. Mas, para Jack, era o Oeste. Para ele, eu estava domando cavalos. Para acompanhá-lo eu tinha de andar de pernas arqueadas quando saía do trem.

Lembro que um dia cometi o erro de sair para assistir a *O morro dos ventos uivantes*, com Laurence Olivier. Eu levei uma cerveja e estava me achando o próprio herói. Nós fomos ao Canobie Lake Park e entramos nos carrinhos de batida. Foi então que me aproximei de uma garota e Jack disse: "Este é Heathcliff!", e sussurrei no ouvido dela: "Por que seu cabelo não tem cheiro de mato?".

Entrei em pânico. Um policial se aproximou e perguntou o que eu havia dito, e repeti. Fiz pelo Jack. Jack ficou esfuziante. Ele era tão impressionável quando era jovem. E nunca esqueceu os amigos.

A despeito de seu arranque extraordinário no campo e suas notas acima da média, os recrutadores da Columbia decidiram que Jack precisaria de um ano de escola preparatória antes de estar pronto para a Ivy League, tanto atlética como academicamente. Seus estudos estavam marcados para começar em um ano na Horace Mann School for Boys, onde os preparadores físicos o apresentariam às teorias e aos métodos do famoso treinador do time de Columbia, Lou Little, e os professores, em sua maioria doutores, o colocariam a par de uma versão mais rudimentar do programa de humanidades da faculdade. A Horace Mann ficava na 246th Street no parque Van Cortlandt, no extremo norte de Nova York. Jack viveria com a madrasta de Gabrielle, seu novo marido e sua família no Brooklyn. Eram duas horas de metrô para chegar, uma viagem que varreria Jack para debaixo da Manhattan de seus sonhos.

G. J. Apostolos:

Quando Jack foi para a Horace Mann, sua mãe me disse: "Agora, sim, Jack vai encontrar as pessoas com quem deveria ter crescido. Jack está bem melhor agora".

2

CIDADE GRANDE

A chave para a coisa toda era o tédio.

Hal Chase

A Horace Mann School era um satélite da Columbia University Teachers College e em 1939, como a própria Columbia, dirigida pelo temível e respeitado Nicholas Murray Butler, amigo de presidentes (Harding) e líderes mundiais (Mussolini) e reitor da universidade de 1889 até ser substituído por Dwight Eisenhower, em 1946. Tivesse vivido para dar conselhos a seu sucessor, é provável que Butler houvesse aconselhado Eisenhower a permanecer na Columbia em vez de deixá-la para concorrer a um cargo menor. Ao longo de todo o seu longo reinado, Butler lutou para ver sua escola empenhada nos antigos valores. Columbia começava oferecendo a seus rapazes uma sólida base nos clássicos para, na sequência, expô-los ao amplo campo das humanidades por meio de longos cursos de palestras e, finalmente, oferecer-lhes a oportunidade de crescimento individual através de pequenos seminários. Muitos dos melhores professores estavam democraticamente à disposição tanto dos graduandos quanto dos pós-graduandos.

A maioria dos colegas de classe de Jack em Lowell completou sua educação, quando muito, com um diploma de ensino médio. Os que iam além quase nunca passavam do Instituto Têxtil. A Horace Mann School, batizada em homenagem ao grande defensor de uma educação pública e livre, preparava jovens rapazes para uma educação cara e privada. Seguindo a linha de suas mais bucólicas irmãs, seus métodos eram formais e severos, e seus padrões de excelência excediam qualquer coisa que Jack tivesse conhecido no ensino médio em Lowell. Devido ao diploma da Horace Mann abrir as portas de muitas das escolas da Ivy League, as listas de nomes estavam repletas de jovens abastados de Manhattan, incluindo os herdeiros da riqueza mais recente, de judeus e irlandeses. Alguns dos garotos chegavam todas as manhãs de limusine trazendo consigo refeições preparadas e embaladas pelos cozinheiros da família. Jack subia no metrô no Brooklyn todas as manhãs às seis horas, levando uma sacola de papel com um sanduíche de pasta de amendoim preparado pela madrasta de Gabrielle. Gabrielle — caso soubesse — ficaria feliz em saber que o dia na Horace Mann começava com o serviço na capela, de comparecimento obrigatório. Mas Jack, cujos cálculos apontavam para um corpo estudantil formado de "96% de meninos judeus ricos", notava e compartilhava o desconforto de cantar hinos protestantes como "Adiante, soldados cristãos!" e "Lorde Jeffrey Amherst".

Naquele outono avistava-se da classe da aula de história de Jack o parque Van Cortland, e as linhas das árvores desfolhadas faziam-no recordar o bosque de Dracut. Mas se Jack sentia saudade de casa, não precisava de mais que o Brooklyn para aliviá-la — a madrasta de Gabrielle e seu novo marido mantinham uma casa idêntica em todos os aspectos à de qualquer família franco-canadense de Lowell ou Nashua. Todas as noites tia Ma e tio Nick sentavam-se na sala de estar para ouvir programas de rádio como o dos controversos sermões do padre Coughlin que pouco tinham de sermão, mas muito de fascismo local travestido de religião. Na parte de cima da casa, em seu quarto, Jack lutava para manter-se à altura das leituras de curso exigidas de um *senior* na Horace Mann, não obstante estivesse na idade para o *college*.

O futebol não causava frustração menor. Em Lowell Jack havia sido — por fim — uma estrela. Na Horace Mann ele era um entre muitos garotos de colégios desconhecidos que estavam sendo preparados e instruídos por discípulos de Lou Little enquanto suas mentes eram lapidadas para sobreviver em Columbia. Colunistas de Nova York atacaram Lou Little naquela temporada por usar a Horace Mann desse modo, mas a controvérsia foi logo esquecida, pois Lou aproveitou-se dela para ficar em evidência. Seu nome real era Luigi Piccolo. Era natural de Boston e católico e começou a despontar para a fama na Georgetown University, em Washington D. C. Little foi um dos primeiros técnicos intelectualmente instrumentalizados, cheio de ideias sobre motivação e frustração. As habilidades de Jack eram perfeitas para o estilo de futebol praticado por Little, e naquela temporada a reversão de Kerouac ("Reversão é uma palavra fraca demais; eu *engolia* a bola para a esquerda") venceu um jogo. Mas ele ainda não fazia parte do time titular. Uma vez na Columbia, Lou Little reconheceria o talento de Jack.

Naquele primeiro outono em Nova York a cidade proporcionou a Jack uma extensão do campus. Jack matou o segundo dia de aula e tomou o metrô até a Times Square. Passou o resto do dia assistindo a filmes e admirando as multidões e as variações de luz no coração da cidade com que sonhava. Quando escolheu seus amigos entre os colegas da Horace Mann, o alvo foram rapazes que poderiam servir-lhe de tutores e guias para todos os segredos e prazeres da cidade. Durante a maioria dos sábados à noite a cama de Jack na casa de tia Ma no Brooklyn ficava vazia. Jack dormia fora com um amigo na Park Avenue ou na Riverside Drive — uma daquelas "pessoas com quem ele deveria ter crescido". Kerouac conheceu o jovem William F. Buckley, Jr. durante uma visita guiada pelo campus da Columbia, e em *Vanity of Duluoz* Jack escreve sobre um jovem amigo rico ficcionalizado como "Ray Olmsted". Eles se encontraram no almoço um dia quando "Ray" dividiu seu sanduíche de frango com Jack.

Ray era franzino e pedante, Jack era forte e extrovertido. Quando Jack vai aos Olmsteds certa noite para o jantar, a mãe de Ray se encanta com seus modos perfeitos, e o pai com suas histórias de esportista. Ele é convidado a retornar. (Dez anos depois, em um dos inícios abortados de *On the Road*, a personagem que representa Kerouac deixava justamente um tipo de casa abastada como aquela para começar sua longa viagem.) Logo Jack se acostumaria a amigos e ambientes prósperos e passaria a se sentir desconfortável entre os demais esportistas, que caçoavam dele por gastar seu tempo entre judeus e "bocós", ajudando-os com seus trabalhos de fim de curso.

Durante os anos de colégio em Lowell, Jack começara a se interessar por shows de *big bands* transmitidos pelo rádio ao vivo das pistas de dança dos grandes hotéis de Nova York. Na Horace Mann ele encontrou Seymour Wyse, que partilhava do mesmo interesse e conhecia por experiência própria a cena musical da cidade. Wyse apresentou Jack a um recém-graduado da Horace Mann, George Avakian, que iniciara sua carreira como produtor e musicólogo abrindo e administrando um clube de jazz no Greenwich Village chamado Nick's. Em uma entrevista para um trabalho da faculdade, Jack tratava Avakian como a autoridade acadêmica que ele estava perto de se tornar. Kerouac escreveu uma detalhada análise do funcionamento da banda de Count Basie e tentou uma entrevista com Glenn Miller, que o surpreendeu com uma falta de educação idêntica à de qualquer homem comum. Essas eram bandas de baile, que trabalhavam a partir de arranjos escritos, mas entre seus naipes havia talentos individuais cujos solos antecipavam um novo jazz, que se tornaria uma forma de expressão pessoal. Em 1940 Jack escreveu na *Horace Mann Record* que Lester Young estava perto de popularizar o negligenciado sax tenor como instrumento solo. Foi o que aconteceu. Jack entendeu o grau de emoção que o instrumento era capaz de expressar, uma habilidade que ele invejava.

Os textos sobre música que Jack escreveu naquele ano na Horace Mann eram hábeis reportagens e críticas. As duas histórias curtas que publicou eram bobas e amaneiradas. "The Brothers" tinha um jovem detetive por narrador, um Watson para o Sherlock Holmes representado por Henry Browne, este um homem "magro e anguloso, com os traços gerais de um saxão". De férias na cidade natal de Browne, a dupla para em uma loja de conveniência, onde importantes pistas de um fratricídio planejado caem em seu colo. Browne impede o criminoso, e o narrador critica a si mesmo por não ter percebido os fatos pertinentes: veneno, tubulação de gás, uma herança. "Une Veille de Noël" é uma vinheta que tem por palco uma taverna do Greenwich Village na véspera de Natal.

O dono do bar anuncia logo de início que seu estabelecimento representa o universo. Tão logo os frequentadores são apresentados, um homem barbado, sem dúvida alguma Jesus Cristo, aparece sóbrio para uma visita. Ambas as histórias beberam mais das revistas populares de ficção dos anos 1930 do que dos mestres que Sammy recomendara a Jack como bons modelos.

Em junho de 1940 Jack foi um ouvinte de sua própria formatura. Ele não podia adquirir o terno branco obrigatório, mas ficou atento à cerimônia, relaxando no jardim de trás do ginásio mastigando uma lâmina de grama e lendo Whitman.

Jack retornou a Lowell naquele verão sob a pressão de reverter duas reprovações em cursos da Horace Mann: química e francês (o dialeto de Gabrielle e o francês de sala de aula eram línguas diferentes). Em vez disso, ele resolveu divertir-se com seus amigos, que agora lhe haviam dado um novo apelido, Zagg, em menção a um bêbado local que periodicamente erguia as mãos e gritava "Woo! Woo!" enquanto perambulava pelas ruas de Pawtucketville. Certa noite Jack, George e Sammy, espiritualmente inspirados pela cerveja, paravam transeuntes para dizer-lhes que cada um era, individual e verdadeiramente, Deus. Os garotos cambalearam até os bancos de areia do Merrimack e, assim, viraram notícia.

Jack viu pouco Sammy naquele verão e nunca recuperou os créditos perdidos pelas reprovações, mas isso já não importava. Ele estava sob a proteção de Lou Little. Jack trocou a vida na casa de tia Ma pela vida dos dormitórios, e Leo o acompanhou até Nova York, onde os dois visitaram o fim da Feira Mundial de Nova York, um desfile de maravilhas pós-Depressão que a guerra estava perto de suspender.

Como qualquer calouro, Jack ficou em um quarto para dois no Hartley Hall, o dormitório mais antigo. Ele não gostava das baratas, nem de seu colega de quarto, e usou de seu status de estudante atleta para conseguir um quarto individual no Livingston Hall, o edifício ligeiramente mais elegante onde a maioria dos estudantes de pós-graduação vivia.

Gabrielle economizara para dar a Jack uma jaqueta esportiva do *college*, mas ele comprou um cachimbo. Suas baforadas acompanhavam as tarefas da faculdade, estas feitas com a música clássica da rádio WQXR ao fundo. Agora ele era um rapaz do *college*. Mas havia frustrações. Mal saído de seu verão preguiçoso, Jack se viu diante de uma carga quase desanimadora de leituras obrigatórias, treinamentos diários de futebol e o emprego que pagava seu dia a dia — lavar pratos no refeitório dos estudantes.

SCOTTY BEAULIEU:

Em setembro de 1940 G. J. e eu fomos visitar Zagg em Nova York. Ele nos mostrou os arredores da Universidade Columbia, a quadra de esportes, seu quarto. Fomos ao Madison Square Garden e Zagg disse: "Vamos ao escritório de Glenn Miller". Estávamos maravilhados. "Claro", disse Jacky. "Por que não?" Então nós fomos e vimos o escritório de Miller completamente vazio. Um cara tão famoso, e nenhuma alma em seu escritório.

Zagg me arranjou uma garota chamada Lucille no New American Hotel. Era minha primeira vez com uma prostituta. Fui o último dos três a ficar com ela, todo vestido em meu paletó verde e gravata. Jack me chamava de "Kid Faro" por causa de meu paletó verde e chapéu, gravata verde e cachimbo verde — e dente de ouro. Lucille estava vestida apenas com um roupão. Entramos no quarto e ela disse: "Você também é de Oklahoma?". Fiquei imaginando que bobagens aqueles sujeitos alucinados haviam dito, mas quando ela tirou o roupão eu esqueci tudo sobre a piada. Você nunca deve ter visto um sujeito tirar a roupa tão rápido.

Também tivemos um jantar de sete pratos em algum lugar descolado. Quando os frangos chegaram, estavam amarrados com um cordão, e Jack pegou a faca de manteiga para tentar cortá-lo. O que nós sabíamos dessas coisas? Logo apareceu o garçom, que colocou a mão sobre o ombro de Jack e disse: "Desculpe-me, senhor, mas essa é a faca de manteiga".

"Valeu, Zé", disse Jacky. "Meu braço é forte."

E era mesmo.

Quando o técnico dos calouros fez sua convocação naquele outono, Jack não estava entre os titulares. Acabou, contudo, participando, e Lou Little estava por perto para vê-lo jogar contra St. Benedict. Little vibrou quando Jack fez um retorno de bola de noventa jardas. Uns jogos depois dois homens agarraram Jack enquanto ele interceptava a bola. Ele tentava se livrar de ambos quando escutou o estalo. O treinador não deu atenção ao caso, tratou-o com spray, mas todas as tardes daquela semana Jack mancou durante os treinamentos, detestando Little e os demais por acusá-lo de fazer corpo mole. Ele seria finalmente mandado à enfermaria, onde uma radiografia revelou a fratura, fina como um fio de cabelo. Sua perna foi engessada.

Jack usou a contusão para tirar uma folga. Em lugar de lavar pratos, foi todos os fins de tarde ao ginásio para pedir um bife e um *sundae*, cuja conta ele mandava para o departamento de esportes. No lugar dos treinamentos ele mergulhou nos romances de Thomas Wolfe, que, segundo escreveu, "me fez despertar para a América como um Poema em vez da América como lugar de luta e suor".

Os homens da Phi Gamma Delta convidaram Jack para se unir a sua fraternidade, o que ele fez, porém recusando-se a usar o gorro de adesão pedido pelas solenidades. Nas eleições daquela primavera Jack foi escolhido vice-presidente da turma do segundo ano, uma honra que o surpreendeu. Quando voltou para casa em Lowell, no verão de 1941, ele havia sido convocado a resolver sua pendência em química, mas o escritório dos treinadores assegurou-lhe a permissão de simplesmente refazer o curso.

Era o verão que antecedeu a adesão dos Estados Unidos à guerra, e Jack e seus amigos passaram o tempo bebendo cerveja, acampando nas Green Mountains e sonhando com aventuras distantes como se tornarem marinheiros mercantes. Jack e Sammy viajaram de carona para Boston, onde Sampas declamou sobre uma caixa de sabão no parque central de Boston, o Common, discursos leninistas improvisados. Leo encontrou um emprego fixo em uma gráfica de New Haven, e os pais de Jack agora também planejavam sair de Lowell.

Uma noite em agosto, enquanto Mémère conversava na cozinha com sua sobrinha Blanche, Jack sentou-se na varanda de trás da casa, olhando para o céu. Ele sentiu (ou sofreu) um daqueles choques de consciência cósmica que os críticos literários chamam de epifania e os religiosos entendem como iluminação. Depois de admirar as estrelas por tempo suficiente para que pensasse que elas também o observavam, Jack cambaleou pela sala de estar, onde desabou na poltrona de Leo e se pôs a sonhar com um futuro de triunfos financeiros, esportivos e literários. Então retornou para outra mirada às estrelas, que "tão somente me miraram, sem nada a dizer. Em outras palavras, subitamente entendi que toda a minha ambição, a despeito de seus resultados... não importaria ao espaço intermediário entre a respiração humana e o 'suspirar das estrelas felizes'... Não importava o que eu fizesse, quando fosse, onde ou com quem fosse".

Recordando essa experiência, Jack a relacionou em sua mente com a guerra, que já havia começado na Europa e na Ásia. Pearl Harbor ainda demoraria quatro meses.

No fim daquele verão ele ajudou Leo e Gabrielle a se mudarem para sua casa alugada em Long Island Sound, próximo a New Haven. Em algum lugar entre Lowell e New Haven os Kerouac perderam Ti Gris, o "Cinzinha", o último de uma linhagem de gatos de estimação que remontava a Gerard. A morte de um gato sempre tocou Jack como um presságio particularmente ruim.

A entrada dos Estados Unidos na guerra era tão clara no horizonte naquele mês de setembro que o *quarterback* de Lou Little se alistou no corpo de fuzileiros navais. No entanto, havia muitos veteranos restantes para preencher a vaga, e Jack, que era apenas um aluno de segundo ano, ressentiu-se da ideia de passar mais uma temporada no banco. Seu relacionamento com Lou Little transformou-se em hostilidade mútua e franca. O técnico finalmente acusou Jack de ser incapaz de participar da KF-79, a falsa jogada que assegurara a fama de Little no Rose Bowl cinco temporadas antes. A KF-79, que sobreviveu por anos com variações menores, como a TNT, a FDR ou a LS/MFT, envolvia um falso *quarterback* que servisse o *halfback* direito; este, por sua vez, fingia um passe curto sobre o *tackle* da defesa oponente. Evidentemente, o *quarterback* retinha a bola durante toda a *mise-en-scène*, que, no outono de 1941, já não trazia surpresa alguma e, a bem da verdade, já era um ritual antecipado por todos no estádio, especialmente o adversário. A lenda de Lou Little era apenas isto: uma lenda. A guerra seria a desculpa para mais uma década de temporadas quase sempre perdidas, e à época da aposentadoria forçada de Lou, nos anos 1950, o futebol da Ivy League se tornaria um esporte bem diferente. Jack não gostava do fato de Lou ter rejeitado sua ascendência italiana e caçoava da reputada elegância do treinador. Diziam as más-línguas na Columbia que Little tinha mais de cem ternos e jaquetas esportivas, mas o número oficial, que circulava graças aos próprios agentes de Little, era de aproximadamente quarenta. Finalmente, para completar o desencantamento, Jack acreditava que Columbia fracassara em sua promessa de ajudar Leo a encontrar um emprego em Nova York. É provável que um dos recrutadores de Little tivesse feito tal promessa durante as negociações por Kerouac, talvez em resposta à história de Jack de que os chefes de Leo em Lowell o haviam demitido quando seu filho recusou a matrícula no Boston College.

No fim da tarde de sábado depois de Little ter constrangido Jack diante dos demais jogadores ao acusá-lo de ser incapaz de fazer parte da KF-79, Kerouac arrumou suas coisas e deixou o Livingston Hall. Quando Little o interceptou no caminho para perguntar aonde estava indo — e Jack fez questão de topar com o técnico —, Kerouac lhe disse que para a casa de sua tia Ma no Brooklyn. No Brooklyn, enquanto deixava suas coisas, Jack disse a seu tio Nick que estava retornando ao campus. Em vez disso, foi à rodoviária e comprou uma passagem que pudesse levá-lo "para dentro da noite americana".

Era uma passagem para Washington D.C., onde ele passou uma noite em um hotel barato antes de voltar a New Haven e sua família. Leo estava terrivelmente desapontado por Jack ter abandonado a Columbia, surdo aos argumentos do filho de que poderia viver como escritor. Jack arrumou um emprego na costura de pneus em uma fábrica local, mas saiu para o almoço no primeiro dia e não retornou mais. Então um amigo lhe falou sobre um trabalho de mecânico em um posto de serviços automotivos em Hartford. Jack aceitou.

Em Hartford ele alugou um quarto e uma máquina de escrever portátil e, entre outubro e novembro de 1941, voltava para casa todas as noites para escrever duas ou três histórias para uma coletânea que ele havia intitulado em sua imaginação *Atop an Underwood* [Em cima de uma Underwood[1]]. Nenhuma foi publicada.

Quando o Dia de Ação de Graças chegou, Jack estava na bomba de gasolina, como sempre. Sammy Sampas apareceu na casa onde vivia, implorando-lhe que explicasse por que abandonara Columbia. Para escrever, disse Jack, mas a resposta não satisfez Sammy. Eles comeram um jantar de Ação de Graças em promoção em uma lanchonete, brigaram sobre que filme ver e foram a cinemas diferentes, encontrando-se depois no bar.

Mais ou menos uma semana depois Leo escreveu que ele havia conseguido um emprego fixo em Lowell e que estava retor-

1. Marca de máquina de escrever. (N.T.)

nando com Gabrielle. Aconselhado por Sammy, Jack se inscreveu para uma vaga de repórter de esportes no *Lowell Sun* e foi aceito. Os Kerouac estavam mais uma vez juntos.

O trabalho de Jack no jornal pedia pontualidade e uma gravata e pagava quinze dólares por semana. Jack logo descobriu que era capaz de terminar seus textos até o meio-dia e passar o resto do tempo trabalhando furtivamente nas páginas do romance que havia começado. Ele o intitulou *Vanity of Duluoz* [A vaidade de Duluoz], o mesmo título que escolheu em 1967 para o último de seus grandes romances a ser publicado. Em suas próprias palavras as histórias que escrevera em uma Underwood imitavam Hemingway, Saroyan e Wolfe. À época ele lia *Memórias do subsolo*, de Dostoiévski, e começara *Ulisses*. No romance que iniciara no outono de 1941, ele tentava lidar com Lowell e sua gente como Joyce escrevera sobre Dublin. Seu assunto era a vida cotidiana, não as aventuras de um detetive imaginário; e sua *persona* ficcional Duluoz já estava em construção, embora aqui se chamasse Bob, não Jack. Todas as noites, às nove horas, quando a biblioteca fechava, Jack encontrava Sammy Sampas para conversar. Era para agradar a Sammy, cujas ambições em relação a ele nunca haviam diminuído, que Jack escrevia.

No primeiro domingo de dezembro Jack foi assistir ao novo filme de Orson Welles, *Cidadão Kane*. Quando saiu do cinema, escutou o menino vendedor de jornais acenando com uma edição extra que anunciava o ataque a Pearl Harbor. Para os Estados Unidos, a guerra começaria no dia seguinte. Jack já havia se inscrito no programa V-12, a partir do qual a Marinha utilizava as faculdades para produzir oficiais bem-educados em ritmo acelerado. Leo viu o programa da Marinha como um meio de Jack retornar a Columbia. Jack e Sammy se inscreveram para participar do mesmo serviço, fosse ele qual fosse, e lutar juntos.

Em poucas semanas Jack se cansou de seu trabalho como repórter esportivo no *Lowell Sun*. Certa manhã, sua missão era entrevistar o técnico de basquete do Instituto Têxtil, mas, em vez de caminhar os poucos quarteirões entre seu apartamento e a escola, Jack ficou sentado em casa pensando nas razões por que acabaria por deixar o emprego. Leo ficou enfurecido, dizendo a Jack que era um vagabundo que nunca seria capaz de sustentar Gabrielle na velhice. Gabrielle ficou do lado de Jack, reprimindo Leo por seu temperamento incontrolável. Jack disparou para Washington, onde G. J. estava trabalhando na construção do projeto do Pentágono, de onde escreveu para que se juntasse a ele.

Kerouac conseguiu um trabalho como funileiro, tarefa para a qual não tinha qualificação alguma. Ele passou poucos dias na área do Pentágono se escondendo do mestre de obras e então deixou o posto para trabalhar em uma lanchonete na região noroeste da capital. Foi quando encontrou uma loirinha bonita da Geórgia e foi morar com ela; o caso, no entanto, foi breve, e em um mês Jack pegou o ônibus de volta para Lowell. Ir para a guerra pareceu-lhe, naquele momento, a única coisa certa a fazer. Esquecendo sua promessa a Sammy, Jack pegou uma carona para Boston com seu camarada de infância Jim O'Day e, em apenas uma tarde, alistou-se e foi aceito pela Guarda Costeira e pelos Fuzileiros.

Jim O'Day estava feliz de ser aceito pelos Fuzileiros e retornar a Lowell para esperar a convocação para o treinamento básico, mas Jack era mais impaciente. Ele permaneceu em Boston naquela noite, bebendo nas imediações da Scollay Square, onde encontrou um bando de marinheiros mercantes. Esses homens eram tecnicamente civis. Seus documentos de identidade os eximiam do serviço militar, embora suas viagens de abastecimento para Murmansk e Liverpool se dessem em desafio à Marinha alemã. Os novos amigos de Jack explicaram tudo sobre o posto de alistamento, onde, na manhã seguinte, ele aceitou uma vaga na cozinha do S. S. *Dorchester*.

Sammy sentiu o golpe quando soube o que Jack havia feito. Kerouac o orientou a pegar seus documentos e alistar-se no mesmo navio, mas Sammy não teve a sorte de Jack. Este tentou acalmar Sammy fazendo troça de que havia visto as flores da morte nos olhos de seus companheiros de bordo, como de fato podia ter visto. Em uma viagem posterior, já sem Kerouac, os alemães afundaram o *Dorchester*, incidente que marcou a imaginação popular e ficou estampado em uma edição de selos comemorativa a partir da história dos quatro capelães que deram o próprio colete salva-vidas a quatro jovens e afundaram com o navio.

A bordo do *Dorchester*, Jack manteve seu trabalho de escrita. "A morte ronda meu lápis. Como me sinto? Não sinto nada, exceto uma sombria resignação." Ele estava orgulhoso de seu salário incluir um bônus de insalubridade; a carga incluía munição.

Uma manhã, enquanto fritava duzentas tiras de bacon para o café da manhã da tripulação, Jack escutou o ronco do *Dorchester* e sua escolta lançando munição pesada contra submarinos alemães. Tal como descreve o incidente em *Vanity of Duluoz*, ele evoca uma visão de sua contrapartida loira alemã se afogando enquanto frita bacon para a tripulação de seu submarino. Esse foi o flerte mais próximo de Kerouac com a ação durante a guerra. Rememorando aquela manhã perto do fim da vida, Kerouac faz

Duluoz parar para confessar uma fé na paz que se deve mais à simples reverência pela vida do que a qualquer expressão religiosa convencional: "Não vejo, não entendo, não quero. Por que nossos dois navios não podiam simplesmente se encontrar em uma enseada e trocar piadas e falsos prisioneiros?".

Durante o verão no mar, Jack escalou uma montanha durante uma visita curta à Groenlândia e acabou bêbado numa folga breve na Inglaterra. As impressões deixadas foram todas as noites esboçadas em seu diário, incluindo seu ódio pelo cozinheiro negro que puxou uma faca contra Jack uma manhã por ter dormido demais e perdido a hora. Kerouac nunca jogou fora sua cópia de carbono da ordem de desconto de dois dias de seu pagamento por ter deixado o navio sem permissão na Nova Escócia.

Quando foi para casa, em outubro de 1942, havia um telegrama de Lou Little pedindo que voltasse a Columbia, o que Jack fez na manhã seguinte. Poucos dias depois Sammy foi a Nova York visitá-lo, e Jack sentiu uma pontada de culpa por deixar seus compromissos para sair com ele naquelas longas caminhadas de prosa. Foi quando Leo, mais uma vez sem emprego fixo, decidiu confrontar Little pessoalmente pela promessa não cumprida do recrutador de ajudar a arrumar-lhe trabalho. Jack permaneceu do lado de fora do escritório do técnico enquanto os dois homens gritavam um com o outro. Dias antes, na mesma semana, o técnico do Exército havia ido a Columbia para um jogo amistoso e pedira a Little para ver Kerouac em ação. Jack estava certo de que jogaria na partida do Exército naquele sábado. Depois da discussão com Little, Leo pensou o contrário e disse a seu filho que, se Little o mantivesse no banco mais uma vez, que ele apoiaria o filho na decisão de abandonar Columbia, como Jack fizera um ano antes. Como Leo desconfiara, Jack não jogou. Agora ele deixaria Columbia de vez.

Jack informou a seus colegas de time sua decisão de deixar a faculdade e então se recolheu, no outro lado da rua do campus, à casa de uma rica mulher de Detroit chamada Edie Parker, que estava vivendo ali com parentes enquanto estudava arte na Columbia com George Grosz. Jack conhecera Edie através de Henri Cru, um amigo da Horace Mann que também se fizera marinheiro mercante.

Poucos dias depois Jack retornaria a Lowell, trabalhando em uma segunda tentativa de romance sério enquanto esperava a Marinha convocá-lo. Ele pôs para tocar a Sinfonia nº 5 de Shostakovitch na vitrola, e começou a imprimir manualmente um manuscrito que chamou de *The Sea Is My Brother* [O mar é meu irmão]. Em março ele levou consigo seu caderno de anotações para o campo de treinamento em Newport.

Jack fracassara em um esforço de última hora de se engajar na Aeronáutica e se ressentiria do fato de que, aos 21 anos, era três anos mais velho do que os demais recrutas, os quais chamava de "ração da guerra". Mas o que mais o incomodava era a disciplina diária exigida de um recruta: a obrigação da guarda, as regras contra o fumo. "Quem era esse senhor que teve a audácia de ordenar-me que limpasse uma mancha em minhas botas? Sou descendente de notáveis cavalheiros que estiveram na corte do rei Arthur, e eles não eram obrigados a permanecer tão limpos..." Certa vez, durante a formação do pelotão matinal, Jack deitou o rifle ao chão e foi embora.

Kerouac acabou na ala psiquiátrica do hospital da Marinha em Bethesda, onde os psiquiatras se debruçaram sobre *The*

Sea Is My Brother para obter pistas de seu estado mental. Ele permaneceu preso em um quartel que tinha ainda um garoto maníaco de West Virginia e um homem que tentara o suicídio. Leo o visitou ali, e aos sussurros comunicou ao filho sua condenação da guerra. Sammy apareceu em uniforme do Exército. Kerouac leu prontamente a dor nos olhos de Sammy, e então lembrou ao amigo o tempo em que este correra ao lado do trem que levava Jack de volta para Nova York e à Horace Mann, cantando "I'll See You Again". Essa visita no hospital foi a última vez que os dois se encontraram. Sammy morreu no janeiro seguinte em Anzio.

Depois de dois meses Jack disse a um psiquiatra da Marinha em uma entrevista final que admitia a covardia, mas percebia seu mal como uma inabilidade intrínseca em aceitar a disciplina. Ele recebeu uma dispensa honrosa — "personalidade indiferente" — e retornou a Nova York, onde Leo e Gabrielle estavam vivendo. Leo operava uma máquina de tipografia em uma gráfica nas imediações da Canal Street, e Gabrielle raspava couro em uma fábrica do Brooklyn produtora de calçados para o Exército. O apartamento do casal ficava sobre uma farmácia em Ozone Park, no Queens.

Jack procurou Edie Parker na casa de veraneio de sua família em Nova Jersey e ali prometeu que viveriam juntos tão logo ele retornasse de mais uma ida ao mar. Kerouac serviu no convés do *George Weems* como marinheiro raso em uma viagem a Liverpool com um carregamento de bombas. Ele trabalhou em uma nova versão de *The Sea Is My Brother* e leu Galsworthy em seu beliche. Jack não era habilidoso como homem de convés e não demorou para encontrar no primeiro imediato um alvo para seu ódio contra a autoridade. "Estávamos bem próximos da situação de Billy Budd e o mestre-d'armas Claggart", ele escreveu.

Quando voltou, em outubro de 1943, Jack começou a passar as noites no apartamento de Edie Parker, e quando ele a levou à sua casa para conhecer seus pais, os quatro passaram uma noite agradável bebendo juntos. Gabrielle ainda se incomodava com o fato de Jack e Edie viverem juntos sem a bênção de um padre, mas pela primeira vez desde que deixara Lowell para ir para a Horace Mann, seu filho estava feliz.

Edie e sua amiga Joan Vollmer, que também gostava de Jack, dividiam um apartamento perto de Columbia, na 118th Street com a Amsterdam Avenue. Edie e Joan não mantinham um *salon*, mas eram mais do que iniciantes na boemia, e foi nesse endereço e em seu entorno que, entre o fim do outono e o início do inverno de 1943, Jack passou a integrar uma constelação de amizades com homens e mulheres que lhe permaneceriam próximos pelo resto da vida e forneceriam as *dramatis personae* de parte considerável de sua obra madura.

Com dezessete anos, Allen Ginsberg se matriculara em Columbia naquele ano. Era filho de Louis Ginsberg, poeta acadêmico e professor do ensino médio em Paterson, Nova Jersey, e de cursos noturnos na Rutgers. A mãe de Allen, Naomi, passara por internação e tratamento de choque devido à esquizofrenia paranoica. Em seus momentos de paz ela era uma fervorosa teórica de esquerda. Allen era brilhante, porém um tanto sem jeito, e vivia às turras com a intensidade de seus desejos homossexuais. Escolhera Columbia — sua ficha escolar permitia tal escolha — por causa de sua atração não correspondida por um amigo do ensino médio que se inscrevera lá. Allen sentiu-se desconfortável com sua natureza sexual por anos, mas sua estratégia era evitar a identificação com qualquer uma das subculturas homossexuais de Nova York — ou o mergulho nelas. Em seu lugar, cultivou um talento para a amizade que atravessou todas as barreiras de circunstância e lugar, predileção que o levaria a uma vida entre "gênios e drogados", como chegou a referir.

Allen Ginsberg:

Nova York nos anos 1940. Bem, a cena principal, eu acho, onde todos se encontraram — quer dizer, Burroughs, Kerouac, eu mesmo, Herbert Huncke, Neal Cassady, Joan Vollmer Adams Burroughs, Ed White, Hal Chase, Clellon Holmes, Ed Stringham da revista *New Yorker*, Alan Harrington. Tudo começou perto do Natal de 1943...

Lucien Carr mudou-se para o sétimo andar do Seminário da União Teológica na 120th Street, que durante a guerra foi usada como dormitório de Columbia, lotada com estudantes v-8 da Marinha. Fui para o mesmo andar em meu segundo ano na faculdade, e Lucien estava no fim do longo e velho corredor de madeira. Eu o encontrei pois havia música saindo de seu dormitório. Era lindo — o Trio nº 1, de Brahms, que nunca havia escutado. Então bati, ele abriu a porta, e imediatamente gostamos um do outro e começamos a conversar.

E ele me levou, pela primeira vez, ao Greenwich Village, e naquele Natal encontrei Burroughs, que era um amigo de Lucien, vindo de St. Louis. Na mesma época Lucien conheceu Edie Parker, que era a namorada de Kerouac; Kerouac ainda estava no mar. Edie, quando Kerouac retornou de sua viagem, apresentou Lucien a Kerouac no West End, ou ainda no apartamento que eles tinham na 118th Street perto da Amsterdam Avenue. Foi quando Lucien me levou para ver Edie, talvez no West End, ou para ver Jack, ou ainda me deu o endereço para ir vê-lo.

Ele descrevia Kerouac em termos muito românticos, como um marinheiro que era romancista ou poeta, ou escritor, num estilo bem Jack London. Na verdade, não lembro qual era nosso ponto de referência na época. Aquela coisa bem profunda, sabe?

Então fui visitar Jack num dia de manhã enquanto ele tomava seu café, às onze ou meio-dia, e nós entramos numa conversa engraçada, já não sei mais sobre o quê. Lembro-me de ter ficado assombrado e maravilhado com ele, pois nunca tinha visto um atleta sensível, conhecedor de poesia. Não que soubesse muito de poesia, pois minha referência era A. E. Housman e Shakespeare, ou coisa que o valha. Ainda não conhecia Eliot nem Pound, poesia moderna em geral, nem tinha a mínima ideia do que estava fazendo; escrevia estrofes rimadas. Ele havia acabado de terminar um livro chamado *The Sea Is My Brother*, escrito, penso eu, em sua viagem no mar. Não sei sobre o que falamos, exceto poesia *versus* prosa, ou algo do gênero...

Mas essa lembrança está misturada a outra lembrança, talvez da mesma época. Eu estava me mudando do quarto no Seminário Teológico. Acho que já tinha levado minhas coisas e estava voltando para pegar uns pratos, e Jack caminhou comigo pelo campus de Columbia, descendo a 120th Street, em direção ao seminário. E falávamos sobre a natureza fantasmagórica de se mudar de um lugar para outro e dizer adeus a velhos apartamentos e salas. E então subimos os sete lances de escada e eu peguei não sei o que que tinha de pegar, e então nos viramos e nos curvamos e saudamos a porta, e então saudamos o corredor e dissemos "Adeus, lindos degraus. Adeus, segundo degrau. Adeus, terceiro degrau", e assim por diante, descendo os mesmos sete lances. E assim entramos em comunhão sobre o sentido da transitoriedade mortal, enquanto ele disse: "Ah, eu também faço isso, quando digo adeus a um lugar".

... Quando dizia adeus a um lugar ou quando viajava pelo mundo, ele sabia que era um momento melancólico e doloroso, sabia o tempo todo. Dizer adeus era o mesmo que chegar, ou algo do gênero, não sei. Essa era uma ideia que tivemos para um pequeno poema. A conversa foi a descoberta de que sentíamos uma mesma, sensível e pessoal forma de dizer adeus ao mundo, e o momento era a mudança desse dormitório onde me apaixonara. Por isso acho que a partir daquela conversa nos tornamos amigos...

Jack foi apresentado a Burroughs por Lucien, eu acho. Não conhecíamos Burroughs. Nós havíamos nos encontrado apenas uma vez, e acho que foi no Natal de 1943. David Kammerer, amigo de Burroughs, estava vivendo no número 44 da Morton. Então Lucien levou-me para conhecer o apartamento de David, e Burroughs estava lá naquele Natal. Lembro-me de Burroughs descrevendo uma briga que havia visto em algum bar de lésbicas, onde um cara tinha mordido a orelha de alguém. E acho que Bill disse: "É uma briga muito fraquinha para a minha espada". Era a primeira vez que ouvia Shakespeare ser citado com inteligência. "Nas palavras do bardo imortal, 'O assunto é muito fraco para minha espada'."[2] Foi assim que me perguntei quem era aquele aristocrata inteligente. Ele não mudou nada. Quero dizer, seus modos são os mesmos desde aquela época.

Jack deve ter se encontrado com ele e Lucien em algum momento, ou ao mesmo tempo, mas nenhum de nós o conhecia. Passou-se mais ou menos meio ano, depois de Lucien deixar a cidade, até que Jack e eu decidíssemos que deveríamos procurar Burroughs juntos e fazer-lhe uma visita formal e examinar sua alma e descobrir quem e o que ele era, pois era tão interessante e inteligente e erudito que, para nós, ele parecia ter a excelência de caráter digna de um homem espiritualizado e cosmopolita. Só não conseguíamos descobrir qual era seu segredo, e por isso decidimos que devíamos descobri-lo indo a seu apartamento na Riverside Drive.

Então eu e Jack fizemos uma visita formal a Bill, e lembro que ele tinha um exemplar de *Uma visão*, de Yeats, com o qual Lucien havia ficado por um tempo. Shakespeare, Kafka: *O castelo* ou *O processo, O castelo*, eu acho; *Ciência e sanidade*, de Korzybski, *A decadência do Ocidente*, de Spengler, Blake, um livro de Hart Crane, que ele me deu e que ainda tenho comigo, Rimbaud, *O ópio*, de Cocteau. Esses eram os livros que ele estava lendo, e eu não havia lido nenhum deles. E ele emprestou livros para nós...

2. Em *Troilus e Créssida*, Ato I, Cena I (N.T.)

Tivemos uma longa conversa com Burroughs, provavelmente sobre Korzybski e Spengler. Ele dizia que as palavras não eram as coisas que elas representavam, não eram idênticas... Claro, Burroughs estava interessado no ponto de vista da semântica geral, já que havia estudado com Korzybski em Chicago. De seu ponto de vista, que também envolvia a psicanálise, ele estava interessado na... "mente primordial... na mente pré-conceitual e primordial".

Lucien e Jack permaneceram amigos muito próximos até a morte de Kerouac, mas muitos dos episódios dessa amizade foram excluídos dos livros de Kerouac ou muito disfarçados neles, por causa das restrições relacionadas à condicional de Carr após a sentença pelo assassinato de David Kammerer. Lucien conhecia Burroughs desde os tempos em que ambos eram meninos em St. Louis, e mais tarde ambos estariam juntos quando Lucien se fez estudante na Universidade de Chicago e Burroughs trabalhava na cidade como dedetizador. Kammerer também vinha de uma família rica de St. Louis. Ele era catorze anos mais velho do que Carr, a quem conheceu adolescente inscrito em uma série de caminhadas pela natureza conduzidas por David quando este era instrutor de educação física na George Washington University.

Lucien Carr:

Bill Burroughs me disse que se você é amaldiçoado pela literatura, que é a grande maldição da humanidade, você deve ler Spengler, Korzybski e Pareto.

Lembro-me de Bill em East St. Louis. Eu devia ter uns catorze anos. Peguei o carro de Bill emprestado. Eu disse:

"Bill, preciso do seu carro, porque quero dar uma olhada e entender o que todas aquelas putas estão fazendo em East St. Louis". Não havia asfalto nos caminhos ali, formavam-se poças enormes e, por isso, quando você tentava passar lentamente por esses obstáculos, as putas todas subiam no carro.

Essa é uma das razões por que eu sempre vou amar Burroughs — *sempre*.

Devia ser um velho Ford 1936. No meio daquela merda de inverno. E eu fui para East St. Louis, e quando nós voltamos para o carro, ele estava frio, e eu disse: "Bom, vou aquecer este carro". Eu ia deixar o carro *quente* lá dentro — até que a porra da frente do carro *explodiu*! A tampa do capô abriu e deixou o motor para fora, entendeu? Fato era que o carro tinha ido pro saco. Deixei onde estava.

Então saí, me enfiei em alguma merda de lugar e atravessei de volta o rio pela manhã e comecei a pensar no caso. E quando já tinha passado uma semana matutando no caso pensei: "Deus do céu, preciso falar com aquele cara e dizer que fodi com o carro dele e que está lá do outro lado do rio...".

Então liguei pra ele e disse: "Ei, Bill, tá sabendo que seu carro...".

E ele respondeu, cheio de fleuma: "Siiiiiiiimmm...".

Eu disse: "Bom, veja só. Ele está do outro lado do rio, e acho que explodiu tudo, de qualquer maneira a tampa saiu voando e... bom, está lá e acho que não vale a pena ir até lá e pegar."

E ele respondeu: "Tudo bem".

E eu disse: "Achei melhor contar para você", e ele respondeu: "Beleza". Desligamos. E foi isso.

Mais tarde fiquei sabendo que Burroughs gostou do fato de eu não ter me importado com as desculpas. Eu realmente não *sentia* nenhuma culpa. Pensei só que devia contar pro cara onde o carro dele estava, saca? Desde então eu e Burroughs somos amigos de verdade.

ALLEN GINSBERG:

Kerouac e eu decidimos que Burroughs era um grande buscador de almas e vasculhador das cidades. Acho que Kerouac disse "o último dos homens fáusticos". Ele estava usando a terminologia de Spengler, e foi de Spengler que Kerouac tomou a ideia do *fellaheen* — a palavra *fellaheen*.

Todos formamos nossa concepção total — certamente diferente da minha criação original, liberal, à *New York Post* — de um tipo de crise espiritual no Ocidente e a possibilidade de Declínio em lugar do infinito Progresso do Século Norte-americano — a ideia de uma mudança histórica apocalíptica.

Bill mudou-se para o centro para um apartamento na, acho, 60th Street com a 9th Avenue, em cima de um bar chamado Riordan's, onde ele ficava sentado de colete, como ficou sentado pelos trinta anos seguintes, com café ou chá e fumando e conversando em sua sala...

Então Jack vinha de Long Island e o visitava, e eu saía de Columbia e o visitava, e acho que foi por aquela época que ele conheceu Huncke e Bill Garver. E nós também — vivendo em torno da 8th Avenue, todos nós começamos a explorar a 8th Avenue, da 59th à 42nd Street e a região da Times Square, curtindo ao redor da Bickford's debaixo da marquise do Apollo Theater na 42, quando eles ainda estavam lá — uma população noturna de drogados e prostitutas, e a gente vagando pela rua... Andarilhos das ruas — inteligentes, melvillianos, éramos andarilhos noturnos das ruas.

LUCIEN CARR:

Deve ter sido no verão de 1944 quando Jack e eu saímos para conseguir um navio. Era bem difícil acertar a papelada, pois você precisava de um cartão do sindicato; e para conseguir um cartão do sindicato, você precisava de um navio. Finalmente conseguimos nossas patentes de marinheiro e ficamos sentados no salão de entrada do sindicato esperando — indo para Paris, indo para a França, né? Dois marinheiros rasos, e desse jeito nós nunca conseguiríamos.

Então finalmente Jack decidiu que tinha de ser um A. B.,[3] o que significa que você é capaz de pilotar o navio — o que ele só conseguiu entrando e falando com Phil Stack, que era figurão no sindicato. Ele foi lá e disse: "É isso aí, quero ser um A. B., não quero mais ser raso". E o cara disse: "Beleza".

Então ele foi contratado por um navio no Brooklyn — em Red Hook. Nós nos esgueiramos até o navio com todas as nossas coisas; quando fomos para o píer toda a tripulação estava saindo, todos como formigas, dizendo: "Não embarquem nesse navio de jeito nenhum, não entrem no navio, o imediato é um filho da puta".

3. *Able-bodied seaman*, marinheiro sem patente, porém habilitado a diversas funções a bordo de um navio mercante. (N.T.)

Subimos bravamente a bordo daquele navio abandonado — cara, não tinha *ninguém* ali. Então pegamos nossos beliches no castelo de proa e começamos a olhar ao redor e encontramos uma despensa de comida e bebemos leite e comemos carne crua. A gente estava em boa forma.

E alguém começou a berrar pelo passadiço: "Quem está no meu navio? Quem?". Saímos rindo e lá estava o filho da puta, que devia ter uns dois metros de altura — ruivo e muito mal-encarado. Muito mal-encarado. E ele perguntou: "O que vocês estão fazendo aqui?".

Nós respondemos: "Estamos embarcando".

Ele disse: "Como tripulação?".

E nós dissemos: "Sim, senhor. Marinheiro raso e Marinheiro capacitado — mas a gente só vai embarcar se você levar este navio para Albany e o trouxer de volta. Ouvimos umas coisas ruins a seu respeito."

E ele disse: "Se vocês não vão embarcar até que a gente leve este navio até Albany, então vocês estão *fora*!".

Ele era bem grande e bem mau. Então pegamos nossas coisas e deixamos o navio.

ALLEN GINSBERG:

Então um amigo nosso de Denver, Hal Chase, nos contou sobre Neal Cassady, um rapaz comedor, brilhante jogador de bilhar, que, rezava a lenda, havia ficado órfão aos treze anos e devorado a Biblioteca Pública de Denver e lido Kant de cabo a rabo e mais um bocado de filosofia. E Chase, em umas férias de verão, havia dito a Neal que conhecia uns poetas em Nova York e que a poesia era superior à filosofia, o que imediatamente deu um estalo na cabeça de Neal. Aquilo subitamente o liberou da relação com a racionalidade e da realização do humor criativo, do romance. Aquela conversa, evidentemente — segundo Neal colocou anos depois —, foi fundamental. Então ele contou a Neal sobre os poetas que conhecia por causa de Columbia, e ele nos falou sobre o "Adônis de Denver", um puxador de carros com a cabeça cheia de filosofia. Acho que existe um verso em Yeats sobre alguém que lê o Kant todo enquanto cultiva o campo — algum camponês ou premiê irlandês.

Tudo isso acontecia entre 1944 e 1946, todos esses relacionamentos e compromissos. E então, por volta de 1945, a companheira de casa de Edie Parker, Joan, teve um bebê[4] e estava falida num apartamento na 115th Street entre a Morningside Drive e a Amsterdam Avenue e precisava de quem o dividisse com ela. Então eu e Hal Chase nos mudamos para lá, e Jack circulava por ali e também Ed White e outras várias pessoas nos visitavam de quando em quando.

Foi aí que Jack e eu chegamos à conclusão de que Joan, que era muito inteligente, deveria conhecer Burroughs; era um embate que queríamos muito ver rolar. Eles eram mais velhos que nós, um pouco mais velhos, e víamos que eram igualmente sarcásticos, que faziam um mesmo tipo intelectual, pois tinham um senso de humor lacônico e eram completamente livres dos estereótipos norte-americanos. Nenhum dos dois havia internalizado nada do gênero, como eu, por exemplo, certamente havia. Eles pareciam mais so-

4. De seu primeiro marido.

fisticados do que nós, então pensamos que deveríamos colocar frente a frente ambas as sofisticações.

Fizemos uma visita a Bill e ele estava precisando se mudar de seu... apartamento na Riverside Drive. Havia um quarto extra no apartamento de Joan, e todos nós estávamos vivendo lá e então o convidamos para se juntar a nós, e aparentemente ele e Joan se deram bem e eram bastante espirituosos e curtiam a companhia um do outro... Não demorou e Bill mudou-se para lá.

O apartamento era ótimo, grande, à moda antiga, com quartos grandes — seis quartos grandes. A sala de estar dava para o sul, então tínhamos uma ótima iluminação durante o dia todo. Eu ficava no primeiro quarto, perto da porta, com Hal Chase, que às vezes também ficava em outro quarto... Burroughs ficava com Joan; era um quarto só dele, mas ficava com ela, conversando com ela, dormindo com ela de vez em quando, num esquema de amizade e, na verdade, um pouco mais que amizade. Huncke e Jack apareciam de visita.

Eu ainda assistia às aulas na Columbia, que ficava do outro lado da rua; então eu saía da classe para trocar ideia com Jack e Burroughs e ainda voltava para a aula. Era gozado, porque as discussões em casa eram muito mais elegantes do que em sala de aula, muito mais interessantes e investigativas e fortes emocionalmente.

Jack não tinha nada a ver com Columbia. Só vivia ali porque tinha uma namorada na 118th e porque havia estado lá. Ele não vivia em casa; vivia com a namorada dele. Sua base era Ozone Park, e então ele aparecia para um fim de semana ou dois ou três dias ou só tomava o metrô para curtir com a gente e escrever. Ou de quando em quando ele usava a biblioteca de Columbia. Ele tinha amigos por lá; eu, Hal Chase, Ed White... e depois Burroughs foi para lá e então aquela área, entre o apartamento e a Times Square, acabou se tornando nosso ponto de encontro.

Ele havia estado no mar, então anos antes ele já havia conhecido uma ruptura. Ele já tinha passado por uma mudança de vida, de sair de Columbia para viver no mar por conta própria.

Ele havia escrito *The Sea Is My Brother*. Nós levamos o romance para Raymond Weaver, um professor de Columbia que dividia o escritório com Mark van Doren. Weaver havia vivido no Japão, tinha alguma experiência com o zen-budismo e era um pouco gnóstico... Um homem de temperamento forte que dava um curso estranho chamado Comunicações 13 — um homem à frente de seu tempo. Ele poderia tanto apresentar haicais e *koans* zen-budistas — estilo "qual é o som de uma mão?" — quanto poemas de Wyatt ou Crazy Jane. E todos os jogadores de futebol e todas as figuras mais sensíveis assistiam a suas aulas por um ou outro motivo; era uma matéria fácil. Ele não reprovava ninguém.

Mas ao mesmo tempo era difícil, porque era como estar com um mestre zen-budista: uma inteligência sem misericórdia e constante que não aceitava respostas idiotas para o som de uma mão.

Acho que Weaver adorava jogadores de futebol. Era por isso que gostava de tê-los na sala. Weaver era um bom professor para eles, com quem se relacionava de modo direto, intimamente. Ele tinha uma porção de estudantes especiais, como John Tagliabue, poeta hoje em dia, e Ted Hoffman, que dá aula de teatro. Havia um grupo grande de alunos que realmente caçoavam dele. Mas como acadêmico sua glória verdadeira era ter escrito a primeira biografia de Melville e ter pessoalmente descoberto *Billy Budd* e outros manuscritos em um baú em um sótão em Nova York. Ele era um acadêmico historicamente importante.

The Sea Is My Brother era só um bocado de prosa onírica sobre o mar ser meu irmão. Trazia alguma descrição do mar na Groenlândia. Era isso, ou um tipo de romance simbólico, de cujo título já não me recordo, que Kerouac escreveu estruturado a partir das *Lafcadio's Adventures* [Os subterrâneos do Vaticano], de Gide, ou alguma versão disfarçada de Rimbaud, de Lucien Carr... Um romance simbólico, um romance simbólico completamente obscuro, uma *novella* bem breve — foi isso que ele levou para Weaver.

E Weaver leu tudo com bastante interesse e deu a Jack uma lista com sugestões de livros: o *Livro dos Mortos* dos egípcios, os primeiros gnósticos, Plotino, e do resto não me recordo. Talvez alguma coisa chinesa ou taoísta, mas era uma lista gnóstica, porque Jack havia lhe dado um romance gnóstico, e Weaver era o único gnóstico de Columbia. Quero dizer, alguém que conhecia as tradições zen-budistas, chinesa e japonesa, e a gnóstica do Ocidente, e o gnosticismo de Melville e o transcendentalismo norte-americano. E então Jack chega a Weaver com um livro volumoso, não cheio de simbolismo obscuro, de um jeito ou de outro uma bela prosa, não muito clara, não focada ou particularizada neste mundo. Provavelmente nessa época ele já estava escrevendo

The Town and the City, porque em meados dos anos 1940 seu pai estava doente.

Leo sofria de câncer no estômago e teve uma morte lenta e dolorosa, que fez de Jack um impotente espectador. Gabrielle continuou a trabalhar como raspadora de couro enquanto seu filho visitava seus novos amigos e ensaiava uma carreira literária. Ele estava atravessando um momento do qual posteriormente extrairia elementos para a composição de seus romances maduros, mas o romance que lhe ocorria era sobre Lowell e sua família, uma história que o levaria de uma casa grande e feliz às margens do Merrimack à dispersão e desilusão em Nova York.

No verão de 1944 Jack teve uma breve experiência matrimonial com Edie. As circunstâncias foram bizarras.

David Kammerer ficara obcecado por seu amigo Lucien. Kammerer arrumava uns trabalhos estranhos para pagar o aluguel de seu apartamento na Morton Street e dizia aos amigos que era escritor, mas Carr era seu principal objetivo. Kammerer era um sujeito forte, com seu 1,80 metro. Lucien, aos dezenove anos, era bonito, loiro e esguio.

No amanhecer de uma segunda-feira, 16 de agosto de 1944, Carr e Kammerer andavam às margens do Hudson no Riverside Park, próximo de Columbia, quando David fez o que os jornais chamaram de "proposta indecente". Carr defendeu-se com um canivete de escoteiro, esfaqueando Kammerer duas vezes no peito. Então ele atou pedras ao corpo de Kammerer e o lançou ao rio.

Lucien procurou Burroughs e contou-lhe o caso, e Bill o aconselhou a contar a sua família e procurar um advogado.

Em vez disso, Lucien procurou Kerouac, que o ajudou a jogar o canivete em um bueiro e enterrar os óculos de Kammerer no parque, passando todo o resto do dia com ele. Foram ao cinema (viram *As quatro plumas*, de Zoltan Korda) e ao Museu de Arte Moderna. Finalmente, no começo da noite, Lucien se entregou. A princípio a polícia não acreditou na história, mas quando os guardas costeiros tiraram o corpo de Kammerer do rio, Carr foi autuado por homicídio.

A polícia foi ao apartamento de Edie e prendeu Jack na condição de testemunha material. Kerouac foi preso sob fiança de 5 mil dólares. Leo não podia pagar pela soltura de seu filho.

Diante da acusação, Jack disse ao juiz: "Apenas o vi enterrando os óculos".

"Você esteve bem perto de ser cúmplice do fato", o acusador disse.

Kerouac alegou ao juiz que a fiança era alta demais, e que ele e Edie tinham permissão para se casar e o fariam naquele dia.

"Eles saberão tomar conta de você na nova cadeia da cidade", o juiz lhe disse. Foi concedido a Jack o indulto de uma hora para que saísse da prisão e se casasse com Edie. Os policiais que o levaram da prisão no Bronx ao prédio da prefeitura fizeram as vezes de testemunhas para a cerimônia.

Enquanto isso, Burroughs deixara Nova York e viajara para a casa dos pais em St. Louis. Sua fiança por ter testemunhado parte dos acontecimentos foi fixada em 2,5 mil dólares, paga por seus pais. Bill retornou a tempo de ver Carr ser indiciado por assassinato em segundo grau.

Carr foi preso sem direito a fiança, mas Edie pagou a de Jack, e os dois ficaram com a família dela em Grosse Pointe, onde Jack mais uma vez encontrou conforto na companhia de gente de posses. Para cumprir com seus deveres maritais Jack conseguiu um trabalho em uma fábrica de rolamentos, mas em outubro o casamento estava acabado, e Jack voltava a Nova York.

Os jornais de Nova York trataram a morte de Kammerer como "assassinato de honra", e o *Spectator*, de Columbia, imprimiu em seu editorial: "Sabemos apenas que o caso traz um pano de fundo bastante complexo que desafiará a polícia comum e os investigadores. A busca por uma razão calará fundo nas áreas mais recônditas do mundo intelectual".

Em meados de setembro Lucien respondeu à acusação com um pedido de rebaixamento a assassinato em primeiro grau, e três semanas depois Carr foi sentenciado a um período indeterminado no Reformatório de Elmira. Ao longo de todas as sessões e apelações Lucien levou consigo uma cópia de *A vision* [Uma visão], de William Butler Yeats.

Em suas conversas a sério sobre criar um movimento literário próprio, Allen e Lucien pensavam chamá-lo "a Nova Visão". A *visão* de Yeats trata de uma estranha lembrança revelada quando, em sua lua de mel, sua mulher, Georgie, começou a produzir textos em escrita automática. O resultado foi um esquema de classificação dos indivíduos — e de eras históricas inteiras — dividido em 28 categorias. É provável que o Lucien Carr de 1944 se sentisse confortável na Categoria 17, o *Daimonic man*, caracterizado por um destino de ação impessoal.

O próprio Yeats via similaridades entre esse estranho trabalho, pelo qual ele se entendia apenas parcialmente responsável, e a imensa revisão de toda a história humana que Spengler tentou produzir em *A decadência do Ocidente*. No estudo de

Spengler, os pobres do mundo, os *fellaheen* (palavra árabe para "camponês") herdam em ausência os restos do mundo pelo qual as grandes potências estavam em guerra em 1944.

Sentados em seus quartos próximos a Columbia, onde o pensamento de Nicholas Murray Butler reinava supremo, Kerouac e seus novos amigos miravam para além do fim da guerra e viam a derrota da cultura clássica na qual seus professores fracassavam em iniciá-los. A postura desses jovens era diferente da de seus contemporâneos europeus, para os quais a guerra não oferecia escapatória. Para esses norte-americanos, a guerra era um sintoma de seu pessimismo, não a causa imediata. Eles pensavam em antigos e imutáveis ciclos de mudança envolvendo cada alma do planeta, e muito do que esses estranhos jovens liam e discutiam era dirigido às necessidades dessa tese. Há um fio que corre de Plotino a Korzybski, cujas sombras se podem ver nos textos taoístas. Quando Weaver disse a Jack que lesse os gnósticos, ele recomendava a redenção herética que lhe falava sobre a liberação de um mundo condenado, criado por uma divindade perversa e irônica cuja adoração acabava com a possibilidade de enxergar o mundo de luz que jazia além.

Leo estava morrendo, seu estômago inchado era drenado diariamente por um cateter. A tentativa breve de casamento de Jack fracassara. Kerouac agora começava a trabalhar em um romance de fato publicável. *The Town and the City* é uma progressão de cenas de uma infância idealizada na Nova Inglaterra à morte da família, como família, na cidade grande. O sentido de perda final que lhe infunde a forma advém da própria vida de Jack naquele momento. Weaver e os demais tornaram possível a Jack expressar sua sensação de perda.

Lucien Carr:

Escrever nunca me interessou de verdade. Não era o caso do Jack — mas ele não era apenas *interessado* em escrever, quer dizer, não importava o que ele fizesse, ele tinha de escrever. Era como respirar, comer, cagar. Ele estava sempre escrevendo. Não importava quanto de sua vida era trabalhar — indo aqui e ali num carro, viajando de lá pra cá —, ele sempre encontrava tempo para rabiscar seus caderninhos. E ele não precisava fazer a coisa imediatamente, o que era uma grande qualidade sua. Ele realmente tinha uma memória como pouca gente por aí. Era como ele dizia: "É por isso que me chamam de garoto-memória", que era seu apelido em Lowell.

Ele tinha uma memória fantástica.

Allen Ginsberg:

... Eu sabia que Jack era um gênio poético, mas não sabia que ele tinha aquele enorme reservatório de paciência e habilidade de permanecer sentado e criar aquele romance imenso, imenso, imenso... não tinha me caído a ficha de que ele era fluente e vulnerável... fiquei de boca aberta quando li a coisa toda, porque aquilo soava como uma reprodução da vida como ela era. Era como uma grande história familiar e de amor que saía de um passado remoto a chegava ao presente pós-guerra. Como um prosador normal, mas um pouco mais do que isso — porque tinha poesia ali. Foi quando pensei que estava diante de uma grande realização, de uma grande fusão de poesia e romance nos Estados Unidos.

Ele havia lido para mim pequenos trechos aqui e ali, mas eu não tinha ideia da extensão e do poder daquilo. Fiquei tão entusiasmado pela ideia... tão comovido que escrevi os primeiros poemas que publiquei em livro, os primeiros poemas de *Gates of Wrath* (Portões da ira), na Solidão da Cidade de Nova York. Aquilo causou em mim o estalo de me tornar um artista também... de me levar a sério como poeta... de realizar algo, e acho que vi que estava dentro de nós mesmos escrever algo imortal.

Lucien Carr:

Vi uma porção de coisas que Jack tinha escrito — deve ter sido uns seis ou oito meses depois de a gente se conhecer. Uma porrada de coisas que ele tinha escrito em pedacinhos de papel. Um era um romance sobre o mar, e o outro era *The Town and the City*. Eles estavam em caderninhos de notas. Mas tudo aquilo tinha a ver com gente que eu não conhecia.

Allen Ginsberg:

Aquele livro parecia imortal, no sentido de que recriava uma infância e uma adolescência inteiras. Muitas conversas que tivemos naqueles idos eram sobre lembranças da infância, lembranças de momentos epifânicos da infância — confessando segredos da alma infantil, de certa forma. Quando nós sacamos pela primeira vez que o universo era infinito — um momento, ou tempo de nossas vidas ou esquina, rua ou canto em que sacamos que o universo era infinito. Ou o que pensávamos na época. Como se aquilo fosse um fio que tivesse na outra ponta uma bola de borracha ou algo do gênero. Mas então, além dela, haveria mais espaço e mais borracha, assim... não havia muro no universo. Nós considerávamos a infinitude do espaço e o momento em que aquilo começou a nos maravilhar.

E então quando Neal chegou, em 1946, havia um bocado de aventura e fantasia de infância rolando. Kerouac já tinha consciência disso — quero dizer, da mitologia de *Doctor Sax*, e eu tinha meus sonhos com o Estranho Encapuzado, o meu equivalente.

... Quando Burroughs vivia na 60th Street, em cima do Riordan's Bar, Jack e Burroughs escreveram juntos um romance chamado *And the Hippos Were Boiled in Their Tanks* [*E os hipopótamos foram cozidos em seus tanques*], cujo título havia sido extraído da transmissão de rádio sobre um incêndio em um zoológico de St. Louis que terminou com "... E os hipopótamos foram cozidos em seus tanques". Esse era o título do romance, e eles escreveram capítulos alternados...

A conversa de Jack era, basicamente, como [seus poemas em] *Mexico City Blues*. Especialmente um pouco bêbado, quando ele entrava numa onda celta — de frases celtas... d'ja Bambi, d'ja Bambi, J amac, J amac — Kerouac. Ele costumava se envolver com um tipo de silêncio, afastava as pessoas através da timidez que sentiam e tentava trazê-las de volta insultando-as, ou as caracterizava em sua caricatura de romance kerouaquiano, e elas viam a si mesmas instaladas na eternidade e respondiam com humor.

... A coisa extraordinária, realmente extraordinária, a respeito de Jack era que ele se elevava acima... de seus pais, de sua própria timidez e vergonha e se tornava de fato uma mente universal quando escrevia, tomando todas as coisas por meio de sua... capacidade negativa, Keats — a habilidade de sustentar uma série de ideias contraditórias e dessemelhantes ao mesmo tempo sem despencar, sem explodir e sem ter de escolher, mas representando-as todas em diferentes formas dramáticas.

William Burroughs:

Conheci Jack na Columbia. Queria ir pro mar, e ele me falou umas coisas sobre a documentação e todo tipo de coisa. Ficamos conversando sobre aquilo, da primeira vez em que nos encontramos o assunto não era escrever. Não estava interessado em escrever naquela época.

Joan e eu éramos mais velhos, e havíamos lido mais do que eles até então. Não pensei em nada muito especial sobre aquilo. Apenas recomendei alguns livros. Acho que Spengler e, não tenho certeza, Korzybski, Céline, escritores que aparentemente eles não conheciam.

Recebia uma pequena mesada de meus pais. Trabalhava em vários empregos, atendente de balcão de bar e outras coisas do gênero. Mas não pensava em escrever. Não escrevi nada até os 35 anos, e isso foi cinco anos depois, no México. Jack havia sugerido que eu escrevesse, e eu não me interessei pelo assunto por algum tempo. Ele me foi mais útil depois. *Naked Lunch* [*Almoço nu*] foi um título dele, que ele me sugeriu. Mas isso foi depois de eu ter escrito *Junky*. Ali eu estava mais interessado em escrever, é claro, tendo escrito um livro que acabou publicado.

Jack era bem jovem na época. Ele havia escrito muita merda. Tinha escrito um milhão de palavras, segundo dizia. Não sei se tinha escrito tanto assim. Havia visto alguma coisa do que escrevia naquela época. Não achava que fosse publicável. Na verdade nunca foi.

Jack era gregário. Gostava de sair e beber e conversar. Bem gregário. Gostava de ver gente. Estava sempre com gente.

Em meio ao grupo de "drogados e gênios" havia um homem misto de ambos, Herbert Huncke. Às vezes trabalhava como marinheiro, mas sabia viver nas ruas e era atraente o suficiente para viver como michê e, quando as circunstâncias pediam, ladrão.

Herbert Huncke:

Conheci Bill Burroughs primeiro. Na primeira vez em que encontrei Burroughs, tinha acabado de voltar de uma viagem a bordo de um velho petroleiro como marinheiro. Tinha arrumado alguém, um amigo, para tomar conta do quartinho alugado em que vivia na Henry Street em Nova York. Esse amigo trabalhava como balconista de uma drogaria perto de Columbia, e no percurso do trabalho Bill havia se habituado a parar ali à tarde para papear com esse sujeito. Seu nome era Bob.

Uma tarde Bill perguntou a Bob se conhecia algum lugar em que pudesse talvez se desfazer de umas ampolas de morfina e uma espingarda de cano serrado. Podia ter sido até uma metralhadora. E aparentemente Bob disse: "Claro. Um amigo meu está chegando...". E calhou que estávamos chegando da viagem nesse velho petroleiro. Phil, que mais tarde virou o "Marinheiro" em *Naked Lunch* e ficou próximo de Bill e deu umas bandas com ele por aí um tempo e o ensinou a bater carteiras no metrô, coisas do gênero. Coisas nas quais Bill estava interessado.

Na noite em que chegamos de volta, não tinha visto Bob, e quando ele apareceu, disse: "Ei, tem um amigo meu chegando que quero que você conheça". E mal ele havia acabado de falar bateram na porta. Abri e lá estava Bill Burroughs. Foi uma tremenda surpresa. Teve a certeza de que receberíamos a visita de agentes federais num piscar de olhos. Burroughs realmente me deixou essa impressão traumática. Ele estava ali parado num sobretudo e chapéu de brim descendo sobre um olho, uma mão enluvada e a outra segurando uma luva, com um ar de nobreza.

Ele disse: "Boa noite".

Bob saiu do quarto e disse: "Ah, Bill, entre. Quero que você conheça alguns amigos meus". Phil White, ou Marinheiro, estava lá, eu mesmo, acho que o sujeito a quem o apartamento pertencia, chamado Bozo, também estava lá. Phil White havia atirado em umas duas pessoas. Ele matou um velho em uma loja — uma loja de peles. Era um sujeito e tanto.

De todo modo Bill entrou, e eu não estava confortável com ele. O lugar tinha sido por um bocado de tempo um quartel-general para ladrões, e havia literalmente um arsenal escondido no lugar, sem falar na parafernália para drogas espalhada por todo o lugar. Mesmo assim, Bob disse: "Desencana. Ele é OK, e se estou dizendo que ele é, ele é". Eu disse: "Beleza. Deixe ele entrar". E foi assim.

Ficamos na mesa da cozinha, e ele e Phil começaram a conversar. Como a conversa chegou na morfina, eu não sei dizer, mas ela começou a rodear a palavra e de repente meu camarada Phil era todo ouvidos. Ele realmente gostava de injetar um caldo, e pensou que ia rolar uma oportunidade. Dito e feito.

Não consigo lembrar o que aconteceu naquele fim de tarde; sei que Bill tomou sua primeira dose de morfina. Ele preparou umas duas ou três ampolas e nós as esquentamos. Bill achou bom. Eu preparei uma para mim e concordei com ele.

Com a força daquilo ele e Phil ficaram bastante chegados. Não sei onde Bill vivia naquele tempo, mas depois acabou que ele estava na Waverly Place, a um quarteirão da Washington Square.

Vi Bill uma segunda vez numa tarde de domingo, e ele estava andando pela rua com Jack Kerouac e nos apresentou. Fiquei surpreso de vê-lo com aquele rapazinho típico, asseado... bom, estava e não estava. Porque eu diria que estavam juntos. Eles eram meio parecidos. Kerouac parecia um típico universitário limpinho norte-americano. Era tão ingênuo quanto o dia é claro. Os olhos dele brilhavam para todos os lados. Ele absorvia tudo e fazia breves comentários dirigidos ao Bill, a maioria sobre o lugar em geral. Você diria que ele tinha uns dezesseis, dezessete anos. Pensei nele como um modelo de roupas finas. Costumavam usar esses meninos asseadinhos para as propagandas de trajes finos de colarinho e gravata.

Bill nos convidou para subir no seu apartamento. Ele tinha um lance para nós. Não lembro o que era. Podia ser peiote. Ele queria descobrir se dava barato. Eu ia experimentar? "O que eu tenho a perder?", pensei comigo. Injetei na pele, ou no músculo, não muita coisa.

Nada aconteceu. O que quer que fosse, não rolava nenhum barato, nenhuma sensação.

Na sequência Bill resolveu experimentar também. Ele tinha a maneira dele de injetar, o que significava ter certeza de que a manga da camisa estava tão dobrada e erguida quanto possível e de que havia uma garrafa de álcool e algodão ao lado. Ele molhava o algodão no álcool, limpava um ponto no braço e olhava a ponta da seringa para ver se estava tudo em ordem. E ele então meio que apalpava o braço até achar o ponto que queria usar. E então ele enfiava a agulha e aplicava.

Ele concordou comigo. Disse que talvez lhe tivesse dado um pouco de dor de cabeça, mas nenhum barato.

Ele perguntou se Jack queria provar, e Jack estava visivelmente curioso, mas decidiu não tentar. Se nenhum de nós tinha sentido um barato não havia razão para ele experimentar. Pra quê, não é mesmo? Daí decidimos sair para tomar um café. Estávamos descendo as escadas, e Bill e Jack conversavam e Joan, que mais tarde se tornaria Joan Burroughs, foi citada. Falavam que ela era uma viúva da faculdade. Nada disso significava coisa alguma para mim, só que seu nome era Joan, que ela tinha um apartamento perto de Columbia e que, Jack deixava implícito, ela tinha uma queda por Bill e Bill deveria aproveitar.

Quando chegamos à rua nós nos separamos. Eles queriam tomar café, e eu tinha um costume diferente naquela época e sabia que estava perdendo meu tempo jogando conversa fora com eles; já havia assuntado os caras para ver se tinham dinheiro. Bill disse que estava duro, Jack na mesma, então saí para cuidar da minha vida.

Voltei até a área da 42th Street, que eu conhecia melhor. A região onde eu ficava mais perto de realizar alguma coisa em termos de financiamento.

Um pouco antes desse período em particular, eu havia conhecido Kinsey. Kinsey tinha mandado uma menininha de faculdade bem da gostosinha falar comigo em uma mesa em que estava sentado em uma lanchonete, e ela explicou que tinha um sujeito louco para me conhecer, que ele me daria algum dinheiro se eu fosse conhecê-lo e que não era nada pessoal. O que ele queria mesmo era fazer umas perguntas sobre minha vida sexual.

Ele tinha me vigiado, aparentemente. Disso ele concluiu que talvez minha vida sexual fosse interessante.

De todo modo, concordei em conhecê-lo — um pouco cabreiro de início, pois não sabia que tipo de aberração eu ia encontrar e não tinha a mínima vontade de me envolver com algum maníaco ou coisa do gênero; não tinha estômago pra isso.

Estava curioso. Que tipo de sujeito queria saber da minha vida sexual?

Então eu disse: "Bom, vamos lá. Me dê um número de telefone para que a gente possa marcar". Ela deu, e eu liguei e ele me convenceu de que não perderia meu tempo se a gente se encontrasse. A gente se viu, meio que ficamos amigos, e ele me explicou o que estava fazendo e o que queria fazer. Preciso admitir que a coisa toda me pareceu valer o tempo e o esforço. Ele também se ofereceu para me pagar bem por todo mundo que conseguisse para ele. Virei um cafetão do Kinsey.

Todo mundo vivia entre quatro paredes. O que se fazia sexualmente não se discutia, não importava aonde você fosse. As mesmas coisas que rolam hoje têm rolado desde aquela época.

Kinsey me procurava quando descia a 42nd, ou depois de eu apresentá-lo a alguém. Tínhamos o costume de ir a um lugar chamado Angle Bar. Ele era organizado de um jeito que, chegando da 8th Avenue, havia um balcão comprido à sua esquerda. À direita tinha um punhado de mesas. Passando esse pedaço do bar havia uma curva abrupta em L, e você saía direto na 43th. Era um bom lugar para conseguir uma graninha a partir do bar, ou coisa do gênero.

Nesse tempo de que estou falando — os anos 1940 — realmente havia gente que vivia ali e tratava aquela rua como se fosse um escritório. Um garoto pegava alguém, saía, voltava e talvez pegasse mais alguém. Dependia. Isso era com os michês. Tinha também as putas, e os ladrões, arrombadores e assaltantes, um povo assim. Eles deixavam você ficar no balcão se tivesse o suficiente para pagar uma bebida. Você ficava ali e, depois de um tempo, alguém chegava junto ou talvez você conseguisse alguém para parte da noite ou uma noite inteira.

Era um bom lugar para esses caras se encontrarem tarde da noite depois de terem passado o dia na rua e talvez emplacar alguma fita. Eles caíam dentro e se divertiam um pouco. Eles se reuniam e iam ao apartamento de alguém, às vezes com suas velhas senhoras. Caso curtissem puxar um baseado, havia sempre um pouco de maconha por ali. Maconha tinha virado um negócio grande na época. O povo fumava bastante, mas era meio ressabiado, mesmo quem tinha contato com ela da rua e já tivesse usado. Ainda se tinha a impressão de que era um lance perigoso.

Naquele tempo a 42th era, em alguns aspectos, ainda pior e mais perigosa do que é hoje.

De um jeito ou de outro todos nós criamos o hábito de nos encontrarmos no Angle Bar. Lá você poderia topar com Jack Kerouac, e ali eu encontrei Allen Ginsberg pela primeira vez, e Allen era realmente uma menininho com brilho nos olhos. Você não imagina como era aquela expressão angelical na cara dele. Era uma criança. Bill, claro, era o centro de tudo. Era o cabeça. Qualquer coisa que ele dissesse era lei. Jack havia se casado com Edie Parker.

Lucien Carr:

Jack era — bom, você sabe, ele não podia ser conduzido, e ele resistia a tudo e era um porco, e ele era isso, aquilo e mais um pouco, mas também era tudo que Edie pensava que podia existir em um homem.

Edie Parker foi a melhor mulher com quem Jack se envolveu, sem exceção. Jack não tinha problemas com *mulheres*, elas é que tinham problemas com Jack. Ele não teve falta de sorte com Edie. Jack realmente não queria ser cercado por uma situação em que você constrói algo, porque não era isso que ele queria construir. Ele não estava interessado em *fazer* isso, quero dizer, a ideia nunca passou pela cabeça dele. Se alguém dissesse "Vamos nos casar e mudar para o subúrbio", ele provavelmente desapareceria.

O pai de Edie negociava carros, carros da Buick, e tinha um baita barco no lago Michigan, e Jack curtia isso. Dinheiro, bem-estar e todo o resto *realmente* impressionavam Jack. Tenho certeza de que seis meses de vida fácil e vagabundagem o deixariam bem tranquilo... mas nada que pudesse prendê-lo, fosse uma mulher, um trabalho ou uma sentença de prisão — eram coisas com as quais ele não queria se envolver.

HERBERT HUNCKE:

Naquele tempo Edie era o tipo da mocinha bonitinha. Era loira, tinha olhos verdes, e o cabelo dela tinha um lance meio bagunçado. Ela tinha um corpo bonito, era atraente.

Ela circulava com os caras, geralmente para ficar sentada ouvindo aquela bobajada. Joan entrou no esquema e meio que apareceu no pedaço. Joan, é claro, era totalmente diferente de tudo que havia ali. Acho que Joan Burroughs foi uma das mulheres mais bonitas que já conheci. Não sei descrevê-la sem dizer que ela tinha uma beleza interior que era tão calorosa e tão amigável que deixava qualquer um de quatro. Escutei gente falando dela como se ela fosse meio louca. Não acho que fosse o caso, mas é bem possível que houvesse algumas coisas que ela não conseguia melhorar. Teria sido mais fácil para ela, mas ela tinha suas convicções, fossem lá quais fossem. Ela admirava Bill acima de tudo.

Quero dizer, não havia modo de descrever sua adoração por Bill. Ela o teria seguido de qualquer maneira, eu acho. E foi o que ela fez.

O lugar, como eu disse, virou nosso ponto de encontro, e não nos encontrávamos ali já fazia muito tempo até Kinsey aparecer. O jovem que trabalhava com Kinsey, Wardell Pomeroy, acabou sendo integrado ao grupo também.

O que eles faziam era voltar à universidade em Indiana, digerir o que tinham adquirido em termos de conhecimento sobre os assuntos que lhes interessavam e então juntar um pouco de dinheiro. Não sei como aquilo era financiado. Então eles voltavam para Nova York, e nós ficávamos todos juntos de novo. Eu gostava de Kinsey. Era um grande sujeito sob muitos aspectos. Tinha um fantástico senso de humor. Era muito querido, muito caloroso, muito compreensivo. Assim ele acabou também fazendo parte do grupo.

Durante todo esse período Jack aparecia ocasionalmente. Uma vez eu estava irritado, atrás de um lugar para dormir, e ele me convidou para ir a Ozone Park, onde ele estava vivendo com a mãe. Quando saíamos, curtíamos muito um ao outro, conversávamos e dávamos risada das coisas. Depois de chegar ali e de a mãe dele me encontrar, a postura de Jack mudou completamente.

Ela dominava sua vida de maneira incrível. Ela não aprovava a amizade com Ginsberg. Ela não aprovava ninguém, dos que eu conhecia. Ela era tão evasiva e tão focada em Jack que era quase impossível formar qualquer ideia a respeito de quem ela era. E ao mesmo tempo ela não estava nem aí, exceto pela influência que exercia sobre ele.

Então eu fiz uma longa viagem de volta para Nova York. Ele ficou em casa. Ele se justificou muito.

Lucien Carr:

Jack me levou a sua casa para conhecer sua família — deve ter sido a primeira vez que encontrei sua mãe e seu pai. Então ele entrou marchando em casa com seu amiguinho Lucien, e sabe Deus o que ele falou para os pais sobre o amigo Lucien.

Então nos sentamos ali na sala de estar, e todos estavam meio incomodados... e o pai dele disse: "Vamos sair e tomar uma cerveja". Atravessamos o parque direto para o bar mais próximo, aonde cheguei com a minha grana para pagar a cerveja.

"Não", disse o velho Kerouac. "Eu posso pagar uma cerveja a um filho de milionário."

De onde ele tirou que eu era um milionário? Jack havia dito. Até o último dia em que nos encontramos, essa foi uma de nossas maiores piadas.

Porque meu pai era pastor no Wyoming, saca? E quando o tempo ficava muito ruim, ele trabalhava como guarda de banco em Denver.

Herbert Huncke:

O Natal chegou, e Edie e eu nos vimos sozinhos no apartamento. Bill tinha ido para St. Louis ver a família. Joan tinha partido para Tuxedo Park. Edie e eu fizemos um jantar de Natal, e eu estava me sentindo bem sociável. Acabamos juntos na cama, mas absolutamente nada aconteceu. Essa é a verdade. Umas três da manhã a porta se abriu, e quem entrou, se não o Jack?

Para ele estava tudo tranquilo. Não arrumou confusão a respeito do caso. Não disse nada. Acho que considerou absolutamente inútil fazer qualquer comentário. E ele estava certo. Não havia o que dizer. Jack foi fazer suas coisas. Eu fui dormir. O que aconteceu entre os dois mais tarde, eu não sei. Mas foi depois disso que comecei a ver cada menos o pessoal por ali.

A única pessoa de quem me mantive mais próximo foi o Allen, quando ele voltou de suas viagens. Ele estava bastante indeciso sobre o que fazer da vida — se queria ser poeta, historiador, professor, sei lá. Alguns amigos lhe haviam emprestado um apartamento na York Avenue, e ele estava vivendo lá. Eu estava passando por um momento ruim e não sabia para onde ir e, por acidente, acabei topando com ele. Allen tinha conseguido um emprego temporário com o pessoal da Associated Press, e eu trombei com ele atravessando o Rockefeller Center, e ele me deu seu endereço. Uma noite, muito mal para qualquer coisa — eu estava era bem perto de morrer —, bati na casa dele, ele me pôs para dentro, e eu dormi por dois dias e finalmente saí do estado em que estava.

Durante esse período eu encontrei Lucien Carr pela primeira vez. Sabia que ele não queria ter problemas comigo. Ele tinha acabado de sair na condicional, e tenho certeza de que o oficial da condicional tinha lhe passado um belo sermão, e a primeira coisa que lhe disseram para não fazer deve ter sido não se relacionar com bandidos ou ex-criminosos; então não existia ponto de contato entre nós. Eu não ligava muito, mas isso o incomodava. Aparentemente ele estava passando por uns momentos bizarros de transição. Realmente não sei detalhes íntimos da vida deles. Eles eram tão próximos, todos eles. Allen estava apaixonado por todos, e Allen e Jack dormiam juntos de vez em quando.

Eu acabei me envolvendo em um lance um pouco mais pesado e fui para a cadeia — prisão. Meu primeiro crime. Allen também acabou preso e ficou bem passado com a experiência. Aquilo o deixou realmente assustado. Jack ficava nervoso se alguém acendesse um baseado do lado dele.

Bill havia alugado um buraco na Henry Street. Mais uma vez eu não tinha para onde ir, e fiquei lá. Fui preso na época em que me hospedava lá. Estava me drogando de novo. Foi também nesse prédio que Phil pegou emprestada a Beretta e tentou sair atirando. Ele quase havia me convencido a sair com ele. Ele tinha saído com aquela arma e não havia feito nada, apenas atirado em um homem porque ele não tinha dinheiro suficiente para satisfazê-lo.

Phil usava grandes quantidades de Tuinal e depois tomava um pico em cima daquilo e ficava completamente fora de si, fora de controle. Finalmente ele apareceu lá em casa e me contou o que havia acontecido, e eu disse: "Bom, é melhor você se livrar dessa arma o mais rápido possível". Ele quis devolver a arma para o dono, mas não achei que era legal colocar o cara naquela pressão sem aviso nenhum.

Eu disse: "O que você vai dizer?".

Ele respondeu: "Eu não vou falar merda nenhuma".

Eu disse: "Então é melhor você fazer outra coisa com a arma".

E ele fez. Nós a quebramos e espalhamos seus pedaços de uma ponta a outra do Brooklyn. Peguei um pedaço e lancei por cima de uma cerca em um terreno baldio, e outra pecinha — o gatilho — joguei em um bueiro em outro lugar qualquer, e foi assim que nos livramos dela.

Aquele lugar em especial, na Henry Street, era um lugar aonde Jack ia nos visitar de quando em quando. Ele gostava de lá. As janelas de trás davam para a ponte do Brooklyn. Você conseguia ver as rampas subindo do Brooklyn. De noite era interessante ver as luzes dos carros, e Jack ficava ali sentado olhando pela janela, obviamente montando suas histórias. Francamente, nunca pensei que ele fosse se tornar um escritor. Ele nunca falava nisso. Era bem reservado sobre sua escrita.

Quando *The Town and the City* foi publicado [em 1950] — isso é bem vivo na minha memória, pois fui preso no dia seguinte —, Jack havia aparecido para encontrar Allen e estava indo visitar John Clellon Holmes e convidara a mim, Vicki Russell e Jack Melody.

Nós todos nos amontoamos em um carro e saímos. Melody tinha um carro — um carro roubado. Fomos à casa de Holmes. Vicki também estava lá. Tinha uma festa rolando na casa de Holmes. Ele e sua mulher eram ótimas pessoas. Eles viviam na Lexington Avenue perto da 59th.

Jack Melody, Vicki e eu não ficamos ali muito tempo. Nós havíamos aprontado uma à tarde, e a coisa acabou se transformando em um belo desastre, pois se tratava de uma vingança e eu não sabia nada a respeito.

Fomos finalmente pegos. Roubamos a casa de um policial — um italiano da Sicília —, e aparentemente estava rolando uma disputa entre Melodias — era o verdadeiro nome de Jack — e o policial. Não sei quanto material pornográfico nós tiramos dali, sem falar em armas e casacos de pele, joias e outras coisas do gênero. Era muita coisa de tudo. Tudo isso eu escondi bem na York Avenue. Allen estava ficando cabreiro, mas se aprontava para ir embora de todo modo.

Allen não sabia que íamos esconder o lance, mas sabia o que estava acontecendo. A bem da verdade, ele tinha saído com a gente uma noite e ficado sentado em um carro e acompanhado alguns pequenos procedimentos. Acho que isso de algum modo o excitava.

Vicki e Jack Melody, que a princípio estavam tendo um caso sério, começaram a encrencar um com o outro, e nós deixamos a casa de Holmes e saímos em direção a Long Island. Segui com os dois enquanto se xingavam o tempo todo; aí eu me cansei e disse: "Olha, deixa eu sair. Quero cuidar da minha vida. Vejo vocês no apartamento de manhã".

Saí, parei em uns bares, tomei alguma coisa, topei com alguém interessante, e fomos a um hotel, o velho Grover Cleveland. Acordei às dez horas e pensei, bom, todo mundo deve estar agitando por aí, vou voltar para casa. E também nós tínhamos a ideia de nos livrarmos daquilo, de despejar aquele lixo todo em outro lugar. Ficamos de procurar um interceptador.

Quando voltei, não tinha ninguém lá. A porta estava destrancada, mas nada havia sido mexido. O lugar parecia OK, mas tinha alguma coisa estranha no ar. Se tivesse seguido minha intuição, teria escapado. Mas não segui.

Sentei, preparei alguma coisa para comer, me droguei. Pensei: "Bem, talvez eu deva acordar e dar uma olhada por aí para ver o que está aqui e o que não está". Foi o que fiz. Comecei a fazer minhas coisas, tentando descobrir exatamente a situação, e uma porção de coisas não estava mais lá.

Ninguém entrava em contato. Nem tínhamos um telefone, para começar. Obviamente alguma coisa estava errada, só não sabia o quê. Eu estava prestes a dar mais uma vasculhada no lugar. Era um belo dia de primavera.

De repente: BAM! BAM! BAM!. A porta abriu e lá estava Vicki assustadíssima, as lágrimas correndo pelo rosto, e Allen meio que tateando o caminho; sem óculos, ele não enxergava nada.

Perguntei: "O que está acontecendo?".

"Precisamos sair daqui agora!"

Eu disse: "Beleza. Mas qual é o problema? Pelo menos me digam".

Cometi o erro de ficar fazendo perguntas. Meu primeiro pensamento foi: meus trabalhos, minhas coisas. Porque eu sabia que eu tinha de ter, e eu pensei, bem, qualquer coisa que eu pudesse converter em dinheiro imediatamente, o que desse para levar na mão eu pegava.

O que tinha acontecido era que eles haviam dirigido aquela porra de carro até Long Island e cometeram alguma infração de trânsito, sei lá, uma conversão proibida, bem na hora em que uma viatura estava descendo a ponte em direção à rua e os avistou e ligou a sirene. Jack Melody pisou fundo e tentou dar meia-volta. E foi isso. O carro não aguentou e logo em seguida veio a porrada no poste.

Os óculos de Allen foram junto... ele havia decidido ir com eles para desovar as coisas. A história era que eles estavam tentando arranjar um novo interceptador para ver se conseguiam mais dinheiro. Tudo isso era uma grande novidade para mim.

De todo modo, Allen havia sugerido que o levassem junto e então lhe dessem uma carona até a faculdade. Ele tinha um caderno de anotações imenso com todos os casos que envolviam nossas atividades e o endereço do nosso lugar — e foi assim que eles conseguiram o endereço.

Na verdade, eu estava pronto para sair e estava chamando os dois para ir, vamos cair fora, quando cinco policiais imensos, uns armários, chegaram, e isso é tudo.

Eles não viram nenhuma ligação minha com aquilo tudo senão muito tempo depois, o que é parte de outra história. Eles pegaram meu nome por outro motivo, e eu fui condenado a cinco anos por causa disso e amarguei quase todos os dias da pena. Era evidente que Allen não havia feito nada, e ninguém queria prejudicá-lo. Todos dissemos que Allen era vítima das circunstâncias.

Foi quando ele conheceu Carl Salomon no hospital psiquiátrico e teve de passar por tratamento ali por um tempo.

Vicki pegou entre dois e meio e cinco anos, mas a sentença foi suspensa. E esse foi o fim de tudo.

Embora Jack tenha deixado Columbia em 1942, a universidade e suas imediações lhe serviram de ambiente para amizades pelo resto da década.

O contato de Allen com Haldon Chase foi o gancho da ligação de Jack com um círculo de estudantes vindos de Denver. Além de Chase, que perseguia na Columbia seu antigo interesse de infância pela cultura dos índios norte-americanos, havia Ed White, que ainda estava na dúvida quanto a ser arquiteto, e também outros jovens de Denver que conheciam Chase e White do Colorado — o desapegado de tudo e de todos Al Hinkle e um belo ladrão de carros chamado Neal Cassady.

Outro natural do leste ligado ao círculo de Denver era Allan Temko. Quando conheceu Jack, em meados da década de 1940, Temko queria ser romancista e admirava Ernest Hemingway, embora considerasse Joyce um modelo melhor. Mais tarde encontraria Jack fortuitamente em Denver e em San Francisco, onde ele conseguiria fama como crítico de arquitetura e historiador.

Allan Temko:

Jack estava um ano na minha frente e já havia saído de Columbia quando cheguei. Nós nos conhecemos no West End. Eu vivia na moradia estudantil; convidei-o a visitar meu quarto e nós conversamos. Na verdade, tornamo-nos amigos. Acho que naquela época ele era proibido de frequentar o campus.

Não consigo lembrar quem nos apresentou. Deve ter sido um maravilhoso estudante de Columbia chamado Jack Fitzgerald, oriundo de Poughkeepsie e também escritor.

Hal Chase caiu fora do Exército durante a guerra, e o vi — eu estava de licença — quando ele ainda era um civil. Chase havia estado nas tropas de esquiadores e retornado. E entrou de cabeça naquele ambiente, um ambiente digno de Dostoiévski. Era como estar em *Os demônios*. Pessoas muito, mas muito destrutivas. E foram as primeiras pessoas que conheci realmente envolvidas com drogas.

Não sabia nada sobre Kerouac, mas naquela época Burroughs estava seriamente ligado às drogas, e Kerouac me apresentou a Burroughs uma noite no West End. Devia ser 1944. Eu estava de licença.

Era muito engraçado, porque Burroughs detestava Roosevelt e queria alugar um avião em algum aeroporto de Nova Jersey e enchê-lo de bosta de cavalo para lançá-la sobre a Casa Branca. Ele queria ir a Washington, e eu estava na Marinha. Era engraçado, e Burroughs tinha roupas muito boas naquela época. Mas, é claro, chamava a atenção por não se vestir como os jovens da Ivy League. Não que Columbia fosse sempre elegante como Yale ou Princeton. Burroughs usava aqueles maravilhosos sobretudos Chesterfield e chapéu-coco e ainda pertencia ao Racquet Club. Ele estava lá com Ginsy uma noite. Bill ainda era o membro malfalado da família Burroughs e neto do inventor da máquina de somar — uma família muito esnobe, fria e brilhante.

Sabia que ele era capaz de matar alguém. Esse era um ponto em que eles não me despertavam interesse algum. O nível de violência era alto, e Kerouac gostava daquilo, Ginsberg gostava daquilo, mas aquilo me apavorava. Era muito Dostoiévski.

Lucien Carr e Burroughs pertenciam à verdadeira classe dominante deste país. Achava Burroughs fascinante. Muito traiçoeiro, mas brilhante. Carr, que não conheci senão depois da guerra, eu achava um escroto. Não tinha nada em comum com aquele moleque mimado e destrutivo.

Claro que tudo era diferente porque eu estava na guerra e todos aqueles caras estavam fora. Não que eu fosse um entusiasta da carnificina, longe disso. Talvez eles estivessem certos quanto ao absurdo da guerra, mas pacifistas como Robert Lowell eram mais profundos a respeito daquilo.

Sentia que aquele pessoal era muito século XIX, muito *Ralé* [peça de Máximo Górki]. Muito São Petersburgo no *bas-fond* de Nova York. Foram as primeiras pessoas que escutei falarem de Céline, em parte porque Kerouac lia francês. Eu também lia francês. Na verdade, Kerouac falava um tipo de francês canadense que era bem ao estilo do inglês que os montanheses falam na Virginia, um inglês do século XVII. Às vezes eu e Jack conversávamos em francês, caminhando na praia em Far Rockaway e olhando na direção da França através do Atlântico.

Jack e eu morávamos perto um do outro. Minha família vivia em Richmond Hill, que é parte do Queens. Ele costumava aparecer no fim da tarde, quando estava de licença ou depois da guerra. Vivi com os meus pais por um tempo antes de me mudar para Nova York, e ele vinha, nós tomávamos o brandy do meu pai e eu saía com ele.

A mãe dele gostava de mim, em comparação com seus outros amigos. Ela gostava de mim pelas razões erradas. E ela pegava as cartas de Ginsy para Jack naquela época.

O endereço do remetente — porque ela era capaz de jogar fora uma carta que chegasse com o nome "Ginsberg" — era sempre algo como: "Irving Marjoana, Rua da Secura, Forno, Nova Jersey". O endereço inteiro era uma piada.

Era divertido caminhar com Kerouac pela linha do trem que passava perto da casa dele. Acho que hoje em dia é tudo elétrico, mas naquela época existiam locomotivas, e elas soltavam fumaça. Era o momento de que ele mais gostava, pois gritava, berrava, uivava com elas quando começavam a funcionar. Ele gostava do barulho. E gostava de escrever e ouvir o som das locomotivas e os carros passando pela rua. Ele tinha um bom ouvido — naturalmente bom.

Ele tinha Wolfe em alta conta, e havia um bocado de interesse em Scott Fitzgerald e Hemingway como bons escritores em oposição a Wolfe, o escritor da lista telefônica de Nova York, botando tudo para dentro. Costumávamos falar disso. Eu não achava que Hemingway fosse tão bom naquela época, mas não se conversava com Jack sobre literatura do mesmo modo que se conversava com Hal Chase, que tinha uma sensibilidade completamente diferente. Hal era bastante precoce e terrivelmente brilhante. Quando éramos bem jovens — uns dezessete anos — ele escreveu um diálogo imaginário entre Dostoiévski e Nietzsche. Kerouac não era capaz de uma coisa dessas. Na verdade, ele nem se interessaria.

Neal Cassady veio conhecer Columbia e deu as caras. Os garotos de Denver [especificamente Hal Chase e Ed White] circulavam muito com ele, e Neal tinha aquelas garotas estúpidas ao redor dele. Uma delas era de Denver.

Nunca entendi a atração que Kerouac sentia por aquelas pessoas, exceto por ele pensar que elas eram a América, e são. Ele sempre achou que Neal era Huck Finn e Bob Burford era o sabichão Tom Sawyer. Mas Neal não era Huck Finn. Os impulsos de Huck Finn eram sempre bons e construtivos. Neal era completamente traiçoeiro, uma pessoa destrutiva e não confiável.

Havia um ódio mortal entre mim e alguém como Neal Cassady, pois sentia que ele era só um sanguessuga inútil. Não via nenhum encanto nele. Ele não dizia nada. Ficava ali sentado e era só, bom, um fardo. Nunca quis ter nada a ver com ele. Achava ele bonito. Considerava ele um criminoso, no pior sentido. Ou seja, eu achava que ele poderia começar a sacanear qualquer um ali. Ele não era leal a ninguém. Kerouac o usava como material literário, mas eu não me interessava por aquilo.

Lucien Carr:

Acho que Jack se sentia em casa com Neal. Descontando o fato de que ele admirava Neal, ele se sentia em casa com ele. Ele nunca se sentiu em casa com Allen, ele nunca se sentiu em casa comigo.

Se Jack de repente estivesse vivendo em Lowell agora e nada tivesse acontecido e nós estivéssemos em 1942 e Jack tivesse de levar um amigo em casa, fico pensando em quem ele levaria. Certamente não levaria Allen, pois Allen é "um membro da cabala judaica".

Ele *preferiria* — não digo para sua família, mas para todos os seus amigos que trabalham no posto de gasolina

—, acho que preferiria levar Neal. De todos os amigos queridos e reais que Jack fez — tudo bem: daqueles três —, aquele que ele mais gostaria de levar em casa seria Neal. Neal numa boa, claro.

Allan Temko:

Eu gostava do modo como Jack falava do jeito que as pessoas caminhavam naquelas cidadezinhas de Massachusetts, completamente desleixadas com as mãos nos bolsos. Kerouac costumava andar daquele jeito também. E ele tinha grande simpatia por aquela cultura, a cultura de onde surgiu, e sempre achei uma pena ele não ter feito mais com aquilo.

Ele escreveu um romance que quase ninguém leu, mas do qual gosto muito — *The Town and the City*. E Kerouac também era um companheiro de literatura muito bom e um sujeito muito generoso.

Leo morreu na primavera de 1946. Sua morte acendeu em Jack o ímpeto de começar um primeiro romance sério, e seu enterro ofereceu a cena culminante da obra. O corpo de Leo foi levado para Nashua para ser enterrado ao lado de Gerard. O enterro foi uma grande reunião que deu a Jack uma última imagem da reunião completa de seus tios, tias e primos que haviam permanecido figuras distantes ao longo de toda a sua infância. Eles são apenas sombras nos romances de Jack. A família Martin, que ele criou para seu primeiro livro publicado, recria Leo, Gabrielle e crianças cujas personalidades são compostas a partir de traços de Jack, Nin e Gerard.

Na cena do funeral, já perto do fim de *The Town and the City*, é resolvido o destino da maioria dos Martin. As únicas personagens que não conhecem um fim bem amarrado são Marguerite, cujo destino como viúva é praticamente ignorado, e Peter, o filho mais parecido com Jack, que é visto deixando "Galloway" para começar suas aventuras estrada afora.

Quando Leo morreu Nin servia na ala feminina do Exército, onde conheceu e se casou com um soldado, Paul Blake, e iniciou uma vida própria na Carolina do Norte. Gabrielle continuou a trabalhar no corte de couro pelo resto da vida, desobrigando Jack da admonição de seu pai de que o bem-estar de sua mãe deveria ser sua primeira preocupação.

Houve ainda outras imprecações. Durante os últimos meses de Leo, quando sua barriga havia inchado de modo grotesco e ele urrava de dor, Jack cuidou dele por horas e dias a fio enquanto Gabrielle trabalhava em uma fábrica de sapatos no Brooklyn. Jack foi levado a crer que sua ambição de se tornar um escritor de sucesso era uma fantasia de criança, que seus amigos eram criminosos, se não algo pior, e que a casa de sua mãe fora desonrada quando trouxe consigo um judeu, caso de Ginsberg. Leo morreu amargurado, determinado a reclamar de tudo que pudesse de seu filho. Talvez o resultado desses últimos dias seja George Martin, a personagem baseada em Leo e que de forma mais completa ganha vida no livro.

The Town and the City é uma ficção, com personagens e incidentes mais imaginários que os de qualquer outro romance de Kerouac, mesmo o fantástico *Doctor Sax*. Ao mesmo tempo, parece revelar mais do que todos os outros as opiniões de Jack sobre sua família e ele próprio como um homem bem jovem.

O primeiro romance de Kerouac lembra a obra de seu autor favorito, Thomas Wolfe, na lentidão tranquila de seu narrar e em sua atenção aos pequenos detalhes da vida humana, mas as influências não são nem constrangedoras nem restritivas.

Burroughs havia lhe sugerido a leitura de Gide e Céline; o professor Weaver, por sua vez, a de Melville e dos gnósticos. Wolfe, contudo, permaneceu seu principal modelo, talvez porque sugerisse a possibilidade de o romancista atuar como homem, mas também por estabelecer os deveres e as potencialidades da forma literária em si mesma. Durante os primeiros meses na Horace Mann, em um dos dias em que cabulava todas as aulas, Jack fora ao cinema e assistira ao ator Harry Baur no papel de Beethoven ajoelhando-se para uma prece antes de iniciar o trabalho de composição. A sua maneira, Jack também rezava antes de escrever, ritual que cultivou por toda a vida. Era o tipo de coisa que um gênio devia fazer. Da mesma forma, ele iria, à maneira de um romancista, recuperar toda a sua juventude em um manuscrito de extensão e escopo tremendos e esperar o autorregulado universo materializar um editor que lhe desse a forma apropriada a um romance publicável.

The Town and the City alcançou aproximadamente 1.200 páginas de manuscrito e, como *Look Homeward, Angel*, de Wolfe, tem por cenário durante boa parte de sua extensão uma casa de muitos cômodos. A pensão administrada pela mãe de Eugene Gant é ocupada pelas personagens reais da infância de Thomas Wolfe, e a cidade é um objetivo distante que Eugene almeja intensamente. No primeiro romance de Kerouac, é no apartamento apinhado da cidade grande que a família Martin conhece sua ruína. A casa ampla da cidade pequena, onde se passam os primeiros capítulos, é grande o suficiente para abrigar nove crianças, das quais oito sobrevivem para integrar a ação principal. Cinco delas, os filhos, são aspectos do próprio Kerouac.

Wolfe diz que toda ficção séria é autobiográfica. *The Town and the City* também é autobiográfico, mas Jack não teve tempo de atingir aquele "ponto intermediário" de onde Wolfe dizia ter escrito. Kerouac tinha 24 anos quando se ajoelhou em prece e levantou-se para começar o livro que justificaria perante Gabrielle sua posição de escritor sério.

Apenas Marguerite Martin, a mãe, é franco-canadense, e logo no início do livro há uma cena em que ela coloca a mesa para seus filhos e os vê comer, avaliando cada um deles com "o olhar judicioso e paciente de uma eternidade".

Francis é o irmão gêmeo de Julian, que morre aos onze anos, antes de a história começar. Como Gerard, que retorna em sonhos para confortar Gabrielle, Julian surge para Marguerite. Francis é tímido e estudioso, muito quieto para conduzir um romance com Mary Gilhooley, a garota irlandesa que vive do outro lado da cidade. Ela caçoa de sua seriedade e o troca por um atleta musculoso com uma caminhonete. Marguerite vê Francis "esvaindo-se gota a gota em negro tédio".

Joe é o incansável irmão mais velho, "solitário na companhia de muitas mulheres e grupos de homens". Ele lutará na Segunda Guerra Mundial ao lado de Paul Hathaway, um polígamo impulsivo que assinala o primeiro aparecimento de Neal em um romance de Jack. Depois da guerra, Joe retornará para a Nova Inglaterra e estabelecerá residência com uma garota da cidade em uma fazenda.

O pequeno Mickey Martin passa seu tempo escrevendo romances de aventuras fluviais ao longo do Merrimack e notícias de jornal imaginárias sobre times de beisebol e corridas de cavalos. Charley, o garoto mais novo, é preso por um policial violento por quebrar com estilingue uma janela. Charley será o mais afetado pelo fracasso do pai nos negócios.

É Peter Martin, o segundo filho mais velho, que triunfa como atleta colegial, vai à Universidade da Pensilvânia como bolsista, renuncia impulsivamente ao estrelato esportivo para se tornar marinheiro mercante e leva seu pai moribundo e sua mãe envergonhada à loucura por sair com uma amante e passar seu tempo entre viciados e intelectuais. Na cena inicial da cozinha ele é "perdido, duro, nobre e sensual aos olhos de sua mãe silenciosa", também capaz de reconhecer "sua ambição cultivada".

As irmãs, a empresarial Rose e as mais novas Ruth e Elizabeth, são esboços de Nin em diferentes idades, embora Liz também lembre uma namorada de colégio de Jack que tentou fazer sucesso como vocalista de *big band*.

Através da estratégia dos cinco irmãos Jack produz um apanhado de sua infância em um espaço de tempo relativamente curto, sem falar nos confrontos entre os irmãos Martin que não são outra coisa além de aspectos de sua própria personalidade.

Por exemplo, Francis, que ingressa em Harvard como estudante, mas mora fora do campus, torna-se um niilista frio e analítico que cita Gide como profeta e *Os moedeiros falsos* como sua Bíblia. Peter, de cujo retrato resulta um jovem igualmente brilhante porém imune ao cinismo, ri da descrição de seu irmão, que diz ter visto "o pesadelo em todos os seus claros contornos".

É Francis que fracassa no teste de aptidão para a Escola de Oficiais e então se rebela contra a disciplina do campo de treinamento militar. A longa sequência de seu confinamento psiquiátrico deve mais a Dostoiévski do que a Wolfe e termina quando Francis observa um psiquiatra da Marinha levando sob o braço um exemplar de *The New Republic*.[5] Suas sessões de terapia tornam-se negociações que acabam no ato escuso do médico de dar alta a Francis, que nunca discute pacifismo com o psiquiatra. Em seu lugar, ele simplesmente argumenta que não consegue receber ordens, apresentando sua capacidade de articular com inteligência essa perspectiva de si mesmo como forma de obter sua dispensa da guerra.

Peter deixa a Universidade da Pensilvânia para se tornar marinheiro mercante. Não há conflito com seu técnico problemático, tão somente uma declaração: "É a vida humana que quero — a coisa em si —, não isto".

Depois do retorno de Peter do mar, o romance volta-se ao conflito entre George, o pai, e Peter, tendo Nova York como pano de fundo. Escrevendo meses apenas depois dos acontecimentos descritos, Kerouac foi forçado a apresentar seu círculo de amigos de Nova York como personagens do romance e a expor suas desavenças com Leo de modo que o honrasse sem que, contudo, vergonha alguma fosse imputada a si mesmo.

Kerouac garante a George Martin muitos momentos felizes em Nova York antes de o câncer atacá-lo. George passa boa parte de seu tempo cruzando a cidade e recordando sua juventude feliz em New Hampshire. No fim de uma longa e rapsódica pas-

5. *The New Republic* é uma revista norte-americana de política e artes publicada ininterruptamente desde 1914. (N.T.)

sagem que descreve o périplo de George pela cidade, Kerouac volta sua atenção para Peter, que observa a difícil sociologia da Times Square. Subitamente o jovem poeta judeu Leon Levinsky [Allen Ginsberg] aparece e começa a dar-lhe notícias de Kenny Wood [Lucien Carr], do homossexual aleijado Waldo Meister [David Kammerer] e de Will Dennison [Bill Burroughs]. Judie Smith [Edie Parker] surge em cenas do *college*, mas Levinsky, cuja amizade e procedência se justificam a partir da Universidade da Pensilvânia, e os demais simplesmente se materializam. Tal como retratados, estão mais para conhecidos do diletante Francis do que de Peter, pouco adepto de fantasias.

A primeira cena de Peter com eles é ambientada em uma lanchonete da Times Square onde ele e Junkey [Huncke] escutam uma verdadeira palestra de Levinsky sobre sua teoria da "grande catástrofe molecular", uma doença pós-atômica da alma que revelará o "horror" que habita a personalidade de uma população desavisada. O "grande quadro de desintegração e pavor" foi diretamente extraído de um ensaio de Ginsberg, inserido no romance de Kerouac com o consentimento de Allen.

Quando vem a conhecer os amigos de Peter, George os detesta. Em *The Town and the City*, as catilinárias morais de Leo, dirigidas a Jack em seus meses finais, terão por alvo Francis e Peter. Francis também está em Nova York, envolvido em maquinações liberais que parecem associadas ao surgimento das Nações Unidas, mas orgulhoso demais para apresentar o pai aos amigos quando George passa na rua. George também nutre suspeitas em relação a esses amigos, que relaciona em seus pensamentos a um romance que tomara de empréstimo na biblioteca, a história de um maricas do interior que se torna um politico homossexual.

"Essa geração *conhece* o certo e o errado", ele diz. "Ela só não *acredita* no certo e no errado."

A crise começa quando Peter organiza um encontro entre seus pais e Judie, a amante que eles desaprovam. As coisas começam bem entre a família de Peter e sua namorada, mas a polícia os interrompe com a notícia de que Waldo Meister se suicidara ao saltar da janela do apartamento de Kenny Wood. Será que Peter pode ajudar no reconhecimento do corpo? Os pais de Peter ficam chocados. "Isso é coisa de pobre, sempre com medo de tudo", diz Judie. "Se você entrar em apuros e precisar de dinheiro para sair da cadeia, *eu* o ajudarei a sair de lá, não *eles*."

No fim do livro, Liz, a irmã que se casou com um músico de jazz, transforma-se em uma garçonete de cabelo platinado. Um trator em Okinawa exuma o cadáver perdido do jovem Charley. Francis mergulha em um caso sem sentido com a mulher de um amigo. George morre. A catástrofe é completa.

Jack passa três anos escrevendo *The Town and the City*, anos em que também iniciaria experimentações para o início de *On the Road*, romance cujo título já rondava seus pensamentos antes mesmo de iniciá-lo. Movido pelas cartas de Neal Cassady e pelas conversas de ambos sobre à busca de si mesmo, ele decidira ser honesto em seu romance seguinte. Apenas os nomes seriam alterados. No entanto, Jack não seria capaz de atender a tais exigências antes de 1951. Primeiramente, ele arquivaria com esmero as cartas de Neal, Allen e de seus outros amigos com anotações sobre o que se passava em seu íntimo. Soberbamente organizado desde o início de sua carreira, Kerouac seria o curador mais meticuloso de suas próprias memórias. Ele pretendia fazer uso delas.

No verso de um envelope de uma carta de Ginsberg, ele rabiscou: "Meu irmão, Gerard — Minha Sombra, Sax — Meu amor, Mary", uma sucinta prefiguração de três de seus melhores livros, *Visions of Gerard*, *Doctor Sax* e *Maggie Cassidy*. Quando terminava o imenso manuscrito de *The Town and the City*, seu "livro de muitos livros", ainda maior, já ganhava contornos em seus pensamentos.

Em fins de 1948, Lucien saiu da prisão e começou a trabalhar como editor de uma agência de notícias, ficando longe dos velhos amigos para adequar-se aos termos da condicional. Ginsberg havia sido suspenso de Columbia por um trimestre, e a possível causa dizia-se ser uma frase escrita na poeira acumulada em uma janela e descoberta por uma servente: "Butler não tem colhão". Bill e Joan Burroughs haviam se recolhido ao Texas para conduzir alguns experimentos agrícolas.

O aliado literário mais próximo de Jack nesse período foi John Clellon Holmes, então com vinte e poucos anos, que chegara a Columbia depois de Jack ter saído e que tentara escrever um primeiro romance à maneira de Graham Greene, sendo seu protagonista um matador de aluguel que descobre ter sido contratado para matar a si mesmo.

Kerouac e Holmes desejavam publicações convencionais e aceitação pública e descobriram rapidamente depois de se conhecerem que falavam a mesma língua, a língua técnica dos romancistas.

Holmes vinha de uma família que se desintegrara durante a Depressão. Também era uma figura marginal durante a guerra e, como Jack, sacrificaria o que fosse necessário — mesmo um casamento — para produzir sua literatura.

John Clellon Holmes:

Não conheci Jack na Columbia. Inicialmente, havia muita coisa em jogo para Jack em relação a ir para Columbia. Para ele, era o sucesso, a possibilidade de fama, a possibilidade de realização. Isso foi antes da guerra, no início dos anos 1940. Aí ele ficou sério. Começou a ler e realmente quis escrever, e quando ele quebrou a perna e todo o lance esportivo se acabou, então ele começou a se empenhar para ser um escritor.

Fui para Columbia depois da guerra, graças à Lei do Soldado,[6] basicamente. Vivia em Nova York, respeitava a instituição e me sentia muito ignorante. Queria aprender coisas, eles tinham gente boa por ali, e era acessível.

O lance sobre a Columbia era que a universidade fica bem no meio da cidade, então a vida do lado de fora entrava constantemente em contato com o ambiente acadêmico.

Jack foi para Columbia, tenho certeza disso, pois tinha embarcado de cabeça na ideia do menino do interior, da cidadezinha operária, que quer ir para Nova York. E lá ele encontrou gente tão problemática e interessante quanto ele próprio, gente que ele não encontraria em outro lugar. E descobriu que não estava interessado de fato na universidade. A questão era outra.

Eu nunca havia vivido em nenhuma cidade de tamanho minimamente comparável até então. Era incrível. A comoção de uma vida inteira estava na esquina. Não era um lugar feio. O negócio que acho que me deixava louco — e acho que a

6. *G. I. Bill*, no original. Trata-se de uma lei datada de 1944 que oferece educação e outros benefícios a jovens veteranos de guerra. (N.T.)

Jack também — era que naquela pequena ilha você conseguia ir a qualquer lugar com muito pouco dinheiro e ter acesso a mundos completamente diversos. Penso que havia uma abertura tremenda nesse sentido, não essa coisa de campo de batalha que é hoje. Era uma loucura, loucura mesmo.

Você nunca estava a mais de quinze minutos de algum lugar.

Depois de encerrar, com a ajuda dessa lei, minha formação em Columbia e, depois, na New School University, havia outro programa no qual era possível se inscrever, caso você não tivesse trabalho formal. Você podia conseguir uns cinquenta dólares por mês. Eu fazia serviços de escrita, trabalhos de *ghost-writing*, e tentava publicar poesia. Mas, principalmente, eu estava interessado em saber onde tudo aquilo ia parar. Estava louco pela vida.

Quando encontrei Jack e Allen e os outros eles imediatamente me pareceram as pessoas mais interessantes que encontrara em quatro anos desde a guerra. Ninguém do meu grupo foi atingido em combate. Jack estava em um navio em que havia torpedos e coisas do gênero, mas não, nenhum de nós se feriu.

Em meu caso particular, a guerra era um assunto certamente à parte, pois nunca deixei o país nem servi no mar. Mas trabalhei mais tempo do que gostaria com os feridos, e isso me afetou bastante.

A guerra na Europa ainda estava em andamento, e o *front* do Pacífico realmente começava a esquentar, então recebíamos gente de volta em St. Albans, Long Island, onde eu trabalhava em um hospital imenso — gente vinda do Pacífico ainda com seus uniformes de batalha. Não era como estar na guerra, era ver seu resultado. Em certo sentido teria sido melhor ter estado lá, onde você sente o medo na própria carne. Tudo o que eu via eram os restos.

Os veteranos, os caras — os Mailer e outros, que estiveram de fato em combate — chegaram com uma postura muito mais dura em relação às coisas. Havia um modo de sentir o combate. Havia um modo de compreender aquele tipo de experiência. É difícil para mim dizer isso, mas acho que é verdade — havia um modo de experimentar o combate próprio de escritores de primeira viagem. Isso já havia sido trabalhado por Hemingway e todos os outros.

Mas o que aconteceu com Jack e comigo e, em certa medida, com Allen também, era que, antes de qualquer coisa, não queríamos nos envolver com a guerra. Acho que, na verdade, ninguém queria, mas nós fomos pegos e tragados por aquilo tudo. Mas, por não temermos por nossa vida a todo momento, conseguíamos captar as tremendas mudanças que essa experiência estava produzindo nas pessoas e em nós e, particularmente, nas pessoas da nossa idade.

Lá no Harlem hispânico, em 4 de julho de 1948, Allen deu uma festa. Estava terrivelmente quente, e minha mulher na época estava viajando. Fui para lá com Allan Harrington, que os conhecera — ou apenas Jack — uma ou duas semanas antes na festa de outra pessoa.

Então nós fomos e lá estavam eles. Gostei deles imediatamente, e nos tornamos amigos muito depressa, especialmente do Jack. Havia alguma coisa em Jack. Quero dizer, adoro Allen e o adorava naquela época, ou ele me fascinava, mas havia um lance com Jack que mexeu comigo imediatamente. Ele também deve ter sentido alguma coisa do gênero, pois nos tornamos amigos muito, muito rápido.

Antes de *Go* escrevi um romance. Estava trabalhando nele na época e o terminei oito meses depois de ter conhecido Jack. Nunca foi publicado. Era horrível.

Como eu era quatro anos mais jovem do que Jack, ele havia lido mais do que eu. Ademais, também tinha tido uma educação formal. Eu não. Eu tinha 22 anos, ele 26. Pense nisso só por um instante. E Burroughs tinha trinta. Isso era para mim praticamente um idoso.

Jack e eu dividíamos certas coisas e descobrimos outras juntos. Lemos Melville juntos. Lemos Blake juntos sob a influência de Allen. Fiz Jack ficar atento a Lawrence, que sempre havia sido importante para mim. Ele já havia lido Lawrence, eu acho, um pouco, mas não seriamente.

Ele me fez ficar atento a Céline, que eu nunca havia lido. Wolfe eu já tinha lido. Não queria dar meia-volta e lê-lo novamente, embora Jack gostasse muito de Wolfe. Dostoiévski era o ponto em que nos encontrávamos. Havia lido Dostoiévski antes e já era bastante influenciado por ele. Jack nutria um sentimento tremendamente livre e tranquilo a respeito de Dostoiévski. Ele o tratava como realidade. Então nós conversávamos sobre as personagens como se fossem reais. Ele era capaz de passar noites inteiras falando, "Kirilov não diria isso, diria aquilo" e nós inventávamos diálogos e cenas inteiras. Em termos de romance, Dostoiévski era o ponto em que convergíamos. Costumávamos rir e até gargalhar com Dostoiévski.

Jack estava vivendo com sua mãe em Ozone Park. Ele passava a maior parte do tempo lá e então ia como um louco para Nova York para zoar, transar, beber e por aí afora. Em certa época ele ficou muitas vezes na minha casa, pois precisava ficar em algum lugar, e então passava uns dois ou três dias por lá, talvez três ou quatro, e então desaparecia de novo.

Fui a Ozone Park. Foi uma situação bem, mas bem formal. Mémère era o outro lado de Jack elaborado ao máximo. Era muito precisa e meticulosa e detestava desordem, embora fosse, ela própria, muito irracional.

Toda vez que Jack chegava cambaleando de volta para casa depois de três ou quatro dias em Nova York, ela lhe dava uma dura. Ela ficava preocupada com ele. Jack era o bebezão dela. Às vezes eu ia para lá à tarde. Estava tudo milimetricamente arrumado e em seu devido lugar.

Jack tinha seu quartinho ali e gostava das coisas como eram. Entre seus amigos da época, penso que ela achava que eu não trazia problemas, pois era loiro, o famoso "branco-anglo-saxão-heterossexual-protestante", e era educado. Era careta, de todo modo. Quero dizer, ela nunca exigiu uma gravata ou coisa do gênero, mas sempre fui respeitoso em relação aos meus velhos.

Quando visitava Jack, nós conversávamos, não bebíamos. Como eu não estava todo o tempo tentando arrastar Jack para os bares na cidade, ela achava que eu não era uma má companhia. Agia em relação a Mémère da mesma forma que Jack agia em relação a minha mãe.

Com mulheres mais velhas e figuras paternas e maternas Jack era incrivelmente adequado, correto e respeitoso.

Minha mãe até hoje é capaz de chorar quando pensa em Jack, porque ele era ótimo com ela. Jack não estava tirando sarro dela. É isso que você faz com as mães.

Todo mundo se sentia atraído por Jack. Naqueles tempos, era impossível que fosse de outra forma.

Minha primeira mulher, Marian, adorava o Jack. Ela também reconheceu nele um perigo potencial para a tranquilidade da casa, porque ele podia subitamente aparecer em casa, e tudo ficava de cabeça para baixo por sabe-se lá quanto tempo. Jack nunca foi como Neal. Ele não manipulava, não mentia, mas isso significava — *ooh-la-la*, isso significava que o telefone podia tocar, as pessoas podiam chegar e a cerveja acabar. Ela convivia bem com isso, mas via que seu efeito sobre mim era um risco para ela. Porém, essa era uma luta dela comigo, não com ele.

Minha sensação era de que você tinha de viver tudo que pudesse viver. Mas eu não havia decidido o que seria o romance — o que seria qualquer romance. O destino do romance. Estava atraído por essa experiência, pois não havia outra forma de compreendê-la sem atravessá-la. Claro, também me atraiu porque era aberta, era livre, tudo podia acontecer, e havia pessoas formidáveis, interessantes, conversando sobre coisas reais, era o que me parecia. Foi por isso que ela me ocorreu. Nunca pensei em escrever um livro sobre essa ideia até estar completamente imerso nisso.

Tive a ideia para o meu primeiro romance e o iniciei antes que tudo começasse a acontecer. As únicas coisas daquele romance que têm qualquer realidade estão no final, quando comecei a me envolver com tudo aquilo, que incorporei sem muita reflexão e que talvez por isso não tenha funcionado.

Quando o romance não emplacou, e ele quase emplacou, a Macmillan quase o publicou, passei por um daqueles momentos pelos quais os escritores passam, perguntando-me: "O que há de errado?". E concluí que não estava escrevendo sobre algo que fosse de meu conhecimento. Então eu, literal e muito cruamente, parti do zero e iniciei um romance, que seria *Go*, saído tão somente de todas as coisas que estavam acontecendo. O que eu estava fazendo na real, é claro, era aprender como escrever.

Nessa época, Jack estava lutando para escrever *On the Road*. Vi todas as anotações que ele escreveu para e sobre *The Town and the City*. Ele conversou comigo sobre *The Sea Is My Brother*, sobre poesia intimista e por aí afora. Mas ele não estava à vontade com essas coisas. Ele não as mostrou para mim.

Quando conheci Jack, eu não havia lido uma palavra sequer do que ele escrevera. Nossa amizade não surgiu em torno disso, de forma alguma. Ele nem sequer havia datilografado *The Town and the City* inteiro, e eu li aquilo tudo e é claro que foi uma porrada. E de repente vi que aquele homem de quem gostava muito tinha algo a mais — que ele era tremendamente talentoso e um ser humano formidável. Durante todo o processo de publicação de *The Town and the City*, nos dois anos seguintes em que ele foi datilografado e circulou entre as pessoas, ele ficou pensando sobre o livro seguinte e falando sobre o livro seguinte, que sempre quis que se chamasse *On the Road*.

Também durante aquele período ele estava tentando começar a escrevê-lo. Primeiro ele tentou escrevê-lo da mesma forma de *The Town and the City*. Ele tinha falanges inteiras de famílias e personagens, lembro-me disso com clareza porque era tudo muito bom. *On the Road* começava em Nova York com uma família rica, uma família pobre, toda sorte de loucura. A cena de abertura se passava em uma cobertura. A mãe era baseada na minha mãe, que àquela altura Jack conhecia muito bem. Depois vinha um grupo inteiro de crianças. E depois surgia a personagem que viria a ser a personagem principal — que ele, então, batizou de Ray Smith. Esse devia ser o momento em que Ray decidia abandonar tudo e cair na estrada. E o episódio em si — não tinha mais do que 5 mil palavras — era muito engraçado e verdadeiro e bom, mas no estilo de *The Town and the City*. Ele o rejeitou. Não achou que estava legal.

Ele escreveu sete, talvez dez outros inícios para o livro, e todos eles não lhe pareceram bons. Foram pelo menos dezoito meses nisso.

Isso foi por volta de 1949. Foi então que ele ficou mais e mais irritado com sua inabilidade em escrever o trecho. Ele não conseguia achar o gancho. E ele escreveu aquela coisa toda que está em *Visions of Cody*, a juventude de Neal — aquilo Jack escreveu fumado. Chapou com um baseado e escreveu aquilo. E ele então levava para mim ou talvez também para Allen. Ele esperava até sua mãe se recolher, e aquele quartinho dele tinha uma mesa — um quartinho em L, um dormitório. Ele fechava a porta. As mesas de Jack sempre foram incrivelmente organizadas, cada coisa em seu devido lugar. Aí ele relaxava, chapava e passava a noite inteira escrevendo. E me parece que a razão para aquelas frases serem tão longas e abertas e incríveis é a maconha. Ele amava aquele negócio, mas sabia que não era o caminho. Foi quando tomou sua decisão, em 1951 — na época em que se casou de novo e estava morando em Chelsea —, e ele disse com estas palavras: "Foda-se! Vou sentar e escrever a verdade". E foi o que ele fez.

Acho que Jack teve de ver *The Town and the City* publicado e precisou passar pelas angústias da edição do livro — que foi reduzido a um terço do manuscrito — e ficar puto com aquilo. Ficar puto com o ambiente, mas também entender o que de fato queria fazer. Acho que, se não tivesse sido publicado, ele teria ficado incomodado e irritado. Mas assim ele se livrou do livro e pôde olhá-lo e dizer, como ele costumava: "Está vivo".

Jack era generosíssimo em relação a tudo e queria muito que as pessoas lessem *The Town and the City*. Ele não tinha conhecidos. Não tinha editor. Não tinha ninguém no negócio.

Ed Stringham leu o livro inteiro e ficou impressionado, como todos ficaram. Stringham o entregou a David Diamond. Diamond o ofereceu a Alfred Kazin. Kazin o passou a Robert Giroux.

Stringham, que trabalhou na *The New Yorker*, era um amigo de todos nós. David Diamond era um compositor amigo de Stringham e Kazin. Acho que Stringham deu o livro a Diamond pois sabia que Diamond conhecia Kazin. Era assim que funcionava naquela época.

The Town and the City, no entanto, foi rejeitado pela Macmillan. Agora, se Kazin o levou à Macmillan ou não, eu não sei, mas o editor que o rejeitou tornou-se um bom amigo de Jack. Ele já morreu, e eu esqueci o nome dele. Ele adorou o livro, mas de algum modo sentiu que não funcionaria.

Depois o livro seguiu para a Harcourt & Brace, pois Kazin era, creio eu, um antigo colega de Giroux em Columbia. Ele o aprovou na primavera de 1949.

Giroux adorou, mas também quis cortá-lo. Jack estava animadíssimo como um jovem rapaz pode ficar animadíssimo com seu primeiro romance e ser tratado como se tivesse feito algo bacana. Então Jack aceitou. Eles trabalharam juntos por uns meses, e Giroux cortou muita, mas muita coisa. Parte das coisas não era tão importante, mas em certo sentido o tipo de riqueza que o livro tinha foi reduzido por esses cortes.

Quando li pela primeira vez o livro nos cadernos, antes mesmo de ser datilografado, ele acabava com a família toda reunida. Não sei se foi instinto artístico, que nele era muito forte, ou se foi amargura, não sei o que o fez acrescentar aquele último trecho, aquela seção quase ao estilo John dos Passos com Peter caindo na estrada. Talvez houvesse também uma terceira possibilidade, que naquela época ele entendeu que a próxima coisa a se fazer era a experiência na estrada.

Naqueles anos Jack tinha o pensamento literalmente dividido em dois. Quando o conheci ele queria se tornar fazendeiro em New Hampshire. Não queria viver na cidade. Não queria cair na estrada. Ele estava procurando por alguma garota para se casar e ter essa fazenda em algum lugar de New Hampshire, construir uma família. Dia de Ação de Graças. Natal. Esse lance todo.

E no entanto ele se sentia atraído pelo caminho oposto. E com ainda mais força, pelo que se viu depois. Mas àquela altura essas duas coisas estavam em absoluto conflito dentro dele.

Naquela época, o pedido de seu pai para que tomasse conta de sua mãe e fosse um bom rapaz bateu fundo, mas muito fundo nele. E no entanto seu polo em direção ao caos, à estrada, ao Oeste, era igualmente forte. Mais forte, como se viu depois. O acréscimo ao fim de *The Town and the City* é tremendamente importante para um entendimento de Jack, pois foi no último minuto, quase — quer dizer, nos últimos seis meses, já com o livro nas mãos de outro, que ele acrescentou aquilo.

Ele olhava para seu livro, mesmo enquanto produzia um novo final, como uma coisa completa em si, uma ficção. Ele costumava chamá-lo de ficção. Ele nunca chamou seus livros posteriores desse modo. Eles eram parte de uma saga. Ele estava motivado também por querer produzir um romance. O único tipo de romance que ele conhecia, ou que qualquer um de nós conhecia, era o bem-feito. Não acho que ele estivesse pensando no futuro com seus cortes e reescrituras de *The Town and the City*. Acho que sentiu — *sei* que ele sentiu o impulso do material que estava vindo, que era a experiência da estrada. E ele estava tendo toda a experiência da estrada enquanto escrevia *The Town and the City*.

Nos meses que se seguiram ao fim do processo de edição Jack estava bastante defensivo, pelo menos com seus amigos que conheciam o livro. Eu dizia: "Puta merda, você não cortou aquilo!". E ele dizia: "Não, Giroux sabe o que faz". Jack tinha uma posição ambígua todo o tempo. Ele queria a publicação. Ele estava se sentindo lisonjeado, feliz e aliviado por Giroux tê-lo achado um maravilhoso e jovem novo escritor. Ficou chateado por ter perdido seções inteiras, mas ainda se sentia bastante alegre.

Ele estava esperando pela publicação como tem de ser: é a publicação de um primeiro livro. Deus do céu, você se sente jogado de um lado para o outro. Você é subitamente levado a outra dimensão. Ele estava cheio de entusiasmo sobre o livro seguinte. Estava tentando ser responsável, do jeito que todos se sentem. Ele estava bastante próximo de Giroux. Costumava idolatrar Giroux naquele esquema Fitzgerald-Hemingway-Perkins. "Encontrei meu pai", mais especificamente, "o cara que vai me guiar por essa loucura".

Giroux era parte de outra turma brilhante de Columbia, que incluía Thomas Merton e três ou quatro outras pessoas. Ele tinha uma história similar à de Jack. Era um católico não praticante, de todo modo. Acho que ele era de Nova Jersey.

Eles se davam muito bem. Giroux sentia que havia descoberto alguém em Jack — profissionalmente. Mas também havia algo mais. Acho que ele gostava de Jack — talvez até mais do que isso. E Jack, que era uma pessoa de entusiasmo — quero dizer, Jack não era cético sobre nada —, ele não disse bem, o bom e o ruim — ou era tudo bom ou era tudo ruim, e as coisas não mudavam tão facilmente. Então quando Jack, naquele verão, se mudou para Denver, Giroux saiu do armário e eles viajaram de carona juntos. Essa foi uma coisa muito engraçada. E Giroux, bravamente, enfrentou a coisa toda. Mas Jack estava sempre atrás de um relacionamento de almas com todo mundo. A fascinação de Giroux em relação a Jack advinha também do fato de Jack parecer aberto a tudo.

Giroux era bem uns vinte centímetros mais alto do que Jack e um sujeito de aspecto muito masculino, como ainda deve ser, mas esses foram os anos entre a aceitação e a publicação, quando Jack sentiu: "Deus, meu pai, eu fiz a coisa acontecer. Tudo que preciso fazer é escrever". O que era tudo que ele queria fazer, de todo modo.

Jack foi adotado pelo meio literário nova-iorquino por uma temporada. Ele passava começos de noite com Carl Sandburg e ia à ópera. Ele literalmente saiu e alugou um traje, que vestia sob seu antigo casaco de pele de camelo. Assim, Jack rodou naquele meio por um tempo.

O livro nem ao menos havia sido publicado. A maioria das pessoas nunca tinha lido uma palavra sequer do que ele havia escrito, mas alguém lhes dissera: "Aí está uma nova estrela".

Isso tudo era muito irônico para todos nós. Adorávamos Jack e adorávamos seu livro. Discuti um pouco com ele sobre os cortes. Não me ressenti de sua entrada quase balzaquiana na alta sociedade, o que pensei que seria bacana para ele, mas logo o desiludiu.

Foi seu primeiro gosto da diferença entre imagem e realidade. As pessoas o tratavam como se fosse Thomas Wolfe, mas ele nunca se sentiu dessa forma. Ele sempre foi Jack Kerouac com sua saqueira suada.

E então, claro, a publicação. Ela não acabou com ele, até porque as resenhas foram favoráveis. Vendeu bem para um primeiro romance. Digo, foi arrastado, irregular, mas não de todo ruim. Mas nessa época ele já estava envolvido com os problemas de *On the Road*.

Ele estava pensando como qualquer outra pessoa faria em sua situação. Ele pensou que tinha superado o primeiro obstáculo. "Agora tudo que eu preciso fazer é escrever livros." E quando ele finalmente começou a escrever aquela versão de *On the Road* e Giroux a rejeitou — Giroux disse "Não" —, Jack nunca mais a apresentou a ninguém.

Ele a ofereceu para mim e eu a ofereci para a companhia que me agenciava na época, a MCA, e eles também não conseguiram emplacá-la em nenhum lugar. Isso acabou com ele, que teve de se recolher para dentro de si, o que foi o melhor para ele. Ele já estava começando a escrever *Visions of Cody* e todos os outros livros se seguiram na chave de desolação de sua vida.

A versão de *On the Road* que John Clellon Holmes entregou a seu agente era algo totalmente novo, um livro que parecia mais as anotações de caderno e diários de Kerouac do que a prosa burilada de *The Town and the City*.

Ela remonta aos anos de 1946 e 1947, a seus primeiros encontros com Neal Cassady e a suas primeiras longas viagens juntos através da "noite americana".

3

A ESTRADA

Qual é a sua estrada, cara? — a estrada do menino santo, do louco, do arco-íris, dos peixinhos dourados, é qualquer estrada. É a estrada para qualquer lugar para qualquer pessoa de qualquer maneira.

Dean Moriarty em *On the Road*

JACK TRABALHAVA em *The Town and the City* havia oito meses quando Neal Cassady irrompeu na cena nova-iorquina, em dezembro de 1946, com sua esposa adolescente, Luanne, a reboque.

Natural de Denver, Hal Chase, colega de quarto de Allen, descrevera Neal a Ginsberg e aos demais como um representante autoconsciente da pobreza norte-americana, um marginal de reformatório com talento poético. A partir das cartas de Hal, bem como de suas conversas durante as férias do estudante, Neal decidira que Manhattan era o lugar exato para si, uma cidade de poetas. Quase que da mesma forma, Jack desejava viajar para o oeste rumo à fronteira que ele imaginava restar ali. Essa foi a simples equação da amizade entre Jack e Neal que levou Kerouac à produção de seu melhor trabalho.

Houve um entendimento instantâneo entre os dois homens, que em fotos tiradas no início dos anos 1950 se parecem tanto que é difícil discernir quem é Jack e quem é Neal.

Neal era quatro anos mais jovem do que Jack, nascido em uma família em constante deslocamento que a Depressão iria dispersar. Seus meios-irmãos por parte do primeiro casamento da mãe eram bem mais velhos, e eles costumeiramente espancavam seu pai sempre que este chegava bêbado em casa. Neal lembrava-se de seu irmão Jimmy como um provocador, e de sua irmã mais nova tinha apenas uma vaga lembrança. Quando Neal tinha seis anos seus pais se separaram e suas meias-irmãs foram enviadas para orfanatos. Todo verão Neal era deixado aos cuidados do pai.

Neal Cassady, pai, era o "barbeiro" dos residentes da Larimer Street, rua de delinquentes e miseráveis em Denver, mas, a despeito de ocupar a terceira cadeira da barbearia de um amigo em sábados cheios, ele não se ocupava propriamente de negócio algum. Em vez disso, ele bebia.

Depois da separação, a mãe de Neal permaneceu em Denver, e o garoto retornou de tempos em tempos a sua casa até a morte dela, quando ele tinha dez anos; sua lealdade, porém, era ao pai, que lhe desvelou o mundo dos *saloons*, das pensões baratas, das refeições de caridade compradas ao preço de um hino. Neal cresceu esperto e escolado na vida das ruas, voltando sua mente afiada às questões imediatas de sua sobrevivência e da de seu pai.

Neal tomava para si o que quer que desejasse, fosse uma mulher, fosse um carro, e era completamente isento de dúvidas acerca de motivos e métodos empregados. Dizia com alguma arrogância e para quem quisesse ouvir que tivera sua primeira experiência sexual aos nove anos e roubara seu primeiro carro aos catorze. Foram os carros que o colocaram em encrenca. Em um incidente típico, Neal "pegou emprestado" o carro de seu patrão e, quando o carro quebrou, chamou um policial para ajudá-lo. O roubo do carro já havia sido denunciado, e o patrão de Neal, feito a acusação.

Nas palavras de Neal e na ficção de Jack, Cassady passou cinco anos de sua juventude e da vida adulta encarcerado, mas trata-se de um exagero. Os cinco anos, começando por 1940, quando Neal tinha catorze anos, foram marcados por condenações e temporadas no reformatório, incluindo uma fuga bem-sucedida, mas o tempo total vivido nessas instituições foi menor do que um ano.

Quando tinha dezesseis anos, Neal conheceu o homem que o proveria da ligação indireta com Jack Kerouac e seus amigos. Justin Brierly estava inspecionando uma de suas casas alugadas em Denver quando encontrou Neal em um corredor.

Cassady lembraria dele como um invasor. "Como você entrou aqui?", ele perguntou. "Esta é minha casa."

"Sinto muito", Brierly disse, segurando a chave. "Esta é minha casa."

Brierly, então com seus 34 ou 35 anos, era um advogado de belo porte, membro do conselho escolar e ativo nos círculos artísticos e musicais de Denver. Estava envolvido em esforços concretos de ajuda a jovens sem ocupação e trabalhava para Columbia, sua *alma mater*, na avaliação admissional de candidatos locais. Neste último papel ele fez a ponte com Hal Chase, amigo de Ginsberg.

Neal estava nu no momento do encontro surpresa, e Brierly acabou bastante impressionado pela força dos olhos azuis de Cassady, seu semblante como que esculpido e seu corpo torneado. Depois de poucos minutos de conversa, ele estava impressionado também com a inteligência e energia de Neal.

Nos idos de 1944, quando foi sentenciado a dez meses no Reformatório Estadual do Colorado em Buena Vista, Neal já demonstrava confiar em Brierly para uma série de préstimos. Este escreveu ao advogado pedindo que cobrisse um débito no bar onde um dos irmãos de Neal, Jack, trabalhara antes de ir para o Exército e brigando com o mesmo por ter fracassado em um pedido de permissão ao diretor do reformatório para que Neal visitasse um médico especialista em Denver, viagem que poderia ter se transformado em fuga.

No volumoso bloco de regras e questões impressas no papel timbrado da prisão, Neal explicou seu relacionamento com Justin em termos de "amizade".

As amizades e relacionamentos sexuais de Neal tinham a marca do negócio: tratava-se de algo que Cassady queria em troca de algo que os outros quisessem, não obstante ansiosos — como provavelmente se sentiam — para dar a isso um nome. Para Kerouac e Ginsberg — mas não para Burroughs, que permaneceu indiferente a ele —, Neal era um exemplo de instinto em ação. Em troca, Neal queria deles instruções sobre como expressar seus sentimentos. Para Cassady, nesse particular, a troca permaneceu incompleta. Afora uns poucos fragmentos de autobiografia e seu corpo volumosos de cartas, ele não se tornou o escritor que gostaria de ser.

Mas Jack encontrou em Neal o principal personagem para o romance a que a cena final de seu *The Town and the City* apontava, o livro da estrada, e Neal também proporcionou a Jack o método para contar aquela história. Como Kerouac certa feita disse, "A descoberta de um estilo próprio baseado na espontaneidade do 'aceite como é' veio depois de ler as maravilhosas cartas em forma de narrativa livre de Neal Cassady, um grande escritor que também é, por acaso, o Dean Moriarty de *On the Road*".

Quando Kerouac e Cassady se tornaram amigos, em fins de 1946 e no início de 1947, Jack trabalhava na versão idealizada de sua infância que ocupa as primeiras páginas de *The Town and the City*, páginas que Neal leu por sobre os ombros de Jack enquanto este as datilografava. Quando ele começou seus próprios exercícios de escrita com Jack na condição de tutor, Neal tratou de sua infância em cartas escritas para agradar a Kerouac, e nessas páginas escritas sob o efeito de maconha Neal abandonava a etiqueta da "carta amigável" ensinada na East High School de Denver, lançando impressão sobre impressão, todas elas correndo desbragadas pelas páginas à velocidade da vida.

Poucas noites depois de Neal chegar a Nova York, ele seduziu um Allen Ginsberg fremente após um passeio noturno pela cidade ao lado de Kerouac e outras pessoas, e os dois fizeram juras de amor eterno. Ainda que tal amor — como se vê pelas cartas de Neal a Allen — parecesse genuíno, a pansexualidade de Cassady diferia da homossexualidade aceita, embora incômoda, de Allen, diferença que causou não pouca dor a Allen nos anos seguintes.

A certa altura, quando Ginsberg implorava a Neal que experimentasse um relacionamento gay monogâmico, Neal pacientemente explicou que seus sentimentos por Allen transcendiam o sexo e que a situação ideal seria que os dois vivessem juntos com uma mulher que ambos amassem.

Como Ginsberg, Burroughs, Huncke e outros do grupo eram homossexuais, virou costume dizer que Jack e Neal eram gays reprimidos demais para dar vazão a seu amor abertamente, uma teoria que se confirmava pelo fato de ambos terem, vez por outra, dormido com outros homens. Não há evidência, documental ou de algum outro tipo, que confirme essa hipótese. Contudo, será difícil imaginar dois seres humanos, tirante o sexo e a sexualidade, mais intensamente interessados nos pensamentos um do outro do que Jack Kerouac e Neal Cassady.

Ao longo de fins dos anos 1940, à medida que *The Town and the City* crescia página a página, assombrando Allen e os demais com seu volume e a precisão das lembranças, Neal deu a Jack um foco para seu impulso de abandonar a máquina de escrever, dar um beijo em Mémère e cair na estrada.

De uma distância de 3.200 quilômetros, a Larimer Street, um fim de mundo de tijolos vermelhos, reluzia para Jack com a magia remanescente do Oeste e das estradas que o conduziam até lá. No verão de 1947, seis meses depois de conhecer Cassady, Jack viajou ao oeste pela primeira vez, para Denver. Neal estava envolvido em um quarteto amoroso bissexual naquele verão e teve pouco tempo para Kerouac, mas a viagem deu a Jack a chance de ver as cenas da infância e do início da vida adulta de Neal e, no inverno seguinte, de testar o estilo de prosa de Cassady para uma possível peça, escrevendo sobre a sociedade de vagabundos dos salões de bilhar em uma narrativa que foi um início descartado de *On the Road.*

On the Road, o livro que finalmente levou Jack à fama e a certo nível de sucesso material, já existia em sua mente, e sob o mesmo título, quatro anos antes do início de sua composição e dez antes de sua publicação. Não foi antes de 1951, segundo descreve John Clellon Holmes, que Jack se sentou e simplesmente escreveu o livro, do mesmo modo que Neal escreveria uma de suas longas cartas. O centro do livro, sua energia, é o próprio Neal: Neal dirigindo, Neal roubando carros, Neal negociando para sair de alguma encrenca, Neal e suas mulheres (Neal e seus homens não entraram no livro).

Assim, o livro é uma longa reflexão sobre Neal Cassady e, mesmo assim, não pôde conter tudo que Jack quis escrever a respeito dessa interessantíssima figura. Por exemplo, parte do material sobre Cassady que Jack escreveu durante suas tentativas de iniciar *On the Road* nos anos 1940 tornou-se a abertura de *Visions of Cody*, escrito como *Visions of Neal*. O livro foi finalizado com variações rapsódicas a partir de um registro documental dos dois homens e do tempo que passaram juntos em 1952 com a última esposa de Neal, Carolyn, um tempo em que os Cassady estavam mais ou menos instalados na região da baía de San Francisco. A partir dali Jack viajou sozinho, alternando entre a errância compulsiva e o retorno para casa — de Mémère, de Nin, dos Cassady —, onde escreveu o volume que lhe renderia fama.

On the Road é o retrato de um homem lutando para refazer-se de todo o tempo perdido, um retrato de Neal. Dá a impressão de uma única viagem que cobre os Estados Unidos de um lado para o outro. Na verdade, foram várias viagens, condensadas a pedido veemente dos editores do livro, que, percebendo a ausência de um motivo sólido para as viagens — as lembranças acuradas de Jack resultaram em uma ficção mais estranha do que a ficção —, insistiram na compressão.

On the Road começa com a primeira visita de Neal a Nova York, em 1946, segue com a viagem de Jack a Denver em 1947 e de lá para as aventuras solo na Califórnia, mas o livro atinge seu melhor quando Neal está em cena e os dois seguem pela estrada juntos.

A primeira viagem de ambos os levou da Costa Leste a San Francisco, seguindo para a casa de Burroughs em Nova Orleans, no início de 1949. Mais tarde naquele ano, houve uma viagem de San Francisco a Nova York e, no episódio final do livro, uma viagem de Nova York para o México, em 1950. A razão encontrada pelos editores de *On the Road* para as viagens foi, na verdade, a complicada vida sexual do personagem principal do livro, Dean Moriarty — Neal. Ela se apresenta, é claro, nas entrelinhas do romance, mas o registro de Jack pouco fez para recuperar diretamente as paixões envolvidas, talvez porque fossem elas próprias insondáveis para os principais atores da história naquele momento.

Em vez disso, Jack concentra-se na descrição acurada do mundo de Neal, e o verão de Kerouac sozinho em Denver em 1948 lhe dá a oportunidade de percorrer a Larimer Street e reconstruir o mundo de pensões baratas e salões de bilhar onde Cassady cresceu.

Na mitografia caseira de Jack os camaradas de Neal na sinuca ganham a qualidade dos companheiros do herói na épica antiga. Um desses companheiros era o "Tommy Snark" de *On the Road*, o "Tom Watson" de *Visions of Cody*, um jovem de ombros caídos com uma voz suave, olhos grandes e magoados e um estilo de sinuca quase imbatível. Ele permaneceu em Denver pelo resto da vida desenvolvendo suas habilidades com o taco, nas cartas e na pista de corrida. Seu nome real é Jim Holmes.

Jim Holmes:

Conheci Neal muito, muito bem, e estivemos juntos por anos e isso antes de outras pessoas se envolverem com ele. Sentia que rolava uma pitadinha de, bom, talvez ciúme ou alguma outra forma de hostilidade entre mim e Jack quando nos encontramos pela primeira vez em relação ao tanto de tempo que Neal passava com um e com o outro. Não que eu me importasse, mas acho que ele, sim, se importava, e assim permanecemos firmes demais em nossas convicções para sairmos juntos com frequência.

Não sou um sujeito grande, por isso tenho de competir em coisas que exigem habilidade. Jogava pingue-pongue antes de jogar sinuca. Assim que ficava bom em uma coisa começava outra, então no fim do lance do pingue-pongue eu comecei a jogar sinuca e fiquei muito bom. Acho que fui o melhor jogador de sinuca de Denver, mas acho que isso é uma questão de opinião.

Neal costumava ir até lá e me ver jogar. Um dia finalmente ele se aproximou e disse: "Bom, vamos sair e comer alguma coisa", e eu parei e pensei que o sujeito não tinha grana, o que descobri mais tarde que geralmente era o caso, e então comprei alguma coisa pra ele comer. O sujeito tinha muita energia e era muito atraente — não sei se ele fazia isso intencionalmente —, mas ficava adulando você, enchendo sua bola, e de tal forma que fazia com que você quase que imediatamente gostasse dele. Como quando eu paguei a comida para ele, você era capaz de achar que tinha sido a coisa mais maravilhosa que aconteceu no mundo.

Claro, isso faz você se sentir bem, e assim, quase que imediatamente, nos tornamos amigos.

A despeito do que você fosse ou fizesse, Neal se aproximou das pessoas dessa mesma maneira ao longo dos anos. Por exemplo, se você fosse uma mulher jovem e ele estivesse interessado em você e você estivesse indo para o *college* — batata: "Você está mesmo indo para o *college*?", e a coisa seguia daí. Não acho que fosse fingido. De todo modo, era uma técnica. Mas não era um truque. Ele realmente respeitava a pessoa.

E também havia coisas menores. Se você tivesse um toca-discos em casa, bem: "Você me levaria para sua casa para escutar seus discos? Não tenho toca-discos. Não tenho um desses faz tempo. Sei que ia adorar escutar, e tal". E ele realmente queria escutar, e tal.

Mas, ao mesmo tempo, as pessoas com quem ele conversava, ele realmente as fazia rir. Era o jeito dele de fazer as coisas. Era, por assim dizer, um dom natural.

O cara tinha muita energia, era bonitão — tinha um corpo forte, antes de destruí-lo — e podia ficar dias a fio sem dormir ou descansar. E ele gostava. E não precisava de drogas nem nada do gênero. Só o que ele queria era estar ativo e em constante movimento, e, que eu saiba, o único tempo em que ele vivia, com exceção de raras ocasiões, era o tempo presente.

O amanhã não significava nada. Digo o amanhã como amanhã, quarta-feira ou quinta-feira, podia significar algo, mas amanhã como daqui a duas semanas não significava nada para ele. Ele nunca planejou sua vida em termos de objetivo, como um objetivo de cinco anos, ou mesmo de duas semanas. Ele até era capaz de fazer isso em termos de um próximo domingo, mas nunca com datas futuras, como as pessoas fazem. Ele vivia o presente, o momento. E ele raramente vivia no passado, a não ser que estivesse relatando um incidente que lhe tivesse acontecido e que se aplicava ao que ele estivesse vivendo no momento presente. Era um dom natural.

O sujeito era fantástico! A única coisa que a gente podia fazer era amá-lo, e falo literalmente. Jack transformou Neal em um ídolo. Na verdade, quase todo mundo fazia isso. Exceto minha avó, claro.

Neal veio viver com a gente e havia passado um tempo na cadeia por roubar um carro, zoar na estrada, coisa do gênero, e ele tinha o cabelo cortado bem curto. Bom, lá nos idos da geração da minha avó o cabelo curto era ruim, hoje o cabelo comprido não é bem-visto. E então ela disse: "Não podemos ficar com esse rapaz vindo aqui com esse cabelo curto. O que a vizinhança vai pensar?". E eu disse: "Bem, a gente só precisa fazer com que os vizinhos cuidem da própria vida". E então Neal mudou-se para nossa casa, e de uma forma ou de outra eles não se bicavam de jeito nenhum. Nunca foi uma coisa desagradável, mas sempre havia esse conflito, que talvez ele me desencaminhasse ou coisa do gênero.

Neal era capaz de falar para sempre. Não que ele não fosse também um bom ouvinte. E ele era capaz de pintar imagens com palavras. Kerouac, em minha opinião, estava tão próximo de um repórter quanto de um escritor. Ele era capaz de pegar uma situação como aconteceu e reportá-la da maneira mais precisa, até usando as mesmas palavras da ocasião, se possível, e então julgava que, claro, depois de um certo período de tempo as razões viriam naturalmente à tona, como acontece quando você produz uma reportagem. Kerouac era muito preciso. Podia calhar de as coisas não terem acontecido naquela ordem, naquela sequência, mas era o que havia acontecido. Um pouco exagerado e floreado, claro, mas era o que havia acontecido.

Neal tinha problemas, claro, e era muito triste. Talvez por isso fosse tão falante e focado no presente, pois tinha um desejo de morrer muito forte. Ele não queria cometer um suicídio de verdade, mas sentia que ia fazê-lo, e de alguma forma esperava que fosse em um automóvel.

Uma vez, por exemplo, nós estávamos na Califórnia e pensei que estivéssemos dirigindo para sua casa. E sempre tinha alguma coisa estranha acontecendo no carro dele, o que acho que era uma espécie de aviso. As luzes se apagaram, e ele disse: "Bom, vamos seguir esse carro", o carro que ia a nossa frente. "Beleza." E então nós seguimos o carro e começamos a rodar com os faróis apagados — era uma hora da manhã — e ele acelerou até quase cem quilômetros por hora, meio que esperando que fosse colidir com outro veículo. Sei que era o que ele tinha em mente, e é lógico que não gostei nada. Então pedi que parasse e me deixasse descer. Se ele queria se matar, eu não precisava fazer parte do negócio.

Ele não parou, e eu pensei: "Só o que posso fazer é saltar". Sabia que podia ser bem perigoso, mas concluí que a pior coisa que podia acontecer era quebrar um braço, algo do gênero. Então abri a porta e comecei a me preparar para o salto, e mais ou menos quando estava com os joelhos prontos para pular ele disse: "Espere, espere...". Então fechei a porta, encostamos o carro e conversamos por alguns minutos. Eu disse: "Acho que vou caminhar até a cidade". E ele falou: "Vou esperar outro carro e seguir em frente".

Lembro-me de outra oportunidade em que ele pensou que, já que ia se matar, que alguém devia produzir algo lucrativo com isso. E eu pensei: "Putz, mas isso é meio idiota". Mas quis ver o que ele faria. Ele sugeriu: "Por que não vamos a uma companhia de seguros, eu escrevo uma apólice — uma apólice de dupla indenização — e pego emprestado o carro de Bob Speak? Então, quando pegar esse carro e bater em outro, você pode fazer algum dinheiro". Saí com ele e fomos lá e conversamos com o corretor, mas não creio que jamais fôssemos empenhar algum dinheiro naquilo. Mas, quando ele foi falar com Bob Speak, outra figura, e Bob não deixou que ele usasse seu carro, a ideia passou.

Sua morte, como ficamos sabendo, pode muito bem ter sido planejada. Não sei.

Vivi um tempo com Neal no mesmo quarto ou a uma quadra de Neal por talvez três ou quatro anos. Éramos muito, muito próximos.

Ele descrevia coisas que se passaram com seu pai ou um incidente ou outro que tivesse ocorrido, mas nunca chegava mais fundo a coisas básicas como amor e coisas do gênero. Tenho certeza de que ele amava o pai, mas não era capaz de viver com ele. Era alguém que ele queria ver mais ou menos uma vez por ano para saber como andava.

E Neal escrevia. Eu li não sei se dois ou três capítulos de um livro que ele havia começado. Para começo de conversa, era bem engraçado. Ele nunca conseguiu sair da casa em que vivia ao longo desses três capítulos, e todas as palavras relativas a essa casa tinham algum tipo de conotação sexual. Quando a casa rangia, isso o fazia lembrar de uma mulher. Ele produziu três capítulos sobre essa casa engraçada e nada aconteceu exceto que todas essas coisas na casa eram como uma mulher para ele. A casa, em sua imaginação, fazia tudo que uma mulher faria.

Sua vida inteira girava em torno do sexo. Talvez não houvesse sexo no sentido físico todo o tempo, mas havia muito. E muito daquilo tinha a ver com prestígio. Éramos todos jovens, e para os homens jovens o sexo é uma forma de brincadeira. Antes de você ficar sério, claro. Ele fazia coisas como sair com duas mulheres e ficar com elas em quartos de hotel diferentes na mesma noite, esse tipo de coisa. E ver se não conseguia satisfazer as duas e correr de um quarto para outro sem que as garotas soubessem que estava com as duas. Tinha sexo pra burro.

Acho que uma das razões por que ele tinha de ser tão ativo e fazer coisas — falar o tempo todo e estar com pessoas o tempo todo e transar o tempo todo — era manter sua cabeça ocupada por causa dessa vontade de morrer que ele sentia. Ele não queria pensar sobre a morte, e ela estava ali em sua paisagem mental o tempo inteiro. Muitas dessas pessoas, no entanto, não sabiam disso.

Neal nunca sossegou em um canto. Agora parece que sim. Ele trabalhou aqui em Denver em vários tipos de serviço e tal, mas eram coisas que ele fazia, e só. Mesmo quando você não se fixa em um lugar — suponha que você esteja o tempo todo na estrada como caixeiro-viajante, você está mais estabelecido do que um sujeito que está em casa, trabalhando, mas sua cabeça está o tempo todo em outro lugar. Seu pensamento estava sempre em outro lugar. Seu pensamento estava sempre aqui, no presente, mas ele não passava muito tempo em casa e, quando não estava em casa, ele não estava pensando em uma casa, estava pensando sobre qualquer coisa que estivesse fazendo então.

Jack teria gostado de viver a vida de Neal, e de certa forma ele viveu. Ele imitou Neal. É muito difícil explicar Neal Cassady, pois você não topa com gente como ele. Você nunca vê gente como ele, alguém disposto a lhe oferecer uma atenção integral por horas a fio. Quantas pessoas que vocês já conheceram fariam isso? E por nada?

Não era sacanagem, como seria se eu me valesse de um bocado de mentiras e subterfúgios para fazer vocês jogarem para mim um jogo de sinuca. Não era esse tipo de coisa. Neal não ligava se venceria ou perderia o jogo. O fato é que ele passava por todo o processo e jogava sinuca.

Neal era um sujeito que podia fazer mais com cinquenta dólares do que qualquer outra pessoa que tenha conhecido. Ele os fazia durar mais, ele ia mais longe com eles e por aí afora, mas quando ele tinha mais de cinquenta dólares, digamos que tivesse quinhentos, ele se livraria de 450 tão rápido que vocês não seriam capazes de acreditar — até que ele chegasse aos cinquenta. E então aqueles cinquenta durariam mais do que vocês poderiam imaginar.

Ele tinha uma teoria de que o terceiro favorito nos cavalos vencia na pista todos os dias. E o terceiro favorito realmente vencia e venceria todos os dias. Então ele ia à pista de corrida e jogava no terceiro favorito todos os dias, e ele vencia, e continuava jogando até que vencesse de novo. Mas chegava um período de três dias durante o ano que o cavalo, é claro, não vencia de jeito nenhum, e aí ele perdia todo o dinheiro que havia ganhado — e mais um pouco.

Agora, seria possível fazer isso se você refizesse a teoria e tivesse um bocado de paciência e pegasse, digamos, os quatro melhores treinadores e os quatro melhores jóqueis, e quando tivesse o melhor treinador e o melhor jóquei no terceiro favorito e apostasse nele, aí você teria no fim do ano algum lucro. Mas Neal simplesmente jogava no terceiro favorito, sem prestar atenção em nada.

Se fosse menos de cinquenta dólares, ele jamais perdia, mas, se fosse mais do que cinquenta, ele tinha de perder. Fomos para a pista; ele estava lá sentado e disse: "Você consegue imaginar que isso deve ser uma das coisas mais fantásticas que já aconteceram comigo? Estamos aqui. Pense sobre mim e você aqui, e tendo esta experiência agora". Eu pensei: "Diabo, mas a gente está tendo uma experiência agora?". E ele continuou: "Já faz quase dois dias e meio e o terceiro favorito não ganhou ainda. Não é maravilhoso?". E eu pensei: "Sim, é meio anormal, mas não colocaria isso na categoria das coisas maravilhosas".

Para ele aquilo era viver um acontecimento. Mesmo que fosse trivial, ele o estava vivendo. Havia acontecido.

O dinheiro não fazia nenhuma diferença. O fato de ele ter perdido três dias a fio não fazia nenhuma diferença.

E então meu ponto é, embora parecesse que ele estivesse fazendo toda essa sacanagem, essa não era a razão. Ele não estava interessado em sacanear as pessoas. Ele estava interessado em ver as coisas acontecerem. Ele era um budista natural, se isso faz de você um budista, pois era assim que ele era — perfeito.

Os amigos de escola de Neal incluíam tanto os ricos quanto os pobres de Denver, e um dos garotos que deixava Neal ficar com sua própria família durante o início dos anos 1940 era Bill Tomson, que permaneceu em Denver para construir um bem-sucedido comércio de tábuas de madeira.

Bill Tomson:

Conheci Neal através de uns amigos da East High School, e mais tarde ele morou comigo por mais ou menos três meses na casa de meus pais. Na época nosso relacionamento era bem forte. Eu era o mais jovem da turma. Neal era quatro anos mais velho do que eu.

Lembro-me de ler em uma das histórias de Jack algo a respeito do bando de Jimmie Holmes ou algo do gênero. Acho que ou é um mau juízo de sua parte ou alguma fantasia literária, pois não havia nenhum bando, fosse em sentido literal ou em qualquer outro sentido, em termos de trabalharmos juntos com algum objetivo comum. Era mais um relacionamento superficial entre bons amigos e só. Os amigos envolvidos eram Jimmie e Al Hinkle e Neal e eu, e todos tínhamos amigos além do grupo, fora daquela situação baseada em sinuca e cinema e carros. Também naquela época nós estávamos todos lendo os filósofos — Nietzsche e Schopenhauer e por aí afora.

Acho que Neal provavelmente cultivou seus interesses intelectuais a partir de Justin Brierly. Acho que Neal procurava um tipo paternal de relacionamento e segurança em quase todos que encontrava, e Justin era um professor meio pedante, porém imprevisível e brilhante que ficou tremendamente interessado em Neal. Neal havia ido para a East High antes de ir para o Reformatório de Buena Vista e conheceu Justin naquela época. Quando ele saiu Justin ficou muito interessado nele. Ele queria apresentar a Neal e incutir nele algum tipo de interesse acadêmico.

Acho que em parte Neal usava relacionamentos sexuais para obter favores e dar seguimento a relacionamentos que seriam, assim, benéficos a ele. Não acho que fosse uma coisa qualquer para Neal, como algumas pessoas podem pensar. Acho que ele via tudo de maneira completamente diferente e não tirava desses relacionamentos o mesmo que tirava das mulheres.

Acho que no início Jack estava totalmente arrebatado pela energia de Neal. Neal era uma pessoa que vivia no limite — ele tinha muita, mas muita energia. Ele era muito, muito insistente em relação às coisas que queria fazer a curto prazo, excessivamente insistente. Ele foi para Nova York sentindo-se provavelmente um pouco incomodado de encontrar todos os amigos de Hal Chase. Acho que ele usava aquela energia para reforçar-se em relação a qualquer insegurança que sentisse, para mostrar que podia encontrar de cabeça erguida aquelas pessoas em Columbia.

Neal ficou seriamente impressionado com Jack. Lembro-me de receber uma carta de Neal quando ele foi pela primeira vez para Nova York, e ele me chamava de "irmão mais novo" e Jack de irmão mais velho. Neal admirava Jack por sua firmeza e competência intelectual, além de ter encontrado companhia na energia de Jack.

Acho que todos estávamos bastante insatisfeitos no que diz respeito a observar a sociedade. Não alienação, exatamente. Apenas me parecia que estávamos naquele ponto da vida em que sentíamos fome de tudo, indo de lá para cá e engolindo grandes quantidades de ideias alheias e então tentando compará-las com uma perspectiva da realidade bem juvenil. E pumba! De repente você está agindo diferente, fazendo as coisas de modo diferente das outras pessoas das ruas — e pensando. Não acho que as pessoas estavam pensando em fundar movimentos. Acho que aquilo era parte da vida intensa, aquele tipo de compaixão e intelectualização que era a coisa "histórica". Era a energia daquele momento. Não acho que tivesse muito a ver com olhar para o futuro.

Quando Neal foi para Nova York, em fins de 1946, ele levou consigo sua esposa de quinze anos, Luanne, e seus relacionamentos próximos com Jack e Allen — neste caso um relacionamento sexual — ficaram em suspensão até que ela retornasse para Denver, dois meses depois.

Luanne, uma garota loira com bastas madeixas cacheadas e a boa aparência de uma aspirante a estrela de cinema, pareceu às figuras do círculo de Jack como John Clellon Holmes a "noiva menina". Ainda no começo de *On the Road*, em que ela é "Marylou", Jack a retrata como uma "doce garotinha... terrivelmente burra e capaz das piores coisas".

Mais tarde no livro, Marylou e Dean brigam, e Sal Paradise, a figura de Kerouac, lembra-se de algo que outrora sua "tia" (Mémère) lhe havia dito, que "o mundo jamais encontraria a paz enquanto os homens caíssem aos pés das mulheres e lhes pedissem perdão".

Dean Moriarty responde que sabe disso, e Paradise lhe diz: "A verdade é que não entendemos as mulheres; nós as culpamos, e a responsabilidade do erro é nossa".

No decorrer de sua amizade Jack e Neal dividiram muitas mulheres como amantes, incluindo duas das esposas de Neal. O padrão era sempre o mesmo. Neal elogiava e engrandecia Jack à mulher em questão, assinalava seu consentimento a Jack, fazia com que os dois ficassem juntos e saía de cena. Luanne foi a primeira dessas mulheres.

Na época em que Jack escreveu sua descrição de Luanne como "terrivelmente burra", ele já havia vivido um breve porém intenso caso com ela, no fim de 1949. Se Jack retratara a inexperiência de Luanne com precisão (afinal, ela era apenas uma adolescente), evidências contra sua estupidez não lhe faltavam.

Mesmo como uma adolescente confusa, Luanne era um indíviduo complexo. Ela idolatrava Neal e tentava desesperadamente participar de sua vida, porém, como Carolyn, veio a reconhecer as dificuldades implícitas na manutenção daquela relação, e ainda assim se esforçou para que fosse a melhor possível. Luanne e Neal cresceram em circunstâncias difíceis e similares e foram ambos abandonados na vida muito cedo; isso, combinado a suas primeiras experiências juntos, talvez a tenha ajudado a compreender Neal melhor do que qualquer outra pessoa conseguiu.

LUANNE HENDERSON:

Hal Chase, Justin Brierly e Neal eram todos muito próximos antes de eu conhecer Neal. Eu tinha catorze anos. Ele, dezenove. Nós nos casamos quando eu tinha quinze anos.

Neal estava vivendo com uma garota chamada Jeanie quando o conheci. Em sua casa viviam, além de Neal e Jeanie, a mãe e a avó da menina. Aquilo era realmente muito estranho. A avó era alcoólatra, assim como a mãe, e devia já estar na casa dos setenta anos. A mãe tinha seus cinquenta, e Jeanie era um pouco mais jovem do que eu, pois estava atrasada em relação a mim na escola. E de uma forma ou de outra, não sei como, ela e Neal se conheceram, mas ele não tinha dinheiro, nem vivia em lugar algum, e então Jeanie o acolheu. E ele imediatamente passou a controlar todas as três, dividindo o posto com a avó e a mãe.

Eu estava sentada na Walgreen's Drugstore e Neal e Jeanie chegaram. Ele caminhou até mim, virou-se para Jeanie e disse: "Essa é a garota com quem vou casar". Nunca havíamos nos encontrado, nada do gênero, mas ele não sabia que Jeanie me conhecia. Isso era bem ao lado do salão de bilhar, o salão de bilhar que todos os rapazes costumavam frequentar.

Denver era uma cidade realmente pequena naquela época. Era extensa em área, mas todos se conheciam e depois do anoitecer apenas os jovens ficavam na rua. Então Neal mandou Jeanie vir conversar comigo, ela finalmente disse que me conhecia e então ele pediu-lhe que perguntasse se eu queria ir a uma festa. E aí dei a Jeanie meu número de telefone, e ela ligou, eu falei com Neal e ele disse que estava tentando me arranjar um encontro. Ele arranjou um encontro entre mim e Dickey Reed, que eu conhecia fazia anos. Ele era como um irmão para mim, mas eu fui adiante e disse sim, pois estava interessada em Neal. E isso começou naquela noite.

Ele me passou um bilhetinho quando fomos a uma pista de boliche e disse: "Ligo para você de manhã". Eu fiquei louca. Meu Deus, meu coração disparou. Com quinze anos você pode ficar bastante afetada por bilhetinhos e coisas do gênero. E daí a gente seguiu em frente. Eu o via todos os dias.

Sabia que Neal estava morando com Jeanie, pois costumava ir até a casa dela com ele, mas não havia percebido que ela estava envolvida com Neal, porque, especialmente naquela época, eu andava bem sensível quanto a ser acusada de roubar homens de outras. E quando Jeanie começou a chorar na minha frente fiquei realmente tensa. Mas Neal não havia me contado, e isso me fez perceber que Jeanie realmente gostava um bocado dele.

Foi tudo sério pra cacete. Na noite em que nos casamos, fiquei parada na outra esquina enquanto Neal tinha uma longa conversa com Jeanie na frente da Walgreen's. Bill Tomson tentou me xavecar. Foi uma cena ridícula.

Minha mãe sabia de nosso casamento, pois tive problemas com meu padrasto antes, quando eu e Neal começamos a sair. Meu padrasto deu a minha mãe um ultimato: ou ela ou eu. Ele estava ficando interessado em mim, e isso estava se tornando um problema, para ele e para mim. Já estava certo que eu ia viver com meu irmão, um irmão mais velho. Mas isso de nada serviu, pois fui adiante e me casei.

Eu e Neal nos casamos em 1º de agosto de 1945. Quando ele vivia com Jeanie, nós nos víamos de modo intermitente e entre uma coisa e outra. Havia uma cabana nas montanhas que pertencia a alguém da família de Jeanie. Uma noite Neal estava trabalhando — e nessa época nós já estávamos muito próximos e conversávamos sobre casamento —, e eu tive de esperar que ele encerrasse o expediente, que era mais ou menos às 23 horas. Havia dois outros casais nos esperando. Eu estava sozinha. Decidimos dar uma volta lá em cima e mostrar a cabana aos caras que estavam com minhas amigas, já que nunca haviam estado lá. Existia um caminho secreto para entrar, sob as tábuas do piso, sob as janelas. Era uma linda cabana. Antigas pianolas, baús com roupas antigas do século XIX. Nós todos estávamos arrumados. Todo mundo ficou brincando de casinha.

Então nós passamos o começo da noite ali, não mais que uma hora, até que a polícia nos pegou. Parece que procuravam uma loira de aspecto suspeito subindo pela estrada em um Ford cupê modelo 1938 — eu. Tivemos de passar por uma casa para chegar à cabana. Eles diziam que havia drogas escondidas na casa. Quero dizer, coisas pesadas — heroína ou coisa do gênero. Não sabia de nada na época.

Maconha e comprimidos, sim, mas não heroína. De todo modo, eu era a única loira do grupo. Fomos todos levados. E, ignorantes como éramos dos métodos da polícia, os caras assustaram muito o pessoal. Recusei-me a dizer quem eu era por três dias e fiquei ali, lânguida, sentada à cadeira interpretando meu papel. Já havia assistido a muitos filmes de Humphrey Bogart. Não ia abrir a boca. Até que começaram a falar em catorze anos na cadeia.

Nós estávamos ali com outra garota que tinha assassinado o próprio bebê. Ela tinha dezoito anos. Ela chegou junto e disse: "Por que vocês estão aqui?". E, a bem da verdade, ninguém sabia. Então uma de minhas amigas perguntou o mesmo a ela, e ela respondeu: "Assassinato". Ela já havia assistido a muitos filmes, mas a garota fez uma ótima interpretação com seu assassinato, e todos ficaram bem assustados com aquilo.

Meus amigos foram todos soltos, pois disseram o nome de seus pais. Neal não estava com a gente. Nós devíamos pegá-lo às 23 horas. Mas tive de ficar três dias na cadeia, e Neal estava ficando louco tentando descobrir por onde eu andava. Quando finalmente me soltaram, depois de eu dizer o nome de minha mãe, Neal foi ao meu encontro quando minha mãe veio me pegar e disse: "Chega. Vamos nos casar". Tive de ir a julgamento, e eles acusaram todos de vandalismo.

Esse foi o verão em que tudo isso aconteceu, pois nos casamos em 1º de agosto. Tive de ir à corte aquela manhã e pagar uma multa de 35 dólares por invasão de domicílio, então saímos e nos casamos ao anoitecer, tendo Jimmie Holmes por testemunha.

Mas Jeanie era muito, muito ciumenta, muito possessiva em relação a Neal. Ela o estava ajudando; por isso, achava que estava fazendo absolutamente tudo por ele. Ele tentava encontrá-la sem que eu soubesse, e é claro que eu sabia. Eu e Neal passamos por um momento muito ruim, porque ele saía com Jeanie e qualquer uma que cruzasse seu caminho, enquanto eu trabalhava o tempo todo. Por fim, dei-lhe um ultimato: "Vamos esquecer essa situação toda, ou chega. Uma coisa ou outra". E então ele disse: "Tudo bem, mas precisamos ir pegar minhas roupas". Os livros de Neal eram muito importantes, e eram eles que ele mais queria perto de si. Então fomos até Jeanie juntos e pedimos suas roupas e livros, e ela disse não. Ele teria de voltar para casa, e era isso.

Então a deixamos no apartamento da namorada de Al Hinkle e voltamos a casa dela, e Neal subiu pelo telhado, invadiu a casa, pegou suas coisas, jogou-as para mim pela janela no beco e nós fugimos da cidade.

Pegamos carona até Nebraska, onde Neal conseguiu um emprego de lavador de pratos e eu de empregada. Eu estava trabalhando para esse advogado cego e consegui um quarto de pensão para nós dois, mas sem refeição — doze dólares por mês. Tinha um dia de folga por semana. Tinha de acordar às cinco da manhã e limpar o andar térreo da casa antes de a família acordar, e só terminava o expediente depois do jantar, às sete da noite. Claro que, antes de Neal conseguir o trabalho de lavador de pratos, eu costumava roubar comida para ele. Não tínhamos um tostão furado.

Eu tinha uma tia que vivia em Sidney, Nebraska, com quem passamos os primeiros dias, mas esse advogado e sua mulher não a conheciam. Ela era uma verdadeira filha da puta. Ela achava que eu podia trabalhar como um cavalo. Tinha quinze anos, não sabia muita coisa sobre limpeza doméstica e tinha de fazer as mesmas coisas três ou quatro vezes, limpar janelas e esfregar banheiros. E à noite Neal lia Shakespeare e Proust.

Acho que nessa época Neal estava tentando consumir tudo e qualquer coisa. Ele ficou imerso em Proust um bom tempo, mas ficava pulando de uma coisa para outra. Ele estava tentando captar tudo que pudesse. Estava devorando livros ao mesmo tempo em que tentava me ensinar. Nós líamos horas e horas e horas à noite, e, se eu não entendesse alguma coisa, ele era bastante paciente comigo. Ele era bom. Levaria o tempo que fosse para explicar e tentar ir um pouco mais fundo, e os pensamentos por trás de tudo.

O Neal era uma coisa. Nunca conheci alguém como ele até hoje. Duvido que algum dia vá conhecer. Neal era um sujeito único, único mesmo. Claro, ele sacaneava a si próprio, mas sinto que já havia sido muito sacaneado, não só pela vida mas pelos que o cercavam. Acho que as pessoas entraram numa onda muito ruim de tomar coisas do Neal. Não acho que não houvesse amor ou coisas desse tipo, mas Neal, quando nos conhecemos, tinha um bocado de ambição e foi por isso que fomos para Nova York.

Quando deixamos Nebraska, Neal estava vindo para casa e me encontrou na varanda da frente no meio de uma terrível nevasca. Minha tia estava me fazendo esfregar a varanda de joelhos, e eu estava ficando azul. Neal chegou, me lançou um olhar e disse: "Chega", me ergueu e acrescentou: "Vamos empacotar as coisas e cair fora". Mais tarde naquela noite subi ao segundo andar da casa e roubei trezentos dólares que sabia que eles guardavam em uma caixa, e ele saiu e roubou o carro do meu tio, o que ele próprio considerou terrivelmente arriscado. Ele havia estado em Cañon City [no reformatório] antes daquilo e passou a morrer de medo de cadeia. Quero dizer, ele estava completamente paranoico na época. Só de ver um policial ele ficava histérico.

Deixamos Sidney, Nebraska, naquela noite. Ele teve de dirigir do lado do passageiro com um lenço amarrado acima dos olhos e eu olhando pela janela esperando a polícia, pois todas as janelas estavam completamente congeladas. Não se via nada. Enfim, ele foi para o banco do passageiro pois ali ficava mais abrigado. Ele estava dirigindo com uma mão e um dos pés no acelerador. Não sei como ele conseguiu fazer aquilo, porque todas as estradas estavam cobertas de gelo naquela noite. Derrapamos para fora da estrada algumas vezes.

Mas seguimos em frente, e o carro enguiçou quando ainda estávamos em North Platte, que não é assim tão longe. A princípio Neal tinha em mente ir ao rancho de seu amigo Ed Uhl e tentar conseguir algum dinheiro. Mas então, durante a noite, quando estávamos dirigindo, ele disse: "Foda-se. Vamos para Nova York". Ed White, Hal Chase, todos estavam lá naquela época. Não acho que ele estivesse trocando muita correspondência com eles, mas eles eram íntimos antes de os rapazes irem embora.

Eu sabia muito pouco sobre Ed White. Só vim a conhecê-lo quando chegamos a Nova York. Ed era muito, muito gentil comigo. Eu era muito mais nova do que a maioria deles. Para mim, eles eram todos muito mais velhos, experimentados, maduros e sofisticados. Sempre senti as coisas dessa forma.

Sempre foi uma esperança ou até mesmo pressuposto que Neal fosse cedo ou tarde para Nova York, pois esse era seu grande sonho, morar em Nova York e estudar em Columbia. Naquela época não acho que Neal soubesse com clareza quem era Jack, pois Allen foi quem esteve mais próximo de Neal naquela primeira viagem. Nós sabíamos de Jack e o vimos muitas vezes, mas nada perto da proximidade de Neal e Allen.

Quando chegamos a Nova York, fomos direto para Columbia e procuramos Hal, e ele nos apresentou Allen e um primo de Allen, um rapaz ruivo que vivia no Harlem hispânico e foi gentil o suficiente para nos deixar ficar em sua casa. Era um apartamento amplo e sem aquecimento. Então eu e Neal ficamos com ele.

Consegui um trabalho em uma padaria e fui pega roubando no primeiro dia de trabalho. Até desmaiei na hora. Nunca me envolvera em nada como aquilo e não admitia ter sido vista pegando dinheiro, mas o modo como fui pega foi tão estúpido... não me surpreende que tenha sido pega; mereci. Mas desmaiei, e a gerente da padaria foi tão bondosa que não fez nada a respeito. Apenas me colocou no ônibus. Neal estava me esperando na universidade e eu não tinha dinheiro — nem trabalho, no caso. Meu primeiro dia, que desastre. Aquilo foi o começo de uma temporada horrível, um mês ou mais. Realmente fiquei deprimida.

Neal e eu conseguimos um apartamento na altura da 113th, não muito longe da universidade. Neal queria ir para Columbia. Ele queria escrever. Já havia tentado escrever quando ainda vivíamos em Denver, quando eu estava trabalhando e ele ficava ou perambulando pela rua ou na frente da máquina de escrever, um dos dois. Mas ele tinha sonhos e motivações bem definidos, ainda mais naquela época, quando sabia o que queria e seguia rumo a seu objetivo. E então depois de termos ido a Nova York, em especial depois de Neal e Jack terem se aproximado, pelo que posso entender, ele ficou mais envolvido com a escrita de Jack ou começou a se interessar mais pelas aspirações de todos. E o fato de eles estarem escrevendo sobre ele, o fato de eles o acharem interessante para tanto, fez, claro, com que ele se sentisse maior.

Mas aquele lance na padaria realmente me fez descer em queda livre. Nós nos mudamos para Nova Jersey, passamos o Natal por lá. Fomos a Bayonne e conseguimos um quarto. Neal estava trabalhando em um estacionamento ao lado do New Yorker Hotel, e finalmente as coisas se assentaram em uma agradável rotina que, tanto quanto eu pensava, era tudo que sempre quis, com Neal voltando para casa do trabalho toda noite. Era maravilhoso, realmente maravilhoso.

Tínhamos um pequeno cômodo com cozinha. Ainda consigo me lembrar de Neal rindo. Fui ao mercado — nós não tínhamos dinheiro — e comprei papel de parede e uma rosa de plástico. Eu realmente estava disposta a arrumar aquele apartamento. Colei aquele papel bobo. E cozinhei pela primeira vez para Neal. Fiz macarrão. Via minha mãe fazendo macarrão, e quem não é capaz de fazer macarrão? Ninguém se preocupou em me dizer que você ferve a água antes de colocar o macarrão. E coloquei o macarrão, e o resultado foi uma massa disforme. Tive de cortá-la para colocá-la no prato de Neal, mas ele comeu cada pedaço. Ele comeu. Nós dois comemos. Claro, naqueles tempos nós comíamos praticamente qualquer coisa, eu acho.

Nós estávamos indo muito bem juntos, tudo estava ótimo, e, sem nenhum planejamento ou reflexão ou o que quer que fosse, Neal chegou em casa uma noite e aquilo saiu da minha boca. Isso é uma coisa que eu tentei resolver na minha cabeça, as razões por trás daquilo, milhares de vezes, e ainda hoje não cheguei a uma resposta razoável. Milhares de desculpas. Mas, mesmo sabendo do pavor de Neal, eu lhe disse que a polícia havia estado em casa naquele dia e passei a viver em uma completa e infinita tortura.

Ele ficou totalmente em pânico, e eu tive de começar a jogar tudo dentro de um baú, que era uma das poucas coisas que havíamos arrastado conosco, um baú imenso e as malas. E Neal deixou-me encarregada de levar tudo e de encontrá-lo em Jersey City. Tive de me virar com essas coisas até o ponto de ônibus e colocá-las, um baú e duas malas, no ônibus e fomos para a estrada nos arredores de Nova York e Nova Jersey. Dormimos em carros estacionados por três semanas.

No auge da tensão, acabei pegando o ônibus de volta para Denver. Neal ficou em Nova York. Dormi em uma estação de ônibus por duas noites e por fim liguei para minha mãe.

No início de 1947, quando Luanne deixou Neal para trás em Nova York, Jack completara mais de um ano na composição de *The Town and the City*, alternando momentos de trabalho no apartamento de sua mãe no Queens com idas à cidade para o reconhecimento, com Huncke e seus amigos, dos personagens e acontecimentos que dominavam a 42th.

Embora Jack tivesse um pé atrás quanto à morfina de Burroughs e, em menor medida, ao uso generalizado de maconha, ele viu utilidade na Benzedrina à medida que seu manuscrito wolfeano alcançava e superava as mil páginas. Uma das primeiras cartas de aconselhamento literário a Cassady foi "escrita com o zelo de um viciado em *benny*".

No fim de 1946 Kerouac foi acometido de uma tromboflebite, um problema de coagulação sanguínea, que no caso de Jack ficou restrito às pernas. Elas ficaram muito inchadas e frágeis durante a crise. Sua dispensa total da Marinha acabara por lhe conceder alguns benefícios de veterano, e ele recebeu tratamento no Hospital dos Veteranos do Queens pouco antes de Neal e Luanne chegarem a Nova York. A doença era dolorosa e persistente e tinha o agravante da ameaça de os coágulos alcançarem o cérebro ou o coração e o matarem. Foi o lembrete da mortalidade que lançou sua sombra sobre o romance que ele estava escrevendo e o fez ainda mais sedento de ver o mundo para além de Nova York e da Nova Inglaterra.

Durante as nove semanas de fuga dos falsos policiais de Luanne, Cassady refugiou-se algumas vezes com Jack e Mémère em Ozone Park, e foi durante essas visitas que sua amizade com Kerouac se fortaleceu. As conversas entre eles tornaram-se trocas de cartas que deram a Jack a semente de *On the Road*. No fim de fevereiro, Neal retornou para Denver e Luanne.

Allen prometeu a Neal que o encontraria lá tão logo o semestre da primavera acabasse. Burroughs e Joan Vollmer, então casados, haviam se mudado para o Texas com a filha do primeiro casamento de Joan, e Allen começou a fazer planos para uma grande reunião de verão na fazenda de Bill.

LUANNE HENDERSON:

Neal apareceu em Denver em 1º de março de 1947, meu aniversário, e nós fomos viver juntos em um hotel. Já havia me mudado para um hotel antes, por mais ou menos três dias, e meu padrasto tentou me fazer voltar para casa. Não fui, e ele me encaminhou a uma juíza da juventude, já que eu era menor de idade. E ela conversou comigo por mais ou menos uma hora e disse a minha mãe e meu pai: "Ela é uma mulher casada e, tanto quanto posso dizer, uma jovem mulher perfeitamente capaz e responsável. E se eu encontrar um de vocês a incomodando de novo...". Foi um argumento realmente surpreendente e que foi bom conhecer, pois eu esperava estar encrencada. Não tinha ideia de que a situação marital significava alguma coisa, mesmo aos dezesseis anos. Não lhes estava pedindo nada. Mas durante esse lance eu havia me mudado de volta para casa, pois morria de medo de ir parar em uma casa de jovens ou coisa do gênero, e isso tudo aconteceu quando Neal apareceu. Então nós nos mudamos logo para um hotel e depois conseguimos um cômodo com refeição inclusa em uma casa de família.

Foi quando Neal começou a trabalhar. Não consigo lembrar o que ele estava fazendo. Ele punha um macacão e saía da cidade. Não sei do que se tratava. Neal era muito orgulhoso daquele trabalho, mesmo depois que acabou.

Ao longo da primavera de 1947, Neal manteve correspondência com Jack, incluindo uma longa carta em forma de conto na qual ele descrevia como seduzira uma garota no ônibus de volta para Denver naquele mês de fevereiro.

Como prometido, Allen chegou a Denver naquele verão, conseguiu um emprego de ajudante de estoque em uma loja de departamentos e organizou sua vida para acomodar o vai e vem de Neal entre Luanne e o trabalho. As transas de Allen e Neal continuaram, bem como uma série de conversas em que analisavam sem nenhuma amarra ou impedimento seus pensamentos e ações em uma tentativa de total e mútuo autoentendimento. Ginsberg deu-se ao trabalho de registrar o andamento do relacionamento deles em seu diário e trabalhou uma série de poemas que intitulou *Denver Doldrums*.

No começo daquele verão sentado no apartamento de Mémère no Queens, Jack consultou um mapa e grifou a linha vermelha da Rota 6 em direção ao oeste, sem saber que essa antiga estrada estava abandonada. Ele seguiu de carona para o norte do estado até o ponto em que a Rota 6 o levaria para oeste e permaneceu na chuva por horas a fio até comprar uma passagem de ônibus para Chicago. Ele finalmente caíra na estrada, com Denver sendo seu primeiro destino e, depois, San Francisco, onde seu antigo colega da Horace Mann, Henri Cru, acenara com a possibilidade de um emprego na marinha mercante.

Mas, na época em que Jack chegou ao Colorado, Neal encontrara e iniciara um caso com Carolyn Robinson, uma estudante de pós-graduação em belas-artes na Universidade de Denver. Como Luanne, Carolyn era uma bela loira platinada, porém dois anos mais velha do que Neal e determinada a levar a vida da forma que melhor lhe aprouvesse. Ela completara a graduação em Bennington e almejava uma carreira de figurinista e designer de sets de filmagem em Hollywood. Envolvido em um difícil quarteto amoroso com sua esposa, Luanne; seu amante, Allen; e sua namorada, Carolyn; Neal tinha pouco tempo para Jack quando este chegou. (Neal também não era bem-vindo entre todos os amigos de Jack saídos de Columbia.) Kerouac aceitou a hospitalidade de Ed White, o estudante de arquitetura de Columbia. Allan Temko era hóspede do mesmo apartamento, onde ele trabalhava em seus contos e procurava manter a ordem durante as visitas alucinadas de Cassady e seu séquito.

Em *On the Road*, onde ela é "Camille", com seus cabelos escuros, Carolyn é tão nebulosamente retratada quanto muitas das demais mulheres da prosa de Jack. Bill Tomson saíra com ela durante alguns meses antes de apresentá-la a Neal e perdê-la. No romance aquele encontro é relatado como se tivesse ocorrido no intervalo de uma única noite em que Tomson, "Roy Johnson", pega Carolyn e a leva para um quarto de hotel na companhia de seus camaradas do bilhar. Entre eles está Neal, que com quatro dedos sinaliza que retornará às quatro da manhã. A verdade era outra.

Bill Tomson:

Alistei-me no serviço militar ainda menor de idade e comecei a frequentar a Universidade de Denver como calouro e conheci Carolyn, que àquela época era estudante de pós-graduação em artes. Tivemos uns encontros e conversamos e tal, e eu a apresentei a Neal, e eles — em um período relativamente curto de tempo — ficaram muito próximos. Passei umas duas ou três semanas me arrependendo do que havia feito, tipo "Puta merda, perdi a loira".

Neal a conheceu no Colburn Hotel, onde ela vivia naquela época.

Carolyn Cassady:

O modo como Jack escreveu sobre meu encontro com Neal em *On the Road* foi errado e sórdido. Fiquei ofendida, pois ele falou alguma coisa sobre como "Roy Johnson" havia me pegado em um bar e me levado para o hotel. Eu já vivia no hotel e conhecia Bill do campus já fazia algum tempo. Ele me contava todas aquelas histórias loucas e noitadas extraordinárias que ele e esse outro sujeito, Neal Cassady, haviam protagonizado, embora atribuísse a si boa parte dos créditos. Mas eu já estava começando a achar aquele tal de Cassady um sujeito fantástico.

Num sábado à tarde eu estava em meu quarto naquele austero hotel-residência, e Bill me chamou das escadas e perguntou se podia subir um minuto. Eu estava completamente desarrumada, abri a porta e lá estava ele com aquele outro sujeito, e entrou dançando e o apresentou como Neal.

Pensei que Neal fosse um estudante e estivesse em Columbia com Jack e Allen, pois Bill havia me contado sobre eles. Então lá estava ele, lá em Denver, e achei durante o decorrer da conversa que ele havia dito que ia para casa durante as férias, ou algo do gênero. De todo modo, Bill havia dito a Neal que conhecia uma garota com uma coleção fabulosa de discos de Lester Young, que era então a grande paixão de Neal. Isso era para levar ele para lá, eu acho. Apenas para ter certeza de que ele iria para lá. Ele havia me falado tanto sobre ele, acho que queria apresentá-lo.

Ele ficou por lá e nós conversamos um tempo, e então Neal pediu que fôssemos com ele pegar suas coisas. Claro, tudo estava bastante confuso por causa de todas essas histórias; nada do que eles estavam falando era verdade. Então fiquei meio perdida e, claro, nunca havia conhecido ninguém como Neal antes. Mas fomos com ele a sua casa, onde ele vivia com duas enfermeiras, ou apenas ficava antes de ir para Nova York. E ele tinha deixado as coisas dele lá. Então fomos lá e ele empacotou tudo e fomos ao centro da cidade com ele até um hotel barato e subimos para o quarto. Eu só fui atrás. Era um quarto de solteiro, e só o que havia ali eram objetos femininos. Então ele deixou as coisas lá, descemos e fomos para alguma rua do centro.

Havia uma pequena lanchonete de hambúrgueres, só um balcão e duas mesas pequenas, e ele disse: "Esperem um minuto", e Bill e eu esperamos do lado de fora na calçada e ele entrou. Havia uma menina muito jovem atrás do balcão, e eles estavam tendo uma discussão bastante acalorada. Eu fiquei perguntando a Bill: "Quem é? Quem é?", e como sempre ele tentava se esquivar, até que finalmente disse: "É a mulher dele". Eu disse: "Mulher?". Eu já estava ficando interessada, e Neal já havia dado todas as indiretas possíveis, então aquilo foi um golpe. Pensei: "Bom, é isso aí".

Então fomos para uma loja de discos. Ele queria escutar música, e naquela época você podia pegar uma pilha de discos e levá-los a uma cabine e escutá-los. Então ele não pegou Lester Young ou Charlie Parker ou todas aquelas coisas de que ele gostava. Ele fez uma seleção inteira de Stan Kenton e Duke Ellington. Nossa música é "Sing, Sing, Sing", de Benny Goodman. Ele tocou-a e tocou-a, e pulava e fazia seu número dentro da cabine na loja de discos.

Foi quando ele perguntou: "Por que não saímos juntos para jantar?". Ele tinha de voltar ao hotel ou coisa do gênero, não consigo lembrar todas as desculpas. De todo modo, eu e Bill fomos aonde todos deviam se encontrar e ficamos lá, sentados por horas, sem que ninguém chegasse. Então comemos, e só aí Al Hinkle e sua namorada, Lois — e acho que foi a primeira vez que vi Al —, chegaram e disseram que Luanne e Neal não conseguiriam ir e que eles já haviam comido, mas que todos iriam a meu quarto no hotel para uma festa para celebrar a volta de Neal.

E eu pensei: "Por que no meu quarto? Todas essas pessoas vivem em Denver e não têm casa? Por que todo mundo tem de ir para o meu quarto?". E eu estava envolvida em uma briga com um ascensorista filipino e estava realmente nervosa com aquilo, mas Bill disse que ele ficaria de olho e tudo daria certo. E Al disse que, já que essa era a primeira vez que Neal e Luanne se viam depois de algum tempo, que a gente devia imaginar o que eles estavam fazendo em vez de ir para o jantar. Bom, tudo bem. Eles apareceram.

Eles apareceram, e eu conheci Luanne. Acho que ela estava tentando parecer mais velha, então puxou todo o cabelo para trás. Eu e ela ficamos sentadas no chão e Al, Bill e Neal estavam ali falando sobre os velhos tempos e as coisas de antigamente, e eu ainda não entendia. Pensava que Neal tivesse retornado de Columbia, que ele era estudante lá e voltara para um intervalo de descanso. Neal não negou, apenas evitou o assunto. Luanne estava sentada ao meu lado contando como o casamento deles era maravilhoso, e ela prosseguiu falando e falando sobre quão apaixonados eles eram e quão formidável ele era e ela me mostrou um solitário de diamante. Até hoje não sei de onde aquilo saiu. Não soube onde ele conseguiu aquilo, mas naquele momento eu não sabia nada sobre ele.

Então ela disse que só havia uma coisa que ele não suportava, que era ficar de calça amarrotada, que ele prezava muito os vincos. E ele vestia um paletó e uma calça risca de giz. Então ela disse: "Veja só, vou lhe mostrar". Ela ficou de pé em um pulo e foi até ele e saltou sobre seu colo. Ele estava em uma poltrona e lançou-a de volta para o chão e ela veio saltitante de volta dizendo: "Viu?". Então era isso — ela sempre efusiva, ele dramaticamente soturno, e eu ficava olhando para aquele sujeito soturno e escutava aquela garota efusiva e tentava descobrir o que estava rolando.

E Al tentava fazer daquilo uma festa de boas-vindas e tal. Era estranho. Neal levantou-se e caminhou como se se sentisse ameaçado e foi até a janela; parecia irritado e ansioso. Quando já era mais ou menos meia-noite dei a entender a Bill que era hora de ir, por causa das regras rígidas do hotel. E eles foram embora. Mas quando Neal saía pela porta ele se virou — eles estavam todos no hall — e ergueu dois dedos para mim. Dois, para duas da manhã. Não sabia que era isso que ele queria dizer, não me parecia que tivesse alguma coisa rolando, então não sabia do que ele estava falando.

Bill ficou ainda mais um pouco e levou um tempo até que conseguisse mandá-lo embora, pois hoje penso que ele estava começando a ficar com ciúme. Nós não tínhamos nenhuma inclinação romântica. Ou eu não tinha. Mas achei que ele estava começando a ter, então não o queria por perto.

Era mais ou menos uma hora quando ele foi embora. Eu tinha uma cama que se fechava na forma de uma porta de closet, mas quando ficava aberta tomava toda a sala de estar. Então às duas da manhã escutei alguém bater à porta. Tinha acabado de ir para a cama. Estava de pijama.

Abri a porta e lá estava Neal com sua mala. Claro, tive de deixá-lo entrar, e então me sentei, dei-lhe uma bronca, e ele fazia tudo soar ridículo. Por que haveria algum problema? Ele disse que ele e Luanne haviam tido uma briga feia e que tinham vivido separados por meses e que ele voltara e tentara fazer as coisas funcionarem, mas que não seria possível. A velha história de sempre. Não batia com o comportamento dela durante a noite, ela que estava tão efusiva sobre o próprio casamento; então fiquei ainda mais confusa.

Tentei me livrar dele. E, bom, para começo de conversa, como disse, eu havia tido esse belo entrevero com o tal ascensorista filipino, aparentemente o guardião da moral e dos bons costumes do hotel, e a maior parte dos moradores do hotel era aposentada e muito austera. Eu era a única garota solteira e a única com menos de cinquenta anos.

Havia tido um namorado antes, que subira pelo elevador uma porção de vezes até que esse sujeito, o ascensorista, me notificou e eu precisei ter uma conversa rápida com o gerente. Eles disseram que realmente não queriam ninguém pernoitando por lá, e eles eram bastante rígidos nesse ponto.

Bom, de todo modo, a questão é: estou me perdendo no assunto. Disse a Neal: "Meu Deus! Como você chegou aqui?". E ele disse que tinha entrado e o atendente noturno estava pescando de sono, o elevador estava fechado, e ele subiu as escadas e ninguém o viu. Eu disse: "Bom, tudo bem, só que você agora não pode sair". Tampouco podia arriscar-me deixando-o sair. Então tudo ficou bem conveniente para ele.

Mas não podia colocá-lo para dormir no sofá. Ele disse: "Mas veja que cama linda e enorme, metade dela está sem uso. Não faz sentido". Ele fazia tudo o que eu dizia parecer bobo. Então disse: "'Tá, tudo bem. Ali". Não preguei os olhos a noite toda, mas ele imediatamente dormiu, e tudo ficou bem.

Então de manhã ele também não podia sair. Tivemos de esperar a melhor hora para que ele fosse. Sentamos lá e ficamos enfiando pequenas contas de vidro num fio. Ainda posso vê-lo sentado ali fazendo aquela coisinha intricada. Eu estava produzindo um set para um teatro, um set em miniatura, então ele ficou me ajudando e era terrivelmente charmoso.

Em algum momento da manhã o telefone tocou, e era Bill. Por alguma razão, ele pediu que eu descesse. Bom, eu também não queria que ele visse Neal, então desci. Bill estava lá meio sem o que fazer e sem falar nada muito interessante, mas o que estava realmente acontecendo era que Luanne já havia subido as escadas, e no instante em que entrei no elevador ela entrou no quarto.

Não demorou e Bill disse: "Vamos subir", e lá estava ela falando com Neal. Conversei com ela, que estava chorando e se comportando mal; dizia que seu casamento não era bom e que Neal era péssimo. Ela disse algo sobre os dois terem estado em Nova York, e eu fiquei ainda mais confusa. Mas ela mentia tanto quanto ele, tanto que era difícil descobrir o que se passava.

Era óbvio que eles não iam continuar casados. E ela me convenceu de que nunca mais queria vê-lo. Pensei que eles haviam terminado de verdade, o que, é claro, acabou por ser muito engraçado, especialmente em *On the Road*, quando Jack soube que Neal estava vivendo entre nós duas. Pois passei a acreditar em Neal completamente daquele dia em diante. Levei uns anos para descobrir tudo. Então ela chorou bastante e saiu com Bill.

A partir daí todos os dias foram uma pesada, enorme e constante viagem, e eu acreditando em cada palavra. Perguntei se ele voltaria para Columbia, e ele disse que não podia pagar e que ficaria em Denver e arrumaria um emprego.

Mudei-me daquele hotel, e acho que Jack chegou a Denver na época da minha mudança. Eu estava lá quando Allen chegou, em julho de 1947, pois ele ficou naquele quarto de hotel por um tempo. Ele escreveu alguns dos poemas de *Denver Doldrums* em meu quarto de hotel enquanto eu estava na faculdade.

Quando Allen veio ver Neal, Neal o levou para meu quarto. Vejo agora que Allen estava interessado em Neal mais do que apenas intelectualmente, pois Allen pediu-me que desenhasse um nu de Neal. Eles dois fizeram aquilo soar objetivo, impessoal e artístico. Eles sempre conseguiam fazer isso e eu soava como uma idiota quando fazia qualquer objeção das mais comuns. Ficava constrangida todo o tempo, Neal de pé nu em pelo, posando como uma estátua grega, e Allen sentado na janela assistindo ao trabalho.

Não sei se eles estavam tendo um caso pra valer nessa época. De algum jeito, Neal o estava rejeitando. Jack não estava realmente na parada todo o tempo, mas costumava ir ao campus quando eu estava ensaiando as peças. Decidi atuar um pouco por lá, pois estava incomodada de fazê-lo em Bennington. Entre todas as coisas, uma das peças era *The Blue Bird*, e eu interpretava "Luz". A coisa toda era fantasia, saca, então quem ia se importar? Quando Jack estava lá ele se sentava e esperava pelo fim dos ensaios, e então ia de bonde comigo para casa. Não sei por que ele estava ali sozinho. Só pensava nele como um dos amigos de Neal. Era meu único interesse nele. Uma vez Neal, Jack e eu fomos todos a uma taverna. Jack e eu dançamos juntos, e ele disse: "Que pena que Neal viu você primeiro".

Neal e eu nos mudamos para um quarto em uma pensão, e Allen ia pra lá às vezes. Ele era ótimo. Me ajudava com meus trabalhos. Certa vez tive de fazer uma prova oral, o que eu detesto. Allen me falou sobre todas aquelas coisas maravilhosas e corrigiu minhas anotações para a ocasião e tal. Quando terminei a apresentação, o silêncio era absoluto, e eu pensei: "Ai, Deus, o que foi que eu fiz?". Todos estavam perplexos, e o chefe do departamento agiu como se fosse a coisa mais sensacional que já havia acontecido. O bom e velho Allen era realmente bacana e útil.

Neal era muito intelectual e falava com clareza e soava como se soubesse muitas coisas, e Jack e Allen não pareciam superá-lo nesse ponto. Todos nós íamos pra cima dele e ele era capaz de nos rebater ao mesmo tempo. Ele havia conseguido um trabalho como motorista de pequenos traslados, e fomos viver nessa pensão com uma cozinha comunitária.

E então Neal e eu fomos de ônibus para Central City.[1] Era para ser um ótimo fim de semana. Nunca havia ido à ópera lá, mas conhecia um bocado de gente da universidade que já tinha ido. Então descemos do ônibus e Neal disse que ia fazer alguma coisa descendo a rua e já retornaria, mas ele desapareceu. Escafedeu-se. Retornando ao ônibus ele

1. Uma cidade pequena formada por trabalhadores das minas, cuja casa de ópera fora restaurada para performances de verão. Brierly estava entre os organizadores da temporada. (N.A.)

ficou quieto e soturno, e então inventou uma história triste sobre quão acabado ele estava por causa de uma coisa sobre a qual ele não podia falar, mas que bastava para me convencer, e lá estava eu fazendo carinho e lhe dizendo que estava tudo bem e que estava triste por ele e tal. Foi a primeira vez que ele me desapontou. Era só o começo.

Claro, ele estava arrasado por causa de Luanne, como sempre. Penso hoje que ele achou que tinha ido muito fundo comigo. Ele havia me aplicado um golpe, eu acabei engolindo a história toda, e aí ele entrou em pânico por sentir-se preso a mim. E foi ficando mais e mais difícil de me desanimar, como se ele estivesse tentando me mostrar que não era tão bom assim, mas eu ainda estava tão iludida que não era capaz de ver, e eu o perdoava por tudo. Um coitado.

Mas então Allen estava de partida para o rancho de Burroughs, e Neal me falou alguma coisa sobre seu relacionamento com Allen e sobre como ele se sentia obrigado a tentar e ser gay. Não gostei, mas era capaz de aceitar, e então disse: "Se é assim que tem de ser, não quero você, se não me quiser. Simples assim. Se você quer Allen ou qualquer outra pessoa, vá em frente".

Então levei meus pertences para a casa de outro professor para minha última noite em Denver, pois ia de carro para Los Angeles com alguns amigos no dia seguinte. Passei em casa para dizer mais um adeus a Neal, fui para o quarto e lá encontrei Neal no meio e Luanne e Allen, um de cada lado, em nossa cama... os três. E, claro, eu achava que Luanne não estava mais na jogada já havia algum tempo.

Eu tinha 24 anos; ela, dezessete. Sentia pena dela, mas não tinha dúvida de que não havia mais nada entre eles. Foi um choque tremendo ver os três ali. Não havia tido muito contato com o mundo real. Na faculdade, *O amante de Lady Chatterley* estava todo o tempo fora da biblioteca, mas aquilo ia além. Suspirei e saí de novo, pensando que estava tudo acabado entre mim e Neal.

LUANNE HENDERSON:

Quando Allen veio de Nova York, naquele verão de 1947, ele literalmente partiu meu coração, pois levou Neal consigo para o rancho de Burroughs no Texas.

Neal e eu tivemos um momento realmente dramático no gramado do prédio da sede do governo estadual. Neal estava me dizendo adeus, e eu chorava e lhe dizia que não era capaz de viver sem ele. Era só uma garota colocando para fora o que sentia. Pensei que fosse morrer, de verdade. Naquele momento, com Neal longe, não era capaz de pensar em um futuro para mim.

Ele começou a partir e eu o agarrei pelas pernas, e ele queria se levantar, e eu dizia: "Por favor, não me deixe, Neal. Não me deixe". E ele me deu um ligeiro empurrão e eu caí, e fiquei lá. Como eu chorava. Pensei que ele tivesse partido.

De repente senti seus braços em torno de meus ombros e ele disse: "Não quero vê-la nunca mais implorando ou chorando dessa forma por um homem de novo. Venha. Vamos embora".

Então nós fomos para a pensão, e nós três passamos a noite juntos, e Neal conversou comigo boa parte da noite, e eu consegui aceitar. Então ele explicou seu lance com Allen e aonde queria chegar, e que isso não significava que estávamos separados ou nada do gênero. De todo modo, finalmente havia chegado ao ponto em que aceitei a situação, e foi então que Allen veio para casa e nós três ficamos apenas dançando por aí.

Eram mais ou menos quatro da manhã quando Allen chegou em casa, então não deve ter levado mais do que duas horas e Carolyn chegou. Sabia de Carolyn. Claro, havíamos nos conhecido. Ela estava com Bill Tomson. Mas isso foi um pouco antes de Neal ter conhecido Carolyn ali, e eu realmente não tinha noção de que Carolyn e Neal estavam tão envolvidos. Mas ela entrou e pegou-me na cama com Neal e saiu feito louca.

Não conseguia entender como ela poderia se sentir lesada quando, na verdade, eu era a mulher dele. Só não sabia que aquilo tudo havia ido tão longe.

Como no início daquele verão, quando Neal ficava fora a noite toda. Bill Tomson muito gentilmente veio a meu quarto de hotel e me disse por onde ele andava — no quarto de Carolyn no Colburn Hotel. Bill era completamente apaixonado por Carolyn e estava provando as torturas do inferno com Neal enfiado naquele quarto.

"Você precisa ir lá e tirá-lo dali." Bill sentiu que de todo modo não havia chance contra Neal, e que se Neal ficasse por lá mais algum tempo, ele ia perder. Então ele me usou para tirar Neal do apartamento de Carolyn. De onde eu queria vê-lo fora, lógico. Independentemente de eu ter ou não aprendido a aceitar essas noitadas, isso não significava que gostasse delas. Neal se tornou muito, muito discreto depois disso.

Foi por isso que fiquei um pouco chocada quando Carolyn foi ao quarto aquela manhã antes de Allen e Neal partirem. Quando ela me viu com ele na cama, ficou pasma. Ela saiu feito louca.

Neal, claro, estava pulando de lá pra cá, tentando se explicar com ela. Nós três estávamos lá, Allen, eu e Carolyn, todos os três no quarto, e ele tentava nos acalmar.

Allen queria que ele fosse para o Texas. Eu, claro, queria que ele ficasse. Carolyn estava a caminho de San Francisco. Ele estava sendo emocionalmente puxado para diferentes direções e tentando nos agradar a todos. Então ele finalmente foi embora com Allen no dia seguinte, e aquilo foi o fim de uma era. Eu cresci.

Jack rapidamente se livrou da difícil situação em Denver, viajando para San Francisco, onde seu velho amigo Henry Cru e sua namorada viviam para lá da Golden Gate em uma vila de casas provisórias, a Marin City. A cidade havia sido construída durante a guerra, quando a vila próxima de Sausalito passou a abrigar um estaleiro. Por volta de 1947, a cidade era o centro de empregados da construção civil que saíam do país para reconstruir o Japão.

Não havia trabalho de marinheiro, mas Cru ajudou Jack a ser contratado para trabalhar como guarda-noturno dos barracões dos trabalhadores. Ele usava um uniforme e — desconfortavelmente — portava uma arma. Kerouac não se sentia mais tranquilo na condição de autoridade do que diante dela como recruta da Marinha, e não escapou de ser demitido por não ser capaz de controlar as festas selvagens que os contingentes de trabalhadores preparavam a cada véspera de partida.

Do mesmo modo que Jack havia encontrado Neal absorvido em seus casos com Carolyn, Allen e Luanne, Henri Cru brigava constantemente com sua namorada. Cru alternava entre a miséria e a extravagância e envolveu Jack em um animado esquema para vender um tratamento de roteiro para um primo hollywoodiano de sua namorada. Cru e sua namorada foram a Los Angeles com uma sinopse que Jack ajudara a escrever, mas, descontada a presença em algumas festas em Hollywood, o plano não deu em nada.

Neal e Allen haviam partido semanas antes juntos para a fazenda de Burroughs no Texas. Em um ambiente que lhe era de todo estranho, Huncke também estaria lá naquele verão, e o filho de Joan e Bill nasceria lá. Allen, que fizera suas primeiras viagens como marinheiro no comércio costeiro, tomou um navio em Houston com destino à África, onde ele viveu e escreveu os *Dakar Doldrums*.

À medida que outubro se aproximava, Jack sentiu seu impulso outonal de retornar para casa. Ele rumou para Nova York passando por Los Angeles. A despeito de sua posterior reputação como patrono dos caroneiros, suas viagens não raro envolveram ônibus e trens, como diz claramente em *On the Road*. A última perna de sua primeira viagem para Los Angeles foi feita de ônibus, e naquele ônibus ele conheceu uma jovem mulher mexicano-americana chamada Bea Franco cuja família era de imigrantes trabalhadores rurais na região do Vale Central da Califórnia.

Jack a seguiu para lá e passou duas semanas vivendo com ela em uma tenda enquanto acompanhavam a colheita. Em Selma, Califórnia, Jack colheu algodão com as próprias mãos, pois precisava de dinheiro. Kerouac e "a garota mexicana", como escreveu sobre ela em *On the Road*, prometeram um ao outro viver juntos quando Bea chegasse a Nova York, mas ela nunca chegou.

Uns dias depois, liso de dinheiro, Jack estava de volta a Ozone Park. Ele acabara de se desencontrar de Neal, que retornara a Nova York com Burroughs e tentara falar com Mémère para deixá-lo ficar no quarto de Jack por alguns dias. Desde a noite em que Carolyn descobrira Neal na cama com Allen e Luanne, Neal conduzia sua perseguição a Carolyn por correio. Ela havia se mudado para San Francisco.

CAROLYN CASSADY:

Ele escreveu e disse que queria me ver e se casar comigo. Acho que em uma de suas cartas disse que lhe escrevi dezoito vezes em uma semana. Não era tanto assim. Mas uma vez ele me escreveu uma de suas famosas cartas... cheias de desculpas e carinho e horrorizadas de ver como seu comportamento *podia ser visto*... comprei tudo isso, também. Acreditei nele de novo.

Ele estava me escrevendo sobre como estava infeliz, e assim por diante. E quando cheguei a San Francisco eu tinha um endereço permanente, e ele escrevia o tempo todo, todo dia. Gostaria de ter guardado aquelas cartas. Elas eram as cartas de amor do século — de qualquer século.

Então ele entrou em um Greyhound,[2] e ele tinha uma enorme coleção de discos que uma cantora em Nova York havia lhe dado — duas ou três caixas imensas de papelão cheias de discos. Ele foi de ônibus, com aquele terno, com muito cuidado, toda vez que ele se sentava ele me dizia que ajeitava o terno para que não amarrotasse. Atravessou o país inteiro sem amarrotar as calças ou o paletó.

Neal saltou do ônibus e eu o encontrei do lado de fora da loja em que trabalhava, e pegamos um táxi para o meu apartamento.

Neal e Carolyn não tinham dinheiro, e porque a sra. Robinson não aprovava a relação, Carolyn não podia pedir ajuda a sua mãe. Neal inscreveu-se para ser marinheiro e trabalhou em estranhas e infelizes ocupações, como vendedor de enciclopédias e frentista. Seu amigo de Denver, Al Hinkle, se mudara para a região de San Francisco e logo, como prometera, ajudou Neal a conseguir uma vaga no treinamento para trabalhar como ferroviário na Southern Pacific Railroad. As tarefas de Neal o levavam até Bakersfield, no sul da Califórnia, e os pequenos e intermitentes contracheques mal permitiam que o jovem casal passasse os primeiros meses juntos como marido e mulher. Seu primeiro filho estava a caminho.

Logo depois de Neal ter seguido Carolyn até San Francisco, no outono de 1947, Luanne foi atrás de Neal. A princípio, sua presença foi mantida em sigilo para Carolyn. Desde a primeira vez em que se encontraram e fizeram amor, Luanne sabia que Neal

2. Companhia de ônibus intermunicipais e interestaduais. (N.T.)

queria que ela fosse mãe de um filho seu, e Neal a culpava por não ficar grávida. Agora, com Carolyn grávida, Neal conversava com Luanne para que cooperasse na garantia da anulação de seu casamento. Neal e Carolyn viajaram juntos para Denver e conseguiram os papeis necessários. Carolyn tornou-se a sra. Cassady.

Neal continuou a enviar a Jack longas cartas sobre o que ele andava lendo e pensando, mas em uma carta a Allen na primavera do ano seguinte, 1948, confessou seu pessimismo sobre realizar sua ambição de escrever.

> Escrevi um mês inteiro — e o que saiu? Lixo estúpido, medonho, terrível — e fica pior a cada dia. Não me diga que leva anos. Se eu não consigo escrever uma boa frase em um mês de esforço contínuo — então, claro, não sou capaz de entender ou expressar.

O veredicto melancólico de Neal sobre seu talento foi escrito em resposta a uma carta em que Allen descrevera sua alegria e espanto de ler o manuscrito completo de *The Town and the City*. Jack já estava produzindo os esboços de *On the Road* e mostrando-os a John Clellon Holmes. Ele havia escrito seu primeiro romance. Agora era questão de vendê-lo. Então poderia cair na estrada novamente. Por correio Jack e Neal trocavam fantasias sobre comprar um rancho juntos em algum lugar do Oeste.

Não havia dúvida na cabeça de Jack sobre qual editor deveria trazer a lume *The Town and the City*. Ele o enviou à Scribner, onde o paciente e brilhante Maxwell Perkins havia transformado os imensos manuscritos de Thomas Wolfe em romances publicáveis. A Scribner rejeitou o livro de Jack imediatamente. Kerouac não se intimidou, mas passaria outro ano antes de o manuscrito chegar às mãos das redes de amigos que o levariam à Harcourt & Brace e à sua aprovação por Robert Giroux.

Em agosto de 1948, Neal começou a pensar em nomes para o bebê que logo Carolyn daria à luz — "Allen Jack Cassady... mas para mim ele é sempre Jacques, Jocko... e em momentos de raiva, 'John'". Ou, se for menina, "Cathleen JoAnne Cassady... Cathy Jo". Cathy nasceu em 7 de setembro.

Quando os ventos começaram a ficar gelados naquele mês de outubro Jack deixou de lado suas primeiras tentativas em *On the Road* e, trabalhando a partir de suas trocas de memórias da infância com Allen e Neal, começou a esboçar "um romance sobre crianças e o mal", valendo-se de um estilo de escrita impressionista e novo que ele desenvolvera a partir dos experimentos de escrita de Neal. Esse foi o embrião de *Doctor Sax*. A tentativa de Jack de capturar o espírito da estrada havia sido menos livre em termos de estilo, escrita à maneira convencional, onisciente e em terceira pessoa, como em *The Town and the City*. A versão bem-sucedida de *On the Road* começa com um "Eu", com Sal Paradise, a *persona* de Kerouac, em cena, como quem registra e interpreta os acontecimentos, e Neal e os outros que frequentam seu centro de atenção — e do leitor. O livro queria ser escrito, mas Jack não seria capaz de completar a missão até que tivesse outras viagens sobre as quais escrever, e em fins de 1948, Neal chegaria para ajudar a lhe dar o ímpeto necessário para tanto.

Quando Cathy nasceu, Carolyn estava esperando para começar a trabalhar em Hollywood como designer de roupas, e Neal esperava o voto da lei sobre a tripulação ferroviária mínima nas composições, a qual certamente lhe garantiria um trabalho oficial na Southern Pacific. Neal foi longe o bastante para acenar a Allen (que estava pensando em seguir uma carreira de roteirista de televisão para programas infantis) com a possibilidade de os três viverem juntos confortavelmente com o salário de Carolyn, e que o arranjo proposto no ano anterior, um confortável *ménage à trois*, voltava a aparecer no horizonte. Mas o trabalho se concretizou, e Neal queria ficar atrás da direção de um carro novamente.

O carro era um Hudson 1949 novinho em folha que ele comprara com as economias de seu trabalho como ferroviário, quando ele achava que empregos e conforto eram coisas fáceis. Neal explicou a Carolyn que queria umas férias rápidas, apenas uma semana ou pouco mais do que isso, no leste. Carolyn ficou furiosa, mas Neal queria ver Jack e Allen novamente, e ele nunca precisou de uma boa razão para viajar.

Ele conseguiu ainda a companhia de Al Hinkle e da mulher com quem recentemente se casara, Helen, uma garota calada com uma forte formação religiosa. A primeira parada seria Denver, onde Luanne aguardava um homem com quem planejava se casar assim que este retornasse do exterior.

Uma grande viagem estava programada. Eles pegariam Jack na Costa Leste e retornariam à Califórnia passando por Nova Orleans, onde Bill e Joan Burroughs tinham uma casa, no subúrbio de Algiers. Em novembro de 1948, quando Neal, Al e Helen deixaram a região de San Francisco no Hudson marrom e prateado, Jack estava em Rocky Mount, Carolina do Norte, visitando sua irmã, Nin, e seu marido, Paul. Gabrielle também estava lá.

Logo depois de a viagem começar Helen Hinkle viu-se despreparada para o estilo sem paradas de Neal de cruzar o país.

Seus pedidos por refeições, hotéis de beira de estrada — mesmo por uma oportunidade de usar o banheiro em um posto de gasolina — não eram atendidos, e no Arizona ela deixou a companhia do grupo. Ela iria para Nova Orleans sozinha e se reuniria ao marido e aos demais quando chegassem à casa de Burroughs.

LUANNE HENDERSON:

Neal estava casado e tinha uma filhinha, e eu precisava descobrir uma vida para mim mesma. Um rapaz com quem planejava casar havia viajado para o exterior. Ele não voltaria antes de dois ou três meses, então decidi retornar a Denver para esperá-lo. Eu realmente não tinha ninguém em San Francisco.

Já estava lá havia mais ou menos três semanas, e por volta das quatro da manhã um dia escutei batidas na porta e perguntei: "Quem é?". A voz disse: "Seu marido. Abra". E Neal entrou, a caminho de Nova York. Eles, Neal e Al Hinkle, haviam parado para me pegar. Estávamos no final de 1948, pois passamos o Natal com Jack na Carolina do Norte.

Aliás, chegamos lá no dia de Natal. Neal e eu vestíamos macacões brancos de posto de gasolina. Era a casa da irmã dele, e quando nós três entramos você não pode imaginar o choque. Ali estava eu, com um cabelo longo, loiro e oleoso até a altura da cintura. Parecíamos um bando de hippies de hoje em dia. Naqueles tempos você não saía daquele jeito. Não que eu quisesse. Eu adorava roupas bonitas, mas não tinha nenhuma. Neal não estava a fim de carregar malas e roupas, o que, é claro, foi a razão de Helen brigar com Al Hinkle. Ela havia começado a querer ficar em hotéis à noite e parar para comer e tantas outras coisas tão absurdas que Neal disse: "Isso é ridículo". Em algum lugar do Arizona Neal disse a Al: "Isso precisa acabar".

Quando Neal apareceu em casa ele apenas disse: "Estamos indo para Nova York; arrume suas coisas". E eu disse: ""Tá bom". Eu queria voltar para Nova York, queria mesmo, pois íamos acabar retornando a San Francisco, e já devia estar na época de meu noivo voltar de viagem. Eu sabia que Neal voltaria para Carolyn. Ele sabia que eu ia voltar para me casar, mas não aceitava. Ele não acreditava.

Quando chegamos à casa da irmã de Jack na Carolina do Norte, Jack lidou brilhantemente com a situação, de verdade. Ele estava tão feliz de ver Neal que não houve a mínima forma de hesitação ou embaraço ou qualquer tentativa de se desculpar, pois tenho certeza de que a mãe dele lhe deu uma bronca. Mas ele nem se importou muito, pelo menos na hora, pois o comitê de boas-vindas estava lá fora. Nós três estávamos morrendo de fome e congelando e muito felizes de estar em algum lugar onde houvesse calor e comida e gente feliz de nos ver. Não havia sido uma viagem fácil.

Havíamos dado carona a um bêbado e desviado nossa rota trezentos quilômetros com a promessa de conseguir para Neal algum dinheiro para a gasolina. Enquanto ele levou Neal para algum lugar para dar-lhe o dinheiro, Al e eu vasculhamos a casa procurando comida, alguma coisa, e eu encontrei um saco de batatas meio apodrecidas. Ele tinha uma chapa quente no apartamento e uma frigideira velha, gordurenta e suja. Então peguei a frigideira, as batatas, e fritei tudo. Não havia água para lavar louça. Não havia nada.

Queimei a frigideira para ver se ela ficava limpa tanto quanto possível. Mas Neal, eu e Al, nós comemos tudo quando Neal voltou. Aquilo estava mais delicioso do que qualquer refeição de que pudesse me lembrar. Para nós, aquelas batatas estavam tão saborosas quanto o néctar dos deuses.

Viemos como dava pela estrada, e Neal, claro, saltava do carro a cada posto de gasolina, roubava um pouco de gasolina e dirigia até chegar à reserva. Era ótimo que ele soubesse como fazer aquilo. Nós jamais teríamos conseguido.

Uma vez nós perdemos o controle do carro em uma estrada congelada, caímos em uma vala e Neal teve de caminhar não sei quantos quilômetros. Al e eu ficamos sentados no carro abraçados um ao outro, tentando nos manter aquecidos. Neal foi a uma casa de fazenda e o fazendeiro levou os cavalos para lá e nos rebocou para fora; então seguimos nosso caminho.

Assim, pelo tempo que levamos para chegar à casa de Jack, nós realmente estávamos precisando de um pouco de carinho e atenção, e isso ele nos deu. Neal recobrou o vigor, e fomos para Long Island, e então Jack e Neal viajaram de volta para a Carolina do Norte para pegar a mobília. Neal fez o traslado da mobília da mãe de Jack enquanto Al e eu ficamos em Nova York. Não me lembro de quanto tempo ficamos na casa da mãe de Jack, mas ela era adorável. Por todas as coisas que havia escutado de Neal até aquele ponto, realmente tinha medo de ir para lá.

Para mim, Jack e Neal pareciam muito mais jovens do que realmente eram, como duas crianças, de talvez onze, doze anos, com seu primeiro camaradinha, um abraçado ao outro, esse tipo de coisa. Eles conversavam, divertiam-se, não era um lance sexual. Muito próximos e muito carinhosos e descobrindo as coisas juntos, ou descobrindo que gostavam das mesmas coisas, que pensavam as mesmas coisas.

Jack era completamente louco por Neal e pela habilidade de Neal com as mulheres, sua habilidade de falar com elas tão docemente, pois isso não era simples para Jack.

Jack era lindo, era um homem lindo, e você pensava que as mulheres não seriam um problema, e de fato não eram — em termos de atraí-las. Mas Jack não tinha a leveza de Neal, aceitando as circunstâncias e o momento tal como fossem. Isso era uma coisa que, penso eu, Jack admirava em Neal, assim como sua vitalidade infinita.

E Jack era tudo, acho eu, que Neal teria querido ser: um herói do futebol americano — fisicamente, ele achava Jack exuberante — e também com a estabilidade, a habilidade de sentar e escrever. A disciplina que Neal não tinha.

Acho que eles eram muito ciumentos um com o outro em muitos aspectos, mas não ciumentos de maneira que interferisse em seu relacionamento. Era só que um queria ter tido aquilo que o outro teve. O que um não tinha, o outro dava. Durante todo o tempo em que estivemos em Nova York, os dois eram próximos como irmãos.

Até dezembro de 1948, o amigo de Jack, John Clellon Holmes, apenas ouvira falar de Neal, mas nunca o havia encontrado. A primeira esposa de Holmes tinha se acostumado (ainda que a contragosto) com as frequentes visitas de Jack ao apartamento de Holmes no West Side. Para Jack as visitas eram uma oportunidade de sair um pouco da órbita da mãe e circular pelas festas. A mulher de Holmes trabalhava como secretária para dar ao marido tempo de escrever seu primeiro romance, assim como Jack se apoiava no contracheque da mãe, vindo da fábrica de sapatos (além do auxílio-doença decorrente de sua flebite), para acabar *The Town and the City*. Agora Holmes, que também havia encontrado e observado Allen, Burroughs, Huncke e os demais com olhos de romancista, deparava com a mais inesquecível das personagens, Neal.

JOHN CLELLON HOLMES:

Um dia Neal chegou à cidade com Al e Luanne. Ela era uma gracinha. De todo modo, eles chegaram, isso foi um pouco antes do Natal de 1948. Já havia ouvido falar de Neal. Ele ainda não era aos olhos de Jack a figura mítica que se tornaria depois. Jack estava muito entusiasmado com Neal — com sua energia, resistência, e assim por diante. Neal e todo aquele pessoal permaneceram lá por duas semanas. Era época de Ano-Novo.

Neal e Luanne dormiram umas duas ou três noites comigo. Não sei onde mais poderiam encontrar abrigo. Com Allen, acho. E claro, meu Deus, reagi a Neal do modo como Jack, eu imagino, reagiu no começo. Neal era frenético. Ele queria abolir o tempo — e por isso a música estava sempre ligada. Neal podia se virar em situações que a maioria de nós não conhecia. Neal era atraente.

Embora qualquer um com um mínimo de percepção reconhecesse Neal imediatamente como um vigarista, ele não era um vigarista cruel. Não estava apenas marcando pontos com você; ele sempre precisava de alguma coisa para seguir em frente no momento seguinte, e você podia acompanhá--lo, se quisesse.

Nunca me senti forçado a nada por ele. Devo ter-lhe dado uns vinte e cinco dólares ao longo dos anos, que eram migalhas, mas ele sempre devolveu mais do que isso — com seus bons sentimentos, sua energia e suas sacadas.

Quando Neal chegou à cidade, aquilo foi um acontecimento, cara. As esposas dos caras e as namoradas dos caras viam em Neal um inimigo, talvez porque seus maridos e namorados se sentissem atraídos por ele. Não falo em homossexualidade, mas atraídos por esse polo de vigor, essa energia e simplicidade que ele parecia oferecer. Quero dizer: "Vamos dar um pulo no Harlem e ver o que rola!".

Neal tinha a capacidade de fazer — ele não tinha a intenção, não acho que tivesse — alguns tipos de pessoa se sentirem falsas. Eu sempre tinha medo de não responder ou não reagir da maneira correta. Neal nunca colocava você para baixo. Ele nunca diria: "Fala sério, cara, você é um mala!". Nunca nada do gênero, pois ele sempre estava mirando o momento seguinte. Para saber produzi-lo. Para dar-lhe continuidade. Então, mesmo se você fizesse alguma coisa estúpida, Neal nunca olhava feio para você. Não existia olhar feio para ninguém, não naqueles dias, pelo menos.

Mas obviamente tudo era muito novo para mim. Quer dizer, Neal era um cara que já havia roubado quinhentos carros, ou sabe-se lá quantos foram, um cara que vi seduzir um número inacreditável de mulheres em menos de dois minutos. Entrou e — bum! — levou. Nesse quesito, ele era extraordinário.

Ele se concentrava e chegava junto. Acho que Neal era um psicopata no sentido mais tradicional e rigoroso do termo. Quer dizer, ele interpretava, como num drama, tudo que lhe vinha à cabeça. Ele não era uma pessoa terrível, e realmente não era uma pessoa violenta, mas, quando via uma garota, ele chegava junto e todo mundo derretia. Acho que algumas garotas não derretiam. Não quero dizer que toda mulher pode ser levada para a cama, mas a média de Neal era muito alta. Muitos de nós tentavam usar a mesma técnica, mas uma técnica é diferente de realmente sentir a coisa, e ele sentia. Ele era incansável nesse sentido. Não quero dizer que ele transava o tempo todo, mas que devia haver um grau de culpa naquilo, pois era como se ele sempre estivesse tentando compensar alguma coisa.

Quando ele prendia sua atenção em você, ele captava tudo, e antecipava o que você nem sequer havia pensado.

Jack captou alguma coisa em si mesmo, aplicou isso a uma personagem e então a disseminou por sobre um bocado de coisas. Com a Geração Perdida aconteceu o mesmo. Quantos Julien Sorel, de *O vermelho e o negro*, existiram na época? As pessoas agarram algo que parece ser a materialização de coisas que elas próprias não são capazes de apresentar ao mundo. E a razão por que "Dean Moriarty" se tornou esse tipo de imagem ou metáfora era que as pessoas se sentiam daquela forma. Por que Jack apreendeu aquilo é próprio dele, mas é também próprio do gênio captar instintivamente — ele não fez isso cognitivamente — algo que está prestes a se tornar a próxima novidade.

Neal sempre se sentiu, aposto, de algum modo envergonhado por isso.

Ele tinha aquelas agendas incrivelmente complicadas: "Tenho de comer fulana e sicrana às duas horas, e depois tenho de correr e fazer tal coisa". Ele tinha uma baita energia, mas nunca deixava você na mão. Lembro-me de ter lhe emprestado cinco dólares e dizer: "Olha, preciso disso de volta às dezessete horas da quinta porque, literalmente, não vou conseguir jantar sem isso". Cara, ele voltou com a grana.

Não me ressentia da atração de Jack por Neal. Não sentia que minha amizade com Jack estivesse escapando em outra direção. Algumas vezes senti que Jack estava romantizando Neal. Nós até chegamos a falar sobre isso uma vez ou outra. Jack não conseguia articular — pelo menos em nossas conversas — por que ele era tão obcecado por Neal.

Não acho que Jack e Neal tivessem uma relação sexual. Não acho que a atração de Jack fosse sexual. Acho que Neal fazia Jack se sentir também inautêntico. Essa era sua atração. A maioria das pessoas nunca fez Jack se sentir inautêntico, a maioria das pessoas nunca fez Jack se sentir careta, mas Neal era real. Quero dizer, Jack ficou assustado quando Neal roubou um carro. Jack ficou com medo quando Neal aplicou um golpe. Jack era um rapaz de classe média muito bem-educado de uma cidade operária da Nova Inglaterra. Ele achava que a vida podia irromper de repente de alguma forma. Ele queria que ela irrompesse, mas não tinha coragem de fazê-lo. Ele não conhecia uma forma de fazê-lo por si mesmo.

Neal era terrivelmente atraído por pessoas que passavam boa parte de seus dias sentadas na penumbra do quarto roendo as unhas e datilografando bobagens.

Jack vivia uma vida ainda mais convencional do que a minha. Eu era casado e vivia na cidade e conhecia todos os tipos de mundos. Basicamente, Jack vivia com a mãe em um apartamento de classe média baixa, se coçando, como se diz. Ele queria uma esposa todo o tempo. Ele queria uma namorada o tempo todo. E queria o tempo todo uma ordem diferente dessa.

Na verdade, Neal dizia a todos — seu estilo de vida dizia: "É simples. Esqueça. Jogue fora". Neal era como o mestre zen que acerta você com uma vara de bambu e diz: "Isso é o renascimento espiritual — Satori!". Bum!

Jack não tinha um centro, para começo de conversa. Seu centro havia começado a se desintegrar com a morte de seu pai e a partida de Lowell, e ele estava procurando por algum tipo de centro novo.

Neal parecia oferecer não um centro, mas uma trajetória, um espaço exterior.

Não passei muito tempo sozinho com Neal, duas ou três noites, as noites em que ele e Luanne ficaram em meu apartamento. Ela foi para a cama e eu e Neal ficamos de pé, e conversamos um bocado. Eu era — Deus, eu era novo. Ele e eu tínhamos quase a mesma idade. Acho que ele era mais novo do que eu.

Isso tudo era novo para mim. Ele era tão aberto, e não estava confundindo ninguém. Ele não me fez sentir o que eu achava que eu era, um tipo de intelectualzinho chato. Ele fez as coisas acontecerem dessa forma, e eu aceitei porque estava louco por aquilo, e interessado.

Luanne Henderson:

Neal ficou mal à medida que o tempo passou, e estava chegando a hora de voltar para San Francisco. Seu relacionamento com Allen e comigo estava se deteriorando mais uma vez. No começo, óbvio, era como se estivéssemos no topo de uma montanha, e estávamos começando a descer a ladeira, pois percebia que estava chegando a hora de nos separarmos de novo. E Allen também percebeu que já estava chegando a hora de Neal partir.

Allen estava trabalhando em um jornal, nós estávamos vivendo com ele e dormíamos em turnos. Allen tinha apenas uma cama dobrável e um sofá, e Al Hinkle dormia nele. Neal e eu dormíamos na cama à noite e então Allen chegava lá pelas seis ou sete da manhã e geralmente se juntava a nós. Era uma pequena cama dobrável, como uma caminha de casal.

Depois de voltar a San Francisco, eu havia planejado retornar a Nova York para viver com Allen, pois nós dois — especialmente na última semana — estávamos destruídos porque vivíamos mais uma vez o fim de algo. Não foi muito depois da nossa partida que Allen teve um colapso.

Neal, Jack, Al e eu fomos para a casa de Burroughs em Nova Orleans.

Na Virginia fomos parados por um policial e, se quiséssemos seguir em frente, teríamos de pagar uma multa. Toda a maconha que tínhamos estava dentro das minhas calças, estava morrendo de medo. Ele imediatamente perguntou quem nós éramos. Disse Luanne Cassady, Neal Cassady — e Neal estava completamente nervoso, falando sem parar: "Estou voltando para minha esposa, e ela é minha ex-esposa...". Automaticamente as orelhas do policial se levantaram. "O que você está fazendo com ela se está retornando para sua esposa?" E Neal tentava dizer: "Isso não é importante. Você só precisa saber que estou voltando para minha esposa...". Mas para o policial era importante. "Quero saber o que vocês estão fazendo juntos." Ele não achou que eu tivesse dezoito anos.

Al estava dirigindo e cometeu uma infração pela qual Neal estava perto de matar o pobre coitado. Neal estava completamente enfurecido pelo fato de termos sido parados. E, é claro, eu estava tremendo de medo, pois já havia escutado muita coisa sobre as cidades pequenas do sul. Lá estava eu com todo aquele monte de droga dentro das calças e sem ter a menor ideia de como seria capaz de me livrar daquilo, caso fosse necessário. Mas, felizmente, não chegamos a tanto.

Para a jovem esposa de Al Hinkle, Helen, a viagem para o leste desde San Francisco foi uma lua de mel interrompida pelo desconforto da companhia de Neal. Ela foi para a Louisiana sozinha para esperar um reencontro com Al em seu retorno para o oeste com Jack, Neal e Luanne.

Helen havia sido criada por uma família tão rígida que filmes e batom eram proibidos. Ela era ingênua, porém dispunha de uma mente afiada o suficiente para manter a compostura enquanto sua ingenuidade evaporava na companhia de Bill e Joan Burroughs. Os Burroughs a receberam em sua estranha casa alugada em Algiers. A apenas alguns minutos de Nova Orleans, Algiers, com suas ruas sem pavimentação e luxuriosa vegetação, parecia mais uma pequena cidade do sul, um cenário estranho para o casal Burroughs. Quando Jack, Neal, Luanne e Al chegaram à Louisiana, Helen já havia se acostumado aos aspectos mais bizarros da vida na casa, mas estava furiosa com o atraso do marido. Não seria a última vez que Al ficaria fora sozinho dessa maneira, nem ela seria a última do círculo de mulheres a ser abandonada — muito embora as ausências de Al fossem temporárias — dessa forma.

Helen Hinkle:

Eu estava — e Al não gostou muito da ideia — na casa de Burroughs, em Algiers, em Nova Orleans. Foi quando vi Jack pela primeira vez.

Ele estava vindo pela porta dos fundos da casa de Burroughs, um tanto apreensivo, entrando como se perguntasse: "O que vai acontecer?". Havia ligado várias vezes tentando falar com Al na casa da mãe de Jack. E claro que Neal chegou com uma mulher, que me apresentou como sua esposa. Bom, eu acabara de conhecer sua mulher em San Francisco. Tudo isso acontecendo, e Jack entra, vestido com um par de calças de algodão pretas e uma camiseta branca.

Al e eu imediatamente nos recolhemos ao quarto para discutir um pouco. Al não falou. Eu falei. E Jack se ocupou; imediatamente começou a preencher o vazio. Foi uma cena estranha. Burroughs estava enfurecido, e eu conhecia Burroughs havia menos de um mês. Todo mundo me pareceu um tanto constrangido quando aquelas pessoas entraram.

Então Jack começou a fazer a coisa mais bizarra. Ele pediu para fazer crepe Suzette. Ele tinha uma receita. Nada estava acontecendo, então ele tinha de falar alguma coisa. Ele perguntou: "Vocês têm farinha e ovos?". Foi quando Al e eu saímos para conversar.

Luanne entrou e sentou-se em um dos bancos rústicos de madeira que havia na sala e disse: "Vocês não vão transar? Adoraria assistir". Aaaaaaaaaah.

Eu nunca tinha ido ao cinema até os 21 anos. Tão ingênua que eu era, não tinha ideia do que ia acontecer. Não tinha razão para suspeitas, embora o comportamento fosse estranho. Joan arrancando lagartos da árvore a noite toda com um garfo de jardinagem era estranho. Dar banho em treze gatos e amarrá-los com cordas era ainda mais estranho. Mas, bem, eu já havia conhecido Neal Cassady, e tinha sido muito estranho também.

Burroughs estava enfurecido por Neal estar vindo, pois sabia que Neal era um vigarista e acabaria por aplicar-lhe um golpe. E eu esperava que, quando Neal aparecesse, ele o expulsasse da casa e que houvesse uma briga. Quando Neal chegou, Burroughs foi muito educado e polido. Mas acho que Jack esperava fogos de artifício. E nada aconteceu.

Eu achei que Neal era o demônio encarnado. Nunca tinha visto ninguém fumar maconha antes. Mas ele havia sido uma das três ou quatro pessoas presentes ao nosso casamento, e no caminho para conhecer Carolyn eu podia jurar que havia alguma coisa de errado com ele, pois ele dançava quicando dentro do carro e pulava e o rádio no volume máximo, e eu dizia a Al: "Ele está fumando maco...".

Então eu ficava dizendo a Burroughs durante aqueles dias que pessoa horrível Neal era. Ele fumava maconha. E Burroughs dizia: "Be-e-e-m, maconha...". E ele me deu o Relatório La Guardia[3] sobre maconha para ler, e ele dizia: "Evite se envolver com heroína. Esse sim é o verdadeiro mal". Na verdade, naquela época, segundo Neal ou Jack, ele aparentemente tinha vinte acres de maconha cultivados no Texas.

Na época em que conhecemos Burroughs, ele tinha 35 anos, mas era como se tivesse 95. E falava como um velho. Eu o encontrei em um restaurante chinês, um buraco em Nova Orleans, contei-lhe o caso, e ele delicadamente me pediu que ficasse, pois não conseguira mesas em nenhum outro lugar. Era a semana do Sugar Bowl.[4] Uns dias antes do jogo tive de deixar o hotel em que estava. Felizmente, alguém me arranjou um quarto em um bordel na mesma rua.

Tudo que tinha, exceto meu endereço de casa em San Francisco, era o endereço de Burroughs e um número de telefone. Falei-lhe sobre meu problema, e ele respondeu com

3. O Relatório La Guardia foi o primeiro estudo financiado pelo governo norte-americano sobre o uso e o comércio da maconha. (N.T.)

4. Final da liga universitária de futebol americano, realizada anualmente em Nova Orleans. (N.T.)

um longo e arrastado discurso sobre casas pré-fabricadas. Era a época de *O homem do terno branco*, e o personagem entra num tubo de náilon, e Bill tremia em fúria por causa dessa meia de náilon.[5] Mas ele delicadamente me pediu que fosse com ele, e disse: "Nós temos um quarto. Por favor, fique conosco". E a coisa louca é que aquelas pessoas tinham transformado o galinheiro deles em um aposento para mim e Al. Por alguma razão maluca eles nos queriam por lá. Como eu passei meus dias sem que fosse um estorvo? Levantava de manhã cedo, saía e retornava ao entardecer.

Burroughs gostava de Jack, e ele estava realmente feliz de saber que ele vinha e ficou feliz de vê-lo. Não havia ciúme. Burroughs não sentia como se tivesse de se proteger de Jack. Mas estava enfurecido sobre Neal, e ele não falou uma palavra sequer a respeito. "E se aquele Neal Cassady vier, digo a você agora mesmo que..." Geralmente, ele não falava nada pessoal. Geralmente ele falava sobre tudo, exceto pessoas — coisas. Mas acho que ele pensou que Neal ia lhe aplicar algum golpe.

AL HINKLE:

Lembro-me de ter tido uma conversa com Burroughs sobre Westbrook Pegler. A discussão não era sobre o que Pegler dizia, que Burroughs pensava ser absolutamente sem sentido, mas sobre como estava dizendo. Ele admirava sua prosa, sua habilidade de escrever em língua inglesa, e ele pensava, digamos, que era a melhor prosa publicada em jornais nos Estados Unidos.

5. Uma comédia de Alec Guinness sobre a pesquisa de uma fibra sintética. (N.E.)

Helen Hinkle:

Eu saía durante o dia. Ficava vendo os arredores, a paisagem, e então comecei a buscar para Joan um inalador de Benzedrina por dia. Uma vez um sujeito me ofereceu uma dúzia e eu disse: "Bem, não. Um é suficiente". Perguntei a Joan. "Oh", disse o farmacêutico, "poderia vender-lhe uma dúzia, pois sei que você não faria, não haveria de fazer, mau uso dela." Eu disse: "Mau uso?". Fui a Joan e disse: "Poderia ter comprado doze inaladores hoje", e ela disse: "DEUS! Espero que você os tenha comprado!". Eu disse: "Bem, não". E completei: "A propósito, li nos tubos que eles duram seis meses. Não entendo o que você faz com eles". Então ela me mostrou o que estava fazendo.

Ela quebrou a tampa, pegou o algodãozinho lá dentro e o engoliu.

As crianças usavam as panelas Revere Ware de Joan para fazer cocô, e elas eram as mesmas que usávamos para cozinhar à noite. Ela fazia faxina todos os dias, esfregava os quartos das crianças como se fossem quartos de hospital, pois tinha de fazê-lo. Mas as crianças não tomavam banho. Você dava banho naquela menininha e ficava com a impressão de que ela não tomava banho nunca. A menininha — ela mordia o braço de Joan todo o tempo. Ela tinha cicatrizes enormes no braço. Bill chamava o menino de "Pequena Besta".

Joan manquitolava. Muito quieta. Mais ou menos como uma dona de casa exausta, estafada. Cabelo liso amarrado para trás com tufos desmazelados. Ela nunca usava sutiã. Havia algo como uma nudez nela. Não acho que ela usasse sapatos ou calças. Parecia uma criança.

Era então como ir para um outro mundo, digo Algiers, e penso que Burroughs achava seus vizinhos medonhos, e eles o mesmo a respeito dele.

Joan, lógico, nunca dormia. E porque as crianças dormiam e Bill dormia parte da noite, ela tinha de fazer alguma coisa. Havia uma árvore sem folhas bem na frente da varanda. A casa era em L e toda avarandada, e havia uma árvore morta, aterrorizante. Ela ficava coberta de lagartos, e Joan passava a noite tirando os lagartos de lá com um ancinho. Não acho que ela os matasse. Claro, eles voltavam. Era a casa deles. Isso apenas dava a ela alguma coisa para fazer às quatro da manhã sob a luz da lua.

Quando fomos embora Burroughs estava construindo uma mesa que duraria mil anos. E ela estava completamente comida, cheia de buracos de cupim.

Eles comiam muito bem. Quero dizer, eles comiam coisas boas, e refeições bem balanceadas e se preocupavam com os tipos de vegetais e carnes. Acho que Burroughs usava maconha para abrir o apetite, para que ela lhe desse alguma razão para comer.

Ele carregava um coldre e costumava aplicar as cápsulas de Benzedrina com um revólver de ar.

Al Hinkle:

Ele pegava aqueles negocinhos de plástico com Benzedrina, os ajeitava e então os aplicava com uma arma.

Helen Hinkle:

Você sempre tinha de bater na porta antes de passar, e a forma mais fácil de chegar ao banheiro era atravessando seu escritório. De outro modo, você teria de ir pela varanda e pela cozinha. Dava até para escutar quando ele aplicava. Ele alinhava as cápsulas de Benzedrina, sentava no sofá e: *pfio! pfio! pfio!*

Bill tinha também um coldre de ombro e uma adaga. No primeiro dia em que Jack estava lá, ele e Bill saíram para a frente da casa, ambos com a arma na cintura, para apostar quem sacava o revólver mais rápido.

Al Hinkle:

Jack tinha uma daquelas armas de brinquedo.

Luanne Henderson:

Não tive nenhuma chance de me aproximar de Burroughs naquela ocasião. Não acho nem que Neal e Jack tiveram. Jack, mais do que Neal, falava com Burroughs, e havia uma necessidade de Jack de falar com ele naquele momento. O fato de estarmos viajando para ver Burroughs significava muito para Jack. Quando nós conversávamos ou qualquer outra coisa, Burroughs sempre ficava ao seu lado, como um professor. Ele sempre encontrava um jeito de levar Burroughs para um canto e conversar com ele.

Neal deve ter evitado Burroughs por alguma razão. Acho que àquela altura Bill estava um pouco infeliz com Neal. Eu não estava muito certa da razão disso na época, de qual era o problema, mas tinha a nítida impressão de que

Burroughs não estava muito contente de ver Neal. Isso de algum modo me colocou em uma posição defensiva.

Joan estava realmente envolvida com anfetamina, a viagem do inalador. Nós vasculhamos toda Algiers e então começamos a ir para Nova Orleans, fazendo viagens para cada farmácia da cidade, pois penso que naquela época — não estou certa disso — ela estava consumindo mais ou menos oito tubos por dia.

Nunca a vi dormir. Não importava a hora em que acordasse ou chegasse ou que fosse, ela estava de pé, ou com a vassoura ou com o ancinho tirando os lagartos da árvore, na cozinha lavando as paredes, esfregando sem parar.

Durante vários começos de noite todos sentávamos aos pés de Burroughs, ele sentado em sua cadeira de balanço. Não acho que tenha visto Bill fora daquela cadeira de balanço durante o tempo em que estivemos lá, exceto algumas vezes do lado de fora da casa com Jack. Escutar Bill era interessante.

Ele praticamente só conversava com Jack, mais do que com Neal ou comigo, referindo-se a Nova York e à escrita de Jack. E acho que Neal se ressentia daquilo tudo profundamente, pois procurava chamar a atenção de Bill e irritá-lo fazendo graça, já que tinha a tendência de fazer isso quando se sentia inadequado diante de alguém. Isso o deixava ainda mais agitado, e então ele acabava fazendo coisas que normalmente você não o veria fazer.

Deixando Algiers rumo à Califórnia, seguimos pelos manguezais. Era meia-noite naquela estradinha assustadora com todos aqueles salgueiros curvados, e Jack começou a contar a história de David Kammerer como se estivéssemos ouvindo uma versão de *O Sombra*. Dava medo. Aquilo estava me dando calafrios, e ele produzia deliberadamente aquele tipo de voz. Todos a escutávamos no rádio, pois naquela época todo tipo de história de terror estava no ar, como *O Sombra* e outros programas mais antigos de rádio, e Jack estava contando a história daquela maneira. Falando com aquela voz pausada e elegante, descrevendo toda a cena do rio, as ruas escuras. Ele entrava nos mínimos detalhes, e eu sentia como se estivesse lá, e aquilo me dava medo. Jack e Neal, lógico, riam como se estivessem contando histórias de fantasmas.

E então tiramos a roupa quando atravessávamos o Texas. Jack retomou aquele lance em *On the Road*, dizendo que eu lambuzei todos com sorvete gelado, aquilo tudo, que era completamente irreal. Tiramos mesmo nossas roupas, pois estava insuportavelmente quente. Ou melhor, estávamos quase morrendo. Não havia sorvete. Teria adorado se houvesse. De qualquer sabor.

Mas da parte mais inesquecível Jack não chegou a tratar muito. Paramos em umas ruínas, andamos até elas e ao redor não se via nada. Havia um carro vindo a muitos quilômetros dali, dava para vê-lo, e estávamos todos zoando nas ruínas, todos nus, e o carro aproximava-se mais e mais, o que todos ignoramos até que ele estava a não mais do que uns quinhentos metros de nós. Então Jack e eu atravessamos a estrada correndo de volta para o carro. Neal fez uma pose heroica, grandiosa, em uma das plataformas de concreto. E dava para ver o carro chegando mais devagar, o casal de idade passando, e a senhora do lado do passageiro apontando, e Jack e eu conversávamos sobre o que exatamente ela estaria dizendo. "Não é sensacional?" Pois Neal realmente tinha um corpo lindo. "Não é uma estátua magnífica? E veja como ela se mantém conservada ao longo dos anos enquanto tudo é entulho ao redor." Não havia um dedo fora do lugar. Ele deve ter ficado ali um bocado de tempo naquele sol escaldante, pois eles passaram quase parando. Lógico que eu e Jack fomos nos abaixando mais e mais dentro do carro. Agora que olho para o passado, acho que tivemos sorte de não ter sido presos.

O fim daquela viagem foi muito abrupto, muito frio.

Neal nos deixou, a mim e Jack, em uma rua em San Francisco. Ele simplesmente foi embora, e lá estávamos nós sem um centavo no bolso, nada exceto uma mala pesada e um ao outro. Nós ficamos ali parados, olhamos um para a cara do outro e pensamos: "Para onde vamos daqui?".

Havia sido uma viagem muito alegre, mas, lógico, ninguém havia pensado no dia seguinte.

Não tínhamos nada quando chegamos a San Francisco. Acho que, àquela altura, qualquer coisa que Jack tivesse ele havia dado para Neal comprar gasolina, comida e coisas do gênero. Ele provavelmente deu alguma coisa para Burroughs pela comida.

Houve um momento, quando estávamos em Nova York, já perto do dia de irmos embora, em que Neal entrou numa onda de pânico barra-pesada, e eu a reconheci. Não sei se Jack reconheceu na hora. Sei que ele não teria conversado comigo a respeito dela se tivesse. Mas Neal estava tentando nos aproximar, a mim e Jack, o que teria facilitado um bocado as coisas para ele, no tocante a mim. Isso o teria deixado com um problema a menos.

E era isso que estava acontecendo, pois àquela altura eu estava me sentindo atraída por Jack de verdade, e sentia que ele estava se sentindo atraído por mim. Não havia necessidade de Neal ficar nos empurrando um para o outro, mas Al dizia que, se Neal soubesse daquilo, que ele teria ficado triste. Ficou depois, quando descobriu que eu estava de fato atraída por Jack, e que não era ideia de Neal, mas de Jack e minha também. Ele ficou bem magoado com a situação e tentou revertê-la, mas não era tão simples.

Mas quando Jack e eu chegamos a San Francisco nós não tínhamos dinheiro para comer, e eu fui a um outro hotel a um quarteirão de onde eu e Jack estávamos hospedados. Era uma garota com quem eu havia ficado antes. Eu e ela havíamos aprendido a usar o ferro de passar roupa de cabeça para baixo para cozinhar. Você o coloca sobre um cesto de lixo de cabeça para baixo. Eles não permitiam pratos quentes ou nada do gênero, e o gerente enlouquecia quando sentia o cheiro de comida ou de café.

Uma das receitas que nos alimentaram por um tempo era ferver o macarrão, abrir uma lata de sopa creme de galinha e misturar. Era ótimo.

Eu também tinha um problema, pois, como vocês devem lembrar, antes de viajar eu estava prestes a me casar. Faltavam umas duas semanas, e eu devia esperá-lo em San Francisco. E lá estava eu e não sabia o que fazer. Não apenas porque Jack estava sozinho, mas o lance era que eu sabia que Jack iria ao encontro de Neal, e eu estava muito confusa naquele momento sobre meus sentimentos.

Eu estava envolvida com Jack e me preocupava bastante com ele. Para mim, naquela época, três meses eram como três anos, e tantas coisas haviam acontecido naqueles três meses desde que meu noivo viajara que eu realmente não tinha mais a mínima ideia do que sentia por ele. Eu havia até mesmo esquecido como ele era fisicamente, mas sabia que as cartas continuavam chegando e ele esperava que eu estivesse escrevendo de volta. Tinha a obrigação de pelo menos dar-lhe uma explicação sobre o que estava acontecendo. Ele não tinha a menor ideia de que eu havia estado em Nova York.

Fui a esse hotel a mais ou menos uma quadra do hotel em que Jack e eu estávamos, onde essa garota estava. Ela era prostituta, uma garota bem jovem que eu conhecera da primeira vez em que estivera em San Francisco. Topei com ela no bar que ficava descendo as escadas da tal garota com o ferro, e ela estava vivendo com um sujeito dono de um bar na Turk Street. Disse a ela que estava de volta, que não tinha dinheiro nenhum e nem mais nada e que queria um emprego no bar — embora não tivesse a idade permitida. Ela também não tinha, mas estava vivendo com o proprietário, então pensei que ela pudesse me ajudar com ele. Aí ela me perguntou por que eu não saía para jantar com ela, ele e o atendente do balcão do bar? Percebi que eles estavam armando para mim, mas não dei bola. Ela também disse que me daria algum dinheiro, o que realmente fez. De todo modo, saí para jantar com eles. Não consegui o trabalho. Não sabia ser agressiva, ser firme, nem nada do gênero, mas pensei que ela fosse minha amiga, trabalhando a meu favor, mas era o contrário. Ela estava do lado deles tentando me usar. Também não funcionou.

Jack ligou para Neal um dia antes de eu ir para Denver. Neal disse a ele que me pegaria, que estava tudo certo. Jack e eu passamos a noite toda falando sobre ele e mim, e concordamos que eu tinha de fazer alguma coisa no que se referia ao homem com quem ia me casar — fazer alguma coisa de um jeito ou de outro. E então eu deveria entrar em contato com Jack e nós seguiríamos daquele ponto.

Aconteceu que eu me casei, e não vi Jack nem Neal.

Já havia visto Jack em relacionamentos com outras mulheres, mas obviamente não tinha ideia quanto a ele ser com elas como ele era comigo ou não. Comigo, Jack se transformava em um garotinho. Ele precisava de uma mãe. Era muito carinhoso e lindo, mas acho que Jack sentia necessidade de cuidado.

Naquela época eu também precisava de carinho. Precisava de alguém — não que tomasse conta de mim financeiramente, mas não me sentia emocionalmente forte o bastante. Pelo menos não pensava que fosse. Eu não me sentia segura. Como nós não fomos em frente, não sei dizer se as coisas mudariam. Mas sentia que Jack se apoiava em mim mais do que eu nele. E era um tempo muito assustador, e era eu quem devia tomar todas as decisões e iniciativas e não tinha muita certeza se estava pronta para tomar as corretas. Queria ajuda.

Depois que fiquei mais velha e vi Jack, como vi, ao longo dos anos, acho que aquilo me deixou mais triste do que qualquer outra coisa, o fato de Jack não ter sido capaz de superar aquela obsessão pela mãe, o relacionamento com sua mãe, e de não ter sido capaz de achar um relacionamento bom e estável com uma mulher. Resumindo, ele nunca conseguiu se libertar daquilo.

Neal sentia muito, mas muito ciúme de Jack, mas não acho que Jack gostasse daquilo. Tentei dizer isso a ele. Realmente acreditei que isso ajudaria Jack a perceber que Neal sentia muito ciúme dele como homem, pois Jack sempre agia como se as mulheres ao redor só se interessariam por ele como uma segunda escolha, caso Neal não as quisesse. Tentei dizer que as coisas não funcionavam dessa maneira, mas não acho que ele tenha entendido. Ele achava que eu dizia aquilo para fazê-lo sentir-se melhor, o que era verdade, mas não pelas razões que ele pensava.

Acho que Neal tentava provar a si mesmo que, mesmo se ele abandonasse suas mulheres, ele as teria de volta no final. Ele tinha dúvidas sobre as mulheres e tudo que dissesse respeito a si mesmo, mas porque ninguém tinha aquelas dúvidas ele tinha de viver com aquilo. Jack nunca imaginaria que Neal tivesse qualquer tipo de preocupação a respeito dele, digo, do próprio Jack. Sabe: "Por que se preocupar comigo em relação a essa mulher? Você sabe que pode tê-la de volta a hora que quiser". Mas Neal não tinha tanta certeza.

Esse foi um padrão de Neal, seguido com a maioria daqueles que se preocupavam com ele. Essas pessoas se viram abandonadas muitas vezes. Acho que Neal sentia a pressão quando alguém passava a confiar demais nele. Neal também entrava em desespero. Acho que todos nós tínhamos a tendência a achar que Neal era forte o suficiente e infalível o suficiente para aceitar qualquer coisa. Quando alguém passava a depender muito dele, ele se desesperava, não necessariamente demonstrando esse sentimento como desespero, mas saindo de cena. Daquela maneira ele não precisava encarar a responsabilidade que a pessoa esperasse dele.

CAROLYN CASSADY:

Eles voltaram dessa primeira viagem a Nova York — foram seis semanas — e eu estava na Liberty Street e Jack e Luanne estavam no hotel. Neal e Jack chegaram e eu perguntei: "E Luanne?".

Neal disse: "Que Luanne?".

Eu disse: "Onde ela está?".

"Não sei onde ela está. Como eu vou saber onde ela está?"

E dessa vez — *dessa vez* — eu sabia que ele estava mentindo, claro, então eu disse: "Cai fora".

De alguma maneira Neal me convenceu de que não tinha para onde ir. Eles dois ficaram lá enquanto Neal arrumou um emprego de vendedor de potes e panelas. Claro que esse emprego não durou mais de uma semana. E foi quando Jack se magoou com Luanne e voltou para Nova York de ônibus.

Jack estava furioso. Ele disse que ela o estava enganando, e que, quando ele ficou lá e a viu entrando naquele carro imenso com um sujeito gordo, ela o estava sacaneando. Claro que ele estava paranoico, e assim produziu a interpretação mais paranoica possível da história. Ele estava magoado e muito irritado. Ela disse que havia feito aquilo para conseguir o dinheiro para ele, para o jantar, mas ele não acreditou naquilo.

Então ele correu para o ônibus com seus quinze sanduíches.

Neal continuava me dizendo que ele não sabia onde Luanne estava, e então escutamos uma batida na porta, e lá estava Luanne. Lógico, isso acontecia comigo o tempo todo. Sempre com altos e baixos, altos e baixos. Ele me convencia de que eles já não estavam juntos, e logo em seguida ela aparecia. Isso aconteceu durante dez anos.

Eu não tinha nada contra ela. Quando ela apareceu em San Francisco pela primeira vez, no ano anterior, toda estilosa... em Denver, quando a tinha visto pela última vez, ela era uma menininha estranha usando tranças, e ali ela era uma moça linda, as peles envolvendo o pescoço e o cabelo dourado e brilhante. Ela ainda tinha dezessete anos, mas um cara havia lhe comprado todas aquelas coisas e a levado para lá.

Era tão óbvio que ela tinha vindo para espezinhar Neal que eu já a estava encorajando, pois ele já não significava nada para ela, eu pensei. Disse a mim mesma: "Cara, ele merece isso". Era um bom truque. Ele era ciumento demais, e sua tentativa de suicídio veio logo em seguida, mas eu não soube na época. Ele havia me convencido de que aquele espetáculo todo não tivera efeito algum.

Isso tinha sido um ano antes, mas então, quando ela apareceu na Liberty Street depois daquela viagem para Nova York, percebi mais uma vez que as coisas não estavam acabadas com ela, e eu me lembro de ficar olhando para as torradas com queijo que estava preparando para Neal e Jack, tirando-as do forno e chorando sobre elas na cozinha.

Fiquei na cozinha enquanto Neal e Luanne estavam tendo sua conversinha. Claro que, quando ela foi embora, eu disse: "Você pode ir com ela. Chega desse monte de mentiras; agora siga seu caminho. Anda, anda". E ele saiu e voltou no dia seguinte com um dedão quebrado. Levei-o para o hospital dirigindo o Hudson. Ele pediu uma moeda emprestada para ligar para Luanne e dizer a ela que colocasse todas as roupas dele na rua, pois ele estava terminando de vez com ela. Foi o que ele me disse. Em vez disso ele ligou para ela e choramingou por causa do dedo quebrado, e ela ficou toda comovida e veio correndo para lhe fazer carinho. Fiquei sentada no Hudson e eis que chega Luanne dentro de um táxi. Daí eu e Luanne fomos juntas para minha casa.

Claro que ela ficou envergonhada por eu estar dirigindo, pois eu nunca havia estado nele e estava lhe perguntando: "Você quer dirigir?". Senti que havia terminado com Neal. Que era o fim — mais uma vez.

Luanne e eu abrimos o jogo, e ela adorou ficar reclamando de todas as coisas que Neal havia feito para ela e sobre quão horrível ele era, e tudo mais, e então quando eles ligaram do hospital dizendo que ele estava pronto, ela não parou; continuou falando loucamente e disse: "Deixe-o esperar". E eu disse: "Você não acha que devemos ir buscá-lo?". E ela respondeu: "Aaaahh...". E então nós fomos finalmente buscá-lo, e ele estava sentado no meio-fio vomitando. Nós o colocamos dentro do carro e o levamos para a minha casa, e ele dormiu, com nós duas ao lado dele, consolando.

Então ela se levantou e disse: "Bom, preciso ir".

Eu disse: "Bem, leve-o com você".

"Não quero. Fique você com ele."

"Não, você fica com ele."

"Não, você."

Ele estava ali. E nem ligava.

Então ela disse que não podia, pois o noivo dela estava chegando. Ele era marinheiro mercante e estava indo para o hotel, e lógico que Neal não podia ficar lá.

Então eu disse: "O que eu vou fazer agora?". Tive de deixá-lo onde ele estava, e também ele nem se mexia.

Depois de ele ter melhorado, não podia mandá-lo para o inferno. Tive de deixá-lo ficar comigo para cuidar do bebê até eu conseguir um emprego, já que ele não podia trabalhar. Então ele raspou a cabeça e tomou conta de Cathy. Cheguei um dia do trabalho e olhei pela janela e vi aquele crânio estranho raspado. Luanne ia lá enquanto eu trabalhava, mas não soube disso na ocasião. Depois eu consegui um bom emprego, e nós nos mudamos para a Russell Street.

Neal ainda estava com a mão no gesso, e eles tiveram de cortar a ponta de seu dedão quando ele infeccionou. Ele o quebrou quando acertou Luanne na cabeça. A primeira coisa que perguntei quando o vi foi: "Meu Deus, como está Luanne?". E ele disse: "Ótima! Puta que pariu, que cabeça dura ela tem". Neal nunca entrava em brigas com homens, mas batia em mulheres, embora ninguém nunca tenha se ferido. Ele sabia bem o que aconteceria com ele se me batesse.

Quando não trabalhava, Neal estava sempre entediado e frustrado. Claro, quando Jack chegava, ele precisava sair para brincar. Esse era sempre o meu dilema, e por isso de início não dei verdadeiras boas-vindas a Jack — sabia que isso significava que seria abandonada de novo. Mas, se isso fosse fazer Neal feliz, deveria concordar e convidar Jack para vir à nossa casa. Foi por isso que Jack veio uma segunda vez; Neal implorou a ele que viesse, e Jack queria se livrar dos pedidos de dinheiro de sua segunda esposa.

Logo depois de Jack deixar Luanne em San Francisco para retornar a sua mãe (ela enviou o dinheiro para o ônibus), em janeiro de 1949, Giroux aceitou o manuscrito de *The Town and the City* para publicação pela Harcourt & Brace. O adiantamento foi de mil dólares, o que reluziu diante de Jack e Mémère como uma pequena fortuna. Jack pensou em usar parte disso para se juntar a Ed White e outros amigos de Denver em Paris naquele verão, mas em vez disso decidiu ele próprio se mudar para Denver. Comprou para Gabrielle um aparelho de tevê Motorola antes de ir embora, explicando que ele encontraria uma casa por lá e a chamaria. Agora que ele estava prestes a se tornar um escritor famoso, ela poderia deixar seu trabalho na fábrica de sapatos e contar com Jack para sustentá-la, como prometera a Leo.

Jack e Robert Giroux tornaram-se amigos próximos, e Kerouac levou seu editor para além das páginas finais do romance que estavam revisando juntos, caindo com ele próprio na estrada para Denver, onde Giroux ficou por pouco tempo antes de retornar a Nova York.

Gabrielle viajou para o oeste para ver a casa que Jack preparara para ela, mas detestou o isolamento suburbano e, depois de uma breve estada no Colorado, Mémère foi para a Carolina do Norte para ajudar Nin na recuperação de uma difícil cesariana. A ideia de Jack de sustentar sua mãe estava misturada em sua cabeça à ideia de viver no Oeste, no Oeste de Neal, porém Gabrielle estava feliz com seu pequeno apartamento em Nova York e com a relativa proximidade da filha na Carolina do Norte.

Os meses de Jack em Denver naquele verão foram solitários — pelo menos no que se referisse a ter os velhos amigos consigo. Ed White e Allan Temko, que estiveram em Denver no verão anterior, estavam na França para experimentar um pouco do exílio sobre o qual liam em Hemingway. Neal estava na Califórnia, cuidando de Carolyn e de seu bebê.

O verão de 1949 deu a Jack a oportunidade de conhecer em primeira mão as paisagens e os sons da Denver da infância de Neal. Ele conseguiu um emprego que outrora fora de Neal, no mercado de produtos agrícolas de Denver, e depois do trabalho, durante as noites quentes de verão, ele ia à Larimer Street. As descrições da Denver ociosa e seu "neon de tijolos vermelhos" em *Visions of Neal/Visions of Cody* são produto de sua permanência na cidade.

Allen, que terminara seu curso em Columbia em fevereiro de 1949, havia sido preso com Huncke, Jack Melody e Vicki Russell naquela primavera e, no verão, fora solto do confinamento psiquiátrico que substituíra o julgamento e a condenação pela participação nos crimes dos demais. Ele retornou à vida cotidiana com a ambição de um sucesso mais convencional, alimentado logicamente pela breve perda da liberdade. Neal continuou a escrever a Allen — longas cartas jurando preocupação e amizade —, mas foi a Kerouac que Neal pediu que se encontrassem em San Francisco naquele verão.

Em agosto de 1949, Jack deixou Denver em direção a San Francisco, planejando ficar duas semanas. Quando ele chegou à casa dos Cassady, Carolyn temia que o reaparecimento de Jack significasse uma nova e breve partida de Neal. Aos problemas de Neal com dinheiro somavam-se as dores do dedo e uma insistente infecção respiratória. Ele estava entediado e melancólico. Mais do que nunca, havia a urgência de sair — para onde quer que fosse. Antes naquele verão, Al Hinkle deixara Helen mais uma vez, para viver em um apartamento separado na companhia de Jim Holmes, o malandro da sinuca, e em sua companhia viajou para o Maine e, depois, Nova York, antes de retornar para o Oeste. Na ausência de Al Hinkle, sua esposa, Helen, tornara-se amiga e confidente de Carolyn, ficando a seu lado contra Neal.

O Hudson de Neal havia sido devolvido, e assim, para fazer as vezes de cicerone para o visitante Kerouac, Neal procurou seu velho amigo de Denver, Bill Tomson, que agora estava casado e vivendo em San Francisco. Bill tinha um carro e, apesar da má vontade, concordou em ser chofer e guia. Os três homens aproveitaram o que puderam da vida noturna de San Francisco, comprando maconha em bairros negros e fumando-a enquanto transitavam por clubes de jazz, incluindo os bares "mistos" onde uma faixa branca diagonal no chão separava os contingentes brancos e negros da plateia ao som de expoentes do *bop* da Costa Oeste, como Slim Gaillard.

Enquanto fumavam, bebiam e exploravam a cidade juntos, Neal, que enlouquecera tentando agradar a Carolyn, encontrava conforto na companhia de Jack. Já se haviam passado três anos desde o primeiro encontro dos dois, e, não obstante muitas vezes se falarem e escreverem sobre cair na estrada juntos, sozinhos, a ideia havia sido adiada. A viagem do último inverno, 1948-1949, incluíra gente demais para que eles pudessem experimentar o país como bem entendessem. Carolyn não fizera nada para Jack se sentir bem-vindo, então era melhor mesmo ir embora. E não havia razão para restringirem seu itinerário aos Estados Unidos. Dessa vez eles podiam seguir também para a Europa, como fantasiaram.

Mas nenhum deles tinha muito dinheiro. Jack tinha noventa dólares e Neal nada quando, no fim de agosto de 1949, deixaram San Francisco e rumaram para o leste na viagem contada na Parte 3 de *On the Road*. Embora não tivessem carro, não pediram carona, como a imaginação popular mais tarde estabeleceria. Em vez disso, procuravam agências que organizavam viagens com outros passageiros ou iam atrás de motoristas que dirigissem os carros para seus proprietários para outras cidades. A primeira parte da viagem, para Denver, foi feita na companhia de um homossexual cheio de pruridos que dirigiu com absoluto receio de que Neal o roubasse ou fizesse coisa pior.

Uma vez em Denver, o objetivo imediato era encontrar vestígios do pai desaparecido de Neal, mas a ideia foi logo abandonada. Em um hotel e bar de beira de estrada perto de Denver, Neal fez questão de mostrar a Jack seu talento como ladrão de carros. Enquanto Jack bebia do lado de dentro, Neal foi ao estacionamento para testar os carros dos clientes, tentando escolher o mais apropriado para uma viagem às montanhas. A polícia foi chamada logo após os primeiros clientes perceberem que seus carros não estavam parados nos antigos lugares, mas Neal escapou sem ser preso. Ele sabia, no entanto, quão familiares eram suas impressões digitais para os oficiais do departamento de roubo de carros, e assim ele e Jack não perderam tempo em sair da cidade. Eles deixaram Denver com estilo, em um Cadillac conseguido por meios legais — em uma agência. Eles deveriam levá-lo a seu proprietário em Chicago.

Mal saíram de Denver, o cabo do velocímetro do Cadillac estourou quando o ponteiro chegou aos 170 quilômetros por hora, e Jack foi obrigado a recorrer a uma matemárica avançada para calcular sua quilometragem, uma média de 110 quilômetros por hora de Denver a Chicago, incluindo todas as paradas de repouso e as refeições. Em Chicago eles visitaram um bar de jazz para escutar um pouco de *bop* e depois seguiram para Detroit de ônibus. Estavam duros demais para conseguir um quarto mesmo na boca do lixo e, assim, dormiram na galeria de um cinema da madrugada a 35 centavos o assento. A sessão dupla trazia um épico musical de caubóis e um suspense de espionagem com Sidney Greenstreet e Peter Lorre, e os enredos e personagens dos dois filmes se misturaram e entraram em conflito no sono entrecortado de Jack. A velocidade e as situações de colisão da viagem o haviam deixado exausto.

A última parte da viagem foi feita com um empresário de meia-idade, que cobrou quatro dólares de cada um para levá-los de Detroit a Nova York. Em Ozone Park, Gabrielle disse a Jack que Neal seria bem-vindo apenas por alguns dias. Depois ele deveria ir embora.

Todos os planos de viagem à Europa haviam se desfeito. Em seu lugar, Jack voltou-se aos cortes finais e revisões de *The Town and the City*, cuja publicação fora programada para fevereiro de 1950. Enquanto Jack esteve fora naquele verão, John Clellon Holmes começara as notas para sua própria crônica da cena nova-iorquina, *Go*.

A 4.800 quilômetros de Carolyn e, portanto, de seus dois filhos, Neal via com fascinação Jack ser conduzido pelo mundo literário de Nova York. Na condição de romancista prestes a ser publicado, Jack agora tentaria dar uma mão aos amigos sem tanta sorte.

ALLAN TEMKO:

Quando cheguei da Europa, em 1949, escrevi um livro, um romance, e ele me levou a seu editor, Bob Giroux.

Giroux estava bem nervoso com Kerouac e comigo. Giroux foi até Columbia, e para quebrar o gelo eu cheguei com o meu manuscrito. Kerouac foi muito generoso ao me levar a seu editor e tentar publicar meu livro. Estávamos em uma sala de reuniões de uma daquelas editoras de Nova York, imitação daqueles painéis de madeira da elite inglesa, estilo Louis B. Mayer.

Conhecera Alfred Kazin em Paris. Levei-lhe alguns trabalhos. Giroux perguntou: "Você os mostrou a mais alguém?". Eu respondi: "Bem, levei-os para Alfred Kazin, mas aparentemente ele estava almoçando no quarto de hotel". Então eu disse: "Ele me lembrou um daqueles caras que costumavam chegar a Columbia de metrô com um sanduíche de pastrame na lancheira".

Isso irritou Giroux, Jack me disse mais tarde, pois Giroux havia feito a mesma coisa. Aquilo o indispôs comigo, mas ele disse: "Bem, leremos seu livro com grande interesse".

Acho que ele tinha alguma fixação com Kerouac e não queria ninguém por perto. Ele demonstrava excessivo desvelo em relação a Jack, e Jack também não deixava de aproveitar esse tipo de coisa. Na verdade, era indiferente para ele.

Naquela época devo ter parecido insuportável, pois não gostei dos olhares de Giroux e devo tê-lo expressado. Havia alguma coisa de errado na situação toda. Em uma situação normal, eu jamais teria me bicado com aquele sujeito, mas, típico de Kerouac, ele disse: "Caras, vocês vão se dar muito bem". E isso sempre acabava sendo um desastre.

Bom, ele pensou que eu ia adorar Neal, e isso não aconteceu. Ele sempre tentava fazer com que seus amigos gostassem uns dos outros, o que era uma característica admirável.

Esquecendo Carolyn, sua filha, o segundo filho a caminho, Luanne e San Francisco, Neal permaneceu em Nova York no outono de 1949, de vez em quando unindo-se a Jack em suas incursões no mundo literário. As incríveis habilidades de Cassady como motorista o credenciavam ao emprego de garagista, e Nova York era uma cidade repleta de mulheres para ele conquistar. Em questão de semanas ele conheceu uma mulher em particular, uma beldade muito bem-nascida e criada, de uma família próspera de Long Island: Diana Hansen. Ela era casada, mas logo ficou grávida de Neal. John Clellon Holmes acompanhou o caso desde o início.

John Clellon Holmes:

Eu conheci sua esposa, Diana. Vi quando ele transou com ela pela primeira vez. Presenciei a conquista. Foi um daqueles lances que ele conseguia em dois minutos. Ele entrou, olhou para ela — ela era casada na época, e não sei se o marido estava lá — e literalmente ele a conquistou naquele instante e foi viver com ela e teve um filho com ela e viveu com ela não sei por quantos meses, mas foram alguns meses. Eu o visitava com muita frequência na época.

Ela era casada com um poeta. Tinha morado na Europa. Ela era totalmente da alta-roda literária de Nova York e nunca tinha visto nada como Neal, que chegou agitando tudo em sua vida. Ela abandonou tudo por ele única e exclusivamente por causa daquele magnetismo, que ela nunca sentira antes. Hoje em dia se escuta esse tipo de conversa em qualquer esquina, mas no início dos anos 1950 ninguém fazia esse tipo de coisa.

Lembro-me de ir lá. As cortinas estavam sempre fechadas, e eles tinham uma luz vermelha ou coisa que o valha. Neal vestia um quimono curto com seu pau aparecendo por debaixo dele — só a ponta. E lá estava Diana — como posso dizer isso sem soar sexista? — e tudo que ela queria era que ele a amasse e estava disposta a tudo. Ele podia encher o apartamento dos dois com 25 pessoas. Ela nunca havia fumado um baseado na vida, não acho que jamais tivesse escutado *bop* ou o que quer que fosse. E, de repente, toda a vida dela se transformou, toda ela girando em torno de Neal.

Naquele momento, Carolyn viu-se sendo posta de lado para abrir caminho para Diana. Carolyn não estava disposta a sair de cena tranquilamente, entendendo corretamente que Neal retornaria a San Francisco e achando que seria capaz de aceitá-lo de volta.

À medida que Jack estreitava a amizade com Giroux e se aprofundava em seu trabalho de revisão de *The Town and the City*, ele e Neal passavam cada vez menos tempo juntos. O caso de Neal com Allen esfriara e se transformara em uma amizade calorosa, mas seu filho com Diana estava a caminho, e ele queria agradar a Diana dando seu nome à criança. Assim, à distância, os trâmites para o divórcio com Carolyn tiveram início, com o consentimento contrariado da esposa.

Neal retornou à Califórnia, mas já não era bem-vindo na casa de Carolyn em San Francisco. A ferrovia o convocara ao trabalho, e ele se mudou para Watsonville, na região de Steinbeck, perto de Monterey, ponto final das linhas da Southern Pacific que serviam a região da baía de San Francisco. Lá ele passou a viver com Diana, que o seguiu, e Luanne, que conseguiu um emprego em Watsonville para ficar perto dele, como ele pedira.

Carolyn Cassady:

Ele foi para Nova York e conheceu Diana Hansen. Ele nunca mais ia me incomodar, ele disse, e estava realmente tentando mudar aquele padrão, achando que não havia esperança, então ele foi morar com ela, e ela o ajudou... tratou de tudo comigo, e disse-me que pedisse o divórcio, e eu falei: "Peça a Neal". Então ela escreveu uma carta, e ele assinou. Ela estava grávida, também. Ela e eu brigamos todo aquele ano e muitos mais. Tive Jamie enquanto isso, no período em que Neal estava fora. Todo o lance do divórcio foi muito estranho. Ele foi ao México para conseguir um mais rápido, já que o processo que iniciei levaria tempo demais, mas em vez disso comprou maconha. Diana nunca soube.

Ele voltou a San Francisco no verão seguinte, mas nunca dei entrada nos papéis finais, pensando que ele havia conseguido a separação no México.

LUANNE HENDERSON:

Mudei-me para a Costa Sul, em Watsonville, no outro extremo do trajeto de trem de Neal, sem Carolyn saber, mais uma vez, e consegui um emprego em um drive-in. Mas Neal era tão possessivo... ele passou uma noite parado em uma cabine telefônica me observando a noite toda. Ele ficava lá três noites por semana. Nunca sabia se ele viria. Não conhecia uma alma sequer naquele lugar, nem uma alma, e estava completamente sozinha naquela pensão em que tínhamos um quarto. E ele ficava me vigiando quase todo o tempo para saber com quem voltava para casa. Nunca ia para casa com ninguém, e ele ficava sempre desapontado.

Ele era capaz de cair fora e me abandonar a qualquer momento, não importava o relacionamento, e no entanto era tão possessivo que seria capaz de me sufocar. Mas aquilo só durou um mês, no máximo, e eu lhe disse que ele fazia papel de bobo me vigiando.

Disse-lhe que se ele não confiasse em mim, que eu não conseguiria viver daquele jeito. Nessa época eu já era um pouco mais velha, e Neal não estava acostumado que eu fosse independente ou expressasse meus próprios sentimentos, e acho que isso o deixou meio chocado. Foi realmente um choque para ele quando fui embora. Ele não achou que eu fosse capaz, mas eu consegui. E não foi um engano. Foi o melhor para ele e para mim, para Carolyn e os demais.

Carolyn Cassady:

Watsonville, essa é a outra ponta da linha do trem de carga, então em vez de viver em San Jose ou San Francisco ele se mudou para lá, para não me incomodar, e também desse modo Diana podia sair. Ele morou em San Francisco por um tempo em um quarto, e ela também iria para lá.

Ele foi para Watsonville para que Diana ficasse bem longe de mim, mas ela ainda assim insistiu em me ver, e eu lhe disse para cair fora, mas ela perdeu o avião, segundo disse, e apareceu de todo modo com todos aqueles presentinhos para as meninas, e ela estava com o filho dele.

Mas Neal achava que ela tinha embarcado no avião em Oakland. Então ela passou a noite em casa, e ele apareceu na minha porta às seis da manhã. Diana estava na cama do andar de cima, então eu apenas fiz um gesto e disse: "Adivinhe quem chegou". Claro que ele a mandou para Watsonville com uma de suas grandes histórias, mas aí ele foi pego com a boca na botija.

Devo admitir que senti pena dela naquela época. Ele subiu, falou com ela e realmente a botou para baixo. Ela estava bem acabada quando foi para o aeroporto.

E então, mais uma vez, eu o deixei ficar.

The Town and the City, assinado por John Kerouac, saiu em fevereiro de 1950 e suas resenhas foram, quando muito, simpáticas. A publicidade e muitas das notas de jornal mencionavam a dívida de Jack em relação a Thomas Wolfe, mas a perspectiva de Wolfe do romance picaresco já não era nova o suficiente para despertar entusiasmo. O efeito no pensamento de Jack foi provavelmente o de confirmar a busca por um novo modo de contar a próxima história, *On the Road*. Ele tinha certeza de que Giroux compraria o livro para a Harcourt & Brace, e que sua carreira continuaria, mas em direção diversa.

Jack planejou uma longa viagem naquele verão, que o levaria primeiro a Denver e seus amigos locais para celebrar a publicação de *The Town and the City*, e depois ao México, para onde ele iria com um velho amigo de Burroughs, Bill Garver. Neal também tinha planos de visitar o México. Seu motivo mais claro era o divórcio rápido de Carolyn, que lhe permitiria casar com Diana, ainda que por pouco tempo, para legitimar seu filho. Ele também queria comprar maconha.

Havia dois Kerouac em Denver naquele verão: "John", que colocou o terno da foto da sobrecapa para autografar cópias de seu romance na seção de livros da Denver Dry Goods Company, e o velho amigo de Neal, Jack.

A irmã de Ed White decidiu dar uma festa para o amigo de seu irmão, o romancista nova-iorquino em visita. Ela convidou seus conhecidos mais prósperos e ficou chocada quando Neal e um grupo de camaradas da Larimer Street invadiram o recinto.

Jack tinha um caso com Beverly Burford, que, com seu irmão, Bob, ficaria ao lado de Jack acompanhando-lhe os passos até a morte. Os Burford vinham de uma família abastada, e Bob era capaz de ver Kerouac, Neal e os demais com o distanciamento do patrono e do editor de pequenas revistas literárias que mais tarde ele se tornaria.

Como White, os Burford eram jovens muito bem-educados e bastante lidos que estavam impressionados, como era de esperar, pela realização de Jack em *The Town and the City*. Justin Brierly e seus amigos estavam entre os que visitaram a loja de departamentos quando Jack autografou exemplares de seu romance. Denver, tanto naquela época como hoje, era a maior cidade em muitas centenas de quilômetros e tinha alguma sofisticação, mas um romancista cuja publicidade pré-publicação o comparava a Thomas Wolfe era um prêmio social, e Jack, que estava mais do que sedutor em seu terno escuro, expôs à admiração geral seus modos sociais e as fofocas mais recentes sobre as pessoas importantes com quem se relacionara em Nova York naquela época.

Os amigos mais próximos de Jack na sociedade de Denver eram bem unidos, e Jack, Ed White e os Burford escolheram o Elitch Gardens, de Denver, um parque público deserto à noite, como lugar seguro para fumar maconha. (Eles eram boêmios a esse ponto.) "Elitchiar" tornou-se seu código particular para consumir a droga. Ed White era um grande amigo de Al Hinkle e não se sentiu desconfortável na companhia de Jim Holmes, mas para Bob Burford e Allan Temko, Neal era uma figura inaceitável.

Bob Burford:

Acho que Jack escolheu em Neal o herói errado. Havia um tratamento de personagem, e então ele o amplificou e extrapolou todas as proporções em relação à realidade.

Por exemplo, o salão de bilhar a que se refere era um salão de bilhar comum que você encontra pela rua. Não havia grandes sacanas, ou grandes trapaças. Não havia grandes armações. Eles simplesmente matavam tempo, jogavam para passar o tempo, por 25 centavos. Eles jogavam por um dólar. Mas Kerouac queria ver tudo isso como se fosse maior do que realmente era. Era assim que ele enxergava, e foi assim que escreveu a respeito, mas na verdade não era tão interessante.

Acho que havia muitas outras figuras sobre as quais escrever, e ele poderia ter desenvolvido realmente mais seus talentos se não tivesse ficado de bobeira por aí com Cassady. Cassady não era tão interessante.

Era difícil para mim dar atenção a Cassady quando o próprio Kerouac sugeria interesse. Cassady não parecia nada. Ali, Ginsberg parecia mais uma figura de fundo; ele permanecia mesmo à sombra. Ele era mais interessante do que Cassady. Allen manteve vivo o interesse de Kerouac em Neal por causa de seu próprio interesse em Neal.

Kerouac tinha de fato um imenso talento. Era só uma questão de saber onde colocá-lo. Kerouac sempre estava em uma situação desagradável. Você nunca o encontraria em uma festa em que você o veria se divertir de verdade a noite toda ou por muitas horas. Ele nunca estava se divertindo de verdade. Ele talvez tivesse bons momentos ouvindo música, sei lá, Charlie Parker ou algo do gênero. E deve ter conhecido alguns momentos de felicidade genuína: solidão, natureza, noites agradáveis, e escrevendo. Ele adorava escrever. Mas não era um sujeito feliz.

Jack via mais afinidades entre ele e Neal do que realmente havia, ele ampliou demais a grandeza das figuras de Kerouac e Cassady. Deve ser realmente divertido ler sobre eles em sua sala de estar e então fechar o livro e seguir sua vida, mas quem nos Estados Unidos ia querer estabelecer isso como algo para se fazer na vida? Ele estava envolvido naquilo, e ele só estava envolvido, não creio que gostasse.

Keroauc realmente desejava refazer as coisas. Se para uns existe a Geração Perdida; para ele existe "a Geração Beat". Era bacana. Acabou ficando. Era uma expressão sensacional, a Geração Beat. Antes dos beatniks ele dizia: "Essa é uma geração *esgotada* — uma geração *beat*". Ele de fato pensou que conseguiria se fazer tão grande quanto Thomas Wolfe, ou maior. Não acho que ele quisesse ser maior, queria ser apenas tão bom quanto.

A viagem de Jack ao México com Neal naquela primavera de 1950 ofereceu o episódio final de *On the Road*. Uma noite antes de eles viajarem houve uma festa de despedida no bar de um hotel decadente onde Neal e seu pai tinham morado. Brierly estava lá, Bill Tomson e sua esposa, Jim Holmes, Al Hinkle, Ed White e Bev Burford. Outro amigo de Denver, Frank Jeffries, acompanharia Jack e Neal à Cidade do México.

Chegando ao apartamento de Burroughs na Cidade do México, Jack foi acometido de disenteria. Antes de Jack se recuperar, Neal conseguiu (ou não) seu divórcio à mexicana e viajou para Nova York atrás de Diana no velho Ford que vinha dirigindo. A transmissão do carro quebrou, e Diana teve de lhe enviar dinheiro para que pegasse o avião da Louisiana. No dia em que chegou, eles se casaram, legitimando seu filho, e com mais dinheiro emprestado de sua nova esposa entrou em um ônibus para retornar a San Francisco e Carolyn, a mulher de quem acabara de se separar.

Burroughs, sempre um anfitrião reservado, estava imerso em seus estudos da cultura asteca e cercado como sempre de seus arsenais de drogas. A polícia mexicana não dava atenção à pistola que ele levava consigo para todos os lugares.

Jack recuperou-se lentamente da disenteria. Sua amizade com Neal parecia passar por um momento de suspensão e desgaste. O romance em que trabalhara ao longo de quatro anos havia sido publicado sem grande sucesso, com um terço de sua primeira tiragem encalhado. Jack começou a ter suas próprias experiências com morfina e a fazer uso pesado de maconha pela primeira vez.

Em outubro, mês que geralmente o convidava a voltar para casa e Mémère, Jack estava preocupado com a possibilidade de estar se tornando um viciado. Ele voltou para Gabrielle e para Nova York. Allen o convenceu de que não estava viciado.

A despeito da recepção mediana de *The Town and the City*, Jack jamais permitiu que sua percepção de si como escritor arrefecesse. A questão agora era transformar as experiências da estrada em um romance publicável, não obstante ele também precisasse de um trabalho que lhe pagasse as contas. Isto, ele encontrou nos escritórios da Twentieth Century-Fox em Nova York, onde passou a produzir sinopses de romances publicados e em via de publicação que tivessem algum interesse para o cinema.

Jack retomou sua correspondência com Neal, que estava em San Francisco com Carolyn e, por sugestão de Jack, Neal recomeçou a ler Proust. Ele tinha um novo brinquedo, um gravador de rolo, e propôs a Jack que comprasse um, para que pudessem trocar longas e profundas palavras por correio.

Allen seguia na psicanálise, convencido de que ela o curaria da homossexualidade. Uma das mulheres que Jack cortejava nessa época era uma garota bonita e de porte elegante chamada Joan Haverty. Ela era amante de um estudante de direito beberrão chamado Bill Cannastra, que Jack conhecera em seus tempos de festa em Manhattan. Cannastra abrira um buraco na parede de seu banheiro para espiar os convidados, ideia que não agradava a Jack.

Enquanto Jack estava doente no México, Cannastra morreu em um bizarro acidente. Certa noite, saindo de uma festa para outra, ele entrou em um vagão do metrô com outros amigos. Com o trem ainda parado na estação e interpretando uma história que contava, Cannastra pôs pela janela a cabeça e os ombros para fora da composição. O trem começou a andar.

Cannastra viu-se entalado na janela. Os outros tentaram puxá-lo de volta para dentro, mas o tecido de seu casaco lhes escapou das mãos. Tão logo o trem entrou no túnel, a cabeça de Cannastra foi esmagada e seu corpo arrancado para fora da janela.

Segundo alguns amigos o relacionamento de Joan Haverty com Cannastra era superficial, porém depois de sua morte ela permaneceu no apartamento que eles dividiram, tratando-o como um templo ao jovem. Era lá que Joan vivia quando Jack a encontrou naquele outono, e duas semanas mais tarde, em 18 de novembro de 1950, eles se casaram.

Allen, Lucien e Jack cantaram juntos, bêbados, no casamento, como se esperava de uma celebração, mas Ginsberg percebera na ocasião algo como uma nuvem de destruição pairando sobre a cerimônia.

Mais tarde Jack diria a um entrevistador: "Eu não gostava dela. Ela não gostava de nenhum de meus amigos. Meus amigos não gostavam dela. Mas ela era linda. Casei com ela porque ela era linda".

Seis meses depois eles estavam separados, e Jack retornaria a Gabrielle em Ozone Park.

Em fins de fevereiro de 1951, aos 28 anos e se aproximando dos 29, recém-saído do fracasso de seu segundo casamento, Jack sentou-se diante da máquina de escrever e inseriu a ponta de um rolo de papel de telex que Lucien lhe trouxera do escritório da agência de notícias onde trabalhava. Os pensamentos de Jack correram ao ano de 1945 e ao desfecho de seu primeiro casamento e de sua doença: "Encontrei Dean pela primeira vez não muito tempo depois de eu e minha esposa nos separarmos...".

John Clellon Holmes:

Ele queria se libertar e não queria uma pausa para nada, então resolveu escrever *On the Road* em um único e longo parágrafo de aproximadamente 120 mil palavras. Não tinha quebras, usava todos os nomes originais e tal. Ele jogou a coisa toda ali. Ele era capaz de dissociar sua mente de seus dedos, e assim seguiu o filme de sua cabeça.

Jack era um datilógrafo veloz. Uma vez ele disse: "Vamos escrever uma carta para Alan Harrington": Eu perguntei: "Como assim?". Ele disse: "Bom, você faz a primeira página, dita para mim, e eu bato à máquina, e depois eu faço o mesmo com você". E ele literalmente — e eu falava muito mais rápido do que estou falando agora — escreveu, na mesma velocidade em que falava. Eu tentei fazer o mesmo — sou rápido como datilógrafo, mas não muito preciso —, mas nem cheguei perto.

Ele escreveu *On the Road* na primavera de 1951 quando vivia com Joan em Chelsea. Eles se separaram a uma certa altura, e ele então foi morar com Lucien, ou mudou sua mesa para o apartamento de Lucien, e ficou ali datilografando tudo. Datilografar significava para Jack — na carreira de Jack — reescrever. Era assim que ele reescrevia.

Lembro-me de ir lá. Allan Temko estava lá, a namorada de Lucien na época, Liz Lerman era seu nome, estava lá. Lucien estava lá, e nós todos esperávamos para sair e fazer alguma coisa, e Jack tinha de terminar de datilografar um capítulo. Era meio-dia. Mais ou menos uma semana depois daquilo ele terminou e o levou para Giroux, Harcourt e Brace.

Quanto tempo depois eles o rejeitaram, isso eu não sei dizer. Mas não levou muito tempo. Talvez duas semanas. Ele nunca contou os detalhes. Apenas disse que Giroux o rejeitara e dissera que não era isso que eles queriam. Queriam mais um romance como *The Town and the City*.

Lá estava ele, depois de toda a dificuldade de escrever o livro, todos os começos abortados, que pensava ter alguma coisa. Então ele resolveu mandar para o Sabe-Tudo, e quando o Sabe-Tudo disse não, ele ficou tão irritado — e dava para ver que ele realmente estava irritado — quanto, o que acho o mais importante, confuso.

Li *On the Road*. Li o rolo, li — não consigo me lembrar com precisão, mas não foi mais do que uma semana depois de ele tê-lo terminado. Ele não tinha sequer lido. Ele levou--o para mim, e era como uma peça enorme de salame. E ele estava muito confuso e exausto quando terminou.

Era bem mais extenso do que o livro que hoje existe, mais ou menos um terço maior, e seguia, seguia, seguia. Levei um dia inteiro para lê-lo. Li-o como um papiro chinês. E era um único parágrafo! De 120 mil palavras, com os nomes inalterados. Costumávamos fazer isso na época.

Sabia que era bom. Sabia que era alguma coisa. Seu trabalho sempre transformava meus dias, sempre que eu lia alguma coisa dele. Sua incrível capacidade para sensações e seu dom de captá-las no ar, sabe-se lá como, transformavam minha maneira de compreender a realidade sempre que lia seus escritos.

Levei-o para a minha agência, a MCA, que leu e gostou, mas também estava meio exigente demais em relação a ele, embora o tenha aceitado, e eles finalmente — Phyllis Jackson — enviaram o livro para a Viking, e a Viking disse talvez. E esse talvez durou um tempo terrivelmente longo. Enquanto isso, Jack deixou a cidade e tornou-se um andarilho. Trabalhou na ferrovia e tal, e começou a escrever todos aqueles livros pelos quais é conhecido e amado.

Quando ele terminou *Visions of Cody*, e mesmo *Doctor Sax* — *Doctor Sax* saiu primeiro — pensei, cara, ninguém vai publicar esse negócio. Era brilhante. Era jovem. Era algo absolutamente novo e único e importante, mas *ninguém* ia publicar. Nunca vou me esquecer daquela tarde. Estava nevando. Vivia na 48th no quinto andar de um antigo edifício de apartamentos alugados, e li a porra daquele livro inteiro, *Visions of Cody*. E eu estava mal, não por causa do livro, mas porque sabia que ele não ia conseguir nada com o livro. Não ia conseguir levá-lo adiante. Na minha cabeça, ninguém além de mim, Allen e uns outros poucos ia lê-lo. Pensei: "Meu Deus, Jack! Por que você não escreve alguma coisa que possa ser publicada para que as pessoas entendam o seu lance?". Na minha babaquice pensava que ele estava sendo perverso. Não conseguia me decidir. Ainda não consigo. Naquela época, na década de 1950, o que me parecia mais importante era que alguém pudesse entendê-lo. Não entenderam até hoje.

Giroux não deu ouvidos à justificativa de Jack para suas inovações e mostrou-se chocado com a forma de *On the Road*, um parágrafo em espaço simples com mais de trinta metros de comprimento. Se um amigo como Giroux recuou só de olhar para a coisa, quem poderia lê-la e publicá-la?

Jack concorreu a uma bolsa da Guggenheim Foundation naquela primavera, que não lhe foi concedida. Desempregado quando o verão chegou, juntou-se a Gabrielle no que se tornaria uma peregrinação regular à casa de Nin em Rocky Mount. Também lá Jack não encontrou um emprego, mas, para o marido de sua irmã e amigos, ele era um romancista publicado trabalhando em seu próximo livro.

Naquele verão, seu trabalho foi um conto longo publicado postumamente como a novela *Pic*. A palavra "Pic" poderia ser lida como abreviação de "picaresco" ou "*pickaninny*",[6] mas era o apelido de um garoto negro batizado Pictorial Review Jackson. Ele vive no sul e sonha em cair na estrada com seu irmão mais velho, o mais desordeiro Slim, para viver aventuras na Costa Oeste. Há muitos diálogos em um dialeto negro mal manipulado, e o resultado é uma versão branca constrangedora de *Not Without Laughter*, de Langston Hughes. No final, os dois irmãos negros estão à beira da estrada com o dedão erguido. Dois viajantes mais velhos chamados Dean Moriarty e Sal Paradise lhes

6. Termo ofensivo para criança negra. (N.T.)

dão uma carona. Bem no fim da vida, quando as palavras lhe faltavam, Kerouac recobrou *Pic* para enviá-lo à avaliação da Grove Press e mudou o final a pedido de Gabrielle, removendo a cena com Dean e Sal.

Naquele outubro Jack encontrou-se uma tarde com Ed White para um jantar em um restaurante chinês nas imediações de Columbia. Em uma carta a White bem depois do ocorrido, Jack lhe agradeceu por sugerir-lhe a nova forma que Kerouac chamava "*sketching*".

White fora desde sempre um bom leitor e um crítico útil do trabalho de Kerouac. Um ano antes, durante a visita de Jack a Denver, em 1950, ele havia lido o esboço do que era então *On the Road*, uma versão já muito revisada da narrativa convencional, iniciada em 1948.

"Tinha um estilo completamente diferente, um tipo de introdução bastante ornamentada", recorda White. "Era narrada por um menino engraxate. Era uma prosa meio melvilliana, bastante pesada."

Na noite do importante jantar chinês Jack completara a versão em rolo de telex de *On the Road*, que continha breves passagens de descrição impressionista, como *The Town and the City*. "*Sketching*" — ou "esboçar" — não era um método de todo novo para Jack, mas uma intensificação de características que haviam estado em evidência em todos os seus escritos, inclusive em *The Sea Is My Brother*.

Ed White:

Acho que eu andava usando um bloco de esboços na época, em 1951, e apenas sugeri que ele fizesse o mesmo com suas notas. Acho que ele pensou sobre aquilo. Não acho que tenha falado muito sobre aquilo, mas foi ali que ele começou a andar com seus caderninhos por todo canto, enchendo-os. E produzia a uma velocidade maior do que todos nós. Ele aparecia com seu caderninho às vezes no começo da noite, depois de passar o dia todo no centro da cidade — na biblioteca, em meu apartamento ou onde quer que calhasse de estarmos naqueles tempos; e ele lia em voz alta trechos do que estivesse escrevendo. Nós geralmente acabávamos tomando cerveja ou saindo ou escutando música.

Os caderninhos traziam material bruto de dois tipos: detalhes diários, como as notas de um repórter, sobre os acontecimentos imediatos, e uma recuperação interminável na memória de todos os acontecimentos de sua vida, alcançando as mais longínquas recordações da infância em Lowell.

No ano seguinte, 1952, Jack adotou a forma do esboço para registrar seus sonhos. Uma seleção dessas notas, publicadas em 1961 como *Book of Dreams*, mostrava a profundidade das forças psicológicas que alimentavam sua prosa iniciada depois de a técnica do *sketching* lhe abrir uma possibilidade de escavação de materiais. Mas esses sonhos, que na verdade misturavam sonhos com recordação pura e simples, são apresentados como um paciente poderia levá-los à análise, sem nenhuma interpretação teórica.

Em uma significativa entrada no diário de sonhos a polícia sai em busca de Jack por ser um exibicionista, e ele corre dela sem calças. Sua procura por algo que o possa cobrir o leva a um quarto repleto de seus manuscritos e poemas, todos eles constrangedoramente reveladores. O sonho faz com que se sinta "um idiota culpado feito um carneirinho produzindo manuscritos impublicáveis e passíveis de rejeição".

Em outro sonho Leo surge dos mortos para perambular diariamente pelas ruas de Lowell em busca de trabalho, mas seu fantasma nunca volta para Jack e Mémère, que o esperam à noite em casa.

Em fins de 1951, valendo-se da nova técnica, Jack começou a expandir suas primeiras notas sobre Neal, as que não haviam sido utilizadas na primeira versão de *On the Road*, para o posterior *Visions of Neal*.

Henri Cru escreveu da Califórnia com outra promessa de trabalho na marinha mercante, mas, como antes, quando Jack chegou à cidade o emprego já não existia. A viagem deu a Jack a oportunidade de continuar a escrever sobre Neal com o modelo diante de si.

"Você vai escrever mais um livro, não é?", Neal escrevera, referindo-se ao ainda embrionário *On the Road*. "Estou tentando escrever um, certo? Você me adora, não adora? Eu te adoro, não te adoro? Se nós somos tão bons, então pense na diversão dos historiadores do futuro que estiverem escavando a segunda metade de 1951 quando K vivia com C, quase como Gauguin e Van Gogh, ou Neitche [sic] e Wagner, e qualquer outro..."

Neal, como chefe da casa, ofereceu a Jack o sótão da casa alugada dos Cassady em Nob Hill. Essa visita ofereceu o primeiro contato mais longo de Jack com Carolyn. Com o consentimento e a vontade implícita de Neal, os dois se tornaram amantes.

As coisas ficaram mais pesadas na noite de aniversário de 26 anos de Neal, em 8 de fevereiro de 1952, que deveria ser um tranquilo jantar em casa para os três. Jack não aparecia, e tarde da noite, depois de Carolyn e Neal irem para a cama e transar, Jack telefonou "da delegacia", como Neal disse a Carolyn. Cassady se vestiu e saiu. Horas se passaram, e ninguém voltava.

Finalmente, depois do amanhecer, Jack e Neal reapareceram, bêbados, e Jack trazia consigo uma prostituta que levou para seu quarto no sótão. Carolyn ficou possessa. Mais tarde Jack acrescentou à cópia dos Cassady de *The Town and the City* uma inscrição e a deixou na penteadeira de Carolyn. Carolyn lera o primeiro romance de Jack, mas evitava o manuscrito de *On the Road* pois sabia que continha coisas sobre Neal e Luanne que a irritariam.

CAROLYN CASSADY:

A dedicatória dizia: "A Carolyn, felicidades para você e sua família maravilhosa, incluindo aquele sujeito, qual é o nome dele?, o velho Neal. Com amor a todos, Jack Kerouac. 19 de dezembro de 1951". Então logo abaixo ele escreveu aquelas desculpas: "Com as mais sinceras desculpas pelo papelão, o estúpido e trágico sábado do aniversário de Neal, tudo porque fiquei bêbado. Por favor, perdoe-me, Carolyn, isso nunca mais vai se repetir".

Bom, realmente não aconteceu de novo. Não daquela forma.

Evitei *On the Road*, ou disse-lhe que realmente não queria lê-lo inteiro, pois ainda era muito sensível em relação a todas aquelas revelações, não queria saber nada a respeito, porque aquilo me deixaria louca com Neal. Simplesmente disse que não queria saber daquela viagem. Quando finalmente encontrei tempo para lê-lo, foi um choque atrás do outro, mas ali já não me importava. Aquele lance com Diana eu conhecia bem, pois eu e ela havíamos mantido estreita correspondência. As passagens sobre Jack à espera em rodoviárias e aquele tipo de coisa, isso ele lera para nós, e tudo era maravilhoso.

Como as gravações de *Visions of Cody* mostram, eles sentavam-se noite após noite e queriam contar um ao outro histórias de seu passado e qualquer tipo de caso de que pudessem se lembrar e chegar a todos os detalhes da vida um do outro e a todas as teorias sobre tudo. Não acho que Jack tivesse alguma ideia na época de que as usaria *ipsis litteris*. Acho que era mais a coisa da amizade, de estarem juntos e passarem a vida a limpo e compreenderem tudo.

A escrita não era uma saída para Neal como era para Jack. Para Neal era trabalho duro. Ele escrevia mais quando cuidava das crianças. Sempre tive para mim que era uma disciplina forçada, e que ele preferia perambular pelas ruas do Little Harlem. Ele tinha de ficar em casa, e isso o ajudava, mas, como a maioria de suas cartas mostra, ele ficava enlouquecido, e era por isso que queria Jack por perto todo o tempo.

Em 1951, Burroughs, Joan e as crianças se mudaram para a Cidade do México. Ali as prescrições de morfina eram mais fáceis de ser obtidas, e Joan poderia comprar sua dexedrina no balcão em vez de engolir as bolinhas de algodão embebidas na droga, que ela tirava dos inaladores.

Na primavera de 1952, Bill matou Joan brincando de Guilherme Tell em uma festa na Cidade do México. Foi ela quem colocou a taça de champanhe na cabeça e insistiu para que atirasse, porém, mesmo a curta distância, ele errou o alvo, e a bala atravessou-lhe a cabeça. Com a ajuda de um advogado mexicano, Bill escapou da acusação; a morte de Joan foi declarada acidental.

Aos 35 anos, Burroughs começou a escrever. Ele enviou *Junky*, sua crônica de Huncke, do Marinheiro e dos primeiros dias de seu vício, para Allen capítulo por capítulo.

Allen, por sua vez, enviou-os a Carl Solomon, um poeta que conhecera quando ambos eram pacientes no Instituto Psiquiátrico do Hospital Presbiteriano de Columbia. Um dos mais celebrados gestos de Solomon durante esse período foi o incidente em que ele jogou salada de batata em Wallace Markfield enquanto o crítico palestrava sobre Mallarmé. Mais tarde ele se tornou vendedor de sorvete na frente do prédio das Nações Unidas e depois autor e livreiro, mas em 1952 ele trabalhava como editor para seu tio, A. A. Wyn, o editor-chefe da Ace Books. Solomon convenceu seu tio de que, com cortes adequados e uma introdução "médica" distanciada, *Junky* era um livro publicável. Wyn comprou os direitos do livro em abril daquele ano por mil dólares.

Em maio os Cassady estavam alimentando planos de se mudar para San Jose, aos pés da baía de San Francisco.

Jack não se sentia confortável com os sinais de conflito de Neal acerca do triângulo amoroso em que viviam. Ele deixou os Cassady e seguiu para a Cidade do México, onde Burroughs iniciara *Queer*, um livro confessional sobre sua homossexualidade, pensado como sequência de *Junky*. Em poucos meses Burroughs viajaria para o Marrocos e, depois, para a América do Sul para procurar uma droga que o fascinava, a ayahuasca.

No México, Jack retomou suas anotações para um "romance sobre crianças e o mal" e compôs *The Shadows of Doctor Sax*, posteriormente publicado como *Doctor Sax*. Burroughs ainda estava envolvido com os estudos da cultura asteca na época, especialmente interessado nos métodos de terror psicológico usados por sacerdotes para manter o controle sobre a população. A viagem foi a primeira real exposição de Jack à arte, à história e ao folclore mexicanos; durante a visita de 1950 ele estivera adoentado demais para prestar atenção em qualquer coisa. O folclore tolteca diz que o local da construção da Cidade do México foi indicado aos seus fundadores por uma águia com uma serpente no bico, e essa foi a imagem que Jack tomou de empréstimo para o fim de sua visão apocalíptica do ataque da serpente-mundo no final de *Doctor Sax*. Enquanto a serpente surge da colina onde permaneceu adormecida por séculos, as nuvens da tempestade sobre Lowell ganham as formas de uma águia gigante, que captura e subjuga a serpente antes de ambas desaparecerem à luz da manhã.

Quando Burroughs deixou a Cidade do México e foi para Tânger, no verão de 1952, Jack retornou a Rocky Mount, mas não se sentiu confortável lá. Em *Book of Dreams* ele se descreve como "um Major Hoople [personagem de HQ] mais magro e mais jovem que realmente teve de início um gostinho do sucesso, mas então o perdeu e retornou para casa para viver à custa de sua mãe e de sua irmã e, no entanto, permanece 'escrevendo' e agindo como um 'autor'".

Neal pediu-lhe que retornasse à Califórnia e Jack retornou, mas os Cassady e Kerouac não eram capazes de recobrar o equilíbrio delicado de seu relacionamento a três, e assim Jack foi para um hotel barato.

Aquele outubro de 1952, em especial, marcou a realização de um antigo sonho de Jack que surgira na varanda da casa de Mary Carney em Lowell: seu desejo de trabalhar em uma ferrovia, como o pai de Mary. Neal estava trabalhando em período integral na Southern Pacific, e, com sua ajuda e a de Al Hinkle, Jack foi contratado como guarda-freios.

A prosa que resultou da experiência é uma das mais emocionantes peças de Kerouac, "October in the Railroad Earth", um ensaio impressionista que capta a imagem e os sentimentos da vida na ferrovia e no tijolo vermelho das fachadas decadentes de San Francisco.

AL HINKLE:

Jack foi um guarda-freios ruim. Neal era um guarda-freios natural, um bom guarda-freios. E um bom manobreiro. Na verdade ele era capaz de dizer pela quantidade de fumaça produzida por uma composição quão rápido ela vinha, e podia enviar os sinais mesmo sem olhar, quando queria que ela parasse. Mas Jack, penso eu, tinha medo. Ele tinha medo das rodas. Tinha medo de entrar e sair. Neal entrava e saía a trinta quilômetros por hora, para ele era indiferente.

Por ter um certo medo, Jack ficava longe de todo tipo de trabalho que exigisse experiência e conhecimento, em vez de tentar descobrir do que se tratava e aprender.

Na verdade, o que ele queria era pegar aquelas composições de carga, das que faziam as viagens longas, e ir até Watsonville, descer e ir à loja de conveniência comprar vinho e umas bolachas, ou sopa enlatada, e ir para as aglomerações noturnas dos trabalhadores sem-teto, e dormir debaixo da ponte do rio Pajaro e então voltar para o trabalho.

Mas Jack gostava de dinheiro. Ele não gostava de descontar cheques, mas juntava cinco ou seis e então trocava por cheques de viagem. Jack gostava mesmo era de transformar tudo em cheques de viagem e ir para o México e escrever um livro.

Consegui um emprego na ferrovia também para Allen, quando logo depois ele foi para San Francisco. Eles não contratariam Allen como guarda-freios naquela época, pois não contratariam nenhum judeu para aquela função. Naquele tempo havia, no sindicato, uma cláusula que dizia que você precisava ser branco — e isso não incluía os judeus. Consegui para Allen um emprego de escritório, o que vocês chamariam de inspetor de vagão de carga, e isso era ao sul de San Francisco, à noite. Acho que ele durou uma semana ou dez dias, levantou umas cinquenta ou sessenta pratas, que era o que ele queria mesmo. Contar os carros, anotar seus números e os trilhos em que estavam e fazer a lista de manobras para os manobreiros, para que eles os levassem para as indústrias ou, se estivessem vazios, para o pátio.

Jack não era tão ruim. Tivemos muitos guarda-freios ruins. Em comparação com Neal, que era muito bom, e comigo, que estou entre os melhores no que se refere a saber como fazer o trabalho bem, rápido e em segurança. Neal e eu trabalhamos juntos umas duas ou três vezes; a mesma coisa com Jack. Mas como naquela época nós éramos quase sempre substitutos, apenas preenchendo vagas temporárias, não trabalhamos juntos tantas vezes. Mas topamos um com o outro em diferentes equipes em Watsonville e fizemos alguns trabalhos ali. Boa parte do bom trabalho a gente faz depois que o trabalho acaba, quando sentamos e conversamos.

Mais tarde Jack trabalhou como manobreiro em Nova York em uma daquelas linhas que levam composições de carga e as colocam nas balsas que as levam para Nova Jersey. Você retorna para a costa de Nova York, o motor é desligado e a carga é tirada das balsas e depositada em diferentes docas. Jack escreveu-me sobre isso, dizendo que havia superado seu medo e era capaz de fazer o trabalho.

O condutor mais durão que tínhamos na Southern Pacific era um sujeito de nome Ponteau, que também era franco-canadense e também falava francês. Esse condutor era muito experiente. Trabalhei com ele por uns quatro ou cinco meses como seu guarda-freios traseiro em uma equipe de manobra, e eu ficava parado atrás do último vagão enquanto ele ficava sentado na linha principal sinalizando, sentado em sua mesa, e olhava para o relógio e dizia: "Essa equipe está vinte segundos atrasada para voltar para o trabalho que tem a fazer". Então ele começava a andar por ali para ver se havia alguma chave solta.

Ele foi o condutor para quem Jack trabalhou em sua última viagem. Jack o pegou no pior dia possível, um sábado, pois no sábado ele queria que você fizesse um trabalho de oito horas em duas e meia, então era um horror. Você era pago pelo dia inteiro, eram oito horas de trabalho pagas, mas era sábado, o começo de seu fim de semana.

Então, digamos, às oito horas da manhã o trem parte de San Jose, mas Ponteau estaria por ali às 7h45 esperando que todos estivessem prontos. Se o pessoal do escritório não tivesse as notas prontas, ele ficava ali berrando. Se os manobreiros não estivessem com o trem pronto, e pronto mesmo, ele ia ao alto-falante ou corria pelas escadas até a torre. E se o guarda-freios chegasse cinco minutos atrasado ele provavelmente o deixaria lá, porque partia às oito em ponto.

Bom, Jack chegou na hora, graças a Deus, e o lance com Ponteau em um sábado é que você precisava estar em movimento constante. Você precisava se mexer.

Jack não só não era capaz de se mexer daquele jeito como não sabia o que *fazer*. Era preciso partir com um último vagão e uma locomotiva, mais uns sete ou oito carros, então correríamos através de Campbell em direção a Los Gatos, deixaríamos uns carros por lá, pegaríamos outros e então seguiríamos para a Permanente, uma fábrica de cimento, manobraríamos lá e então descíamos para a California Avenue e manobrávamos lá, na fábrica de enlatados, nos livrávamos de outros carros e então íamos direto para casa.

O francês enlouqueceu, pois Kerouac fazia merda atrás de merda. Que custaram um minuto aqui, dois minutos lá. Ele não desligava a locomotiva até que esta chegasse a seu destino. Ele devia saltar enquanto a locomotiva estava em movimento e esperar os dois carros da sequência. Se você precisa desengatar dois carros, por exemplo, quando a locomotiva desacelera a trinta por hora você salta, e tão logo ela para lá estão os dois carros. No minuto em que ela para, ou talvez um pouco antes, quando ainda se move a dez ou quinze por hora, você se aproxima, destrava, puxa o pino do engate — pois um bom maquinista vai manter os carros juntos de tal modo que você conseguirá puxá-lo —, dá o sinal de velocidade e sobe, de modo que a locomotiva não precisa realmente parar. Você desengata e segue. Era isso que Ponteau queria que fosse feito no sábado.

Você não para a locomotiva, salta, caminha dois carros, destrava o pino e dá o sinal ao maquinista. Você faz desse jeito quando quer matar o tempo e conseguir horas extras, mas esse era o único jeito de Jack conseguir fazer o serviço, e ele ainda teria de olhar sua lista para se certificar de que era o carro certo. Ele verificaria a lista e checaria o número do carro. Você devia ter o número guardado de cabeça.

Ponteau acabou com ele. Acho que Jack cairia fora em uma semana ou cinco dias, não ia demorar mesmo, mas aquilo foi a gota d'água. Ele não foi mais ao trabalho. Disse que cairia fora e falou comigo antes, e pensou que se daria bem com Ponteau. Ele era franco-canadense também. Pelo menos esses dois *canucks* poderiam conversar em francês, mas Ponteau não estava interessado em outra coisa no sábado além de encerrar o expediente.

Depois do outono na ferrovia Jack ficou por um breve período na casa de Neal e Carolyn, mas os três brigaram e, assim, Jack retornou para Nova York. Estava claro que ele não era um romancista conhecido, que *The Town and the City* não lhe havia garantido a publicação de outros trabalhos ou mesmo uma recepção simpática das maiores editoras. Mas "The Railroad Earth" era um ótimo trabalho de prosa, cujos méritos deviam ser óbvios para seu autor, e o trabalho na ferrovia lhe havia oferecido outro meio de pagar pela liberdade de viajar e continuar escrevendo. Gabrielle estava bem o suficiente para tomar conta de si mesma, e em caso de dificuldade Jack poderia requisitar ao estado de Nova York seu auxílio por invalidez sob a premissa — e ela era adequada — de que sua flebite não lhe permitia que trabalhasse sem colocar sua saúde em risco.

Animado por seu sucesso ao vender o primeiro manuscrito de Burroughs a A. A. Wyn, Allen tornara-se defensor ativo e promotor da reputação de seus amigos. John Clellon Holmes terminou seu romance sobre a cena nova-iorquina de fins dos anos 1940 e o deu a Allen, que em troca o confiou à Ace Books. Solomon o rejeitou, mas a Scribner — a editora de Thomas Wolfe — o aceitou. A edição da Scribner limitava-se a 2.500 cópias, mas *Go* — título que Jack sugeriu a Holmes — seria mais tarde selecionado para a edição econômica, o que lhe renderia 20 mil dólares. O sucesso de Holmes machucou Jack, pois *On the Road,* povoado de muitas das mesmas personagens e algumas das mesmas situações, não havia sido publicado. Ambos sabiam que o livro de Jack era melhor. Holmes mais tarde diria que *Go* era "quase a verdade literal, às vezes literal demais para ser poeticamente verdadeira, a única verdade que importa à literatura".

Kerouac vinha acompanhando o progresso de Holmes em *Go* desde que seu amigo havia iniciado o livro a sério, em 1949. Ele encorajou Holmes e diante dele nunca expressou seus sentimentos.

John Clellon Holmes:

Jack leu capítulo a capítulo enquanto eu escrevia e, é claro, quando comecei a escrever sobre as visões de Allen, conversei com ele sobre elas uma semana antes, escrevi-as — tentei escrevê-las —, entreguei-lhe o resultado, e ele disse: "Bem, é quase isso".

A maioria dos comentários de Jack foi tremendamente útil, mas eram técnicos. Ele nunca disse: "Ah, mas não foi assim que aconteceu". Ele dizia: "Por que você não pula daqui para lá e corta aquilo?". Jack tinha um incrível senso estético. Ele era capaz de dizer-lhe quando estava ruim, quando estava forçado, quando estava inchado. A maioria dos conselhos era como esses. Foi maravilhosamente valioso.

Ele ficou ofendido quando cheguei àquela parte do livro em que eu o coloquei transando com a minha mulher, pois ele não transou. Aquilo era eu mesmo produzindo uma intervenção, tentando ser um romancista, para explicar minha sacanagem com outra pessoa. Jack ficou meio chateado com aquilo, mas nunca houve nenhuma conversa em relação àquilo. Ele não gostou do brilho do sangue lhe marcando o rosto.

Seis semanas depois de terminar *Go*, o romance foi aceito pela Scribner. Jack estava na Costa Oeste. Não vou me esquecer daquele dia. Acho que é um dia que não se esquece. Estava trabalhando em um lugar no centro de Nova York com Allen Ginsberg. Chamava-se NORC, National Opinion Research Corporation. Allen trabalhava ali havia mais tempo do que eu, e ele era meu chefe naquela pesquisa em especial. O telefone tocou para mim por volta das onze da manhã. Atendi, e meu agente disse: "A Scribner aceitou seu livro". Havia 25 pessoas na sala e eu estava, claro, feliz — embora meu casamento estivesse arruinado, eu estava realmente mais preocupado com meus problemas pessoais — e disse a Allen: "Vamos almoçar juntos. Meu livro foi aceito".

Quando chegou a hora do intervalo, por volta do meio-dia, descemos por aquele elevador barulhento, e eu disse: "Precisamos mandar um telegrama para o Jack. Uau!". "Claro", ele disse, "é isso que nós vamos fazer." E assim o fizemos. Enviamos a Jack um telegrama simplesmente dizendo que o livro havia sido aceito. Então Allen e eu saímos e tomamos uns drinques e comemos alguma coisa.

Jack, na Costa Oeste, mais tarde ficou bastante magoado por *On the Road* ter sido rejeitado enquanto meu livro fora aceito. E, claro, quando fechei aquele belo negócio com a edição econômica, ele ficou puto comigo. Não exatamente puto comigo, mas puto por eu ter talvez estourado do jeito que ele queria ter estourado.

E, no fim das contas, tudo isso era bobagem.

Estava vivendo em um apartamento sem calefação na 48th Street com a 2th Avenue, e Jack voltou. Allen foi à minha casa. Ficamos esperando Jack, que estava acabando de chegar da estrada, cara, e então liguei meu gravador e nós gravamos os primeiros dez minutos de nosso reencontro, nós três.

A essa altura ele estava bem tranquilo. Nada como a estrada para esfregar toda a sujeira de sua alma. Ele já não tinha por mim nenhum ressentimento. Estava apenas chateado pelo fato de ele estar comendo merda e de repente Deus sorrir para mim.

Eu havia saído da casa de minha esposa. Eu a estava sustentando, mas tive de me mudar para outro lugar, aquele apartamento sem calefação. Quando Jack retornou, as coisas rolaram como sempre rolaram. Foi diferente porque minha situação era diferente, mas ele costumava dormir na minha casa do mesmo jeito. Eu estava escrevendo o que seria meu segundo romance, que até hoje não foi publicado, e produzindo artigos — aquele primeiro artigo sobre a Geração Beat e todo o resto.

ALLEN GINSBERG:

... Kerouac deu força a Holmes para que desenvolvesse certo estilo intelectual de mitologia sobre Neal, sobre mim e ele próprio. E então Kerouac ficou irritado quando Holmes se apropriou daquilo para um romance e mais tarde sentiu que Holmes havia roubado algumas de suas ideias, ou usado ideias suas sem lhe dar o devido crédito. Isso deixou Holmes bem irritado e talvez até intimidado. Em outra ocasião Jack fez o mesmo comigo. Ele me acusou de roubar coisas dele que pensei serem algum tipo de propriedade mitológica comum.

A origem da expressão "Geração Beat" é nebulosa. Jack e seus amigos tomaram a palavra "*beat*" de Huncke, mas no universo das drogas a palavra tem um sentido específico: enganado, roubado ou emocional e fisicamente esgotado. Em um "*beat deal*", um usuário de drogas compra heroína e leva para casa uma trouxinha de açúcar. Holmes e Kerouac usam "Geração Beat" de forma casual em *Go* e *On the Road*, e foi Gilbert Millstein, o jornalista literário do *New York Times*, que notou a expressão em um exemplar de divulgação do romance de Holmes e ficou intrigado com ela. Já havia se passado trinta anos desde a emergência de uma geração literária norte-americana madura, a Geração Perdida.

John Clellon Holmes:

O artigo sobre a Geração Beat surgiu como um golpe de sorte em outubro de 1952. Gil Millstein resenhara *Go* para o *Times* — a resenha não havia sido publicada ainda — e ele me chamou e perguntou: "Que negócio é esse de uma 'Geração Beat'? O que é isso? Chega aí e vamos conversar a respeito." Então fui até lá.

A Scribner não fazia nada pelo livro. Primeiro romance, quem liga? Então entendi que deveria fazer o que estivesse a meu alcance.

Fui até lá e conversei com Millstein, que era um tipo de jornalista muito inteligente e interessante e arguto, o tipo de sujeito que eu respeito. Ele perguntou: "O que é isso?". E eu respondi: "Bom, não sei ainda". "Beleza, o que você acha de escrever alguma coisa para a seção de domingo?" E eu disse: "Posso tentar". Então voltei para casa e em dois dias escrevi "This Is the Beat Generation" [Essa é a Geração Beat] e enviei. Realmente não sabia o que era, então levei dois dias para pensar no assunto e escrevi — não era um texto muito longo — tentando chegar a uma definição. Hoje em dia parece meio bobo para mim.

"This Is the Beat Generation" era o título. Entreguei-lhes, e eles gostaram. Precisei cortá-lo. Tinha coisas sobre clubes de moças não virgens e todo o lance sexual que eles não iam engolir. Fui questionado. Eles me chamaram e disseram: "Nós adoramos seu artigo. Está ótimo. Vai ser impresso, mas...".

Eles me levaram para ver Louis Bergman, que estava à frente da seção da revista de domingo, e Gil disse: "Olha só, ele não vai deixar barato essa parte dos clubes de moças não virgens". Naquela época havia no Meio-Oeste um negócio chamado clube da não virgem. Rapazes formavam grupos para deflorar mocinhas, e as mocinhas iam a esses grupos para serem defloradas. Mencionei isso como um exemplo da mudança de costumes. Aquilo teve de sair.

Eles publicaram o artigo, e foi um grande sucesso.

"This Is the Beat Generation" vai bem além do pequeno círculo de intelectuais nova-iorquinos e frequentadores de festas retratados em *Go*. A visão de Holmes da Geração Beat inclui veteranos da Guerra da Coreia que desaparecem em grandes corporações, pois sua crença na sobrevivência do pequeno negócio foi destruída, e adolescentes presos por fumar maconha ousando questionar se a droga é realmente ruim. Ele vê seus rostos plenos de inocência.

Um dos exemplos de Holmes é um mecânico amante do jazz com elementos da personalidade de Neal: "... [O] niilista sorridente, rasgando a estrada a 150 por hora e dirigindo com os pés, não é Harry Crosby, o poeta da Geração Perdida que planejava um dia voar com seu avião de encontro ao sol pois não era capaz de aceitar o mundo moderno. Pelo contrário, o sujeito que gosta de carros envenenados convida a morte apenas para sacaneá-la".

Em sua comparação histórica, Holmes retomou suas primeiras discussões literárias com Jack: "Dostoiévski escreveu no início dos anos 1880 que a 'jovem Rússia não fala de outra coisa hoje em dia além de questões eternas'. Com as devidas mudanças, uma coisa muito semelhante a essa está acontecendo nos Estados Unidos, de uma forma norte-americana".

A imagem popular da Geração Beat que se convencionou só surgiria dali a quatro anos. Ela seria desenhada a partir dos relatos da situação pessoal de Jack e de seus amigos quando *On the Road* fosse finalmente publicado, trazendo a expressão de volta ao uso, a partir da expressão "beatnik", cunhada como insulto bem-humorado em San Francisco pelo colunista de fofocas Herb Caen. Para os que precisavam de rótulos, Holmes produzira um.

Logo depois de o artigo de Holmes aparecer, Allen realizou um grande avanço pessoal. Um psiquiatra disse a Ginsberg que ele lhe parecia tão saudável quanto o próprio médico, e Allen aceitou aquilo como um fato. Sua poesia começou então a se orientar a uma nova direção, às "questões eternas" tomadas de uma perspectiva revolucionária. Ele estava trabalhando em "Howl" [Uivo], um berro a plenos pulmões em nome das "melhores mentes de minha geração" destruídas por uma sociedade repressiva à qual ele acreditava ser loucura se render ou se aliar.

Para Allen o lamento desbragado de "Howl" era um novo estilo, uma mudança em termos de estratégia literária equivalente ao esboço de um só fôlego de *On the Road* produzido por Jack. Ginsberg deixava para trás a escansão formal do século XIX e as construções rimadas que tomara emprestadas de modelos como Yeats. A rapsódia era a força motora agora, e seu catálogo de horrores modernos foi dedicado a seu antigo colega de clínica psiquiátrica, Carl Solomon.

A partir de Solomon e seu tio, A. A. Wyn, Allen conseguiu para Jack a possibilidade de enviar-lhes três livros, mas quando Kerouac lhes mostrou *On the Road* e *Visions of Neal*, os livros foram rejeitados. É provável que Solomon visse com clareza seu valor literário, mas a Ace Books não era uma casa literária. Ela produzia livros de formato econômico para serem vendidos a preços baixíssimos em farmácias e rodoviárias. Mais tarde, *On the Road* seria vendido exatamente nos mesmos lugares, mas em 1953 ainda era cedo demais.

Naquela primavera Jack começou outro livro, o qual ele esperava que Solomon e Wyn aprovassem, um romance que tematizava o fim de sua adolescência com Mary Carney no centro, *Springtime Mary*, também conhecido como *Springtime Sixteen*. Como outros livros transcorridos em Lowell, esse romance tem brilho e clareza especiais. Scotty, G. J. e todos os outros meninos estão presentes, e o relacionamento de Jack com Mary Carney é apresentado com ternura e profundidade, mas Jack apresenta-se no controle de seus sentimentos e consegue sugerir de que modo seu intelecto e ambições o separaram da garota que amava no colegial.

O livro também tinha um lugar específico no esquema mais amplo de Jack, *The Duluoz Legend* — entre *Doctor Sax* e *Vanity of Duluoz*. Cinco anos depois de as evidências documentais mostrarem que a ideia de "um livro de muitos livros" crescia na cabeça de Jack, ele trabalhava nele. *Springtime Mary* cobria mais ou menos o mesmo período de tempo de que Jack tratara em *The Town and the City*, mas ele escrevia sobre aqueles anos em um novo estilo, que permaneceu sem o lastro de uma publicação ou aceitação. Em *The Town and the City* o caso irrealizado de Francis com "Mary Gilhooley" fora um breve episódio utilizado para construir a personagem do irmão. Agora ele ganharia um livro para si.

Wyn recusou igualmente *Springtime Mary*, e as opções de Jack com a Ace se esgotaram. Por recomendação de Holmes, toda a propriedade intelectual de Jack, incluindo *On the Road*, foi colocada sob os cuidados de Phyllis Jackson na agência literária MCA.

Jack foi para a Califórnia passar o verão de 1953. Os Cassady haviam se mudado para uma nova casa em San Jose, mas Neal, ferido em um acidente nas manobras da ferrovia (seu pé foi quase amputado por uma roda), estava bem longe de sua forma mais efusiva. Depois de uma semana, ele e Jack brigaram. Aconteceu durante uma discussão sobre as costeletas que Carolyn servira para o jantar, e Jack ficou com a sensação de que Neal o acusara de aproveitador. Jack foi para seu quarto, onde passou a preparar suas refeições em um fogão elétrico, e então para San Francisco, para um hotel de quinta categoria. Carolyn lembra-se de visitá-lo ali com as crianças. Ela ficou assustada com sua fascinação pela pintura descascando, pelo zunir dos letreiros de neon e pelos sem-teto roncando pelas portas. Tão logo conseguiu um navio, Jack retornou para Nova York passando pelo Panamá, uma viagem que ele relata em seu ensaio "Slobs of the Kitchen Sea" [Os Desleixados da Cozinha Marinha].

Em casa em Nova York, ele conheceu uma nova mulher. Mémère, ainda trabalhando na fábrica de sapatos, mudara para Richmond Hill no Queens, mas Jack retomou sua velha alternância entre a cozinha da mãe e os apartamentos de seus amigos em Manhattan, especialmente Allen, que morava no Lower East Side, bem antes de sua vizinhança se tornar "o East Village".

O novo caso de Jack foi com uma negra incrivelmente bela que lhe serviu de modelo para Mardou Fox em *The Subterraneans* [Os subterrâneos]. [Neste volume ela será, a pedido dela mesma, identificada como "Irene May", nome que Jack lhe dá em *Book of Dreams*.]

Ela cresceu no mais rural dos cinco distritos da cidade e fugiu da escola no colegial para conhecer a cidade, como Jack fizera quando foi para a Horace Mann. Para um adolescente de um lugar calmo e pacífico, Manhattan era barulhenta e irresistível, mas, por causa de seu tamanho acolhedor, ela achou o Greenwich Village agradável logo que o descobriu e mudou-se para lá quando começou a trabalhar na cidade.

Ela trabalhou como telefonista na região, em Chelsea, e depois em um escritório do serviço social instalado nas imediações do Astor Place no extremo leste do Village.

Muitos dos amigos de Irene haviam sido pacientes de um programa experimental para superdotados no Instituto Psiquiátrico do Hospital Presbiteriano de Columbia. Kerouac aparentemente nunca pensou em recorrer à psiquiatria em busca de ideias ou conforto, e a recusa da psiquiatria levada a cabo por Allen com a ajuda de um analista que reconheceu o valor das insatisfações de Ginsberg foi um momento de virada para sua vida criativa. Mas para muitos "villagers" e nova-iorquinos da década de 1950, a análise era uma religião secular que levava adiante a possibilidade de salvação através da acomodação pessoal a um mundo que estabelecia uma definição de sanidade mediante o comportamento normativo. Assim, para muitos, uma simples recusa a se ajustar à perspectiva psicanalítica do mundo tal como era configurava um ato carregado de rebelião.

No início dos anos 1950, Irene trabalhou para uma companhia de livros de saúde administrada por um editor do finado *P.M.*, jornal de esquerda de Nova York.

"Irene May":

Publicávamos livros como *Melaço, chucrute e urina: a fonte da juventude*. Eu pensava, saca, aqui estamos nós e o que estamos fazendo? E por que estou aqui neste escritório, copiando essas faturas, respondendo essa correspondência? Como você pode se sentir confiante se faz coisas como essas? As pessoas que nos escreviam cartas tinham entre sessenta e setenta anos e buscavam ajuda médica. Eu fazia cursos de artes e artesanato. O gerente do escritório estava escrevendo uma biografia de Virginia Woolf.

No mundo dos anos 1950 parecia que antes de você fazer o que queria fazer você precisava ser capaz de cumprir suas funções no mundo dos negócios. E muita gente estava com problemas de encarar essa situação.

Eisenhower nos dizia: "Está tudo ótimo", e a maioria dos norte-americanos parecia feliz com o andamento das coisas, e nós fazíamos dinheiro ou tentávamos. O impacto da Madison Avenue começou a ser sentido no início dos anos 1950. Alguém dizia: "Você vai se vender para a Madison Avenue?". E mesmo na condição de pessoas que não eram requisitadas pela Madison Avenue, todos nos sentíamos melhor. Nenhum de nós ia se vender!

Jack era incrivelmente bonito, realmente lindo. Ele tinha olhos azuis enormes e cabelo preto, estilo indígena, e uma abertura, uma qualidade impetuosa. Ele sabia ser bastante adorável e charmoso. Sempre ficava surpresa com os cuidados que as pessoas tinham com Jack, com a maneira como era bem recebido por elas. Se você o visse com seus amigos, mesmo se estivesse completamente bêbado, ele era bem recebido e amado. Jack ficava à vontade com eles. Fizesse o que fizesse, nada os incomodava.

Eu *gostava* de Jack, às vezes quase como se fosse um irmão, alguém que conhecia muito bem. Costumávamos conversar muito, às vezes não fazíamos nada, ficávamos largados conversando e não fazíamos absolutamente nada. Quando ele vinha para Manhattan, lembrava aqueles garotos do Brooklyn ou de Jersey chegando à cidade grande, querendo fazer alguma coisa, ir a algum lugar. Era até engraçado.

Naquela época, eu não era capaz de fazer quase nada (ou tinha colocado na cabeça que não conseguia sem a aprovação do meu terapeuta), e Jack à sua maneira era incorrigível. Nós dois estávamos realmente fingindo viver uma vida séria.

Mas ele vivia ocupadíssimo querendo se envolver e conhecer aquela gente que não queria nem saber dele. Eles não conseguiam compreender por que ele os cercava daquele jeito maluco.

A *New Yorker* publicou uma resenha destruidora de *The Subterraneans* na qual diziam: "Mardou cansou-se do falatório dele". Cansei do que estava acontecendo em meio a toda aquela bebida e àquelas intromissões na vida das pessoas e aquelas saídas para um e outro lugar.

Jack estava inseguro e paranoico a ponto de, se eu fosse até o corredor, era porque eu estava dormindo com alguém no corredor. Se ele estava atrás da porta, era porque eu estava dormindo com alguém do lado de dentro.

Jack e eu fizemos uma visita a Lucien e sua primeira esposa, que acabara de ter um bebê. Era a primeira vez que os encontrava. Lucien perguntou-me com bastante educação e seriedade: "E de que parte da Índia você vem?". Olhei para ele, perplexa. "Índia?" Jack havia lhe dito que eu era indiana.

Jack me mostrou *The Subterraneans* provavelmente quatro ou cinco dias depois de escrevê-lo. Ele me mandou um telegrama: "Tenho uma surpresa para a alma! Espere por mim. Nos vemos na sexta". Como uma criança que ia receber um presente mágico, eu esperei.

Ele veio, sentamo-nos diante da lareira e ele me deu o manuscrito. Comecei a ler e fiquei chocada. Muita coisa ainda estava crua.

De certa forma, era capaz de ver naquilo algo como um menininho trazendo um rato decapitado para mim e dizendo: "Olha, aqui está meu presente para você". Não era a época como eu a via, nem as pessoas, com exceção de seus amigos, eram como as conhecia.

Ele disse: "Se você quiser, atiro no fogo". Não pude deixar de rir. Jack jamais teria levado seu único manuscrito para lançá-lo ao fogo. Não creio que fosse verdade, mas na época acreditei.

The Subterraneans documenta o périplo frenético de Leo Percepied e Mardou pelos vários ambientes do Village. O produtor musical Jerry Newman, o romancista William Gaddis, o saxofonista de bop Alan Eager e os poetas Alan Ansen e David Burnett estão todos ali, sob outros nomes. Kerouac relata o cansaço de Irene e sua insatisfação com a vida do casal e registra a procura dele, entre pequenas brigas, daquele que lhe oferecerá a oportunidade de se separar dela. A oportunidade surge após seu encontro com Yuri Gligoric [Gregory Corso].

Natural do Greenwich Village, criado em vários lares adotivos, a infância de Corso assemelhava-se à de Cassady. Tornou-se ladrão nas ruas e descobriu Stendhal e Dostoiévski enquanto cumpria uma sentença de três anos que acabou em 1950, quando ele tinha vinte anos. Corso conheceu Allen naquele ano — e Jack também, embora apenas brevemente. Kerouac e Corso só ficariam próximos no outono de 1953.

No mais memorável episódio de *The Subterraneans*, Yuri Gligoric trama à guisa de brincadeira o assalto ao carrinho de um catador de papel, levando Adam Moorad [Allen] à loucura. Ginsberg havia ficado bastante sensível em relação a essas brincadeiras, mesmo a arruaças noturnas como aquela, depois de sua prisão com Huncke, Melody e Vicki Russell. Algumas páginas depois Yuri e Leo Percepied [Jack] começam uma breve discussão sobre Irene. Leo encontra em um incidente menor o gatilho para terminar com Mardou, e então caminha sozinho rumo a um terminal ferroviário de carga e descarga, onde tem uma visão de sua mãe.

The Subterraneans, tal como publicado, está instalado em um ambiente curioso. Os nomes dos lugares são ruas e bairros de San Francisco, adotados para que o livro parecesse ser inteiramente ficcional, e as semelhanças entre suas personagens e pessoas concretas, vivas ou mortas, mera coincidência. O episódio da carrocinha do catador de papel, por exemplo, ocorreu no espaço plano de Lower Manhattan, mas como se apresenta no romance teria envolvido uma ladeira terrível. San Francisco não tem vendedores de rua. O pátio de carga e descarga nas páginas finais de *The Subterraneans* é a "Railroad Earth" dos pátios da Southern Pacific na zona sul de San Francisco. É possível que a visão acalentadora da mãe de Jack tenha ocorrido no pátio de manobra perto do apartamento de Ozone Park. O que parece certo é que os pensamentos de Jack realmente se voltaram de Irene para sua mãe. Ele tinha então 31 anos.

> GREGORY CORSO:
>
> Em *The Subterraneans* Jack estava realmente puto comigo, embora não tivesse razão para tanto, pois eu não era àquela altura seu amigo íntimo Gregory Corso, como sou hoje. Naquela época tínhamos acabado de nos conhecer.
>
> Para mim, era bem difícil fazer amigos, especialmente na prisão. Se você queria fazer amizade, era difícil. Mas saindo da prisão, você sendo um poeta e o outro sujeito também, vocês seriam automaticamente amigos — só que eu não via dessa forma. Levou um tempo para que me tornasse amigo daqueles caras.
>
> Ele escreve em *The Subterraneans* que eu ficava por lá, zanzando aqui e acolá, porque não tinha onde ficar. Eu dizia: "Não tenho um lugar para escrever". Ele menciona isso. E, além disso, me chama de aproveitador no livro por eu ter pedido emprestado a ele um ou dois dólares. Por essas coisas, vê-se que ainda não havia uma amizade entre nós. A coisa

não estava formada pois estava acontecendo — estava apenas começando. Mas como Jack registrava todas as coisas que ocorriam, parece, quando as pessoas leem, bom, parece que lá sou um velho amigo de Kerouac fazendo algo que não é bem amigável. Eu era um amigo recente.

Fui o provocador do incidente da carroça. Havíamos saído do Fugazi's Bar e atravessávamos a Washington Square e lá estava aquela carroça. Eu disse: "Bom, não seria legal se vocês subissem ali e eu os empurrasse até a casa do Ginsberg?" — e eles responderam: "Sim, seria legal". E eu disse: "Bacana, subam aí." Então eles subiram, eu os empurrei, eles ficaram admirando as estrelas e foi lindo. E eu estava conduzindo aquela carrocinha lindamente. Foi um momento alegre.

Parei a carroça na frente da casa do Allen. Aquilo não foi muito legal, pois a evidência do crime ficou na frente da casa do Ginsy, certo? O proprietário do imóvel resolveu se perguntar o que aquela carroça estava fazendo na frente do lugar onde Allen morava. E foi investigar.

Allen e Jack tiveram uma breve discussão. Não foi grande coisa, mas o orgulho de Kerouac veio à tona, e ele jogou a chave do apartamento de volta e disse a Allen: "Aí está a chave", pois Allen disse: "Você ferrou com a segurança da minha casa". Por causa da carroça, mas não foi só por causa dela — também havia a compaixão de Allen pelo pobre coitado do dono da carroça.

Então eu tentei acalmar Allen dizendo: "Não, o coitado não é dono da carroça, a carroça é daquelas irmãs que usam o coitado para pegar papelão para vender". Na verdade, ela pertencia à Máfia, que pega e recicla todo o papel. Ele não precisava ficar tão preocupado com o pobre sujeito; era só um trabalhador de rua, há muitos que vagam diariamente e largam suas carroças, caras que não conseguem coletar nada. De todo modo, havíamos usado a carroça em um bom momento, um tipo de momento que aquela carroça jamais conhecera.

A segurança da casa e Jack jogando a chave e dizendo "Bom, fodam-se você e a segurança da sua casa. Aí está sua chave de volta". E eu, sentado ali: "Putz, ferrei com tudo de novo; fiz merda". Provoquei a briga de dois amigos, e tal. Numa boa, eu era um saco às vezes, mas não por mal, acho, porque foi simplesmente um ótimo momento com a carroça.

Então eu devo ter causado algum transtorno para eles por ter usado a carroça e deixado na frente da casa do Allen e ter ferrado com dois amigos.

Entrei nessa história como o tipo de cara que chega lá e fode com a situação toda por suas atitudes chapadas. Mas quase tudo era muito espontâneo para mim. Não eram coisas planejadas, e foram momentos felizes.

ALLEN GINSBERG:

Se qualquer um tivesse levado uma carroça para a casa de Jack em Long Island, ele teria berrado como um porco no abate.

GREGORY CORSO:

Ah, sim. Isso o incomodaria. Mas veja, se ninguém jamais tivesse levado a carroça, nada teria acontecido. Não haveria sobre o que escrever. Não me sinto idiota por causa disso. Veja, você não está sacando o fundamental. O fundamental foi a carroça, passando pelas ruas de Nova York, olhando para o céu e as estrelas — se você vir estrelas na cidade de Nova York. Olhando para cima, deitados, com os prédios altos, fechando o céu.

ALLEN GINSBERG:

Isso não foi o fundamental. O fundamental era provavelmente eu e Burroughs em casa lá no apartamento quando vocês roubaram a carroça.

GREGORY CORSO:

Bill foi um que me olhou como se fosse realmente o culpado. Foi tão engraçado. Allen e Jack brigando e tal, e eu ali sentado sem que nada fosse dirigido a mim, sendo que eu é que tinha dito: "Ei, uma carroça. Vocês querem passear?".

Minha impressão ali era de que Jack gostava de mulher. Isso era o que dava para sacar dele. Minha impressão era de que ele curtia mulher, e a mãe dele de certo modo pegava pesado com ele por causa disso. Por exemplo, um crucifixo acima da cama na casa. Se você chegasse, se você fosse casado, você poderia trepar naquela cama, mas se você não fosse casado, não podia. Uma figura muito católica — católica franco-canadense. Ele estava bem preso a um lance bem nobre, aquele de cuidar da mãe. Ele não sabia quem ia cuidar dela. "Eu tenho de cuidar dela, Gregory." Eu disse: "Você está certo".

Mas um bocado de gente confundia a sexualidade dele com aquilo, que ela era a responsável por acabar com ele nesse sentido. Mas ele realmente não conseguia fazer funcionar as coisas com as mulheres. Não houve uma que fosse capaz de segurá-lo por muito tempo, exceto no final, quando ele voltou para sua antiga namorada — Stella, a garota grega — e acabou casando com ela.

E o que ele deixou para ela? "Cuide de minha mãe quando eu morrer."

Helen Hinkle:

Jack se apaixonava por todas as mulheres que via. Elas eram *lindas*. Elas eram *maravilhosas*. Ele era um *amante*. Ele adorava mulheres.

Lucien Carr:

Jack e eu éramos *muito* diferentes — intelectualmente, emocionalmente, em termos de preconceitos — todas as coisas que fazem um homem. Muito diferentes. Éramos próximos, pois gostávamos um do outro, mas éramos capazes de compreender um ao outro porque éramos completamente opostos.

Nunca concordamos em relação às mulheres — quero dizer, em relação às que desejávamos. "*Cara*, aquela mulher é *ótima* para você", e ele dizia: "Ela é *ótima* para *você*". Nós nunca corremos atrás das mesmas mulheres.

Allan Temko:

A vida sexual de Kerouac era muito ambígua, daí que ninguém sabe sobre ela. Aqueles caras odiavam mulheres, todos eles. Ou eles maltratavam as mulheres ou ficavam com mulheres que estavam irremediavelmente em desvantagem social. Eles ficavam perdidos com mulheres bem-educadas.

"Irene May:"

As mulheres gostavam dele. Acho que ele gostava muito de mulheres, mas não acho que quisesse a responsabilidade de ter uma esposa que dependesse dele. Era ele que precisava de alguém que tomasse conta dele.

O San Remo. O San Remo costumava ficar bem cheio. Havia duas garotas que costumavam ir lá; elas usavam uma maquiagem bem pesada nos olhos e franjinha — eram muito atraentes — e costumavam se sentar sobre uma pequena geladeira no canto do bar, um salão grande lotado com mais de cem pessoas, observando e percebendo tudo que rolava. Nós as chamávamos de *birdwatchers* [observadoras de pássaros].

Éramos como elas. Ficávamos ali sobre aquele piso de quadrados pretos e brancos, como um jogo de damas em que você encontra a sua posição.

Lembro-me de ver Gore Vidal de pé junto ao balcão e se debruçando, com um pé sobre o trilho. Jack — eu já tinha me acostumado com aquilo — estava quase bêbado e não queria parar. "Tenho de ver Gore Vidal! É uma ocasião literária histórica!" Para mim, aquilo só significava mais um porre.

Fomos para fora, onde produzimos essa breve cena. Eu tentava arrastá-lo para que ele não ficasse bebendo a noite toda. Ele tentava me impressionar para me convencer de que estava sóbrio e sabia o que estava fazendo. Ele costumava fazer aquilo com frequência.

Gore Vidal:

Passamos o início daquela noite com William Burroughs, que acabara de chegar do México, e Burroughs havia escrito a Jack uma carta dizendo que queria me encontrar pois eu parecia "bonito" na sobrecapa de *The Judgment of Paris*. (Enviaram-me uma cópia da carta há alguns anos.) Então nós três saímos para jantar e acabamos bêbados.

Jack decidiu que era hora de nós dois irmos para a cama juntos. À medida que a bebedeira foi ficando mais intensa, e com a manhã chegando, a ideia foi me parecendo menos atrativa. Por fim, Burroughs desapareceu na noite, e eu e Jack acabamos no Chelsea Hotel.

Tenho uma memória bem clara, como Jack, do que transcorreu. Para os mais curiosos, que leiam os primeiros capítulos de *The City and the Pillar* se quiserem uma impressão mais precisa do que aconteceu.

Jack estava bem alegre a respeito daquilo tudo, a despeito da ressaca no dia seguinte. Ele ficou sem dinheiro e perguntou se eu poderia emprestar-lhe um dólar. Isso ele colocou no livro, bem desse jeito. Dei-lhe o dinheiro e disse: "Agora você me deve um dólar". Essas foram minhas últimas palavras antes de partirmos.

Não o encontrei novamente até a publicação de *The Dharma Bums*, que foi em 1958. No meio-tempo eu havia lido *The Subterraneans* e perguntei-lhe: "Por que você não descreveu o que de fato aconteceu naquela noite no Chelsea?".

Ele respondeu: "Ah, eu esqueci".

Eu disse: "Você não esqueceu".

"Bom, talvez eu tenha preferido esquecer."

E eu retruquei: "E esse é o método que você está tentando disseminar pelo mundo? Sua literatura honesta, direta ao ponto, totalmente verdadeira e fiel-à-coisa-como-ela-é. É isso?".

Ele não tinha resposta para aquilo. Acho que era o que ele *pensava* estar fazendo. Mas, no geral, ele era tímido...

Naquela época eu estava escrevendo para o programa *Studio One* da televisão, e um sujeito chamado Jack Barefield, que trabalhava para a agência de propaganda McCann-Erikson, disse que estava no San Remo e um maluco de repente levantou e gritou: "Eu chupei o Gore Vidal!". Jack Barefield veio até mim e disse: "Não acho que seja uma publicidade muito boa para você, Gore". E eu disse: "Bem, descreva o cara". E era Kerouac.

Fazer veado de alvo era esporte nacional nos anos 1940 e 1950, e isso era particularmente intenso na cena literária nova-iorquina, e os poucos editores que eram veados estavam certamente bem fechadinhos e pendurados na escuridão mais profunda do armário. A *Partisan Review* era, de seu ponto de vista intelectual, a mais venenosa nesse sentido, enquanto o *New York Times* conduzia a guerra santa em nome dos menos intelectualizados. A ideia de que havia uma Internacional de escritores e editores homossexuais seduzindo e pervertendo talentos inocentes é absolutamente sem sentido.

Jack era bissexual, e Jack não estava acima de valer-se desse predicado, além de seus atributos físicos, para conseguir o que queria. Ocasionalmente ele poderia — por favor, isto não é uma afirmação — ter feito exatamente isso para avançar em sua carreira de escritor.

Allen contou o que a mãe de Kerouac lhe disse? Ele disse que Jack o levou a sua casa em Lowell para conhecer sua mãe, e Jack disse: "Olha, pelo amor de Deus, Allen, não banca o veadinho, segura a onda. Minha mãe é das antigas, uma senhora franco-canadense católica romana e...". Ele ficou bem nervoso por levar Allen a sua casa. Isso foi antes da barba. Allen parecia um jovem executivo de propaganda, o que ele era — ou ainda é, talvez, no fundo do coração.

Mas Allen comportou-se muito bem, ele pensou, e então assim que Jack saiu do quarto, a sra. Kerouac foi até ele e perguntou: "Você é veado?". Ou vai saber que palavra ela usou. "Afrescalhado" deve ter sido a palavra. E ele respondeu: "Sim, acho que sou". Ela disse: "É interessante porque, sabe, sempre pensei que o pai de Jack fosse". E ela começou a falar longamente sobre suas suspeitas a respeito do pai dele, não de Jack.

ALLEN GINSBERG:

Isso não aconteceu, mas posso acreditar que Jack disse a Gore Vidal que sim...

Exceto por referências esparsas em suas obras... Jack evitou seus próprios encontros homossexuais, raros como foram. Ele simplesmente fechou os olhos a esse aspecto da minha personalidade, e na vida ele se mostrava irritado em relação ao assunto. Ele ficava irritado quando era confrontado com isso. Eu próprio sou um puritano.

Lembro-me de uma vez em Nova York, por volta de 1948, nós sentados na casa de Neal. Neal, eu acho, estava vestindo um robe chinês curtinho, e eu fiquei com a mão na coxa de Neal por aproximadamente uma hora, em uma longa conversa, e Jack finalmente, irritado, disse: "Por que você não tira essa porra dessa mão da coxa dele... apalpando-o o tempo todo". Foi muito engraçado, era como a mãe dele, repetindo a própria mãe, vai saber... Sensibilidade? Ou ciúme? Ou sensível à minha agressividade?...

Neal finalmente teve de repreender Jack e disse algo como: "Vá cuidar da sua vida, Jack" ou coisa parecida, ou "Qual é o problema, Jack? Eu estou gostando". Não sei o que ele disse, sei apenas que me defendeu.

Ele me provocava um pouco... piadas de bêbado... particularmente ao telefone, até que percebi o que ele estava fazendo e comecei a provocá-lo de volta... Ele ficava testando quão egocentricamente obcecado eu era em relação a toda e qualquer posição que defendesse... talvez tenha ficado magoado de ouvi-lo me acusar de "corromper garotinhos", mas eu devia ter dito: "Sim, você tem toda a razão. E você é o próximo, entre e vá tirando as calças!". Então ele teria relaxado um pouco e parado de fazer drama. Ou se eu dissesse: "Sim, mas não tão furtivamente pernicioso quanto a sua mãe com aquela boceta escrota ou seu pai com sua moral além-túmulo...", ele teria relaxado e retomado a conversa normalmente.

The Subterraneans, que Jack escreveu em três noites à base de benzedrina, foi incluído nos arquivos de sua agente, Phyllis Jackson, junto com o resto da lenda obscura de Kerouac.

Burroughs deixou Nova York rumo à Colômbia em busca do *yage* ou ayahuasca. No vizinho Panamá, ele reuniu as impressões dos soldados e da sociedade servil de uma república bananeira que ele satirizaria em *Naked Lunch*. Allen começou a planejar sua própria expedição pela América Latina e, além disso, cogitou ficar com familiares no sul da Califórnia ou fazer pós-graduação na Universidade da Califórnia em Berkeley.

Jack viajou para a pequena cidade de Los Gatos, a oeste de San Jose na baía de San Francisco. Neal e Carolyn estavam vivendo lá em uma espécie de rancho, com um amplo gramado, mas, pela primeira vez, não havia um quarto sobrando para Jack. Ele não comentou o assunto, mas Carolyn percebeu seu desconforto. Melhor que dormir no sofá da sala, Jack acampou no quintal, onde o cocker spaniel dos Cassady lambia seu rosto para acordá-lo pela manhã. Sua flebite o estava incomodando de novo, e Carolyn o via ficar de ponta-cabeça por vários minutos para sentir o alívio do sangue sendo drenado das pernas.

Desde seu último encontro, os Cassady haviam se tornado estudantes sérios do profeta e curandeiro norte-americano Edgar Cayce. Quando Neal e Carolyn tentaram compartilhar seu entusiasmo por Cayce, Jack respondeu-lhes com aforismos budistas. Allen, por conta própria, começaria a estudar posteriormente o hinduísmo na Índia, e apesar de o interesse de Jack nos budistas ter começado com a lista de leituras do professor Weaver em meados dos anos 1940 ou de ter sido uma descoberta tardia, ele estava então imerso no assunto e muitas vezes desaparecia na biblioteca pública de San Jose para ler a coleção local de livros sobre o tema. Sua principal fonte de material bruto era um volume que coligia os textos essenciais do budismo, *A Buddhist Bible*, de Dwight Goddard. Em suas mais de setecentas páginas Jack encontrou o conceito dos ciclos históricos gigantescos a ponto de apequenar os ciclos de Spengler. Encontrou igualmente a noção de *dharma*, o mesmo princípio autorregulatório do universo que ele havia colocado nas páginas finais de *Doctor Sax*. O *maya*, jogo de ilusões da realidade, combinava com a percepção de sua própria insignificância, que lhe havia sido inspirada pelo céu estrelado de agosto naquela noite já distante na varanda da casa de sua mãe em Lowell.

Usando sua técnica de esboços Jack converteu os textos de *A Buddhist Bible* em palavras suas, os diários então inéditos de *Some of the Dharma*. Jack nunca abandonou seu catolicismo, mas uma filosofia que começava com a premissa de que toda a vida é sofrimento o ajudava a compreender sua própria situação.

Depois de alguns meses com Neal e Carolyn os três discutiram sobre a divisão de um pouco de maconha que haviam comprado juntos, e em março de 1954 Jack foi para seu hotel na Mission Street em San Francisco. Lá ele compôs *San Francisco Blues*, uma sequência melancólica de poemas sobre a vida nas ruas e vagabundos bêbados, na qual estão alguns versos coloridos das primeiras expressões e ideias budistas que fariam parte das obras publicadas de Jack.

A Little & Brown recusou *On the Road* em junho, porém mais tarde naquele mesmo verão o crítico e editor Malcolm Cowley, que estava ligado à Viking, escreveu a Jack pedindo permissão para recomendar um excerto do livro a Arabelle Porter, editora do *New World Writing*, uma revista literária em formato de livro publicada pela Signet Books. Jack abandonou, não sem ressentimento, seu relacionamento com a MCA depois do fracasso de Phyllis Jackson em emplacar o livro, mas Cowley ficou encantado com sua novidade e tornou-se o grande divulgador de

Kerouac, elogiando o manuscrito em seu panorama de 1954, *The Literary Situation*:

> Eram um grupo razoavelmente grande que se recusou a se conformar e bancou uma forma tenaz de rebelião — contra o quê, é difícil precisar, pois o grupo não tinha programa, mas possivelmente contra todo o conjunto de leis, costumes, medos, hábitos de pensamento e padrões literários consagrados que haviam sido aceitos por outros membros de sua geração... Muitas vezes referiram-se a si mesmos como "underground" [subterrâneos] e batizaram a si mesmos de "Geração Beat". Foi Jack Kerouac quem inventou a segunda expressão, e sua longa narrativa ainda inédita, *On the Road*, é o melhor registro da vida deles. Em dois aspectos eles foram como a maioria dos jovens: não tinham interesse em política, nem como espectadores, e estavam procurando alguma coisa em que acreditar, uma fé essencialmente religiosa que lhes permitisse viver em paz com seu mundo.

MALCOLM COWLEY:

A primeira notícia que tive de Kerouac foi o envio do manuscrito de *On the Road* para a Viking Press, e especificamente para mim na Viking Press. Não me recordo de como chegou. Talvez Allen Ginsberg o tenha trazido. Na época, o manuscrito havia passado por vários estágios. Em algum ponto ele fora revisado e mais uma vez datilografado, pois o que chegou à Viking Press foi um manuscrito de paginação convencional.

Eu o li com grande interesse e entusiasmo, falei em uma reunião da Viking sobre ele e consegui mais umas duas ou três leituras, mas não, eles não quiseram publicar. Essa se tornou uma questão forte na minha cabeça. Pensei: "Aqui está um negócio novo. Aqui está uma coisa que precisa chegar às pessoas. É preciso abrir caminho para ela".

A Viking era então uma editora bastante conservadora, e eles acharam que aquilo estava longe demais do caminho já conhecido de nossos vendedores para chegar às livrarias, e por isso o manuscrito ficou na minha mesa. Kerouac veio me ver várias vezes, e eu disse: "O que você vai precisar fazer primeiro é conseguir publicar parte dele em revistas". Então eu produzi o recorte de uma seção chamada "A garota mexicana" e a enviei para a *Paris Review*, que a aceitou com algum entusiasmo. Então procurei outra seção que se sustentasse por si mesma. Era uma sobre o jazz em San Francisco, e Arabelle Porter a publicou na *New World Writing*.

O tempo passou. Continuei a me encontrar com Jack; às vezes Allen Ginsberg vinha com ele. Lembro-me de uma noite em que Jack e eu fomos à cidade. Queria que ele me mostrasse os novos pontos legais do Greenwich Village, que eu já não conhecia, já que não frequentava o bairro havia vinte anos. E ele me levou. Lembro-me de ele dizer pomposamente que em cinquenta anos haveria apenas duas religiões restantes no mundo. Perguntei, curioso: "Quais?". E ele disse: "Islamismo e budismo". Aquilo me surpreendeu, pois a criação católica de Jack era um dos traços mais marcantes de sua personalidade.

De modo que eu via Jack e Allen Ginsberg e lhes dava conselhos de quando em quando. Acho que passou pela cabeça de Allen que talvez eu pudesse funcionar como um tipo de avô para os beats, uma ideia que não me pareceu muito interessante.

Arabelle Porter pagou a Jack 120 dólares por "Jazz of the Beat Generation" [Jazz da Geração Beat] e concordou com sua insistência de que o texto fosse publicado sob o nome "Jean-Louis". Jack temia publicar qualquer coisa sob seu nome: seu medo era de que sua ex-mulher, Joan Haverty, entrasse na Justiça contra ele pela pensão de sua filha, cuja paternidade Jack negava. O texto foi programado para publicação na primavera seguinte, em 1955.

Em outubro de 1954, Jack fez uma viagem à sua Lowell natal. De volta ao apartamento de Mémère em Richmond Hill ele tentou explicar-lhe o conforto que sentia estudando o budismo, mas Gabrielle teimosamente insistia em considerar aquela filosofia uma religião pagã. A discussão ficaria pior nos anos seguintes.

Mémère foi para Rocky Mount sozinha naquele Natal. Jack ficou em Richmond Hill para continuar revisando *On the Road*, na esperança de que o plano de Cowley funcionasse, que a publicação de Porter do excerto pudesse despertar o interesse de alguma editora que não tivesse ainda rejeitado o manuscrito.

Apesar de Jack estar falido, obtendo auxílio-invalidez por causa de seus persistentes ataques de flebite, Joan Haverty entrou na Justiça pela pensão da filha. Com o irmão advogado de Allen, Eugene Brooks, em sua defesa, Jack convenceu o juiz de que não tinha condições econômicas de assumir tal responsabilidade. A questão da paternidade permaneceu sujeita a discussão, embora nos últimos anos parecesse claro aos amigos mais próximos de Jack que a filha de Joan era mesmo dele.

Na verdade, a flebite de Jack estava pior. Havia começado com seu uso excessivo de benzedrina durante a escritura de *The Town and the City* e piorado com seu uso cada vez mais intenso de álcool no início dos anos 1950. O alívio só vinha com a drenagem de suas pernas para conter o inchaço, e muitas vezes ele era forçado a datilografar na cama com uma máquina portátil sobre uma tábua no colo.

Jack transferiu sua agonia para uma fé ainda mais forte na mensagem de Buda. Em Rocky Mount, na primavera de 1955, ele iniciou *Wake Up*, uma biografia de Buda. Nin e seu marido estavam desanimados com a imersão de Jack na bebida e frustrados com suas tentativas de sistematização do budismo. A publicação de "Jazz of the Beat Generation" na *New World Writing* não restabeleceu sua reputação aos olhos da família.

Antes de deixar a Carolina do Norte, Jack conseguira um novo agente com a ajuda de Giroux: Stanley Colbert, da agência de Sterling Lord. Colbert apresentou a nova versão de *On the Road*, agora reintitulada *Beat Generation* com os olhos no mercado, a Alfred A. Knopf, que rapidamente o recusou. Mas àquela altura Cowley tinha um novo aliado na Viking.

MALCOLM COWLEY:

A Viking contratara um novo editor, Keith Jennison, que leu o manuscrito com grande entusiasmo e teve força e convicção para apresentar o projeto. E então Keith, com minha ajuda, fez *On the Road* passar pela reunião da Viking e ser finalmente aceito.

Além da venda do trecho inspirado na mexicana Bea Franco para *The Paris Review*, Cowley conseguiu uma bolsa de duzentos dólares da Academia de Artes e Letras como auxílio para Jack sobreviver até que os direitos autorais da Viking começassem a ser pagos. Com a bolsa e um pequeno adiantamento da Viking, Jack foi ao México no verão de 1955 para se juntar a Bill Garver no velho apartamento de Burroughs. Burroughs estava em Tânger, escrevendo os esboços que seriam posteriormente reunidos em *Naked Lunch*.

O conto que Jack escreveu naquela primavera mostra como Ginsberg, Burroughs e Kerouac compartilhavam temas e perspectivas — "cityCityCITY" foi o único trabalho de ficção científica publicado por Jack. Evidentemente, ele surgiu de seu sonho de uma "cidade de refúgio". O estilo de "cityCityCITY", com sua perigosa e atraente "No-Zone", suas drogas administradas por computador e o Activation, misterioso grupo de guerrilha em favor da vida real e do amor livre, assemelha-se sobremaneira aos sistemas de controle que Burroughs explora em boa parte de sua obra nada literal.

Jack "viajou" com morfina naquele verão e sob a influência da maconha deu continuidade a seus experimentos em poesia. O resultado foi *Mexico City Blues*, reconhecido como sua melhor antologia poética. "Quero ser considerado um poeta do jazz tocando um blues longo em uma *jam session* num domingo à tarde. Pego 242 refrões; minhas ideias variam e às vezes passam de um refrão a outro ou vão até metade de um refrão e seguem para a metade do próximo." Cada refrão representava uma única sessão de escrita. Cada aspecto importante da vida de Jack até então está contido nesses breves quadros, ainda que apenas como um eco, e a analogia de Kerouac com o jazz é precisa. Alguns dos refrões soam como improvisos vocais proferidos em voz lenta, palavras "tocadas" por seu valor sonoro ou por suas ligações em forma de trocadilho que conduziam aos assuntos que Kerouac tinha em mente.

William Burroughs:

Jack sentava e escrevia por horas a fio. Escrevia à mão. Ele sentava no canto e dizia: "Não quero ser importunado", e eu não lhe dava mais atenção. Ele ficava ali escrevendo.

O método de escrita de Kerouac funcionava para ele. Isso não significa que funcionaria para outra pessoa. Não funcionava para mim de jeito nenhum. Não escrevo daquele jeito. Eu edito. Ele sempre dizia que a primeira versão era a melhor. Eu dizia: "Pode ser a melhor para você, mas não para mim". Produzo pelo menos três versões antes de chegar a uma ideia da forma. Ele estava, é claro, na tradição de Wolfe. O método de composição era muito próximo. Era de fluência e escrita em alta velocidade.

Naquela época, no México, sua teoria toda estava bem desenvolvida. Quer dizer, produzir esboços com as palavras, e a fluência e o uso da primeira versão — as primeiras palavras que lhe ocorriam.

Gregory Corso:

Quando o vimos escrevendo *Mexico City Blues* foi a primeira vez que o vi fumando maconha. Estava vivendo no andar de baixo com Peter [Orlovsky] e Allen e Bill Garver, que morava na porta ao lado e era viciado em morfina.

Jack estava atravessando a rua em direção a um bar, e lembro-me de vê-lo olhar para as próprias mãos. Eu dizia: "Olhe para essas mãos". Disse que eram como as mãos de Clark Gable — realmente fortes, masculinas. E acrescentei: "Essas mãos vão conseguir".

Ele estava muito envolvido na época em ajudar uma viciada mexicana, Tristessa, no livro [o romance de Jack, *Tristessa*], e ele me levou para vê-la naquele prédio mexicano estranhíssimo. Era como se fosse de vidro, você caminhava em um chão de vidro. Um cômodo bem pequeno, e ela fora. Ele sentia algo bem forte por ela. Não acho que soubesse como era um viciado, pois não há nada a fazer, exceto dar ao viciado sua droga, para ele se sentir melhor. Não há outro jeito de deixá-los mais aliviados, a não ser dar a eles os remédios que usam.

O nome verdadeiro de "Tristessa" era Esperanza Villanueva.

Foi nessa época que Jack adotou o código budista de castidade, sem dúvida amparado pela morfina e pelas dores de sua flebite. Quando retornou ao México um ano depois, em 1956, ele lhe declarou seu amor, mas ela viu a declaração com os olhos frios da viciada acostumada a prostituir-se por uma dose. Jack acrescentou seu retrato aos de Mardou Fox e Maggie Cassidy em suas crônicas de casos amorosos malfadados. Seu romance

Tristessa retrata Duluoz como um vagamundo inocente em um ambiente de maldade permanente.

A peregrinação de Kerouac em outubro de 1955 foi para San Francisco, aonde Ginsberg fora para visitar os Cassady. Depois de uma temporada com Neal, Allen trabalhou um ano em San Francisco, escreveu "Howl" [Uivo] e então se mudou para Berkeley, onde viveu em uma casinha térrea na Milvia Street. Sua intenção inicial era se matricular na universidade e fazer um mestrado, mas seus planos não se concretizariam.

San Francisco sempre tivera uma rica e variada tradição de poetas, muitos dos quais haviam chegado à cidade vindos de outros lugares, caso de Ginsberg, Corso e outros poetas do leste. Michael McClure, por exemplo, era do Meio-Oeste e fora atraído pela presença do expressionista abstrato Clyfford Still. No outono de 1955 a poesia da região da baía era como uma solução aquosa hipersaturada, aguardando o cristal que a solidificaria. "Howl" foi esse cristal.

Boa parte da paz e da fé de Allen em si mesmo como poeta provavelmente adveio de seu caso intenso com um jovem belo e de cabelos loiros chamado Peter Orlovsky. O pintor Robert LaVigne acabou por propiciar a ligação inusitada entre os dois homens.

PETER ORLOVSKY:

Vim de uma família muito pobre. Meu pai era russo, não tinha amigos e estava sempre ocupado com seu trabalho, produzindo gravatas, gravatas de seda estampadas, em Nova York. Um negócio seguiu-se ao outro, um fracasso ao outro, e assim ele gastava todo o seu tempo no trabalho, sem quase tempo nenhum para a família. Minha mãe era surda e tinha parte do rosto paralisada por causa de uma operação malsucedida. Ela ficava acordada a noite toda e bebia — eles bebiam um bocado durante o dia nos anos 1940, durante a minha infância. A casa estava sempre desorganizada e abandonada, e a situação toda era bem ruim. Tinha três irmãos e uma irmã. Eu era o terceiro. Então fui para o Exército, e me alocaram em San Francisco, com posto no Letterman Hospital. Lá eu conheci Robert LaVigne, um artista. Vivi com ele durante um ano, e Allen viu o quadro que LaVigne fez de mim, nu.

Allen viu o quadro, se apaixonou por mim e então nos conhecemos. Apaixonei-me pela inteligência de Allen. Ele sabia tanto, recitava tanta poesia de cabeça e me adorava; aquilo me deixou louco.

Voltei ao Leste em 1956 para pegar meu irmão, Lafcadio, que não estava muito bem em casa, e nós voltamos para San Francisco e passamos a morar lá. Jack costumava ir nos visitar, e Neal também aparecia bastante. Em 1955 Jack apareceu e começou a brigar com Allen, acusando-o de ser um tarado em relação a mim e arrebentou a porta do banheiro, chamando-o de tarado. Atrás de garotos, saca? Era sua criação católica, eu acho.

Gostei de Jack logo de cara. Ele era um sujeito de feições duras, saudável e forte, um atleta. Jack falava sobre budismo, sobre as dez direções do espaço, *tathagata*, e *gandharvas* e eternidade, e eles usavam a *Buddhist Bible* de Dwight Goddard, e então Allen começou a ler o sutra do Diamante, o do Coração e o do Lankavatara.

Fomos um dia ver Alan Watts, que estava dando palestras na Asian Society, e estávamos do lado de fora, na rua cheia daquelas casas suntuosas ali na região de Nob Hill. Eu estava tentando impressionar Jack, e tivemos uma longa e boa conversa na rua sobre como de repente você precisava gostar de todo mundo e ser legal com todo mundo. Peguei aquilo de Allen e de ler um pouco da poesia que Allen me deu para ler e lendo aquelas passagens de *O idiota* em que Míchkin diz que você precisa amar todo mundo, ou o frei Zossima, que diz que tudo está baseado em amar, ser bom e ser legal.

Jack ficava na rua e escrevia. A quantidade de conversas literárias, sobre o que estavam lendo, eram infindáveis e sempre fantásticas, pois eles eram capazes de manter essas conversas por horas e horas a fio e analisavam poemas que Gregory, Allen, Jack, Neal ou Bill haviam escrito. Era um interesse sem fim em palavras, um fluxo infindável de palavras.

Jack praticava muito, como um iogue, um budista meditando. Meditando-escrevendo-meditando. Meditando diante da máquina de escrever. Jack realmente ia para casa e escrevia horas e horas e horas, continuamente ao longo dos anos. Era um escrever-meditando ou um compor-meditando ou uma arte-criativa-meditando. Não era a mesma coisa que deixar fluir. Era outra coisa, como estar ciente da mente no espaço, ou da mistura da mente com o espaço ou apenas prestar atenção no ar que sai por seu nariz.

De modo cerimonioso (a carta de apresentação veio de William Carlos Williams, residente de Rutherford, próximo a Paterson, Nova Jersey), Ginsberg procurou a companhia de Kenneth

Rexroth. Rexroth era um erudito sem recorrer ao abrigo da academia. Como poeta, crítico, tradutor e uma espécie de Barnum literário em uma cidade que exigia a adequação à cor local, sua casa estava perto de se tornar a embaixada da boemia. A apresentação do portfólio era um ritual importante para um novo poeta na cidade.

Com generosidade, Rexroth reuniu os escritores que fariam a leitura da Six Gallery em novembro de 1955. Nas duas décadas que se seguiram ao evento ele seria lembrado como um divisor de águas, o que Armory Show significara para a pintura norte-americana ou o que a estreia de *A sagração da primavera* fora para a composição moderna.

LAWRENCE FERLINGHETTI:

Eu tinha um Austin velho e levei Allen, Kerouac e Corso para a leitura da Six Gallery. O carro estava pesado a ponto de arriar, aquele carrinho minúsculo, e fomos àquela garagenzinha mínima, que era a Six Gallery.

Durante a leitura, Kerouac estava bebendo vinho. Ele tinha um garrafão de vinho e estava no chão bem perto do palco, na frente. O prédio todo era uma garagem reformada, com sete metros de fundo e seis de frente. Às vezes Kerouac parecia perder o interesse e fechava os olhos, e as pessoas achavam que ele estava chapado ou coisa do gênero, mas estava registrando tudo na cabeça.

MICHAEL MCCLURE:

Poucos meses antes de nossa leitura, naquele ano, 1955, Robert Duncan lera sua peça *Faust Foutou*. E acho que foi o que deu a Wally Hedrick a ideia de promover a leitura de poesia em sua Six Gallery, e ele me perguntou se eu poderia organizar a leitura. Nesse meio-tempo, minha esposa, Joanna, ficou grávida, eu estava trabalhando no museu, e foi aí que topei com Allen na rua. Ele perguntou: "O que você anda fazendo? O que está rolando?". Eu respondi: "Pediram-me que organize uma leitura de poesia, mas meu tempo e minha vida estão uma loucura". E ele disse que o faria. Allen tomou a dianteira e organizou a leitura para nós.

É muito possível que Allen já estivesse procurando um lugar para um evento como esse, pois recebeu a possibilidade da leitura na Six Gallery com muita alegria. Ele já devia ter alguma coisa em mente e provavelmente até chegou a mencionar isso para mim na época.

Não conhecia Phil Whalen ou Gary Snyder. Eles eram novidade para mim naquela noite. Eu conhecia Rexroth e Lamantia, lógico. Foi minha primeira leitura de poesia, e para mim o lugar parecia bem cheio.

Acho que havia 125 pessoas. Eu estava muito nervoso, mas achei que seria uma noite absolutamente agradável e fantástica. Eu gostava bastante do trabalho de todos e estava emocionalmente agitado pelas circunstâncias.

Todo mundo estava bebendo muito. Arrecadamos algum dinheiro. As pessoas saíram para comprar vinho. Havia muita gritaria. Li uma carta de Jack Spicer, que estava tentando conseguir um trabalho em San Francisco para voltar de Boston, e as pessoas conversaram sobre isso.

Lamantia já tinha uma reputação, mas não acho que ela fosse pública. Era uma reputação literária. Tanto que Lamantia era praticamente inédito. Acho que esse é o mistério da coisa. Havia sem dúvida alguma distância entre Allen e Robert Duncan, e eu estava em posição, estranhamente, de tentar resolver. Não creio que Robert tenha se dado conta; se soubesse, provavelmente teria sido grato pelo fato de eu estar fazendo aquele papel.

O que estava de fato mantendo as coisas unidas era a camaradagem, e havia um espírito diferente entre, digamos, os seis de nós que lemos na galeria e a mais antiga, bela e forte cena literária ali presente. Duncan e Rexroth e Everson e Jimmy Broughton e Maddie Gleason e vários outros indivíduos haviam sido parte de uma cena literária que se desenvolvera desde os anos 1940. Nós éramos todos seguros de nós mesmos de tal forma que, penso, todos nos influenciamos enormemente uns aos outros.

Jack encorajou Ginsberg e os demais, como quem incentiva um *jazzman* a manter acesa a brasa de um solo. Para Jack a mais importante figura no palco da pequena galeria de frente ao quebra-mar era Gary Snyder, na época um estudante de Berkeley que buscava o conhecimento em línguas orientais para saciar seu apetite por textos budistas no original, especialmente os trabalhos dos mestres zen, que eram então pouco conhecidos ou compreendidos nos Estados Unidos.

Allen Ginsberg:

Em San Francisco Kenneth Rexroth ficava "em casa" uma vez por semana. Devo ter ido lá com Gary Snyder uma vez ou outra, fui por minha própria conta uma ou duas vezes, e mais uma vez com Phil Whalen, Jack, Gary e Peter. Kenneth tinha uma casa com uma biblioteca imensa e muitos exemplares do *I Ching* e do *Segredo da flor dourada* e de poesia chinesa, japonesa, além de dicionários de inglês antigo e alemão... uma grande biblioteca.

Ele já conhecia Gary. A princípio, na verdade, ele me apresentou a Gary e então Gary a Kerouac. Esqueci-me de quem me levou à casa dele pela primeira vez, talvez Michael McClure. Ou talvez Robert Duncan ou Lawrencce Ferlinghetti. Tinha uma carta de recomendação escrita por William Carlos Williams, e acho que o que fiz foi levar-lhe um exemplar do meu *Empty Mirror*, com a introdução de Williams. Acho que lhe dei o livro, e ele disse que devia dá-lo a Duncan. E eu devo ter levado a ele *Visions of Cody*, de Kerouac. Eu estava levando para a Costa Oeste *Visions of Cody* e talvez *Yage Letters*, *Empty Mirror*, um bocado de coisas que me rodeavam. Levei tudo e mostrei a ele.

... De todo modo, uma vez eu fui ao *salon* de Rexroth com Jack. Rexroth havia lido seu trabalho, conhecia sua reputação, admirava-o bastante, disse que ele era o maior autor sem editora dos Estados Unidos. Ou talvez ele o tenha dito a Cowley, e então tenha surgido daí o interesse de Cowley. Jack estava meio bêbado e, se não estou enganado, estava sentado no chão rindo. Rexroth ficou irritado, pois Jack acabaria acordando sua filha bebezinha e estourou com ele, chamando-o de filho da puta e ordenando que se retirasse. Ou ficou louco com ele depois, depois de sairmos, mas estava irritado. Bom, Kerouac estava um pouco bêbado, mas naquela chapação leve de sexta à tarde, não bêbado pra valer, e certamente sem violência nem nada do gênero. Rexroth ficou um pouco apreensivo demais... acho que ele não entendeu a situação... e pediu que saíssemos. Sua desculpa foi que aquilo estava assustando as crianças, mas as crianças não estavam lá, estavam no quarto dormindo ou sabe-se lá o quê. Não acho que Jack na verdade tenha assustado as crianças.

... Então uma vez quem se comportou mal fui eu. Eu estava meio bêbado, tinha acabado de ler "Howl" e percebi que estava no *estilo* de Rexroth. Ele havia acabado de escrever "vocês mataram Dylan Thomas, seus filhos da puta em seus malditos ternos da Brooks Brothers" ["Thou shalt not kill"]. Esse era um famoso e antigo poema mais ou menos beatnik de Rexroth, acusando de forma moralista o homem no terno da Brooks Brothers de matar Dylan Thomas. Era um poema bem-intencionado, mas não tinha bom acabamento, não tinha força como poética. Então fiquei bêbado, comecei a comparar aquele poema com "Howl" — fazendo isso na minha cabeça — e disse: "Rexroth, sou melhor poeta do que você, e só tenho 21 anos", ou 28, 30, sei lá [Ginsberg tinha 29 anos], o que para ele foi um comportamento terrível, pois significava zoar da cara dele. Como os garotos fazem comigo hoje em dia o tempo todo.

Mas ele levou tudo de maneira bem negativa e achou algo terrível, a arrogância terrível de um delinquente juvenil. O que realmente era, mas não para ser levado tão a sério. Eu só estava bêbado, e pela primeira vez eu percebia que era mesmo um poeta, que estava me definindo como poeta... e de maneira bem estranha pensei que estava sendo sincero, ou amigável, ou aberto, ou franco, ou qualquer coisa do gênero — na verdade me comunicando. Não sei bem como soava, mas não estava sendo cruel. Mas ele achou que eu estava sendo mau...

A leitura da Six Gallery aconteceu quando Wally Hedrick, que era um pintor e um dos caras mais influentes ali, perguntou a Rexroth se ele conhecia poetas que pudessem organizar uma leitura. Talvez Rexroth tenha pedido a McClure que a organizasse e McClure não sabia como, nem tinha tempo. Então Rexroth pediu a mim, que encontrei McClure. Rexroth sugeriu que eu visitasse outro poeta que vivia em Berkeley, que era Gary. Então fui à casa de Gary e imediatamente nossos pensamentos se encontraram em relação a William Carlos Williams, pois eu havia escrito *Empty Mirror* naquela época e ele começara *Myths and Texts*, ou *The Berry Feast* ou algo do gênero, e ele me falou sobre seu amigo Philip Whalen, que chegaria à cidade no dia seguinte. E eu lhe falei sobre meu amigo Kerouac, que estava na cidade, e em três ou quatro dias todos nos reunimos...

Jack e eu vínhamos de Berkeley e havíamos chegado a San Francisco no Key System Terminal, o terminal de ônibus de lá, e nos encontramos bem na 1st com a Mission, por acaso. Gary estava com Phil, e eu com Jack, e nós todos saímos imediatamente e começamos a conversar. E Philip Lamantia, que eu conhecera em 1948 em Nova York, estava na cidade, assim como Michael McClure. Então havia um grupo completo de poetas, e Gary e eu decidimos que devíamos convidar Rexroth para ser o sexto — o sexto poeta — para a apresentação na Six Gallery, para ser o mais velho, já que ele havia sido o elo entre todos nós.

Robert Duncan, que estava na Europa no outono de 1955, era o segundo, atrás apenas de Rexroth, entre os poetas de San Francisco em termos de reconhecimento público. Ele era mais intimamente associado aos poetas Robert Creeley e Charles Olson, que davam aula no Black Mountain College nos anos 1950. Ele assistiu de longe ao fim da amizade entre Rexroth e os demais.

ROBERT DUNCAN:

Rexroth, no começo, estava realmente bancando tudo, muito entusiasmado com Ginsberg e com o novo movimento em geral. Ele continuou por um tempo a escrever sobre os beats com bastante propriedade e generosidade. Foi o surgimento de uma poesia de rua, e Rexroth tentara ser um poeta popular, e ali havia uma poesia popular, uma escrita popular, que estava tomando a cidade — sua cidade — como assunto, seu território.

Eu estava na Europa na época do grande estouro, mas conheci excertos de Kerouac e de Burroughs antes, pois Ginsberg, antes de ir para San Francisco, o que aconteceu em 1954, havia dado um material a Rexroth, que fez aquilo circular. Ele disse: "Ei, você já viu alguma coisa desse tipo?". Ginsberg tinha apenas os poemas de *Empty Mirror* e o prefácio de William Carlos Williams. *Empty Mirror* me desanimou. Era algo como: "Não tenho merda nenhuma, não tenho nada, sou um tipo feio". Ginsberg sempre viveu a fantasia de que ia conhecer escritores excepcionais. Allen foi para San Francisco por causa de Rexroth, por causa de Rexroth e Patchen. Mesmo encontrar a mim, e eu não era nada, foi para ele o máximo, como Kerouac havia sido e Burroughs era. Ele inventou um céu com novas estrelas, e sua invenção era um céu de poetas. Aquilo me interessou.

Voltei da Europa em 1956. Na volta, dei aulas na Black Mountain por dois trimestres, e fui para San Francisco em agosto ou setembro de 1956. Nos primeiros quinze dias houve uma invasão daquele pessoalzinho todo. Não sei se Kerouac estava naquele grupo, mas sei que Ginsberg, Corso e Orlovsky vinham à nossa casa. Eles diziam: "Viemos para ver Duncan" e chegavam fazendo barulho como se fosse uma invasão. E era mesmo.

Quase que imediatamente após conhecer Snyder, Jack o considerou um novo herói. Como fez com Neal, Jack tratou de conhecer tudo sobre o novo amigo, e em outubro de 1955 ostentou o título "o Buda conhecido como o grande desistente" durante uma viagem com Snyder para a escalada do pico Matterhorn nas Sierras do Norte. Seu companheiro de escalada foi o pernóstico e distraído John Montgomery.

Gary Snyder:

Quando eu estava na pós-graduação em Berkeley, estudando chinês e japonês e planejando uma viagem para o Oriente, acho que de maneira excessivamente precavida resolvi que devia ir ao dentista. Não havia me ocorrido que encontraria dentistas por lá. De todo modo, me inscrevi na escola odontológica da Universidade da Califórnia e por dois anos fui de bicicleta de Berkeley a San Francisco uma vez por semana e entreguei-me aos cuidados de um estudante de odontologia nipo-americano. Em uma dessas ocasiões levei comigo a *New World Writing nº 7*, e li aquele pequeno texto de um sujeito chamado Jean-Louis, e foi uma das coisas mais divertidas que li em muito tempo, e aquilo sempre voltava a minha mente. Não sabia nada de Jack nem de Allen naquela época, mas nunca me esqueci daquela pequena peça de prosa, "Jazz of the Beat Generation". Foi a primeira vez que vi a expressão Geração Beat. Gostei muito daquela escrita, claro, e da energia que estava contida ali, e da evocação das pessoas. Claro que não se falava em "Jack Kerouac", mas em "Jean-Louis".

Mais tarde conheci Allen. Pouco tempo depois disso, conheci Jack. Quando encontrei Jack, e escutando Allen falar de seus projetos e escutando Jack falar, saquei que ele era Jean-Louis.

Allen perguntou a Rexroth quem estava produzindo poesia interessante na região. Allen tinha a ideia de tentar organizar algum tipo de leitura de poesia, e Kenneth citou meu nome como uma pessoa que Allen poderia procurar. Então Allen apareceu lá em casa, e eu estava consertando minha bicicleta no quintal, e ele disse que havia falado com Kenneth. Então nos sentamos e começamos a comparar as pessoas que conhecíamos e o que pensávamos sobre elas.

Jack era, em certo sentido, um mitógrafo norte-americano do século XX. E essa é a razão de talvez aqueles romances sobreviverem, pois eles serão uma das melhores afirmações do mito do século XX. Assim como Ginsberg representa um claro aspecto arquetípico dos Estados Unidos do século XX, acho que Jack me viu, de modo engraçado, como outro arquétipo do norte-americano do Oeste do século XX, do anarquista, libertário, da tradição da *Industrial Workers of the World*, de uma tradição de trabalhar ao ar livre e já de acordo com sua fascinação pelo trabalhador itinerante, o vagabundo de beira de ferrovia, o operário. Eu era outra dimensão disso tudo.

Como em uma ocasião de que me recordo, quando passamos horas e horas durante as quais eu lhe explicava como funcionavam áreas de extração madeireira e quais eram todos os passos do procedimento. Agora, não acho que ele alguma vez usou aquilo em um livro, mas ele estava coligindo aquele tipo de informação e processando mentalmente tudo aquilo com grande entusiasmo o tempo inteiro.

Se minha vida e trabalho são de alguma forma uma estranha extensão, à sua maneira, do que Thoreau, Whitman, John Muir e outros fazem, Jack sacou a mesma coisa e achou aquilo igualmente valioso para ele neste século segundo seus propósitos.

E Allen era o radical nova-iorquino, a *intelligentsia* judaica. Jack era realmente habilidoso em identificar esses tipos, reconhecendo-os como sendo uma imagem particular que se tornaria parte da mitologia dos Estados Unidos na qual estava trabalhando. Quando falava sobre o grande romance que estava escrevendo, era como as *Metamorfoses* de Ovídio, uma coleção de histórias que esboçavam uma perspectiva da época. E ele via a si mesmo na escala de um mitógrafo. A lenda de Duluoz.

A dialética que eu observava em Jack, dialética realmente encantadora e que você vê em operação em seus romances, era que ele podia interpretar muito bem os papéis do bobo e do estudante. "Mas veja, eu realmente não sei nada sobre isso. Me ensina!", "Uau! Você realmente sabe como fazer aquilo?", e isso levava você adiante. Aquilo era contrabalançado por um ar às vezes de comando e muita arrogância, e de repente ele dizia: "Eu sou a autoridade". Mas então ele saía disso outra vez. Talvez isso parcialmente fosse como o truque de um romancista muito habilidoso, para fazer as pessoas falarem. E ele usava aquilo como um dispositivo literário em seus romances, em que ele se apresentava muitas vezes como o cara certinho e deixava os outros serem espertos.

Eu gostei do que ele tinha a dizer sobre prosa espontânea, embora eu nunca tenha escrito prosa. Acho que isso influenciou minha escrita de diário um bocado, e um pouco disso seria, digamos, registrado no meu livro *Earth House Hold*. Na verdade, acho que eu devo um bocado a Jack em meu estilo de prosa. E minha ideia de poética foi certamente influenciada por Jack.

Nossas trocas no budismo aconteciam no nível agradável e divertido do que aprendêramos, do que sabíamos, do que entendíamos de Mahayana. Ele inventava nomes. Ele partia do inventário das listas do sutra de Mahayana, e inventava mais listas, como os nomes de todos os Budas do passado, os nomes de todos os Budas do futuro, os nomes de todos os outros universos. Ele era ótimo nisso. Nada daquilo acontecia como se fôssemos dois intelectuais franceses sentados comparando sua compreensão estrutural de alguma coisa. Nós compartilhávamos o que aprendíamos. E eu dizia a ele: "Olha só. Aqui estão esses budistas chineses", e era assim que acabávamos falando sobre os textos de Hanshan, e eu o apresentei aos textos que traziam as anedotas dos diálogos e confrontos entre mestres e discípulos da dinastia T'ang, e é claro que ele adorou aquilo. Qualquer um adora. Era o que fazíamos.

Eu não pensava na época, como não penso hoje, em termos de as pessoas serem ou não budistas realmente empenhadas. Nós estávamos trabalhando com todas essas coisas, e não importa com que palavras você as defina, e se eu achava que chegara um momento em que eu diria, "Jack, você está pensando demais em como o mundo é um lugar ruim", essa seria uma reação corretiva minha ao entendimento que ele tinha do Buda-dharma, mas isso não me interessa, nem interessava a ninguém, pensar: "Esse sujeito é realmente budista ou não?". Ele passou a se preocupar com isso depois, mas eu nunca, e acho que tampouco Philip Whalen ou qualquer outra pessoa.

Quando Jack chegou eu estava morando na Hillegass Street, e Philip havia retornado das montanhas. Tinha passado o verão em Sierra Nevada trabalhando em uma equipe de trilheiros e, naturalmente, falamos bastante sobre as montanhas. Havíamos acabado de voltar de lá, da temporada de trabalho, e eu tinha mochilas e cordas de escalada e *piolets* pendurados nas paredes de casa. Óbvio que conversamos um pouco sobre tudo aquilo.

Entendi que havia uma espécie de liberdade e mobilidade que se ganhava no mundo, uma coisa análoga à dos monges budistas andarilhos do passado, que lhe era permitida desde que você tivesse uma mochila e um saco de dormir apropriados, para cair na estrada e atravessar as montanhas em direção ao interior. A palavra para monge zen em chinês, *yun shui*, significa literalmente "nuvens e água" e vem de um verso da poesia chinesa, "Flutuar como as nuvens, fluir como a água", que indica a liberdade e mobilidade dos monges zen perambulando por toda a China, Tibete e Mongólia a pé.

Com isso em mente eu disse a Jack: "Sabe, os verdadeiros budistas eram capazes de caminhar pelo campo". E ele disse: "Claro. Vamos fazer as malas". Acho que John Montgomery disse: "Há tempo para mais uma viagem às montanhas antes que fique frio demais". Isso foi por volta do fim de outubro.

Então nós seguimos viagem por Sonoma Pass, passando a noite em Berkeley, prosseguindo para Bridgeport, subindo pelos Twin Lakes e indo para o interior a partir dali, por Sonoma Pass.

Foi muito engraçado. Foi belamente descrito em *The Dharma Bums*, na verdade. Estava muito frio. Era fim de outubro. Os álamos estavam amarelos, e a temperatura chegava ao nível de congelamento durante a noite e formava gelo no pequeno córrego do *canyon* onde estávamos acampados. Havia um pouco de neve fresca espalhada nos picos e serras. Subimos até o topo do Matterhorn e descemos. Na verdade, Jack não subiu. Acho que fui o único a subir até lá. Fui o único que persistiu.

Apesar da presença dos demais participantes da leitura da Six em novembro de 1955, foi a performance de Ginsberg — "leitura" não é a palavra adequada — de "Howl" que assinalou os novos rumos, mas Jack deixou a Califórnia antes que a reação tivesse chegado ao ápice. A companhia de Neal na galeria naquela noite foi uma mulher problemática chamada Natalie Jackson. Como já era típico de Neal, ele a deixou por um tempo aos cuidados de Jack, mas Kerouac não conseguia lidar com ela. Ela lhe disse que havia escrito suas confissões e que tudo era uma tragédia só. No dia seguinte à tarde que Jack passou com ela, tentando acalmá-la com aforismos budistas, ela se jogou da janela de seu apartamento alugado. O caso abalou muitíssimo Jack, e ele retornou a Rocky Mount, antes do Natal, para encontrar Mémère na casa de Nin.

Em janeiro de 1956, ainda na Carolina do Norte, ele escreveu as memórias afetivas de seu irmão, morto quando Jack tinha quatro anos de idade, *Visions of Gerard*. Trabalhando a partir dos testemunhos de Mémère e das irmãs, que tinham em Gerard uma figura quase santa, Jack santifica o irmão, em termos budistas, e o deixa para que descanse em Nashua, New Hampshire, depois de uma tempestade poética de recordações que vão da gráfica de seu pai a conversas sob o efeito de drogas com Bill Burroughs.

Nas cartas a Cowley, Jack deixara claro o plano de *The Duluoz Legend*, e combinara de trabalhar com Cowley na revisão de *On the Road* quando o editor fosse ao Oeste para dar aulas na Universidade de Stanford, em Palo Alto, não muito distante da casa de Cassady. Cowley havia expressado seu receio de que o romance pudesse ser impublicável, uma vez que suas personagens não eram figuras fictícias mas pessoas reais que poderiam processar a Viking e pedir dinheiro igualmente real. Jack assegurou que era próximo o bastante de todos os envolvidos para garantir o lançamento. Talvez os amigos pedissem cortes e revisões, mas isso era possível, pois as personagens estariam tão somente expressando seu desejo de ajustes nos retratos.

Mais tarde ele sugeriu a tática de aprofundar os disfarces. Justin Brierly, "Denver D. Doll" no livro publicado, era "Beattie G. Davies" àquela altura do campeonato. Jack propôs que ele fosse transformado em um proprietário greco-americano de uma cadeia de pistas de boliche no Colorado, mas que seu interesse em educação de jovens rapazes fosse mantido.

À época do retorno de Jack à Califórnia, em abril de 1956, Cowley já havia deixado Stanford. Por carta, ele continuou o processo que assegurava o lançamento do livro contra ações de difamação e calúnia. Alguns retratos, como o de Brierly, foram substancialmente encurtados e suavizados. Jack mencionara a Cowley que, com o advento do *rock and roll* e a publicidade assustadora que Ginsberg e outros poetas haviam granjeado depois da leitura na Six Gallery, era hora de trazer *On the Road* a público, mas as exigências legais e literárias que a Viking fazia, com as quais Jack não foi capaz de lidar rapidamente, acabaram por estender o processo por mais um ano.

MALCOLM COWLEY:

Jack e sua memória foram muito, muito injustos comigo. Culpando-me por colocar e tirar vírgulas e maiúsculas e sabe-se lá o que mais em *On the Road*. Para dizer bem a verdade, eu não ligava muito para essas coisas. Sabia que

Jack escrevia bem. Jack escrevia bem naturalmente. Seu estilo me lembrava muito o de Thomas Wolfe, que fora a primeira paixão de Jack. Jack nunca perdeu o entusiasmo por Thomas Wolfe. Era a mesma forma de escrita: impetuosa, mas ao mesmo tempo formando frases.

Eu colocaria Wolfe, além de Ginsberg, como a grande influência literária de Jack. Em vez disso ele fala em Proust, mas Proust e Wolfe eram semelhantes em um aspecto: não no gênio, mas no fato de os respectivos trabalhos serem essencialmente baseados na memória. Eles foram grandes "recordadores". Assim, da mesma forma que Wolfe produziria de toda a sua vida um romance mais ou menos interligado, Jack produziria de sua vida um romance mais ou menos interligado. Sei que mencionei o nome de Wolfe a ele umas duas ou três vezes e ele disse, talvez assombrado: "Não gosto de Wolfe hoje, mas o considero bom".

On the Road era boa prosa. Eu não estava preocupado com a prosa. Estava preocupado com a estrutura do livro. Pareceu-me que no esboço original a história ficava indo e vindo de um lado para outro, por todo o continente norte-americano, como um pêndulo. E uma coisa que eu vivia propondo a Jack era: "Por que você não consolida um desses episódios para que seu herói não fique tão perdido pelo país e o livro tenha mais movimento?".

Bom, Jack fez um negócio que ele jamais admitiria posteriormente. Ele produziu uma bela e importante revisão. Ah, ele nunca, mas nunca admitiria isso, porque sua ideia era de que a coisa devia vir à tona como a pasta de dente saída do tubo, jamais modificada, e que cada palavra que saísse de sua máquina de escrever era sagrada. Mas, muito pelo contrário, ele revisou tudo, e revisou muito.

Durante os anos de 1955 e 1956 ele também produziu uma boa quantidade de material original. Além de *Visions of Gerard*, viriam *Tristessa*, seu longo conto sobre Esperanza Villanueva; o poema em prosa *Old Angel Midnight*; *The Angels of the World*, a primeira seção do primeiro de dois romances que seriam posteriormente publicados juntos como *Desolation Angels*; e um sutra caseiro chamado *The Scripture of the Golden Eternity*, este último escrito para, e dedicado a, Gary Snyder naquela primavera em que eles dividiram uma cabana em Marin County, atrás da casa de Locke McCorkle, um jovem carpinteiro interessado em budismo.

LOCKE MCCORKLE:

Jack era um cara de convívio fácil. Ele só se tornava um pouco violento quando ficava bêbado, mas era mais por ficar barulhento.

Uma vez ele disse: "Quero que você viva a experiência de como é ser um bêbado de rua". Eu disse: "Legal. E como a gente faz isso?". Ele respondeu: "Bem, nós enchemos uma garrafa com moscatel, descemos a Howard Street e vamos nos esgueirando daqui para lá pelas portas da rua e bebemos e sentamos ali e fazemos a mesma coisa que eles fazem". E fizemos, mas a experiência não foi exatamente a mesma, porque você pode levantar e ir embora no fim do dia.

Eu achava, de verdade, que ele não via a si mesmo como melhor ou pior do que qualquer pessoa. Ele de fato tinha uma perspectiva budista da coisa toda — da igualdade de todos. Mas, ao mesmo tempo, acho que ele inventou um budismo próprio. Suas intuições eram corretas. Ele não sabia muita coisa sobre o budismo, não tinha muita experiência. Era o que interessava a Gary Snyder. Gary sempre estava interessado na forma e às vezes — segundo seu próprio ponto de vista — sentia que perdia a essência, e Jack a captou de uma maneira que Gary nunca conseguiu — ou não conseguia, ou não pensava que fosse conseguir.

Bev Burford, uma antiga namorada de Jack do verão de 1950 em Denver, estava morando na região da baía naquele ano e lembra-se da animação dele diante da possibilidade de voltar a ser um romancista publicado.

Bev Burford:

Eu trabalhava em San Francisco e morava em Sausalito. Cheguei a meu pequeno apartamento e encontrei um bilhete: "Peguei o som emprestado. Festa das boas em Mill Valley neste fim de semana. Pego você na sexta. Amor, Jack". Então meu som tinha desaparecido. Eu nunca trancava o apartamento, mas ele me encontrou, encontrou o lugar onde eu morava, e então a festa era um grande fim de semana em Mill Valley. Mas nós acabamos passando boa parte do tempo em San Francisco.

Naquele tempo as mulheres usavam chapéu e luvas para trabalhar. Depois do trabalho eles me encontravam, ou eu os encontrava, no Place — North Beach — e então nós voltávamos pela ponte. Uma vez, um domingo, jogamos a moeda: compramos uma garrafa de vinho ou pegamos a balsa de volta? De todo modo... compramos passagens de ônibus e fomos ao lugar errado para pegar o ônibus e acabamos andando San Francisco toda. Como é vazia a cidade no domingo. Tivemos um ótimo dia. E então finalmente voltamos a Sausalito, e ele foi para Mill Valley. Um taxista gordinho de Sausalito o levou para lá de graça, só porque foi com a cara de Jack.

Acabei no hospital com tuberculose, um caso leve, e Jack foi me visitar algumas vezes. Escrevemos um pouco, mas eu não estava interessada nas viagens e caronas pelo país. Nem em Mill Valley, nas festas em que todo mundo sentava e fumava um baseado. Eu não fumava. Na verdade, ele foi mais como um irmão para mim. Meu próprio irmão, que vivia em San Francisco, acho que foi me ver uma vez só no hospital. E foi isso. Mas Jack era mais como um irmão para valer.

Sei de muitas garotas que entravam e saíam de sua vida de tempos em tempos. Garotas de uma noite e nada mais. E Neal estava na área. Carolyn acabou sendo professora de balé da filha do meu outro irmão. E em outra época ela ficou bastante envolvida com um pastor progressista, a ponto de largar Neal e ir casar com ele. E Neal vivia muitas vidas — vidas medidas a relógio, a cronômetro. Tudo era cronometrado. Ele tinha uma vida em San Jose, outra em San Francisco, e Kerouac ficava às vezes entrando e saindo da vida dele.

Locke McCorkle:

Nós gostávamos muito um do outro. Gostava dele mais como pessoa do que como escritor. Quero dizer, ele era a única pessoa daquele grupo inteiro a quem minha esposa confiaria nossos filhos, o que provavelmente vai contra a imagem que muita gente tinha.

Eu era carpinteiro de profissão e budista por vocação. Foi como conheci Gary. Todos fomos revolucionários a certa altura. Eu tinha sido comunista, só que o partido não era muito ativo na minha região para que eu entrasse de cabeça quando tinha dezoito anos, e lá pelos vinte encontrei uma forma melhor de revolução, o budismo. Fui convertido por Alan Watts em um programa de rádio. Quando escutei o que ele tinha a dizer, era algo que eu esperei escutar toda a minha vida e ninguém nunca dissera para mim. Era quase como se eu tivesse dito para mim mesmo. Aquele foi o começo da era que me levou a conhecer Gary, Jack e todo mundo. Estudei com Alan Watts na American Academy of Asian Studies. Zen e bengalês e sânscrito e hinduísmo, todas essas coisas. Eu me divertia muito! Adorava!

Quando eles falaram sobre iluminação eu pensei: "É isso que eu quero". Saca, é como se você olhasse no cardápio e dissesse "*filet mignon* ao molho Madeira". Eu fui iluminado quando ouvi falar pela primeira vez sobre tudo isso, quando não dava muita importância ao assunto. Mais tarde, dei muita importância ao caso e vi como era difícil, impossível, e toda aquela merda que as pessoas fazem, vinte anos em filas com gente batendo com varinhas para fazer a coisa funcionar.

Quando toda aquela cena poética surgiu, tudo era realmente muito leve e sem compromisso. A plateia toda bebia vinho e se manifestava e gritava como se fosse um jogo de beisebol e o povo se animava, tirava o peso acadêmico do mundo literário. A gente se divertia um bocado.

Era bem tranquilo ter o Jack por perto. Ele era tímido, não era de aprontar muita coisa, quase sempre escrevendo. Lembro que uma vez ele chegou de manhã e havia escrito *The Scripture of the Golden Eternity* [A escritura da eternidade dourada] e disse: "Ontem à noite, Locke, eu sabia exatamente o que queria dizer com isso". De manhã ele não tinha ideia — tinha passado.

Nós íamos a festas em Mill Valley onde todo mundo tirava a roupa e dançava. Era realmente inocente, de certa forma, quando comparamos com o lance de pornografia pesada que existe hoje em dia, mas ele ficava lá sentado, de roupa, assistindo.

Jack me disse: "Eles não vão publicar minhas coisas porque eu não vou alterar os nomes". Essa era a grande questão para a Viking. Eu perguntei: "E se publicarem, o que acontece?". Ele respondeu: "Ah, eu vou me tornar um escritor famoso". Perguntei: "Você gostaria de ser um escritor famoso?". E ele respondeu: "Não, detestei da primeira vez". Então perguntei: "Bom, e por que você está fazendo isso de novo? Por que não esquece o assunto e tenta outra coisa?".

Mas ele não fez isso. Naquela época ele já tinha seis ou sete romances inéditos, e então finalmente recuou de sua posição e disse o que ia fazer — ia mudar todos os nomes, o que ele fez discretamente. Pensei que ele estivesse escrevendo um romance. Da maneira como ele fez, não vi as pessoas em que ele baseou aquelas coisas. Se eu tivesse escrito um livro cobrindo a mesma época você não as reconheceria, eu inclusive. Ele realmente via as coisas de um jeito próprio, então achava que tudo aquilo era ficção. Ele não tinha nenhum problema com aquilo. Inventou tudo. O que todos fazemos. Ele não era diferente de ninguém.

Com a ajuda de Snyder, Jack conseguiu passar dois meses do verão de 1956 no Desolation Peak na cordilheira das Cascatas, a noroeste do estado de Washington. Depois de sua temporada com Snyder, Kerouac seguiu naquela primavera ao norte para o pico.

Uma vez instalado na montanha, ele ficou completamente sozinho. Quando Cowley reagiu contra o budismo que permeia *Visions of Gerard*, Jack procurou garantir-lhe que aquela era uma fase, um momento que passaria com pouco efeito em sua obra futura. Mas, sentado na torre de observação diante da face escura e íngreme do monte Hozomeen ao norte, Jack ainda estava envolvido em seu flerte com o Vazio.

GARY SNYDER:

Jack foi arrebatado, depois de ir para Sierra Nevada naquele outono e de conversar comigo, com Philip, Kenneth e outros, pelo poder de Sierra Nevada e pelo poder da vida selvagem e da natureza paradisíaca das terras altas, e ele quis retornar a elas.

As terras altas são o céu, na verdade. É o céu na terra, e a imagem do céu é uma imagem das montanhas e do verde das montanhas e das flores e dos jardins das montanhas, na verdade, em muitos casos mundo afora. Maud Bodkin, em seu *Archetypal Patterns in Poetry*, discute o arquétipo da montanha e da montanha verdejante como uma imagem do paraíso. Realmente repercute na mente e no corpo passar um tempo nas montanhas.

As pessoas do povo Maidu, que viviam onde vivo hoje, quando queriam obter poder de cura — o poder do xamã —, iam às terras altas e passavam um mês ou dois lá, geralmente comendo muito pouco e sentadas próximos a uma cachoeira ou lago na base do pico, até que formulavam uma canção ou sonho, que seria uma canção de cura, e só então elas retornavam às terras mais baixas. Está lá de verdade. Jack se ligou naquilo. Aquilo de fato lhe deu o desejo e a energia para seguir em frente e subir o Desolation Peak e tentar fazer aquilo de que eu e Philip falávamos.

Até onde sei Jack nunca manifestou em momento algum da vida o desejo de ser qualquer pessoa que não ele mesmo, e seguindo o rumo que tomou. Agora, devia haver um alto grau de sofrimento, medo e consciência das contradições, mas para mim ele jamais os expressou, nem tomou providência alguma, daquelas que o teriam ajudado a se livrar disso. E os amigos que tentaram tirá-lo daquilo de inúmeras maneiras não foram encorajados a fazê-lo.

Naquela primavera Jack estava escrevendo um pequeno haicai, isso antes de começar a nos mostrar o manuscrito de seu *Mexico City Blues*. Durante aquela primavera eu vi o manuscrito de *Mexico City Blues* e promovi uma leitura dele para um grupo de estudos do templo budista de

Berkeley em uma noite de sexta-feira. Era uma seita jodo de nipo-americanos, um grupo bem antigo, sólido e tradicional de budistas. Ainda estão em Berkeley. Li para eles *Mexico City Blues*, os poemas budistas, e disse: "São interessantes poemas budistas contemporâneos". Eles publicaram alguns deles na *Berkeley Bussei*, que é o anuário da Associação dos Jovens Budistas.

Allen fez o comentário de que Jack era provavelmente a única pessoa que conhecíamos capaz de compor espontaneamente haicais que não fossem entediantes sem ficar debruçado neles por tempo indeterminado. Sabe, em um dos textos de Bashô ele diz que por alguma razão os mais experientes compositores de haicais de outrora não eram capazes de produzi-los como alguém que tivesse acabado de tomar conhecimento da forma e a testasse. Pois são a rapidez e a leveza que fazem os haicais.

Jack tinha muito daquela chave de pensamento e sabia como usá-la. Como pegar aquele primeiro e melhor pensamento e colocá-lo para fora. E ele fez belíssimos haicaizinhos.

Conversar com Jack era como estar em uma quadra de handebol onde você está jogando com duas ou três bolas ao mesmo tempo, e o prazer todo era na verdade jogar o jogo e saber que havia várias bolas ao redor e que elas voltavam à medida que rebatiam aqui e ali. Acho que é daí que vem a imagem "fora do comum", não convencional. Era algo fabuloso. A conversa com Jack era sempre, estritamente falando, poética. Era cheia de saltos imaginativos, intuitivos e imprevisíveis, que faziam todo o sentido se as mentes estivessem unidas e vocês estivessem falando no mesmo registro.

A mente de Jack e a minha estiveram unidas muitas vezes, e nós podíamos conversar daquela forma por horas e horas. Não eram apenas jogos, era uma forma muito forte, criativa e provocativa de comunicação, que eu tenho com algumas poucas pessoas no mundo, não muitas. À falta de qualquer razão, diria que por causa dessa qualidade em particular ele era um verdadeiro poeta. Sua mente trabalhava de forma rápida, surpreendente, imprevisível, mas apropriada.

Jack não vivia de modo que um relacionamento confiável pudesse se estabelecer. Agora, duas pessoas dividindo uma cabana por alguns meses, como estávamos, sem nenhum compromisso ou obrigações com o outro, nós podíamos ir e vir e ficar fora por quatro ou cinco dias e voltar sem dar satisfação e sem saber quando voltaríamos e assim por diante. Isso é fácil de fazer, mas Jack não estava interessado em organizar sua vida de forma que pudesse ser responsável por outra pessoa. Ele nunca demonstrou indicação alguma de querer fazer isso.

A coisa de Jack voltar para sua mãe existia em função do que ele era, e a maioria de seus amigos entendia aquilo por sentir que aquilo era, de alguma forma, traço essencial de seu gênio. "O gênio criativo será irresponsável e não poderá se prender às mesmas regras das demais pessoas, e eles são infernais com suas esposas." Esse é o tipo de imagem do artista que corre pelo mundo desde Rimbaud. A mística da Geração Beat ou, para colocar em termos mais precisos, o lance de liberação que sentimos em nossas vidas naquela época, de meados dos anos 1950 em diante, era o lance de que você pode fazer o que quiser. Isso, como força libertadora, fez com que alguns de nós realmente demonstrassem isso de maneira um tanto literal e não fossem muito responsáveis uns com os outros, e aquele era um sentimento muito libertador e espontâneo para muitas pessoas naquele momento. Jack de certa forma abriu caminho, era seu estilo, mas ninguém, mulher ou homem, digamos, que quisesse estar de verdade com ele poderia alimentar essa esperança. Ele era absolutamente incapaz de estar junto de qualquer pessoa naquele plano.

Agora, você poderia dizer que era o gênio dele, se quisesse romantizar o gênio, ou poderia dizer que ele era adolescente e imaturo, se quisesse ser crítico. Mas o fato objetivo era: ele não conseguia fazer de outro modo. Também outro fato objetivo é que um bocado de energia de sua arte e de seus escritos de algum modo estava atrelado ao modo como ele vivia. Jack era um pouco como o velho bêbado da boca do lixo que fica vagando de um lugar para outro; ele gostava de aplicar essa imagem a si mesmo.

Jack ficava em hotéis nas imediações das linhas ferroviárias, que era onde os trabalhadores ficavam quando vinham à cidade, e Jack havia passado algum tempo na estrada. Ao remontar ao trabalhador migrante norte-americano — o *hobo* —, Jack estava remontando a um dos poucos modelos — mitos — de liberdade, espontaneidade, mobilidade e desprendimento, desprendimento do mundo de destruição por poder e prestígio que estava ao nosso alcance na época.

De certa forma, a Geração Beat é uma reunião de todos os modelos e mitos de liberdade ao alcance que existiram nos Estados Unidos até aqui, como: Whitman, John Muir,

Thoreau e o vagabundo norte-americano. Colocamos todos eles juntos e os expandimos mais uma vez, e isso se transformou em um motivo literário, e então acrescentamos algum budismo.

The Dharma Bums é uma verdadeira afirmação dessa síntese, a partir de Jack. Não sei se Jack acreditava nisso, mas eu sim. Não apenas intuitiva, mas racional e intelectualmente. Sou um velho antropólogo. Estudo 2 mil anos de ciclos humanos. E a visão dos anos 1950 e 1960 toca um arquétipo profundo na mente norte-americana, que por sua vez está ligada a um subtema que percorre a história da cultura ocidental, a qual se manifesta periodicamente em ramos heréticos da cristandade. Essa corrente está ali e de maneira consistente na história ocidental.

A América, em suas origens, é parcialmente um reflexo dela. Então nós não nos libertamos do carma, e alimentar esse carma, tentar remetê-lo ao futuro e desenvolvê-lo mais é um bom movimento político, conclusão a que conscientemente cheguei nos anos 1950.

Allen Ginsberg:

Jack leu com bastante afinco uma porção de textos-chave e os compreendeu muito cedo, de maneira muito intuitiva para quem nunca teve um professor. Acho que Gary, em meados dos anos 1950, quando conheceu Jack, estava tocado por seu domínio dos termos básicos da existência: sofrimento, transitoriedade, eliminação do ego.

Neal havia aprendido com Edgar Cayce, o que envolvia teorias da reencarnação e ideias teosóficas do Oriente. Em uma carta Jack me diz: "É como Billy Sunday [ex-jogador de beisebol que virou pastor] em um terno", aquele falatório todo sobre Cayce, tentando me convencer de que Cayce é algum tipo de profeta sobrenatural. Jack pensava que aquilo era tipicamente norte-americano em sua crueza, então ele foi até lá descobrir o que havia por trás das ideias de Neal sobre reencarnação — ou de Cayce...

Mas como ele não se acomodava, a parte não deísta não se acomodava. No entanto, havia algum elemento de deísmo... Finalmente, Buda-Cristo era a mesma caridosa figura, mas ainda havia uma "pessoa" por trás do universo.

Não sei como essas coisas eram para ele no fim das contas, mas havia alguma confiança final em Bhakti, ou devoção por Cristo. Não sei se um Cristo católico, ou um Cristo de Blake, ou o Cristo do sofrimento de Jack — do sofrimento humano, do sofrimento de seu pai no leito de morte, dele mesmo, de todos nós. Todos nós atravessamos a vida e morremos. No budismo, há quatro verdades nobres: a primeira verdade nobre é a verdade do sofrimento. A existência contém o sofrimento. Sofrimento é o que nasceu.

Sofrimento é a característica ou tema essencial de sua escrita. A segunda é a transitoriedade, aquela ideia do "doce cello" — "doce cello da memória". Aquele sentido marrom e rembrandtiano do tempo, retornando em fantasmas que se metamorfoseiam pela vida em sua vaidade, que fazem com que tudo seja levado a sério, embora não passem de fantasmas. E o terceiro aspecto era, através da vaidade, a revelação do vazio, "o vazio por trás da aparência da personalidade". Essas coisas, na teoria budista básica, são conhecidas como as três marcas da existência: o sofrimento, a transitoriedade e *an-atma* — sem alma, sem eu.

O primeiro contato com o budismo que tive veio de Jack, e talvez tenha sido um dos mais profundos. Eu só tinha uma objeção juvenil à ideia da existência como sofrimento. Não queria que ela fosse sofrimento, só isso. E achei ruim. E ele ia a todo o tempo se intrometer e me repreender — tirando o chão de debaixo de mim — ao apontar tudo que era transitório e o sofrimento vão, e que tudo era a aparência de uma personalidade surgindo e gritando em público, com barba.

Só fui levar isso a sério em meados dos anos 1950, quando Gary e Philip apresentaram o budismo de forma um pouco mais leve e como parte de um contexto cultural. A princípio pensei que fosse alguma boa e velha descoberta de Jack no intuito de ser antissemita. Um tipo de Jeová ou coisa do gênero, um Jack-Jeová. Na verdade acho que comecei a levar a sério só quando fui ao Japão, no sentido de um entendimento completo, que era apenas uma descrição da natureza e não uma imposição filosófica à natureza. Aquele sofrimento não era a imposição de uma postura ou modo de vida, era apenas a descrição do fato de termos nascido em um corpo de carne.

Uma vez perguntei a Gary como ele achava que Jack se sairia em um monastério zen em termos de responder aos *koans*, e ele disse que Jack provavelmente tiraria de letra.

Depois de dividir o quarto com Gary Snyder quando ambos eram estudantes no Reed College em Portland, Oregon (o terceiro companheiro de apartamento era Lew Welch), Philip Whalen também se mudou para San Francisco. Assim como, Snyder ele ficaria sob a tutela de Kenneth Rexroth, e logo emergiria por seu próprio esforço como um poeta de estilo muito próprio.

PHILIP WHALEN:

Jack carregava consigo um exemplar do livro *A Buddhist Bible*, de Dwight Goddard. Pelo que pude compreender, ele estava interessado em grandes, amplas e belas ideias sobre budismo e sobre linguagem. Ele gostava da linguagem extravagante que aparecia naquelas traduções. Elas falavam em termos de longas distâncias e extensões de tempo e enormes quantidades de tudo e muitas e muitas flores e pombas e uma coisa e outra, então, em certo sentido, era mesmo uma baita viagem em termos de linguagem. Ele próprio tivera muitas experiências religiosas profundas, sobre as quais falaria posteriormente, e encampou a ideia, eu acho, de que as escrituras budistas tratavam da experiência, que eram baseadas na experiência meditativa. Isso lhe interessava.

Ele era absolutamente incapaz de ficar sentado mais do que alguns minutos por vez. Seus joelhos estavam destruídos, por causa da prática de futebol americano, de modo que ele não conseguia ficar sentado com os joelhos para cima. Ele nunca aprendeu a se sentar da maneira correta para a prática da meditação. Mesmo que tivesse sido capaz, sua cabeça jamais teria parado tempo suficiente. Ele era muito nervoso, mas achava a ideia bacana.

Quando as coisas começaram a ficar difíceis, ele se apegou na Pequena Flor de Jesus, Santa Teresa do Menino Jesus, vários outros santos católicos, e era nisso que ele de fato acreditava e de onde tirou a maioria das coisas a que ele continuamente retornava. Isso lhe possibilitou, por exemplo, ter longas, sérias, esclarecedoras e maravilhosas discussões com Philip Lamantia, que se criara católico e naquela época era praticante, tinha acabado de retornar à igreja.

Isso também tinha uma ligação bem forte com sua mãe, Gabrielle, que era católica praticante, ia frequentemente à igreja, se confessava e tinha medalhinhas religiosas presas às alças da combinação.

Pelo que sei, honestamente, seu interesse no budismo era muito literário, e a ideia de que as pessoas estavam experimentando aquilo lhe interessava como algo que se exteriorizava a partir de seu caráter. A ideia de que Gary era aquele sujeito muito ativo — muito estudado e ativo e que gostava de viver ao ar livre e que tinha uma vida social agitada — que seria interessado em budismo e praticante do budismo, ou que tentava praticá-lo, e logo iria para o Japão começar a estudar formalmente o zen —, aquela ideia era interessante para Jack como uma manifestação do caráter, mais do que o budismo como tal.

Esse era o limite dele, e então ele dizia: "Ah, tá. É lindo, mas acredito mesmo no meu menino Jesus", ou "no meu cordeirinho Jesus" ou "no meu irmão Gerard". Muito do que está naquele livro *Visions of Gerard* ele comentava em conversas, casos sobre o que acontecera quando Gerard morrera e tal.

Todos amavam Jack. Todos se interessavam por ele e todos viam nele uma figura bastante ambígua, porque ele era bem ciente do interesse que as pessoas sentiam por nele.

Ele tinha tão pouca autoconfiança que sabia disso e dizia: "Nããããо — você está louco, sou um fracasso completo. Sou um embuste, seu interesse está no sujeito errado. Não sou interessante. Sou só um sujeitinho sujo, da pior qualidade". É disso que trata o "Sutra do Girassol", do Allen. Allen, Jack e eu estávamos no pátio da ferrovia e Allen, que aparentemente nunca havia visto um girassol, viu uma flor dessas morta e ficou arrebatado pela imagem. Parte do tempo Jack ficava animado e então parecia bem aberto e vivaz e engraçado e solar e bem simples e quase infantil. Já em outros momentos ele ficava bem pra baixo e triste e chegava com coisas sem sentido: "É, vamos todos morrer", falando sobre como tudo estava esgotado e todos estavam morrendo e ninguém fazia coisa alguma e ele não conseguia publicar seus livros e ninguém gostava dele e ele não era bom e que ele só conseguia fazer merda por aí e não se preocupar, mas ao mesmo tempo, tudo isso é bem legal porque a gente pode ir à igreja, Santa Teresa do Menino Jesus está lá.

Mas pra baixo, bem pra baixo, e não só pra baixo mas falando também sobre como a gente fodia com a própria vida. "Por que você fez isso ou aquilo?" Um ataque bem direto, bem duro, contra mim ou qualquer um que estivesse com ele. Realmente bem pesado.

Isso era bem interessante, bem perturbador. Por que ele fazia aquilo? Você poderia pensar, bom, ele estava bêbado e briguento. É um negócio bem estranho. Você ficava irritado com ele, e ao mesmo tempo, quando ele estava ligado, quando estava um pouco mais tranquilo, era interessante observá-lo pois ele sempre *via* muito, sempre estava bem ciente de sua própria experiência, e era isso que ele estava vendo, que ele estava ouvindo, que ele lembrava. Ele tinha um bocado de ideias engraçadas e um monte de noções estranhas para apresentar, então era engraçado ficar com ele, embora ele passasse por essas mudanças terríveis, quando de repente começava a atacá-lo e dizer que tudo era horrível, tudo era sujo, tudo era medonho.

Lembre-se, ele foi criado naquela escola paroquial horrorosa. Ele contava histórias escabrosas sobre as irmãs que trabalhavam lá. Deve ter sido uma experiência bem angustiante. O catolicismo jansenista norte-americano é pesado. É o puritanismo elevado dezenove graus acima do puritanismo protestante. É herético também. Jansen foi denunciado como herege há muitos anos — ou não exatamente, mas pelo menos as ideias de Jansen foram oficialmente condenadas por Clemente XI na bula *Unigenitus*. Mas o catolicismo norte-americano ainda é jansenista e toma esse caminho difícil segundo o qual o corpo é o mal, mais as coisas — como os banhos — que as pessoas fazem com o corpo, expondo-o e esfregando a genitália com sabão e pensando: "Meu Deus, nós vamos queimar, estalar, fritar no inferno por causa disso". E a ideia de um sujeito ter uma ereção! Que os santos nos protejam. Literalmente.

É melhor você ter todos os santos e Deus e todo mundo para perdoá-lo, porque a carne o condenou à destruição completa. Tudo que você pode fazer é rezar e esperar pelo melhor. Ele tinha essa viagem sobre "minha imundície". Ele tinha esse lance nele e isso ajudou a complicar sua vida e fazê-lo infeliz.

John Clellon Holmes:

A base de Jack sempre foi o catolicismo — a cristandade. Ele via o mundo em termos de bem e mal.

Nos termos dos livros e nos termos da personalidade de Jack. A juventude de Jack, o sentido de continuidade de Jack. O sentido de família de Jack, Lowell, tudo aquilo é completamente católico.

A experiência com *On the Road* e todos os livros que irromperam no meio-tempo o perturbaram tanto que ele — creio eu — ficava o tempo todo perguntando para si mesmo: "Por que você está fazendo isso?". Sua fé — sua fé religiosa — controlava a coisa ou tornaria mais fácil dizer "Pare de fazer isso", mas ele fazia do mesmo jeito, e é aí que entra o budismo. Todas as fés são uma só. São apenas estágios. Estágios.

Um mestre zen teria dito sobre Kerouac: "Ele é um buscador". Ele era. Jack não era zen, era um budista mahayana. Ele sempre achou o zen intelectual. O ponto é que Jack estava lutando com o sentido da vida. "Por que estou vivo? Por que deveria permanecer vivo?" Essa era sua maior questão: "Por que eu deveria ficar vivo? É só dor". Para ele existia apenas a dor que sentia.

Jack era, e permaneceu até o fim, um católico — nos termos da mais elevada visão católica do mundo. Ele não olhava para a vida como caos, mesmo no sentido zen de acontecimentos que vêm ou não a se concretizar. Ele experimentou loucamente com o budismo. Que eu tenha conhecido, ninguém compreendeu o budismo tão profundamente quanto Jack.

No fim do verão de 1956 Jack retornou do Desolation Peak com um diário de seus meses de solidão vividos ali. Ele fantasiou naquelas páginas a chegada de "quatrocentos nagas nus" atrás dos rumores de que Buda estava vivendo na torre de observação, que ele, na verdade, era Buda, um fato tão válido quanto qualquer outro, desde que "não há Buda, não há quem desperte, e não há Sentido, não há Dharma, e tudo isto é apenas o truque de Maya". Depois de parar em Seattle, onde foi a um espetáculo de comédia, Jack retornou a San Francisco e envolveu-se em uma guerra entre poetas.

Lawrence Ferlinghetti, coproprietário da livraria City Lights, havia publicado *Howl*, de Allen, em formato pequeno, econômico, o que criou uma batalha de grandes proporções pelas liberdades civis quando a Alfândega norte-americana tentou — e fracassou — proibir a importação de papel impresso de uma gráfica inglesa. Logo Ginsberg se tornaria a conhecida personagem barbada continuando seu papel de agente para os amigos literatos, escrevendo introduções e cartas de recomendação que levaram ao artigo da *Evergreen's Review* sobre o grupo de San Francisco, o que era natural, uma vez que Jack já havia assinado contrato para publicar pela Grove Press. Fazendo trilhas juntos no monte Tamalpais de San Francisco vinte anos depois daquela temporada de debates, Michael McClure e Philip Whalen avaliam o período capitaneado por Allen.

MICHAEL MCCLURE:

Eu disse: "Sabe, Phil, eu costumava ter muitos problemas. Nós éramos muito duros uns com os outros". Também sabia que apoiávamos uns aos outros. Sabe, foi nossa camaradagem que nos fez passar por tudo aquilo, que trouxe à vida novos territórios literários e novas formas de poesia, pela pressão que exercíamos uns contra os outros.

E Phil disse: "Bem, Michael, acho que você era o único que sabia o que eles estavam fazendo, que sabia a direção exata que eles estavam tomando. Allen pegava muito pesado comigo".

E eu respondi: "Meu Deus, você está certo. Percebo agora, vinte anos depois, que você estava ouvindo muita merda de todo mundo — ou pelo menos de Allen". Eu também estava falando muita merda, admito, e tive duas ou três discussões feias com Allen e Kerouac.

Teve aquela vez no bar Who Cares, quando Allen decidiu que todos nós deveríamos ceder e ser parte da Geração Beat e fazê-lo da forma que ele determinasse. E lá estava Gregory para apoiá-lo. Eu devia ter levado Robert Duncan, mas Robert não foi, e acabei defendendo Robert contra Gregory e Allen.

E Allen dizia: "Agora escuta. Vamos para o México. Todo mundo precisa ir para o México, e blá-blá-blá-blá-blá-blá-blá". E eu dizia: "Robert Duncan é o poeta mais importante da Costa Oeste, e blá-blá-blá-blá-blá-blá-blá". Gregory saltava da cadeira e dizia: "Michael, você é blá-blá-blá-blá-blá".

Finalmente, levantei-me, enrolei meu cachecol no pescoço, empurrei a porta e Kerouac disse — o que ele disse? Ele disse alguma coisa adorável como "Nossa, mas como você é durão" ou "Você realmente sabe brigar" ou "Foi o melhor espetáculo que já vi". Alguma coisa adorável que, enquanto eu saía pela porta, coroou a conversa.

Foi uma discussão incrível. Foi uma daquelas discussões uma-vez-na-vida-outra-na-morte, quando todo mundo encampa sua própria individualidade de tal maneira que você sabe quem você é e para sempre saberá. E, se rusgas surgirem, vocês ainda serão amigos.

Rexroth, que havia reunido os poetas, estava agora sendo posto de escanteio pelos invasores do Leste. Para os que desconheciam os detalhes da cisão, parecia se tratar de um caso avançado de chauvinismo regional, mas suas verdadeiras raízes estavam em um problema pessoal, um sério desentendimento no qual Rexroth se ofendeu com o que, por engano, considerou o posicionamento contrário de Jack e Allen — especialmente de Jack. Daquele momento em diante, Rexroth caluniaria Kerouac em âmbitos público e privado, deixando para trás sua condição de defensor dos beats.

ALLEN GINSBERG:

Quando, mais tarde, por volta de 1958 ou sei lá quando, *Mexico City Blues* saiu [foi em 1959], Rexroth escreveu uma resenha terrível, ruim mesmo [*New York Times*], dizendo que aquela forma de poesia separava os homens dos moleques, e que Kerouac era obviamente um moleque e não era capaz de escrever, e era ridículo que ele apresentasse aquele livro ao público.

Na mesma época Rexroth foi para Londres, e acho que ele disse que eu tinha "escrito tudo que tinha para escrever" em *Howl*. Isso enquanto eu estava terminando de escrever "Kaddish". Então ele disse ao *London Times* que o fenômeno beat nos Estados Unidos era uma alucinação transitória relacionada ao editor Henry Luce, e que lamentava ter alguma coisa a ver com o caso e que éramos um bando de delinquentes juvenis sem talento, e que provavelmente tínhamos tão pouco talento que havíamos nos esgotado... acho que ele acabou sentindo um bocado de oposição do povo literário que o havia visto como um anarquista descentralista radical que então mostrava "suas verdadeiras cores" ao dar apoio a um grupo de pessoas hereges, bárbaras, desqualificadas — beatniks sujos, imundos, homens de letras da pior qualidade, que nada tinham a ver com nada. Então ele deve ter se sentido vulnerável por ter sido inicialmente tão amigo daquela gente, amigo literário, e por ter nos apoiado. Talvez também, é provável, ele tenha tido uma luz profética e histórica, de que talvez não soubéssemos o que estávamos fazendo em termos históricos...

Em termos de história e marxismo e anarquismo e teoria nós agíamos intuitivamente, enquanto ele e Paul Goodman tinham perspectivas históricas muito complexas do que dera errado com o círculo petrachevista dos anos 1870 em Moscou, ou com o que dera errado na revolução de 1905 e o que dera errado com os trotskistas, stalinistas e...

O fato é que na época eu pensava que havíamos chegado como reforço, não como competidores. E então aconteceu que surgimos na posição de "ídolos da mídia", eu especialmente em primeiro lugar, e fiz tudo que pude naquele momento para disseminar o reconhecimento do que acontecia em San Francisco, para assegurar que a *Evergreen Review* publicasse o trabalho de Duncan. E eu intervim entre

Duncan, que não queria ser publicado, e Don Allen para ter certeza de que aquele longo poema, "A Poem Beginning with a Line of Pindar", fosse publicado na *Evergreen* e na antologia da *New American Poetry*.

Quando voltei de San Francisco trouxe comigo não só os manuscritos e cadernos de Kerouac e de Corso, mas também os de Gary, Duncan, Philip Whalen, algumas coisas de Ed Dorn, Robert Creeley, Denise Levertov, Lamantia, McClure. Uma porção dessas coisas foi entregue à apreciação, tão logo retornei a Nova York, de Louis Simpson para o projeto *New Poets of England and America*, de Simpson e Donald Hall.

Então o que eu estava tentando fazer era um lance cooperativo, parecia-me que eles haviam preparado um teatro cultural em San Francisco e que era uma comunidade legítima, mas pensei que fôssemos parte dela. Fiquei um pouco irritado por eles se ressentirem disso; o que tentei fazer foi na verdade tentar e estar à altura do papel que tinha para mim, o de "porta-voz" para o "Renascimento de San Francisco". Apresentei todo aquele material na *Partisan Review*, entrei em contato com a *Hudson Review*, levei muitas dessas coisas para John Hall Wheelock na Scribner e falei com John Hollander, como agente...

Talvez eu seja muito intrometido, não sei. Veja, Neal, eu, Peter, Jack e Gregory havíamos realmente planejado juntos as coisas. Como a viagem a Tânger, estávamos todos juntos em Tânger e todos juntos na Cidade do México, todos seguimos Neal e fomos juntos para San Francisco. E Gary e eu fomos juntos para o noroeste, e por isso havia companheirismo, todos andando juntos. Andávamos juntos. Minha própria perspectiva era aquela antiga coisa comunista de "a união faz a força", pensando que tínhamos de combater toda a cultura do capitalismo ocidental, e os poetas todos deveriam permanecer unidos... uma república dos poetas. Não conseguia entender por que havia essa dissensão, quando certamente deveria haver um campo unificado.

... Costumava ser um saco essa coisa da rivalidade. Imagino, em retrospectiva, quanto aquilo não se devia à minha arrogância ou ao fato de eu forçar uma situação.

No início de 1957, quando o número "San Francisco" da *Evergreen Review* veio a público, o fenômeno beat estava em pleno florescimento e começara sua penetração na mídia popular. Desse modo preparou-se o caminho para a espetacular reação que *On the Road* suscitaria quando foi publicado, em setembro daquele ano.

Por meio de seu relacionamento editor-autor, Jack enviava a Malcolm Cowley seus contos e romances à medida que ficavam prontos. Nenhum deles se mostrou, aos olhos de Cowley, publicável pela Viking, embora mais tarde ele tenha lamentado, profundamente, ter perdido a chance de emplacar *Doctor Sax*. Mas, se os editores da Viking não se mostravam interessados na obra mochileira de Kerouac, Barney Rosset, da Grove Press, estava. Ele comprou *The Subterraneans*, o que rendeu a Jack dinheiro suficiente para se juntar a Allen, Gregory e Peter na viagem a Tânger, onde Burroughs escrevia *Naked Lunch*.

Peter Orlovsky:

Allen e Jack viajaram para trabalhar em *Naked Lunch*, de Bill, editando e datilografando, selecionando trechos, e Jack estava datilografando — bastante ocupado batendo tudo à máquina. Eu ficava fumando haxixe, lendo, escutando as conversas, conhecendo Bill. Não nos dávamos muito bem por alguma razão, mas depois de algum tempo pude perceber que ele era muito engraçado. Sua rotina, suas histórias, seu senso de humor. Foi aí que comecei a curti-lo. Costumávamos cozinhar os jantares juntos e comer em sua sala.

John Clellon Holmes:

Jack [me disse que] curtiu mais o tempo em Tânger com Bill e Allen. Eles foram para Marselha — terra natal! Francês! E então ele se lembrou do fato de falar o francês canadense, e o francês parisiense causava constrangimento às pessoas da região.

Jack pensou que poderia pegar carona a partir de Marselha até Paris como faria nos Estados Unidos, mas naquele tempo, no fim dos anos 1950, não se conseguia fazer aquilo na França. Ninguém parava, e então ele tomou um ônibus e, como muitas das noções idealistas de Jack sobre refazer o amanhã, tudo ressurgiu em minúcias. O que fazer? Quando chegou a Paris ele já estava de saco cheio da coisa toda.

De volta da Europa, Jack preparou *The Subterraneans* para publicação e pensou em uma nova forma de levar Mémère para a Costa Oeste. Ao mesmo tempo, planejou com sua nova namorada, Joyce Glassman, para que esta deixasse seu emprego e se juntasse a ele e Gabrielle em Berkeley. Ele talvez acreditasse que *On the Road*, pronto para sair em questão de semanas, lhe permitiria estabelecer um ambiente familiar tradicional: o romancista bem-sucedido, sua esposa e sua mãe já idosa, finalmente aposentada de sua dura e longa faina, cumprindo a promessa de Jack a Leo.

Assim, Jack e Mémère encaixotaram seus pertences e deram à companhia de mudança o endereço de Philip Whalen, na Milvia Street, em Berkeley. Jack planejava chegar lá bem antes, a tempo de encontrar uma casa para si e de Philip orientar os responsáveis pelo serviço para o novo endereço. Em um ônibus Greyhound, Jack e Mémère cruzaram o "continente em fúria", parando no caminho para oferecer suas preces em uma igreja de Ciudad Juarez, cruzando a fronteira a partir de El Paso.

Ao chegar a seu destino final, Jack certificou-se de que Mémère estivesse confortavelmente instalada em um hotel da Shattuck Avenue, e então foi à casa de Philip Whalen. Antes de bater à porta Kerouac espiou pela janela da frente e viu Philip Whalen entretido com seus livros e esperou uns instantes antes de interrompê-lo. Quando ele finalmente o fez Whalen o saudou com carinho, explicando que tinha estado observando uma linda mariposa que pousara entre as páginas do sutra Lankavatara.

Jack encontrou um apartamento no dia seguinte, na Berkeley Way, travessa da University Avenue. O lugar estava longe do sonho de Jack de uma pacífica "casinha na noite do Oeste", e Gabrielle não gostou do clima da região da baía. Ela não estava preparada para o verão local, todos os dias com aquela névoa gelada e sentiu falta de estar perto de Nin e sua família. Jack escreveu a Joyce, que já havia se mudado de seu apartamento em Nova York, para que não fosse à Califórnia. Ele estava voltando.

Enquanto ele e Gabrielle ainda viviam em seu apartamentinho abandonado em Berkeley — Mémère tido ido fazer compras —, uma caixa chegava da Viking Press: os primeiros exemplares de *On the Road*. Naquele instante, ele ouviu visitas do lado de fora. Eram Neal e Luanne com Al e Helen Hinkle.

AL HINKLE:

Jack estava lá, de pé, meio perplexo. Ele apareceu com os livros. Ele os havia jogado debaixo da cama. Talvez ele tivesse pensado que ia perder todos os seis exemplares.

Por fim, ele apareceu com os livros e Neal pegou um deles e começou a ler ali. Isso na garagem daquele prédio engraçado, com umas barras de metal descendo das vigas, e entre a leitura de uma passagem e outra, Neal se pendurava nas barras e se balançava nelas brincando de macaco.

HELEN HINKLE:

Jack disse: "Vocês vão ficar putos comigo".

AL HINKLE:

Mas ele não explicou nada. E todos disseram: "Isso é impossível". Não conseguíamos nos importar, de um jeito ou de outro. Na verdade, não sei se aquele dia não foi um dia de desapontamento para ele, pois logo começamos a nos interessar por outras coisas.

Luanne Henderson:

Ele ficou repassando aquelas cenas, explicando: "Agora vocês precisam entender por que escrevi essas coisas". Ele estava cheio de explicações e desculpas.

Claro que ninguém estava nem aí. Nós líamos uma frase aqui e outra ali e revivemos e rimos e lembramos. Mas nenhum de nós, Neal ou Al Hinkle ou eu, estávamos interessados em avaliar o que ele havia escrito. Apenas ficamos nos lembrando do que tinha acontecido. Mas a reação de Jack foi de se desculpar e de explicar por que escrevera aquilo.

Claro, depois de ler o livro, percebi que muito daquilo ou havia ficado de fora ou havia sido modificado. Claro, essa era a reação de Jack. Todos reagimos de maneiras diversas, então eu tinha de lembrar que aquele era o modo de Jack sentir e ver aquilo tudo.

Al Hinkle:

Neal parecia um bobo com o livro de Jack ainda em mãos, mas acabamos saindo em direção à cidade para beber uma cerveja.

Jack, usando uma camisa de lenhador e seu gorro de vigia, apertou-se no carro com os outros, saindo em direção a San Francisco para uma pequena e apropriada comemoração.

Quando o grupo chegou ao bar escolhido, na 6th Street, eles foram expulsos pelo proprietário, pois Luanne, então com seus 24, 25 anos, não tinha documento que provasse que era maior de idade. Al Hinkle estava atrasado para seu trabalho na ferrovia, e assim a comemoração foi cancelada.

Luanne Henderson:

Imagino que Jack provavelmente sentiu a mesma coisa que eu e ele sentimos naquela noite em que Neal foi embora [e nos deixou em San Francisco] — ele parecia meio abandonado.

Já havia se passado mais de sete anos desde o primeiro romance de Jack, um romance com ecos de sua vida real em Lowell e Nova York, mas ainda e claramente um romance. *On the Road* e o ainda impublicável conjunto de prosas que se seguira era algo novo, algo mais do que aquilo. Malcolm Cowley sabia disso havia anos, e Gilbert Millstein, que encomendara o artigo de Holmes dando contornos à nova geração, rapidamente anunciaria o novo livro de Jack com louvores incomuns. O sucesso, contudo, teria o sabor de cinzas, pois o trabalho de Jack era tão próximo da verdade que a arte de narrar ficaria esquecida no mercado norte-americano de imagens.

4

A CIDADE GRANDE REVISITADA

Perguntei a Jack: "Bem, e como é a fama?". Ele respondeu: "É como jornais velhos soprados pelo vento na Bleecker Street".

Irene May

Os Estados Unidos que Kerouac retratou em *On the Road* eram um país completamente diferente dos Estados Unidos de Eisenhower, que recebeu o livro. O romance era um conto de viajante a partir de um país alternativo, com a mesma língua, cidades, estradas e estrelas de cinema conhecidas de seu público, porém um mundo à parte dos motivos e energias que moviam a maioria dos norte-americanos nos anos 1950. Os acontecimentos de *On the Road* têm lugar dez anos antes de o livro finalmente ser publicado, mas, apesar das referências claras a datas no romance de Jack, poucas são relacionadas a lugares específicos e, assim, torna-se possível ler o romance como um jornal de notícias — e as notícias eram sobre um estranho grupo de homens e mulheres tão distantes da Guerra Fria quanto haviam sido da guerra que a precedeu.

Os Estados Unidos de meados do século XX eram um país de famílias: o pai, a mãe e as crianças assistindo a programas de televisão sobre pais, mães e crianças. Os homens e mulheres de

On the Road uniam-se e procriavam com pouco interesse pelas expectativas da sociedade e da igreja, e pareciam querer se congregar em algo ao mesmo tempo maior e menor do que uma família. O pai ia ao trabalho todas as manhãs, um local com mesas ou um relógio de ponto, onde os negócios aconteciam ao longo de quarenta horas semanais. Dean Moriarty arrumou um emprego apenas como último recurso, e Sal Paradise não queria de seu trabalho outra coisa além da comida para a noite ou um bilhete de ônibus que o levasse para algum outro lugar. Eisenhower, o general que levara o conflito armado até o final, falava a seus congressistas lenta e calmamente, explicando a necessidade da corrida armamentista e dos abrigos antibomba como um avô que explicasse a uma criança a razão de um ruído aterrorizante no meio da noite. Algumas das coisas que se passavam durante a noite ele jamais mencionaria, e seus medos sobre o "complexo militar-industrial" nunca foram levados em conta, ficando reservados para seu discurso de despedida, no qual cunhou a expressão.

Para a grande maioria dos norte-americanos brancos esse era um modo de vida que funcionava muito bem. O Hudson de *On the Road* era um símbolo conhecido dessas pessoas, o carro rápido e reduzido ao essencial que todo e qualquer soldado sob o comando de Ike prometera a si mesmo quando a guerra terminasse e as fábricas parassem de fabricar armas. Todo domingo depois de ir à igreja, a família entrava no carro e viajava para o campo. O filho da casa sonhava com o dia em que ele pegaria as chaves do carro do pai, pois, para a maioria dos jovens daquele tempo, o banco traseiro amplo seria o primeiro colchão para o amor. Mas todo domingo era necessário, a uma certa altura do passeio, dar meia-volta em direção à própria casa. Todo encontro no drive-in era uma missão delicadíssima. Dean Moriarty era diferente. A estrada, não a rua urbana, era o lugar do carro. Ninguém ficava sentado esperando que as garotas de Dean chegassem por volta da meia-noite. Dean não dava meia-volta às quatro horas da tarde de um domingo. Ele seguia em frente.

Ginsberg e Burroughs haviam se dado ao trabalho de deixar o país em nome da arte, observando os Estados Unidos da perspectiva oferecida por México, Panamá ou África do norte. Quando Jack viajava, seus olhos mentais ocupavam-se em descrever tudo que imediatamente o cercasse. Ele não olhava para trás. O mesmo era verdade durante suas viagens pelo país que chamava de "América *fellaheen*". Ele conhecia a imensa rapsódia do pessimismo de Oswald Spengler, *A decadência do Ocidente*, da qual tomou de empréstimo a palavra de que o historiador alemão se valera para dar nome às subclasses do mundo. Os *fellaheen* de Jack não eram o *Grundrisse* do marxismo teórico ou o Terceiro Mundo da política atual, mas simplesmente o conjunto da população mundial, conduzindo sua vida ignorante das maquinações do poder e da cultura que funcionavam muito bem sem sua ajuda. O retrato de Jack de norte-americanos que preferiam objetivos pessoais mais ou menos nebulosos aos oficiais e mais bem definidos era subversivo sem ser político. Jack chocaria seus amigos em uma defesa casual do senador Joseph McCarthy e sua caçada paranoica aos comunistas de início da década de 1950, e quando perguntado sobre em quem teria votado para a eleição de 1956, se em Eisenhower ou Adlai Stevenson, Jack respondeu que não havia votado, mas teria sido em Eisenhower. Kerouac não partilhava nem do desdém aristocrático pela insuportável burocracia do poder norte-americano, nem da análise de fundo esquerdista e moral da situação política que Ginsberg herdou de seus pais. Em *On the Road*, o primeiro livro escrito por Jack em seu novo estilo, rápido e direto, ele havia muito simplesmente registrado as "indescritíveis visões do indivíduo", e então elas eram tornadas públicas a uma nação na qual o fato do individualismo havia chegado bem perto de ser sacrificado em nome da ideia pura.

Seria estúpido categorizar Jack como um spengleriano ou procurar outros temas de empréstimo da lenda de Duluoz, pois a história conta apenas consigo mesma, criando um mundo em separado da mesma maneira que os grandes romances o fazem. Dickens, Stendhal e Proust trabalham dessa forma. Mas o próprio Spengler, esboçando um de seus quadros do futuro às vésperas da Primeira Guerra Mundial, fizera um ótimo trabalho de previsão da alta cultura que celebraria o trabalho de Jack e dele se apropriaria para interesse próprio: "Existência sem forma interior. Arte megapolitana como lugar-comum; luxúria, ironia, excitação. Mudanças velozes na arte".

Ao longo dos sete anos desde o aparecimento de *The Town and the City* e dos seis desde a recusa de Giroux de levar *On the Road* a sério, Jack dera forma e volume a sua lenda. Quando Malcolm Cowley oferecera apoio e algum grau de compreensão, Jack rapidamente explicou o lugar de *On the Road* em uma sequência de romances autobiográficos de grande ambição, mas Malcolm e seus colegas consideraram *Springtime Mary* fraco, *Visions of Gerard* prejudicado pelo uso do vocabulário técnico de uma religião completamente estranha, *Doctor Sax* obsessivo e flertando com os limites da coerência. *Visions of Neal*, ao qual a profunda atenção de Jack à natureza e ao caráter de seu amigo dava um eixo, devia muito pouco à ideia mais tradicional de um romance. Lawrence Ferlinghetti recusou a publicação pois Jack queria que a obra fosse aceita às cegas, e a New Directions, que finalmente o faria, traria a lume apenas "excertos" do livro.

Embora o desejo de Jack por sucesso literário convencional fosse forte o suficiente para que o alcançasse, John Clellon Holmes o via, às vésperas daquele sucesso, como um homem que aprendera muito bem a viver sem ele.

John Clellon Holmes:

Jack veio me visitar com Allen um pouco antes de todos eles viajarem à Europa em 1957. Allen ainda não embarcara no budismo, e Jack já era um completo Bodhisattva. Ele levava tudo nas costas.

Ele me mostrou *Tristessa* na ocasião. E a primeira parte de *Desolation Angels*. E ele era puro como um floco de neve. Ou seja, ele ainda não estava extenuado. Isso foi antes de *On the Road* sair. Eu não sabia nada sobre budismo na época. Havia lido sobre o zen em 1953 por causa de Allen, mas Jack o estava vivendo e havia mudado em relação ao cara que eu conhecera antes.

Esse é um dos períodos mais misteriosos de sua vida, eu acho, pois foi antes de a bebida tê-lo dominado e depois da fúria de seu trabalho criativo.

Foi um período de calma. Ele estava encantador e distante.

A companhia de Jack naquele ano de glória tardia era uma secretária de 21 anos da agência literária MCA. Os advogados antitruste do governo ainda não haviam forçado a companhia a optar por entre uma agência de talentos e escritores ou por um estúdio cinematográfico. Hoje ela é conhecida pelo nome de Universal Studios, mas então seu poder em todos os aspectos das artes era imenso.

JOYCE GLASSMAN:

Eu o conheci entre janeiro e fevereiro de 1957, chegando da Califórnia. Aquela famosa leitura de "Howl" acontecera no outono do ano anterior, e lembro-me de ver um artigo no *New York Times* descrevendo-a. Havia tido um pouco de contato com Allen nos tempos de Columbia, quando eu era estudante do Barnard. Andava com um pessoal mais velho no *college*, um pessoal que fora à escola com Allen. Carl Solomon morava por perto naquele lugar medonho, o Yorkshire Hotel. Lembro-me de encontrar Burroughs quando tinha dezesseis anos. Comecei o *college* muito jovem.

Li *The Town and the City* depois de conhecer Jack, e ele estava adiantando a publicação de *On the Road*. Jack estava bem duro, foi um pouco antes de sua viagem para Tânger para encontrar Burroughs e depois para a França. Ele ficou animadíssimo com a viagem à França. Jack pensava que seria como entrar em contato com seus ancestrais, os Kerouac da Normandia. Ele estava sempre falando sobre seus ancestrais.

Ele tinha bem pouco dinheiro. Era uma daquelas pessoas que sabiam como viver com nada. Realmente só tinha as roupas do corpo.

Minha melhor amiga no *college* era uma mulher chamada Elise Cowen, que já não está viva, que era uma amiga muito próxima de Allen Ginsberg e ficou com ele um bom tempo, entre idas e vindas. Ela conhecera Allen quando ia ao Barnard, e então ele reapareceu de sua viagem à costa e sugeriu que nós conhecêssemos Jack, pois ele estava sozinho. Ele tinha acabado de terminar um relacionamento, estava duro, deprimido e por aí vai... E assim esse estranho encontro às cegas foi arranjado.

Um dia eu estava pronta para visitar minha amiga Elise e recebi um telefonema de uma pessoa que dizia ser Jack Kerouac. Ele ouvira falar de mim, queria muito me conhecer, e se eu fosse à Howard Johnson's na 8th Street, eu o identificaria pois ele estaria sentado ao balcão com uma camisa de lenhador vermelha e preta tomando café. Allen tinha organizado tudo. Jack disse que estava mal, que havia acabado de ser despejado do hotel em que se hospedara, que fora enganado, não tinha dinheiro. Disse tudo isso por telefone. Eu devia sair e encontrá-lo. Fui e conversamos, e acabamos indo pro meu apartamento, que ficava próximo à Columbia, o que lhe agradou bastante porque disse que tinha grande carinho por toda aquela região da Columbia — o West End Bar e tal.

E assim nós nos envolvemos e ficamos juntos até ele viajar a Tânger, o que não levou mais de dois meses.

Lembro-me, quando estava no *college*, de uma conversa que tive com Elise, que havia ido com Allen a um bar no Village chamado Fugazi's, que era um ponto bastante frequentado da época. Ela voltou e me falou das mulheres do lugar, que todas pareciam maravilhosas, e que se sentavam nos bancos do balcão e não pronunciavam uma palavra, só ficavam ali com seu ar blasé.

Toda a cena beat teve muito pouco de participação das mulheres como artistas elas próprias. A verdadeira comunicação se dava entre homens, e todas as mulheres apareciam ali como espectadoras. As namoradinhas. Você mantinha sua boca fechada e, se fosse inteligente e interessada nas coisas, pinçava o que podia. Era uma estética muito masculina.

Eu aceitei aquilo. Esperava por aquilo. Não me incomodou tanto na época; era muito interessante e sentia que estava aprendendo coisas.

Jack e eu falávamos bastante sobre literatura porque eu estava escrevendo meu romance. Levei alguns anos para escrever, e ele estava bastante interessado na minha produção e me encorajava, dizia que eu era a melhor escritora dos Estados Unidos, coisas do gênero. Ele me levou mesmo a sério, e isso foi importante para mim.

Eu escrevia de uma maneira bem diferente da dele. Ele botava seus sonhos no papel. Ele tinha caderninhos. No outono de 1957, acho, ele iniciou o que seria *The Dharma Bums*. Ele estava sempre escrevendo poemas. Era um lance constante. Ele escrevia pequenos poemas até em suas cartas. Eu admirava sua espontaneidade. Eu a invejava. Eu era uma daquelas pessoas que trabalhavam longamente as coisas, escrevendo e reescrevendo. Sabia que ele desaprovava, mas era assim que eu trabalhava. Ele me dava sugestões para títulos. Queria que eu desse ao livro que estava escrevendo o título *Pay Me the Penny After*. Ele gostava, só isso. Acabei intitulando *Come and Join the Dance*. De *Alice no País das Maravilhas*. Mas ele gostava de *Pay Me the Penny After*.

Ele tinha esse sentido de antecipação, de que alguma coisa estava prestes a lhe acontecer. Havia momentos em que ficava louco para ver as pessoas, mas na verdade ele era uma pessoa reservada, uma pessoa tímida, que basicamente gostava de ficar em casa sem fazer muita coisa. Lembro-me de muitos momentos de silêncios reais. Eles não me incomodavam em especial. Eu de fato aceitava. Ele tinha uma memória extraordinária. Era capaz de encontrar um estranho e dizer: "Sim, claro que me lembro de você. A gente se viu há cinco anos no West End Bar. Era outubro. Falamos sobre um jogo de beisebol". Era um tipo de memória minuciosa — realmente extraordinária.

Na época ele estava ligado no budismo, não no catolicismo. Eu sabia que era uma coisa séria para ele. Pensava que tinha a ver com sua preocupação com a morte, um assunto sobre o qual ele sempre falava. Ele havia ficado bem doente. Havia estado no Hospital dos Veteranos e tinha um problema de coagulação sanguínea. Ele estava bem ciente dessas coisas. Tinha uma sensação de que sua vida seria abreviada, que poderia acontecer a qualquer hora. Ele realmente era mais preocupado com a morte do que muitos imaginam, no sentido da passagem do tempo, dessas coisas. E tudo isso era muito ligado a esse medo real que ele sentia de ter a vida ceifada a qualquer momento.

O relacionamento de Jack com as mulheres era bastante problemático. Não sentia que nosso relacionamento fosse durar, embora tenha durado uns dois anos e tenha sido muito importante para mim. Uma ou duas vezes conversamos sobre casamento, mas nunca levei a sério. Pensava em algo como: "Bem, estou tendo esta experiência agora, e ela provavelmente vai acabar, mas terei vivido esses dois anos". Era, digamos, uma noção realista. Ele falava sobre seu casamento com Joan — o desastre que havia sido. Não reconhecia que a criança pudesse ser sua e colocava uma foto dela ao lado do seu rosto e dizia: "Ela não é minha. Como pode?". Eu disse: "Bem, você sabe que ela se parece com você. O que posso dizer? Ela é sua cara".

Acho que a ideia de ter filhos para ele era muito assustadora. Não sei por que exatamente. Acho que tinha a ver com seu sentimento de mortalidade, que todos nascemos para morrer. O sentimento da destruição. Da ruína de tudo. Além disso, ele sabia que não conseguiria ser o pai que seu pai fora. Aquilo era impossível, e por isso ele fracassaria se fosse pai.

Ele ficava comigo e depois partia. Isso aconteceu umas três ou quatro vezes. Ele queria que eu fosse para San Francisco e morasse lá com ele.

Decidi que estava pronta para fazer isso, e isso coincidiu com a venda de meu primeiro romance e o recebimento da primeira metade do adiantamento, que era de quinhentos dólares. Achei que conseguiria viver com aquele dinheiro por meses, o que era possível naquele tempo. Na época estava em um cargo novo na Farrar & Straus e tinha conseguido no mesmo dia uma promoção e essa oferta pelo meu romance. No dia seguinte fui ao trabalho e disse: "Estou indo embora, estou indo para San Francisco". E deixei o emprego.

Mais correspondência se seguiu com Jack, que tinha levado a mãe para morar com ele. Ele ainda queria que eu fosse para lá. Encontraríamos Neal. (Não conheci Neal. Nunca quis conhecê-lo. Ele me parecia um sujeito nada interessante e assustador. Sua postura em relação às mulheres era lamentável.) Estava pronta para ir, e então recebo essa carta dizendo que San Francisco era um lugar meio deprimente, com péssimas vibrações: "Não posso ficar mais aqui. Estou muito mal. Estou indo para a Cidade do México. Encontre-me na Cidade do México". E então ele despachou a mãe para a Flórida e foi para a Cidade do México. Então *eu* estava indo para a Cidade do México e aí recebo essa carta da Cidade do México dizendo: "Está realmente horrível aqui. Estou com disenteria", e assim por diante. "Vou me recuperar na casa de minha mãe e então voltarei para Nova York. Arranje um apartamento em Nova York."

Bem, eu já não tinha mais o apartamento de onde me mudara. Fui para a casa de uma amiga, e então tudo isso aconteceu e fui parar no Yorkshire Hotel — aquele hotel nojento, cheio de gente problemática que tinha alguma relação com a Columbia. Aí encontrei um apartamento na 67th Street, entre Columbus Circle e Central Park West.

Jack chegou a Nova York mais ou menos um dia antes da publicação de *On the Road*. Keith Jennison, da Viking, enviou a caixa de champanhe, e Jack estava feliz, muito animado. E então — bom, muita bebida.

Logo em seguida a resenha de Millstein saiu no *New York Times*, o que foi fundamental para o livro. Era uma matéria inteira, algo grande e obviamente muito maior do que Jack jamais esperara, e ele ficou arrrebatado e assustado com aquilo, eu acho, porque não era o tipo de pessoa que ficava bem diante do escrutínio público.

JOHN CLELLON HOLMES:

Gil Millstein deu uma festa para Jack. Gil Millstein escreveu aquela resenha que tentava dar algum lugar a *On the Road* na literatura e estava animado com isso. Ele me chamou pois havia resenhado *Go* uns anos antes e usou sua resenha de *Go* e coisas que eu escrevera no artigo que ele havia encomendado em sua resenha do livro de Jack. De meu artigo ele citou uns dois ou três parágrafos, só para dar às pessoas alguma referência para pensar naquilo.

Então ele me ligou e disse: "Estou dando uma festa para Jack". Ele nunca encontrara Jack até aquele momento. "Venha." Bem, eu fui. Estávamos em Connecticut. Fui sozinho. Horas e horas se passaram e as pessoas se amontoavam no lugar, mas nada de Jack.

Então o telefone tocou no quarto, e era Jack. Ele não queria falar com Gil, nem com a mulher de Gil. Ele queria falar comigo. Então eu falei com ele, que estava na casa de Joyce. Ele disse: "Não posso ir. Estou de ressaca. Estou com calafrios. É o *delirium tremens*, mas sei que você vai vir para cá. Você consegue sair e vir aqui para me ver?". Eu disse: "Claro".

Então chamei Gil de lado e expliquei. Jack não era muito bom para lidar com certas situações. Quando ele tinha de cair fora de um compromisso, ele tentava escapar de fininho. Ele não falaria com Gil para dizer: "Olha, não posso ir à festa que você fez em minha homenagem". Mas comigo ele falou, e eu puxei Gil para um canto e disse: "Olha, Jack está com problemas. Ele está se sentindo mal. Está doente e não vai conseguir vir. E eu vou sair pois estou aqui para vê-lo e quero ir lá fazer isso". Gil entendeu tudo perfeitamente. Era uma daquelas situações hilárias em que, bem, lá estavam trinta ou quarenta pessoais reunidas em um apartamento para ver esse novo e jovem Marlon Brando da literatura que havia acabado de ligar para dizer que estava de cama e não viria.

Então saí e fui a Manhattan e passei umas duas horas com ele e Joyce. Tinha sido demais para ele. Sério, não era o álcool. Ele tinha bebido muito. Mais tarde ele viveria um estado de embriaguez absoluta, mas ainda não era o álcool. O que aconteceu foi que ele fora entrevistado por um povo da televisão umas cinco ou seis vezes, gente de jornal. Ele não sabia quem era quem, só estava assustado. Ele estava ali na cama, segurando a própria cabeça.

A maioria dos livros lançados interessa por si. Ou seja: "Eu quero ler aquele livro". Mas o que aconteceu quando *On the Road* saiu foi: "Eu quero conhecer aquele homem". Não foi o livro tanto quanto o homem. Ele ficaria ainda mais confuso logo depois.

Ele estava no programa de tevê de John Wingate, e dois minutos depois de o programa ter ido ao ar, recebi telefonemas de gente que conhecia dizendo: "Eu preciso conhecer esse homem. *Tenho* que conhecê-lo. Você o conhece. Preciso conhecê-lo". E eu dizia: "Do que você está falando? Leia o livro". "Não, não. Não é isso. Ele conhece tudo..." As mulheres diziam: "Tenho que ir pra cama com ele". As pessoas chegavam até Joyce e diziam: "Olha, você está com ele. Você tem vinte anos de idade, mas vinte anos são o que me resta. Tenho que ir pra cama com ele agora". Essas pessoas só queriam a experiência, e tudo isso era profundamente estranho para um cara como Kerouac, de temperamento absolutamente simples e convencional.

Isso o deixou tão perdido que pelo resto da vida ele nunca mais recuperou o rumo.

Nunca mais.

JOYCE GLASSMAN:

De repente ele estava em todas as festas literárias. Falava no rádio, aparecia na televisão. Era presença em *campi* universitários. Foi muito pesado, e assim as coisas se seguiram por meses. E ele comparecia a todas essas ocasiões ou era entrevistado, e o tom das entrevistas era boa parte do tempo muito hostil. Saca: "Você diz essas coisas sobre a Geração Beat. São pessoas absolutamente imorais. Elas usam drogas. Do que você está falando? Essas pessoas são horríveis".

Jack era muito inocente de muitas maneiras. Ele encontrava um entrevistador, tentava conversar de verdade com o sujeito e pensava que tinha de tocá-lo como pessoa, e então a entrevista era publicada com algum tipo de distorção. Ele via todas as suas palavras sendo manipuladas, e isso o irritava muito, muito mesmo. Ele só conseguia passar pela coisa toda à base de muita bebida.

Eu ia com ele às festas. As festas eram um pesadelo. Uma vez sonhei com ele. Havíamos ido a uma leitura de poesia no Brooklyn College e ele foi quase que vandalizado por todos aqueles garotos. Eu tive esse sonho, um sonho em que ia com ele a algum lugar e as pessoas literalmente lhe arrancavam os membros, um a um. Eu sentia esse tipo de hostilidade das pessoas. Elas ficavam fascinadas por ele, mas também achavam que ele era ameaçador. Elas o odiavam. Todos os homens queriam brigar com ele. Todas as mulheres queriam ir para a cama com ele, e não de uma maneira legal, mas de uma forma agressiva. Era medonho. Decidi que jamais desejaria ser uma pessoa famosa.

Às vezes ele saía sozinho e alguém tentava bater nele, sabendo quem ele era. Acho que as pessoas o identificavam mais com a personagem de Dean Moriarty de *On the Road* do que com Sal Paradise. Acho que essa era outra razão para ele beber, para corresponder às expectativas daquela personagem extrovertida. Dar a eles o que queriam. Ele foi realmente cercado de todos os lados, e isso lhe fez muito mal.

Então saímos da cidade com Lucien Carr e fomos para Cherry Plain. A ideia era: nós todos iríamos para lá e então deixaríamos Jack em paz. Ele dizia que precisava ficar sozinho, como no Desolation Peak, recluso. Ele ficaria sozinho mais ou menos uma semana. Um dia depois cheguei do escritório e fiquei surpresa de vê-lo em casa. Ele ficou paranoico. Teve de voltar. Não conseguiu ficar lá e tomar conta de si mesmo.

Era outubro, mês de voltar para casa. Quando Jack se juntou a Mémère na nova casa de Nin em Orlando naquele outono, *On the Road* estava na lista dos mais vendidos do *New York Times*.

Ele não precisava se sentir envergonhado de aceitar a hospitalidade de seu cunhado, Paul. Qualquer coisa que Jack escrevesse depois venderia.

A Viking tinha o direito da primeira avaliação do romance de Jack que se seguisse a *On the Road*. Keith Jennison e Malcolm Cowley haviam visto em sua mochila ou baú a maioria dos livros que Jack produzira ao longo dos anos 1950, mas a Viking não estava interessada em publicar uma lenda estranha, apenas livros. Como Giroux, que quisera outro *The Town and the City*, a Viking queria outro *On the Road*.

MALCOLM COWLEY:

Aqueles outros manuscritos não me despertaram entusiasmo, como aquele sobre uma garota de Lowell, *Maggie Cassidy*. Acho que eu estava completamente errado a respeito de *Doctor Sax*. Devia ter forçado *Doctor Sax* goela abaixo da Viking. Não podia fazer isso, mas era o melhor dos manuscritos. De *Visions of Cody*, na forma em que o conheci, não gostei muito.

Mas então alguém da Viking disse: "Por que você não dá sequência ao que fez em *On the Road*?", e Jack sentou-se e escreveu seu *Dharma Bums*. Eu não tive nada a ver com isso.

Era uma prosa aceitável, mas dessa vez ele teve brigas terríveis com a Viking sobre as mudanças que seu editor e o departamento de revisão queriam impor a seu estilo. Mais tarde ele se confundiu e achou que eu era o responsável por aquilo. Nunca vi o manuscrito de *The Dharma Bums*. Li como um livro pronto. Nunca gostei muito de *The Dharma*

Bums, pois não havia pessoas ali exceto Jack — e, sim, Gary Snyder está ali, também; ele é o único.

Os romances aos quais *The Dharma Bums* [Os vagabundos iluminados] mais se assemelha são *Tristessa* e *The Subterraneans*. Em outras palavras, o livro retrata o relacionamento próximo de Jack Duluoz com alguma outra pessoa, um relacionamento intelectual e religioso no caso de Gary Snyder. Foi escrito com a rapidez de *On the Road*, *Tristessa* e *The Subterraneans*, e Jack provavelmente o compôs com um leitor específico em vista. Jack disse que *On the Road* havia sido dirigido a sua segunda mulher, Joan, embora tenha sido escrito no fim de seu breve casamento de inverno. Ele usaria a mesma estratégia em outra oportunidade, escrevendo seu último romance, *Vanity of Duluoz*, dirigindo-se a sua terceira mulher. *The Dharma Bums* foi escrito com um ar de explicação paciente, embora dirigido a um editor.

John Clellon Holmes:

Ele escreveu *The Dharma Bums* em três semanas, talvez um mês. Eles não queriam publicar *The Subterraneans*. Não queriam publicar nenhum dos outros livros que ele escrevera, então ele escreveu *The Dharma Bums*.

Ele era um cara que vivera anos no ostracismo e subitamente, pela segunda vez, parecia que teria a chance de viver da própria escrita. Ele nunca havia parado de escrever. Entre a recusa de *On the Road* e sua publicação, Jack escreveu oito livros.

Jack não era santo. Ele acreditava que era capaz de escapar a tudo. Há um momento terrível quando você se sente bem sobre você mesmo e sente que está em posse de seu talento — quero dizer, quando você está imbuído dele, você o encarna. Há um momento terrível quando alguém chega até você e pede que escreva um livro que se encaixe e você diz: "Posso fazer na sexta". Você se sente forte, se sente poderoso e sente que nada pode afetá-lo, que nada pode macular sua própria percepção das coisas. Ou seja, tenho certeza de que Jack deve ter sentido essas coisas quando chegou a *The Dharma Bums*. "Claro, vou escrever um livro sobre os santos mochileiros." E ele escreveu.

Mas ele não foi impelido pelo material que torna bons os bons livros. Ele foi impelido pelo entendimento que ele tinha, por suas percepções e pelas experiências que havia tido, e isso é valioso e bom. Mas a prosa é frouxa.

Esse era, na verdade, o terceiro trabalho que Jack começara na Flórida. O primeiro era uma peça chamada *The Beat Generation*, que nunca foi publicada nem encenada. O segundo era outro romance de juventude passado em Lowell, intitulado *Memory Babe*. Seu lugar na lenda de Duluoz ficaria entre *Visions of Gerard* e *Doctor Sax*.

Na mesma época do aparecimento de *On the Road*, Jack encontrara um editor interessado na figura de Barney Rosset, herdeiro de uma família de banqueiros de Chicago que fundara a Grove Press em Nova York. Rosset apresentava ao mercado a *avant-garde* de maneira agressiva. Ele começara com Genet, Borges e Ionesco, e o surgimento da Geração Beat oferecia estrelas a sua *Evergreen Review* e, nos casos de Burroughs e Kerouac, a seu catálogo. Depois do sucesso de *On the Road* ele rapidamente comprou *Doctor Sax*. O contrato de *The Subterraneans* forneceu a Jack o dinheiro para a viagem a Tânger no verão de 1957, e esse romance foi rapidamente posto na praça para pegar a onda do sucesso de *On the Road*. A seu tempo Rosset publicaria os quadros de viagem coligidos em *Lonesome Traveler*, incluindo "The Railroad Earth", *Mexico City Blues*, a narração improvisada para o filme de Robert Frank *Pull My Daisy*, e depois *Satori in Paris* e *Pic*.

Diferentemente dos editores da Harcourt & Brace e da Viking, a editora de Samuel Beckett e Alain Robbe-Grillet compreendeu a prosa que Jack explicara em uma breve nota para uma edição estrangeira de *The Subterraneans*: "O que eu acreditava ser a prosa do futuro, tanto da superfície consciente quanto das profundezas inconscientes da mente, limitada apenas pelas limitações do tempo passando no mesmo passo da mente que passa com ele".

Enquanto Rosset trazia a lume o que pensava ser o melhor da prosa e da poesia presentes na obra de Kerouac, o novo agente de Jack, Sterling Lord, vendia os duas vezes rejeitados *Tristessa* e *Maggie Cassidy* para a Avon Books para publicação em formato econômico. Por outro lado, Lord não conseguiu concluir um acordo que resultaria em um filme de *On the Road*, apesar das reportagens que diziam que a MGM o filmaria com Marlon Brando no papel de Dean Moriarty.

Devido às exigências publicitárias, às quais Jack ainda queria atender, e ao trabalho editorial em meia dúzia de manuscritos individuais, Jack voltou para Nova York e para Joyce.

Em dezembro daquele ano ele se valeu de sua fama para realizar um antigo sonho: ser um *jazzman*. Desde seu aprendizado ao lado de Seymour Wyse e George Avakian durante seu primeiro ano em Nova York, Jack tinha uma compreensão do funcionamento do jazz. Embora não tocasse instrumento algum, seus *scats* de um solo de Miles Davis, por exemplo, eram absolutamente precisos e iam além da mera imitação. Ele sempre sentiu uma afinidade entre seu método poético e a técnica dos solistas de jazz, uma ligação colocada abertamente em suas notas para *Mexico City Blues*.

Quando Jack pisou no palco do Village Vanguard, ele era o poeta a conduzir o grupo de jazz. Acompanhavam-no figuras como os tenores Al Cohn e Zoot Sims e o pianista Steve Allen, que estava no auge de sua fama como músico de televisão. Dois meses antes, Jack fizera suas primeiras leituras de *jazz poetry* em Nova York com os poetas Philip Lamantia, Howard Hart e com um jovem músico chamado David Amram, que estava no começo de sua carreira como compositor e regente erudito, trompista jazzístico, multi-instrumentista e cronista social.

DAVID AMRAM:

Jack, se você estivesse no metrô com ele ou apenas caminhando pela rua — Jack conversava com todo mundo na rua e era natural e sincero com todo mundo. Costumávamos caminhar pelas ruas de Nova York por horas. Uma vez estávamos rodando com Allen Ginsberg, e havia um sujeito que conhecíamos do Bowery. Era um bêbado de carteirinha conhecido pela alcunha de Bêbado Buddy [Buddy the Wino]. "Venha, estamos indo para a casa de Allen ler poemas." Só fiquei ouvindo. Não tinha nenhum instrumento comigo e estava feliz de apenas escutar e ser plateia para variar um pouco. Então subi e escutei Jack, Allen e Buddy a noite toda. Jack tinha consigo *Mexico City Blues*, que estava belamente datilografado em um rolo grande de papel adesivo. Ficamos ali a noite inteira. Allen lia um poema e Buddy, que estava bebendo vinho, dizia: "Porra, legal. Saquei. Bom. Beleza". Então, quando Jack lia seus poemas, Buddy levantava de um salto e gargalhava e dava uma palmada no joelho, caía no chão e realmente pirava nos elogios. Ele gostava dos poemas de Allen, também, mas realmente se identificava com os de Jack. E Jack disse, quase sussurrando enquanto Allen lia um poema: "São esses caras que me dão toda a inspiração e com eles aprendo muito. Eles são os verdadeiros poetas das ruas". E o modo como ele dizia isso não era como o de um sociólogo que dissesse: "Agora estou descendo às profundezas para dar testemunho dos padrões discursivos incivilizados dos desvalidos do proletariado". O que ele queria dizer tinha o sentido de que realmente havia perscrutado além de toda aquela miséria, degradação e sofrimento, ele próprio com seus problemas com bebida, e ele via a emoção real, a verdadeira tragédia e a visão poética de algumas dessas pessoas — como se elas estivessem em contato com uma grande luz divina.

Jack não queria dizer que o certo era se perder pelas ruas do Bowery e encher a cara com vinho de garrafão para se tornar um escritor melhor. Não era esse o ponto, e ele nunca encorajou as pessoas a fazer isso. Ele desejava ter uma vida mais estável, ficar mais tempo sóbrio, não beber tanto, embora adorasse beber. Quando estava bêbado ele se divertia pra burro. No entanto, sabia que aquilo ia acabar por matá-lo e era ruim, mas fazia aquilo por ser muito tímido, e porque beber acabava com sua timidez e lhe aliviava as dores. A dor e as pressões vieram ironicamente dos tipinhos bacharéis em inglês, todos enfurecidos com seu estilo de vida não literário.

As pessoas chegavam e diziam todo tipo de hostilidade a ele. Depois de *On the Road* eu me lembro de ver um sujeito na Sheridan Square, no Greenwich Village, com um bigode à barão. Ele tinha por volta de seus quarenta anos, acho, e vestia um daqueles *tweeds* vistosos de publicitário, bem Ivy League, calças cinza estilo Oxford com os mocassins lustrosos e aquelas borlas em cima, talvez com meias de 25 dólares. Muito distinto, parecia mais um executivo dos velhos tempos da revista *Esquire*. E ele disse: "Onde está aquele tal de Jack Kerouac? Queria encontrar o filho da puta. Ele não sabe escrever. Aquela bosta não é literatura. Qualquer estudante colegial... Bosta, ele não sabe sequer usar pontuação. Aquele merda. Queria encontrar aquele lixo". O cara xingava como um louco, esperando que alguém na Sheridan Square o apresentasse a Jack Kerouac para que ele tivesse um fantástico embate literário, daqueles de três dias à moda de Hemingway. E a ironia daquilo era Jack ser, na verdade, um sujeito profundamente intelectual. Ele sabia tanta coisa sobre Céline, Rimbaud, todo tipo de poeta, história francesa, música. Ele estava por dentro de tudo. Ele era profundamente intelectual, literário, espiritual. E ele não se deixava ver como aquele tipo de sujeito literário que age como se dispusesse do segredo da bomba atômica literária, ou como se fôssemos escorraçar todo mundo da face da Terra se chegassem muito perto para tentar descobrir o que sabíamos e nos permitisse levar nosso trabalho ao público.

Jack contava a todo mundo o que sabia sobre literatura, a quem quisesse ouvi-lo. Jack costumava dizer para mim que um escritor devia ser como uma sombra, ser parte da calçada como uma sombra. Ele disse isso numa tarde enquanto passeávamos, como sombras, pela MacDougal Street em dezembro de 1957, um dia depois de nossa primeira leitura de poesia e jazz no teatro da escola de teatro Circle-in-the-Square. Ele geralmente evitava problemas, mas às vezes circulava com um pessoal mais barra-pesada. Ele chegou a levar um soco, eu me lembro disso, por estar com um sujeito que só estava fazendo merda e porque Jack estava com ele e não queria deixá-lo ali e permitir que o cara, que estava chapado, apanhasse. Ele era tão leal a esse sujeito, que o explorava, que se machucou recebendo socos dirigidos ao outro enquanto tentava restabelecer a paz. Mas isso acontecia geralmente quando ele bebia, e ele bebia principalmente quando vinha para Nova York.

No Vanguard ele foi muito tímido. Foi difícil para ele ler ali. O Vanguard é um lugar difícil para se trabalhar se você nunca tocou em Nova York. Eu já tinha tocado lá, adorava o lugar, mas levei uns trinta anos para aprender a estar em lugares como aquele e me sentir confortável e curtir. Essa é uma arte em particular. É como um boxeador ser capaz de gostar de trabalhar em uma academia. Você precisa se acostumar à pegada e ir em frente. Mas, se você chega ali e não sabe o que se passa, sente um tipo de claustrofobia, como se estivesse enfiado em um buraco. O Vanguard tem uma espécie de vibração louca, subterrânea, Paris do século XIX, que nenhum outro lugar tem.

Jack enlouqueceu com aquilo, começou a beber demais e ficou constrangido. Quando nós fizemos nossas leituras de poesia e jazz um mês antes de ele tocar no Vanguard, Philip Lamantia, Howard Hart e um exército de amigos, todos costumavam sair e beber aquele vinho Thunderbird durante os intervalos e ficar chapados. Durante os intervalos eu sentava ao piano do hall do Circle-in-the-Square e tocava enquanto as pessoas saíam para tentar falar com Jack. Então todos voltavam juntos e gritavam para que Jack lesse alguma coisa. Em metade das oportunidades, ele não voltou para a meia hora seguinte. Foi quando eu comecei a aprender canções improvisadas com rimas sugeridas pela plateia para preencher o tempo.

Uma noite o iluminador desceu e perguntou: "O que posso fazer por você? Que tipo de iluminação você deseja quando Jack entrar? Ele quer algo diferente?". Howard Hart disse: "Faça o que você sentir que é apropriado". E aí o iluminador surtou. Foi a primeira vez em sua vida que ele experimentou o que se poderia chamar de uma jam session de luzes. Sem marcações de luzes. Era sua chance de arrebentar. Eles estavam lendo aqueles poemas loucos, então que as luzes fossem igualmente loucas. Isso foi antes das luzes psicodélicas e das estroboscópicas. Não apenas luzes piscantes ou grandes canhões de luz, como de estradas e aeroportos, na cara do público, mas todas as formas possíveis e imagináveis de rostos enlouquecidos e faróis de milha e de busca.

Foi a primeira vez que o sujeito pôde se expressar, e as coisas que ele fez foram tão loucas que nós pudemos começar a fazer sons para acompanhar as figuras que ele parecia querer produzir com as luzes. Metade da coisa era improvisada e Jack começou a cantar *scats*. Foi fantástico. Foi uma afronta à plateia, mas sempre com um senso cósmico de humor.

As pessoas gritavam coisas para ele e ele respondia em um estilo despretensioso e direto, tipo a-festinha-tranquila-rolando-lá-em-casa. O contraste com o mundo austero dos coquetéis literários não podia ser maior. E tudo era tão conservador em 1957 que o que fizemos para fechar o ano em termos de grana foi realmente uma coisa do outro mundo.

LUCIEN CARR:

Jack era mesmo um porra de um jeca... como quando ele estava no Village Vanguard. Steve Allen ficou interessado em Jack, não ficou? Ah, cara, mas então Steve Allen virou uma coisa linda, maravilhosa. E lá estava Jack no Vanguard, lendo sua poesia, com Steve Allen tocando piano. O que era uma combinação bem ruim. Eles não pareciam falar a mesma língua, mas aquele lance de estar com o milionário número 1 o animava... lá estava o cara, tocando piano, e Jack lendo. Eles começavam com uns vinte espectadores e no fim da coisa toda sobravam dez.

Eu ia toda noite. Dizia: "Vamos ver o que vai acontecer hoje à noite, Jack". Ele ficava tão constrangido que dizia: "Não calcei os sapatos, não consigo estalar os dedos, não consigo ler esta meeer-da...". Completamente tímido. Steve Allen dizia: "Vamos lá, Jack!".

Até acho que existia um sentimento verdadeiro entre os dois, mas Jack estava tão pra trás em matéria de falar bobagem — Jack não era *bom* de bosta. Sempre que ele dizia uma merda ele passava uns três dias pensando no caso.

Vou lhe dizer uma coisa: nunca vi um sujeito tão puro.

Jack não havia contado a Irene que *The Subterraneans* seria publicado em 1958. Ela assinara um termo um ano antes consentindo com sua publicação em uma revista literária, mas não havia escutado mais coisa alguma sobre a história e estava feliz porque o assunto tinha morrido. Agora ela seria a personagem principal do trabalho seguinte de um escritor campeão de vendas.

Estranhamente, em setembro de 1957, ela sonhara com Jack uma noite antes de uma resenha adulatória de *On the Road* aparecer no *New York Times*, e entrou em contato com ele. Apesar de tudo, Irene estava feliz por Jack. Mais tarde naquele outono eles combinaram um encontro e comemoraram seu sucesso.

"Irene May":

Jack passou em casa e nós saímos para um drinque. Ele disse: "Estou saindo com uma bailarina". E eu disse: "Legal, por que você não liga para ela e a convida para vir? Gostaria de conhecê-la".

Fomos ao Vanguard juntos. Jack estava falando no palco, e estava bêbado — você sabe, *jazz poetry*. Jimmy Baldwin escreveu em um artigo: "Se qualquer músico de jazz escutasse Jack lendo *jazz poetry*, ele seria apedrejado até a morte". Era tudo desencontrado, um horror.

Voltamos para minha casa e Jack e sua namorada tiveram algum desentendimento. Ele estava muito bêbado e ela estava ali discutindo, dizendo coisas do gênero "Você não pode fazer isso comigo, e mais isso e mais aquilo". Achei aquilo muito legal, alguém que despendesse todo aquele tempo para conversar com Jack e explicar a ele mais uma vez o que ele podia e o que não podia fazer.

Foi a noite em que ele me contou que *The Subterraneans* estava para sair. "Em que revista?", perguntei. Ele disse: "Não é em revista; vai sair em livro". Jack havia dito, originalmente, que uma revista iria publicá-lo, e ali me disse que seria um livro.

Eu disse: "Você disse que sairia em uma revista da Costa Oeste".

Ele retrucou: "Era o que você queria escutar".

E foi isso.

Mais tarde, não sei se era o fim dos anos 1950 ou início dos 1960, eu perguntei a Jack: "Bem, e como é a fama?". E ele respondeu: "É como os jornais velhos soprados pelo vento na Bleecker Street".

No início dos anos 1950 todo mundo tinha a sensação de que alguma coisa ia acontecer — esperando que alguém produzisse o movimento. Mas o que aconteceu, não acho que alguém esperasse aquilo.

Em 1957, eu pensei: "Isso vai acontecer. Uma nova geração está sendo inventada de uma maneira que não corresponde à realidade, e parte dela não passa de pura adulação midiática".

> Ninguém estava preparado para o modo como tudo isso irrompeu na paisagem, *On the Road*, maconha, LSD, os cafés começaram a abrir e tiveram início as leituras de poesia. De repente havia outros milhões a mais na Terra, e todos pareciam ir ao Greenwich Village. Sentia como se as coisas estivessem fugindo ao controle. A bocarra insaciável da mídia, e aqueles milhões de meninos e meninas. Três, quatro, cem, beleza, mas não milhões. Isso é de fundir a cabeça. E acho que muita gente pensava dessa forma. Era uma massa desqualificada de números, uma bagunça, e o jogo todo, tudo acabava de mudar.
>
> Lembro-me de me sentir muito, mas muito assustada e fragilizada e querendo me agarrar a alguma realidade interior para não ser engolida.

Quando *The Dharma Bums* foi publicado pela Viking, no outubro seguinte, Ginsberg usou o lançamento como trampolim para uma resenha no *Voice* em que passava mais tempo tentando salvar Jack de sua própria publicidade do que avaliando o livro em si, que Allen achava ser o trabalho de um homem agora "cansado da prosa e do mundo". Escrito como um telegrama, o texto de Allen começava com "Poucos fatos para esclarecer um bocado de bobagens", e então passava à explicação da sina de Jack. Mas isso acontecia no *Village Voice*. A revista *Time* e família viam nos beats um pequeno e atraente espetáculo. Não tardaria para que cafés com paredes inteiramente negras e bares chamados The Cellar [Porão] abrissem em praças como Milwaukee e Fort Worth. Boinas voltaram à moda. Allen não teve como parar o mecanismo que fora acionado três anos antes com sua cuidadosa coreografia da cena de San Francisco. No primeiro parágrafo de seu artigo Millstein dissera que a publicação de *On the Road* era uma ocasião histórica "na medida em que o surgimento de uma autêntica obra de arte é um grande acontecimento em uma época em que a atenção se fragmenta e as sensibilidades se embotam pelos excessos da moda (multiplicada à milionésima potência pela velocidade e peso das comunicações)". A moda venceu.

As próprias palavras de defesa de Jack ficaram desaforadas e pernósticas. "Sou um habilidoso narrador, um escritor na grande tradição da prosa francesa, não o 'porta-voz' de milhões de baderneiros", ele escreveu nos comentários da capa de seu disco com Steve Allen. Às vezes ele brincava com a fama como se fosse um brinquedo. Na viagem pelo estado de Nova York com Lucien e sua esposa, Jack e Allen Ginsberg abordaram duas garotas aparentemente universitárias em um posto de gasolina. "Sou Jack Kerouac." "Sou Allen Ginsberg." Eles estavam parados nas imediações de Vassar, e a expressão das jovens tornou patente que nunca tinham ouvido falar da dupla, que saiu constrangida.

Os bares eram um ambiente social natural e alegre para Jack, mas nos bares de Nova York ele não conseguia permanecer incógnito por muito tempo. Ele era agora "O Rei dos Beats", expressão que ele detestava profundamente, e alguns dos pretendentes ao posto continuavam a querer impor seus direitos em duelos. Agora ele parecia sempre um rei abobalhado. A bebida pesada começara como leve vontade de esquecer, ou como gatilho para ter coragem de enfrentar a plateia no Village Vanguard. Logo, contudo, ele beberia com a motivação e precisão da racionalidade do alcoólatra, e cada momento de seu mergulho tornava-se uma porta de entrada permanentemente aberta à sua incrível memória.

JOHN CLELLON HOLMES:

Jack estava realmente fugindo do que para ele era a monstruosa imagem do Rei dos Beats. Ele estava fugindo daquilo, queria esquecer aquilo e é aqui que a bebida entra. Ele sempre bebeu pesadamente. Sempre bebeu demais. Todos nós bebíamos assim, alguns até hoje, mas Jack bebia seriamente. Quero dizer, para ele não havia nada de casual. Ele bebia com um propósito.

LUCIEN CARR:

Quando Jack estava no time de futebol da boa e velha Columbia, eles todos foram ao Village, todo o time de futebol, para fazer o que os times de futebol geralmente fazem quando não estão batendo uns nos outros. Eles acossaram um sujeitinho com um violino para dentro de um beco, três ou quatro deles, e arrebentaram o violino na cabeça do cara. Isso nunca abandonou Jack. Era uma culpa que sentia, algo que havia feito. Ele foi com o *fullback*, o sujeito da esquerda ou sei lá quem, e eles encurralaram a pobre bichinha em um beco com seu violino e o quebraram em sua cabeça. Não, ele nunca esqueceu aquilo — a violência daquilo, a violência contra alguém. Ele costumava encher a cara e dizer: "Nós nunca deveríamos ter acertado aquele sujeito com o violino".

Nós íamos a um bar, eu ficava falando com alguém, e logo em seguida começava a confusão. Eu ficava ali e lá estava Jack socando um sujeito, eu ia para cima das costas de outro, e Kerouac já tinha detonado o primeiro antes de eu ter arrancado os olhos do segundo.

Eu dizia: "Pois bem — todos foram embora, não?". E Jack perguntava: "Por que você subiu nas costas daquele cara e meteu a mão nos olhos dele?". E eu respondia: "Eram os olhos dele ou a sua garganta, Jack".

Se você ferisse o ego de Jack, ele recuava. Se você enfiasse o dedo nos seus olhos, ele recuava — mas não teria nenhum remorso em revidar.

E no fim da vida, quando ele costumava ficar bêbado e realmente travar, eu dizia: "Jack, você precisa se levantar". E eu tentava erguê-lo, uma, duas vezes. Eu o chutava, tentava erguê-lo e sabe-se mais o quê, bêbado, e o erguia, o erguia, o deixava de pé para ver se ele conseguia ficar de pé, então o segurava pela cintura algumas vezes, e então — você sabe, ele... Mas não havia ódio nele. Ele era um homem sem ódio — sem ódio.

Coração partido? Não... um coração forte como o de um menino.

Gregory Corso:

Nunca o vi encostando um dedo em alguém. Mesmo quando alguém batia nele, ele não revidava. Aconteceu aquele incidente horrível que eu testemunhei, quando alguém começou a dar com a cabeça de Jack no meio-fio. Eu gritava como um louco para o sujeito. "Para! Para!"

Foi em um bar, e nós estávamos bebendo, e quando Jack bebia ele ficava agitado, falava alto, mas nunca de forma violenta. Mas algum verme ali por perto o julgou inconveniente, ou coisa do gênero. As imagens são medonhas, o cara batendo com a cabeça de Jack na calçada, eu gritando e foi isso. O cara parou e acabou. Não sei o que aconteceu depois. Não tenho ideia, mas foi uma das coisas mais terríveis que vi na vida — alguém bater na cabeça de outra pessoa daquele jeito.

Aconteceu que depois Jack foi levado a um hospital. Sua mãe e sua amante ficaram apavoradas. Gabrielle, que tinha 64 anos em 1958, havia recentemente encontrado conforto em Orlando com Nin e sua família, mas Jack precisava dela naquele momento. Ele ainda estava preso a seu juramento de sustentá-la, e os livros haviam fornecido o dinheiro. Joyce, compreendendo que Jack era mais um filho do que um marido, sugeriu que os dois encontrassem um lugar para morar juntos.

Joyce Glassman:

Ele estava morando com seu amigo Henri Cru [em Nova York], e então disse que o que ele queria fazer era mudar-se com sua mãe para algum lugar perto da cidade, mas não nela propriamente. Ele queria viver fora da cidade e queria uma casa de verdade.

Eu havia conhecido alguém que crescera em Northport, Long Island, e escutado muita coisa a respeito do lugar. Era como uma cidade pesqueira. Tinha uma atmosfera interessante. Comiam-se ostras. Parecia um pouco a Nova Inglaterra.

Então Jack, eu e Robert Frank viajamos para Northport um dia e avaliamos a região. Jack foi a várias imobiliárias e alugou uma casa marrom, com a fachada em *shingle style*.

Ele se mudou com sua mãe para lá e deixou de vir com frequência à cidade. Ficou mais ou menos afastado, envolvido e ocupado com as coisas que aconteciam em Northport. Ele era tratado como uma estrela, em particular pelos adolescentes. Estava saindo com um bando de colegiais.

Enfim, ele me chamou para uma visita. E eu estava irritada pois não vínhamos nos falando muito. Fui até lá para vê-lo. Era um domingo, e eu tomei um trem para Long Island, desci na Northport Station, e lá estava um ônibus. Tomei o ônibus, e ele estava cheio de pessoas de meia-idade carregando pequenas sacolas de papel. O ônibus saiu, e seguiu rodando e rodando e rodando, e passou pelos portões de um lugar de aparência de grande propriedade, e então ele parou e havia aquela gente caminhando ao redor parecendo bem perturbada. Percebi que tinha ido parar em uma instituição psiquiátrica. Isso fez com que me sentisse estranha.

Esperei e tomei outro ônibus de volta e então cheguei a Northport e encontrei a casa de Jack. Entrei naquela casa que estava cheia de garotos. Quero dizer, eu tinha 22 anos, mas lá estava um pessoal que tinha dezesseis, dezessete anos, garotos de Long Island. Todos eles iam levar Jack para nadar durante a tarde e visitar a casa de praia de alguém. Fui com eles, e havia essa tal casa de praia à beira-mar com um tapete dourado imenso e todos aqueles garotos queimados de sol ao redor e Jack, completamente sem noção do que fazia, sem saber sequer onde estava. Os garotos me perguntavam: "Como é viver na cidade grande?". Eu era como uma senhora para eles.

Então nós voltamos para a casa de Jack e sua mãe fez um belo jantar que todos comeram, exceto Jack. Ele acabou com a cabeça caída no prato. Subi com ele e conversamos um pouco. Ele se sentia preso demais na casa de sua mãe.

MICHAEL MCCLURE:

A mãe dele era uma pessoa muito protetora. Nunca encontrei a mãe de Jack, mas vi uma foto incrivelmente bonita com Jack e ela juntos. Que coisa incrível! Já vi fotos de macacos fêmeas dominantes com sua prole masculina, que nessa condição são chamados de "príncipes". Aquela é a fotografia de uma antropoide feminina com seu príncipe. E eles tinham o rosto muito parecido. É o tipo de fotografia que você vê em textos de etologia muito especializados. Não estou sendo irônico; aquilo é lindo, é apenas uma situação exemplar. Exemplar não apenas para humanos, mas também para macacos — há uma situação antropoide exemplar ali.

Gabrielle tornou-se a guardiã das portas da vida de Jack, a censora de sua correspondência e das ligações telefônicas, a administradora de seu dinheiro. Ele refez seu escritório de trabalho, que mais parecia o aposento de um monge. Um amigo que o visitara vindo da Califórnia descreveu sua mobília: uma mesa com uma máquina de escrever elétrica, um rolo de telégrafo alimentando a máquina, uma luminária apontada para a mesa, um crucifixo.

Como fizera na década anterior, Jack agora alternava entre a casa de Gabrielle e a de seus amigos na cidade. Em 1948 ele estava profundamente envolvido com seu primeiro romance e produzindo as notas para seu segundo, *On the Road*. Nada parecido o ocupava naquele momento.

Em janeiro de 1959, Robert Frank e Alfred Leslie convocaram Jack para a produção de um curta-metragem em preto e branco que desse expressão fílmica ao fenômeno beat. O roteiro para a ação foi baseado no terceiro ato da peça abandonada por Jack, *The Beat Generation*, que a essa altura ele já considerava inadequada para produção.

No filme concluído Jack explica o que o espectador vê mais como se estivesse narrando uma filmagem caseira. O último ato da peça de Jack descrevia um acontecimento real — a visita de um clérigo progressista à casa de Cassady em San Jose. O clérigo não dispunha do mínimo preparo para lidar com Neal e seus amigos. Allen e Gregory interpretaram a si próprios, e o artista Larry Rivers retratava Neal, "Milo". David Amram, que também atuava, compôs uma bela melodia para um poema em que Jack, Allen e Neal colaboraram em 1949. *Pull my Daisy*, uma algaravia com conotações sexuais, tornou-se a música-tema do filme e seu título.

DAVID AMRAM:

Alfred Leslie me chamou para ir a um loft na 3rd Avenue. Acho que era onde Alfred vivia. Robert Frank estava lá, o pintor Franz Kline estava lá, dizendo a Alfred e Allen Ginsberg e outras pessoas que talvez levasse tempo ser reconhecido por um bocado de gente. E que, se você fosse reconhecido, aquilo poderia acabar tão rápido quanto tinha acontecido, e que, basicamente, reconhecimento não era bem o que importava, que havia algo mais que se chamava levar adiante o próprio trabalho, ter a coisa realizada, e fazer com que o que você tivesse fosse bom o suficiente para transcender na alma de outras pessoas. Todo mundo escutava, pois Franz Kline era bastante apreciado.

Frank estava lá, Kline estava lá — e um amigo meu chamado Dan Cowan, que era um trompista e costumava ir às festas de Jack para tocar viola. Ele era um sujeito típico do Queens, Nova York, filósofo-gênio-acompanhante. Um sujeito bem louco, que tocava em diferentes grupos e sinfônicas para viver, mas que você encontraria todo o resto do tempo lendo literatura de vanguarda, ou pintando e lendo poesia.

Todas essas pessoas juntas eram realmente um acontecimento. E isso apenas aconteceu porque todo mundo saía junto. Não era uma figura da imprensa soltando uma nota dizendo: "Agora teremos o encontro dos grandes da cultura *underground*", pois todos éramos do *underground*.

Ninguém queria ser *underground*, era assim que era. Você era *underground* querendo ou não. Não havia um prestígio particular nisso, saca? E tinha milhares de pessoas que eram isso. Havia também muita gente que não era artista, que nem sequer pensava ser. Eles apenas andavam ali com a galera. Estavam todos mais ou menos no mesmo barco. Não eram exatamente estetas. A maioria não tinha trabalho. Acho que você os chamaria de "marginais". Gente que não havia terminado a escola. Eram apenas pessoas que diziam: "Cara, quero relaxar e encontrar o sentido da vida". Eram filósofos das ruas, tipos diversos de gente totalmente à margem. Antes, eu nunca havia escutado a expressão "marginal". Nem mesmo acho que fosse uma opção pela marginalidade. Acho que o que aconteceu foi que eles decidiram desistir de tentar lutar por um lugar dentro do sistema. Eles recuaram como gente de dentro. Dizendo: "Cara, a gente nem quer lutar para se adaptar a esse lixo". Eles não tinham sonhos nem escapatória. Não havia sentido de comunidade, exceto para grupos esparsos, como o nosso. É por isso que aqueles de nós que sobreviveram e continuaram a buscar a realização de seus sonhos são felizes hoje e têm o olhar clínico para mercadores de nostalgia. Os anos 1950 foram "*el porre total*".

Se você vendesse qualquer coisa, as pessoas achavam você um traidor. Havia ainda aquela noção de que os artistas deveriam sofrer o tempo todo. Esse era o maior problema a ser superado pela minha geração, em que me incluo: perceber, antes de tudo, que não é uma desgraça não se tornar um milionário no que você está fazendo, mas que, por outro lado, você deve tentar fazer seu melhor e tomar conta de si mesmo para poder viver o bastante para ser eficaz. E que a ideia do artista morto de fome, do artista herói, é só uma ideia doentia do século XIX, quando os artistas formavam uma classe de animadores e lacaios que entretinham outra classe. E as pessoas que perpetuavam essa ideia nos Estados Unidos eram pessoas que acreditavam em um sistema de classes que absolutamente não existia mais!

Jack falava bastante comigo a respeito do que ele sentia sobre escrever e de toda a cena literária de Nova York. Ele ficava arrasado que seus livros fossem ignorados e jogados às traças como coisa inconsequente. Que todo aquele lance sobre ser o rei dos beatniks era um rótulo manufaturado para criticar todo mundo que não quis se casar com os netos e netas de Eisenhower. O rótulo "beatnik" nada tinha ver com ele nem com nenhum de nós. A palavra entrou no vocabulário muito tempo depois de termos formado nossa vida.

De todo modo, nós estávamos naquele loft da 3rd Avenue e Jack havia feito aquele filme chamado *Pull my Daisy*. Era uma história louca que ele contava sobre passar algum tempo na casa de alguém — na verdade, ele estava falando de Neal Cassady. Era bem interessante. Soava como se Jack estivesse contando um daqueles seus contos incríveis. Estávamos ouvindo aquilo e Robert Frank perguntou: "O que você acha disso?". Eu respondi: "Está bom". Não foi uma resposta muito articulada, mas não havia muito que dizer. Era apenas Jack alucinando, inventando uma história louca de aventuras. Mas ele sempre fazia aquilo, e era sempre sensacional.

Robert Frank dizia: "Nós vamos fazer um filme com ela". Eu disse: "Tá brincando?". Ele insistiu: "Sério, e você vai ser o Mezz McGillcuddy". Ele me deu um papel, que fora datilografado a partir das viagens do Jack. Ainda tenho essa cópia.

Era realmente estranho, porque aquilo virou o roteiro do filme. Então ninguém mais viu Jack até o filme estar quase terminado. Fazer *Pull my Daisy* foi como nossas leituras de jazz e poesia. Loucura total. Doze horas por dia com todo mundo se exibindo, zoando, chapando, alucinando e improvisando. Alfred Leslie começou a tentar dirigir enquanto todo mundo fazia piada e todo tipo de besteira. Ninguém foi pago. As luzes do estúdio de Alfred Leslie ficavam caindo quando ligavam a câmera. Ele deu um jeito no problema colocando chapinhas de metal na caixa de fusíveis, um truque típico do Lower East Side. Aquilo quase botou fogo no prédio inteiro, mas manteve as luzes acesas, já que o estúdio infestado de baratas de Alfred era como um porão sem luz. De vez em quando Robert Frank ria tanto que o tripé começava a tremer. Quando ele tirava fotos das cenas ao mesmo tempo em que falava, dava para escutar aquele *click*! Ele tinha um *timing* como o de Muhammad Ali. *Ba-BOOP!* Ele sabia exatamente quando bater a foto, pois conseguia ver de verdade. Ele era um sujeito superperceptivo, era a alma de *Pull My Daisy*. Alfred Leslie tinha muito estilo, em termos de animar o pessoal. Embora o que ele estivesse fazendo pudesse parecer uma maluquice completa para os produtores de filmes de 1959, aquele acabou sendo o mais engraçado dos filmes em que já trabalhei. Hoje é considerado um marco daquela época. Estávamos só nos divertindo. Jack apareceu umas duas vezes.

Quando as trinta horas foram editadas para vinte minutos, fomos ao estúdio de Jerry Newman. Jerry Newman foi o cara que gravou Dizzy Gillespie e Thelonious Monk lá no Minton's em um gravador caseiro, no fim dos anos 1940, e deu a um tema o título "Kerouac". Ela tinha uma estrutura convencional, mas eles não queriam pagar os direitos autorais e de reprodução, então Jerry intitulou a canção "Kerouac". Quando fizemos a narração de *Pull My Daisy*, colocamos os fones e eu toquei um piano, atrás de Jack, que não havia usado no filme. Ele queria tudo aquilo de forma espontânea. Eu disse: "Não, cara, para um filme é melhor — todo o resto está tão mal-ajambrado — quando você faz assim, é o que vai amarrar tudo, e eu vou fazer um lance aqui ao fundo do que você fez que vai encaixar, que não vai se colocar à frente do que você está fazendo". Jack concordou que era melhor daquela forma. Depois de ele ter feito a narração, cortei a música do piano, substituindo por silêncio para que ele pudesse ser ouvido. Quando houvesse música, ela realmente diria alguma coisa. Compus uma música da qual até hoje me sinto orgulhoso. Havia tocado com Jack o suficiente para saber quando e onde tocar, onde sair do caminho e deixar a música de sua leitura dizer tudo.

Havia uma parte do filme em que Larry Rivers deveria aparecer tocando saxofone. Ele estava atuando. Incluímos Sahib Shahab tocando sax alto enquanto assistia a Larry, e tocando perfeitamente já de primeira, Arthur Phipps, que tocava com o Three Bips and a Bop, e Babs Gonzales tocando contrabaixo. Também há um fagote. Jane Taylor está tocando — uma fagotista que realmente curtia os livros de Jack. Al Harewood está na bateria, Midhat Serbagi na viola, Ronnie Roseman [1993-2000] no oboé, hoje ele é o oboé solo da Filarmônica de Nova York. Eu toco trompa e piano, e Anita Ellis canta.

Na noite em que fizemos a narração original no estúdio de Jerry, demos uma baita festa e acabamos ficando por lá mais ou menos um dia e meio. Jack estava lá e nós por fim completamos a narração e a música. Então fizemos um punhado de canções que Jerry gravou. Alguém ficou com as fitas. Não importa. Temos a experiência. A narração de Jack, era simplesmente brilhante, foi toda produzida de uma vez. Eu estava lá, fazendo umas melodiazinhas. Ele fez tudo de primeira. Alfred e Robert haviam transformado sua peça por completo. O filme ficou ótimo, mas não tinha nada a ver com o que ele imaginou inicialmente. Então ele viu aquilo e produziu uma narração completamente diferente na hora e que era tão legal quanto a primeira. Era assim que ele era.

O crítico de domingo do *New York Times* alertara que o caminho tomado por Jack em *On the Road* só podia ser trilhado uma vez, e à medida que os livros de Jack saíam, um a um, os críticos reforçavam o vaticínio de seu colega. O *Times* rejeitou *Doctor Sax* como "psicopatia", e então soltou Kenneth Rexroth para atacar *Mexico City Blues*. Rexroth tentou produzir um texto que estabelecesse um novo paradigma da difamação, mas a bile afogou sua inteligência.

Com o estoque de trabalhos não publicados agora em baixa, Sterling Lord ofereceu a Jack um trabalho em uma revista. Kerouac começou a escrever uma coluna mensal na *Escapade*, uma primeira imitação da *Playboy* com um tom distintamente nova-iorquino nos artigos postos entre as imagens de nudez. Os textos para a revista significavam dinheiro imediato para Jack, Mémère e seu gato, Tyke. O projeto de as pessoas lerem seu trabalho como "um só imenso livro" estava acabado.

Os amigos, como Lucien Carr, ficaram tristes com os textos que ele trouxera à cidade no trem de Northport.

LUCIEN CARR:

Acho que a linguagem de Jack começou a ficar cada vez mais simplória à medida que o negócio seguia, e por "simplória" quero dizer facilmente dominável. Não falo dos romances, falo apenas da linguagem. Ficou cada vez mais simplória, o que é triste. Quero dizer, para um sujeito que amava cada palavra do inglês mais do que eu amo meu pai... virou um blá-blá-blá de plástico.

Não falo de nenhum livro em especial. Estou realmente pensando mais no que Kerouac tinha a *dizer* à medida que seguiu em frente, nas palavras que saíam de sua boca.

Muito do que Jack escreveu tratava de política e atualidades, assuntos para os quais ele não poderia ser menos qualificado. Ele não era capaz de conduzir o jornalismo na direção da arte como Norman Mailer, por exemplo, faria mais tarde em seus retratos detalhados do modo como os acontecimentos o afetavam pessoalmente. Um ensaio da *Escapade* sobre a loucura da guerra trouxe, por exemplo, uma incrível exibição do domínio de Kerouac em relação aos pontos fundamentais da história, mas a moral budista embutida ali era formulada em termos mais adequados a um sermão unitarista. Ele lia a crise de Berlim, mais ou menos corretamente, como a proposta russa de barganhar com os norte-americanos em termos de igualdade, e tentava defender Khrushchev e Joe McCarthy na mesma coluna, acusando a mídia de distorcer as ações de ambos os homens.

Ele raramente estava em contato com o mundo. O assédio de seus admiradores juvenis continuava. A certa altura um grupo de garotos apareceu à sua porta vestindo jaquetas com a inscrição "DHARMA BUMS" nas costas. Quando Mémère lhes barrou a entrada, eles subiram pela varanda para chegar ao quarto de Jack e roubaram seus cadernos e objetos. Muitas vezes, como durante as visitas de Mémère a Nin e Paul na Flórida, Jack se juntava aos adolescentes e bebia enquanto passeava em seus carros pelos arredores de Northport, um companheiro envergonhado.

Em suas visitas à cidade Jack tornou-se um fardo constrangedor e incômodo a Allen e aos demais. Quando estava bêbado demais para sair, ou quando Mémère lhe recusava dinheiro, ele esperava até que ela tivesse desligado a televisão e ido para a cama, e então ligava para eles.

PETER ORLOVSKY:

Eu tinha acabado de superar um lance com heroína e xarope para tosse, então ficava muito irritado com ele bêbado o tempo todo, mas também me preocupava com aquilo. Tentava deixá-lo sóbrio, mas o deixava louco e ofendido, em vez de calmo, doce ou reflexivo.

Ele costumava ligar muito para mim. Tínhamos dois aparelhos de telefone instalados, então eu e Allen podíamos escutá-lo ao mesmo tempo, e ele ligava e falava de Long Island no telefone por horas e horas. Contava que saía com grupos de jovens que iam vê-lo em Long Island. Alguns iam com seus carros a um restaurante ou café. Eles saíam nus dos carros, paravam na frente dos cafés e corriam de volta para os carros e fugiam. Talvez para informá-lo dos últimos truques, do que havia de novo em termos de brincadeira.

E ele falava de política. Kennedy estava surgindo, e ele falava comigo sobre as eleições. Jack sempre dizia que detestava os comunistas e subiria em uma árvore com uma arma para atirar nos comunistas que chegassem perto, caso fosse necessário.

Allen passava horas e horas no telefone. Allen tentou e tentou e tentou. Allen era muito paciente. É difícil falar com gente que bebe demais. Eles não escutam.

Ele ia à cidade muito de vez em quando, e nós o encontrávamos, mas ele não queria vir porque pensava que ficaria bêbado demais por tempo demais e ficaria doente e morreria. Ele teria um colapso e ficaria doente, feridas iam começar a brotar por seu corpo e a flebite atacaria sua perna. Então ele não saía de casa e ficava bêbado.

Sempre que a conta de telefone ficava mais alta do que o dinheiro que Mémère separava para pagá-la, ela arrancava da parede o fio do aparelho, deixando Jack completamente sozinho.

Ele viajaria de novo ao longo dos dez anos de vida que lhe restavam, mas a viagem que ele planejou no verão de 1960 foi seu último rompimento com o lar. Ele queria distância e silêncio para refletir sobre o que acontecera consigo mesmo. Ele iria para o Oeste. Para a Califórnia, para Neal.

5

BIG SUR

Smart went crazy.
Allen Ginsberg

O CATALISADOR PARA a derrocada de Jack foi um lugar, Big Sur, a natureza selvagem na costa da Califórnia a meio caminho entre San Francisco e Los Angeles. Tida por seus moradores e muitos outros como o mais belo trecho de praia do mundo, sua tranquilidade envolta em névoa pode ser interrompida pelas violentas tempestades que varrem o Pacífico vindas do Ártico. Promontórios cobertos de ciprestes dão lugar a cânions que abrigam riachos de margens cobertas de samambaias e cascatas recônditas. Diz-se que toda a paisagem foi desprendida, eras atrás, da costa da China continental, que a ela corresponde. Exceto pelas moradias esparsas dos mais ricos, instaladas à beira dos precipícios, e a presença de um ou outro andarilho, sua solidão é tão atraente quanto sua paisagem bela e quase intocada. Para Jack era um isolamento fatal para seus propósitos.

As palavras haviam cessado. Por volta de julho de 1960 Jack se via incapaz de traduzir o que lhe acontecera desde que *On the Road* fora publicado e seu estoque de romances inéditos diminuíra. Se permanecesse fiel a seu projeto de "um só imenso livro", ele teria de contar a história de um homem incapaz de lidar com seu próprio sucesso, incapaz de começar uma família, de encontrar a paz, de servir a sua arte.

Durante um ano Jack trabalharia no mais elevado de sua prosa, *Big Sur*, que marcaria o fim da linha cronológica de sua lenda. Ele escreveria outros livros: *Passing Through* [De passagem], a coletânea de textos para o romance que começara a escrever tão logo descera de seu trabalho na torre de observação de incêndios sob o Hozomeen, publicado em *Desolation Angels* [Anjos da desolação]; o romance de viagem *Satori in Paris* [Satori em Paris]; a retomada nada emotiva de sua infância e o início de vida adulta em *Vanity of Duluoz*. Mas *Big Sur* foi seu único trabalho a lidar com os efeitos da fama que o destruíra, e antes de escrevê-lo ele tinha de chegar ao fundo do poço, sobreviver à experiência e seguir em frente, como Scott Fitzgerald sobrevivera a *The Crack-Up* [*Crack-Up*] antes de encontrar forças para terminar *Tender Is the Night* [*Suave é a noite*] ou para começar *The Last Tycoon* [*O último magnata*].

Em junho de 1960 a MGM lançaria sua versão de *The Subterraneans*, o único filme que se fez a partir de um dos livros de Kerouac. O produtor de comédias musicais Arthur Freed o tomou para si como um filme de arte, uma empreitada em preto e branco que seria fiel a sua fonte. Louco para fazer caixa em cima da histeria beat, o escritório principal da MGM prescreveu as lentes CinemaScope e o selo Metrocolor, proibiu o amor inter-racial, que era o tema do romance, e escalou a queridinha branca Leslie Caron em contraponto a George Peppard (cujos porte e silhueta lembravam claramente os de Jack) como a figura de Kerouac, Leo Percepied. As discussões entre o escritor frustrado, Leo, e sua mãe dominadora são a única coisa melhor retratada no filme, embora houvesse pouco dos cuidados carinhosos de Jack para com a mãe. Dignas de nota, as cenas entre a sra. Percepied e seu filho remetem ao primeiro esboço de abertura de *On the Road*, que Jack mostrara a John Clellon Holmes em 1948 antes de descartá-lo.

O produtor Freed e seus colegas da MGM comemoraram quando garantiram os direitos de *The Subterraneans* mediante um pagamento de meros 15 mil dólares, mas o filme foi destruído pelos críticos e mal pagou os custos do estúdio. O que o filme deixou claro foi o interesse de Hollywood em obter o mito de Kerouac a baixo preço e não em prestar atenção no valor dramático da história adquirida.

A MGM contratou André Previn e um grupo fixo de músicos formidáveis (Gerry Mulligan, Carmen McRae, Shelly Manne, Red Mitchell, Art Farmer) para fornecer a atmosfera jazzística. Mas o roteirista Robert Thom inventou uma gravidez para Mardou e um final feliz: Percepied volta e registra a criança com seu nome. Roddy McDowall fez as vezes de Gregory, Jim Hutton era Allen e, na seção mais bizarra do elenco desigual, o pequeno comediante Arte Johnson aparece como Arial Lavalina, a personagem baseada na figura esguia e elegante de Gore Vidal.

O filme manteve a transposição dos acontecimentos do Greenwich Village para North Beach, em San Francisco, as locações não eram menos vulgares, e os figurantes, um pouco mais dramáticos do que a verdadeira North Beach exigia então. Ferlinghetti vinha realizando seus próprios experimentos com jazz e poesia. Ônibus apinhados de turistas faziam lotar as calçadas das imediações da City Lights Bookstore todas as noites para experimentar em primeira mão a nova boemia.

Neal andava sumido. Poucos meses depois de Kerouac despontar para o estrelato, Cassady tentaria enganar dois agentes do departamento de narcóticos que armaram sua prisão. A polícia conhecia muito bem sua reputação como Dean Moriarty em *On the Road*. Alguns meses de silêncio se seguiram ao "acordo beat", e então Neal foi preso, condenado sob acusações de que se diria inocente e sentenciado a um período de dois a cinco anos em San Quentin.

O medo e a aversão de Neal à prisão eram tão intensos quanto na época em que fugira dos policiais imaginários de Luanne, onze anos antes. Em San Quentin ele continuou a ler Cayce e outros místicos, e seu antigo catolicismo voltou com força total. Ele rezava novenas e pedia por sua rápida libertação.

A intensa correspondência de Neal e Jack começou a arrefecer. Neal escreveu da prisão a um jornalista: "... Não estou interessado no livro de Jack ou na falsidade daquela curtição beat... Jack e eu, nós nos afastamos ao longo dos anos. Ele se tornou budista, e eu um cayciano. Sim, ele gostava de mim. Quero ver se gostava o suficiente para me mandar uma máquina de escrever". Não houve quem entendesse sua prisão.

Allen enviou às autoridades californianas uma carta de apelação argumentando que a vida de Carolyn e das três crianças passara a depender da assistência social. Ele dizia que Al Hinkle poderia conseguir para Neal mais um trabalho na ferrovia, e havia cartas de James Laughlin, da New Directions, de Ruth Witt-Diamant, do San Francisco State College Poetry Center, e de Lawrence Ferlinghetti, que se oferecia para publicar o fragmento autobiográfico de Neal, *The First Third*. Cassady era retratado como uma figura literária de vulto, o pai de toda a prosa e poesia em evidência, o que, em certo sentido, ele era. No outono de 1959, depois de sua "787ª noite inteira atrás das grades", Neal foi solto.

The First Third foi publicado pela City Lights em 1971 e até hoje está em catálogo. Em 1958 Jack e Ferlinghetti começaram a se corresponder a sério sobre a possibilidade de a City Lights publicar o que restava de sua obra engavetada. Até aquele momento o grande sucesso editorial de Ferlinghetti havia sido a coleção Pocket Poets, que incluía trabalhos de Ginsberg, Corso e outros em livrinhos quadrados de um dólar ou menos.

LAWRENCE FERLINGHETTI:

Na verdade, não tive oportunidade de publicar os romances de Kerouac por um bom tempo. Mais tarde eu conseguiria publicar *Visions of Neal*. Mas éramos uma editora tão pequena que não tínhamos dinheiro para colocar na praça um livro grande e formidável como aquele. Sentia que realmente estava fora de nosso alcance.

Mas Jack estava orientado a publicar em Nova York. Éramos apenas outra pequena editora de poesia, imprimindo mil ou quinhentas cópias de livrinhos de poesia. Li *Mexico City Blues* no manuscrito e também *San Francisco Blues*. Em retrospecto, vejo que havia muitas oportunidades de ser um grande editor naquela época, mas estávamos lutando para sobreviver como livraria.

Naquela época eu não tinha em alta conta a poesia de Jack. Tive em mãos o manuscrito de *Mexico City Blues* e podia tê-lo publicado, mas ele não fez muito minha cabeça. Não sei por quê. Não estava realmente na frequência de sua voz poética. Agora vejo que era a mesma voz. Penso que ele era melhor romancista do que poeta. Estou colocando dessa forma porque me parece que sua escrita era uma só, fosse no campo da prosa ou da poesia. Era o mesmo tipo de escrita. Se lêssemos em voz alta soaria da mesma forma. Poesia ou prosa. Ali a linha que dividia uma e outra se rompia.

É o mesmo caso de Ginsberg. Sobre o manuscrito de *The Fall of America* [A queda da América], quando o estava editando, Allen escreveu e disse: "Alguns desses poemas tocam você como poemas que não são tão bons quanto outros, alguns deles são melhores do que os outros?". Respondi dizendo: "Allen, assim que a gente saca a sua voz, não importa o que saia de sua boca, isso será tão bom quanto qualquer outra coisa porque é sua voz toda que surge. Se a mente coloca as coisas de um jeito bacana, tudo que sai dessa mente vai ser bacana". Quando a mente é interessante, tudo que sai dessa mente é interessante. O problema com tantos poemas que seguem a poética de Ginsberg é que eles não têm essencialmente um pensamento interessante, então tudo que sai é bem chato.

Mais tarde fiquei mais ligado na voz de Jack, então não importa o que ele diga ou escreva, tudo faz sentido e fica ótimo.

Sentindo, a partir de sua correspondência, a dor e o desconforto de Jack em Northport, Ferlinghetti ofereceu a Jack sua cabana em Bixby Canyon, debaixo da maravilhosa ponte em arco ao norte de Big Sur e sua vida selvagem. Era um gesto de troca misturado a camaradagem. Jack poderia viajar para o norte para ver Neal e seus amigos da cidade sempre que quisesse, e ele e Lawrence teriam a oportunidade de discutir os manuscritos em que a City Lights estivesse interessada. A ideia principal, contudo, era que Jack largasse a bebida e começasse em isolamento um novo romance.

Jack aceitou imediatamente e Mémère o ajudou a fazer a mochila para a viagem para o oeste, uma viagem que fez não na aventura das caronas, mas em um vagão de trem de primeira classe.

Lawrence Ferlinghetti:

Eu ia encontrá-lo e levá-lo imediatamente para Big Sur, pois ele não queria que ninguém soubesse que estava na região. Ele não queria ficar em San Francisco e começar a beber. Mas de repente ele apareceu na livraria. Não seguiu seu plano inicial de me informar em segredo a que horas chegaria. E depois ele já estava bebendo no Vesuvio's, e ainda era o comecinho da tarde. Ele disse: "Quero sair da cidade imediatamente". E ligamos dali mesmo. Tínhamos um compromisso marcado, um jantar com Henry Miller. No mesmo dia em que ele chegou a San Francisco, nós devíamos encontrar Miller para jantar em Big Sur, e Miller foi à casa de Ephraim Doner.

Doner morava em Carmel Highlands e Miller iria de Partington Ridge para o jantar. Telefonamos por volta das cinco da tarde dizendo: "Estamos saindo agora, chegaremos lá pelas sete". Ficou mais tarde, Kerouac continuava bebendo e mais ou menos às seis horas nós ligamos, e Jack continuava no Vesuvio's. "Ah, estamos saindo agora, estamos saindo agora." E de repente eram sete, oito horas, e ele ainda estava ligando, e Miller e Doner esperavam para o jantar. Não fomos.

Então eu saí e fui para Big Sur. Cheguei lá a tempo de colocar minha cabana em ordem e passar a noite por lá, e na manhã seguinte encontramos Kerouac dormindo no chão, ao relento. Não conseguira encontrar a cabana. Ele havia chegado de táxi a Bixby Canyon, que fica a cerca de trinta quilômetros de Carmel, trazendo consigo sua lanterna de ferroviário.

Depois disso o deixamos na cabana. A princípio ele ficaria ali várias semanas por conta própria, mas acabou ficando apenas alguns dias e foi se encontrar com Neal Cassady em Los Gatos. Minha cabana, naquela época, não tinha eletricidade e não havia vidro nas janelas, somente persianas, caso fizesse frio você tinha de fechá-las. Aí ficava escuro lá dentro, e havia apenas um lampião a querosene. Big Sur tem muita neblina, às vezes a neblina permanece ali, camada sobre camada, dias a fio, e pode ser bem lúgubre. É meio deprimente ficar ali na primavera e no outono. Só em janeiro tudo fica claro.

De todo modo, chovia bastante e Jack estava ali sem fazer nada; ele não ia ficar muito tempo. Lembro que ele me disse que vinha tendo alucinações, mesmo quando estava em San Francisco, antes de ir para Big Sur. Então ele voltou à cidade, San Francisco, e estava bebendo demais e sem comer e falando sobre consultar um psiquiatra.

Phil Whalen disse a ele naqueles dias: "Jack, você não precisa de um psiquiatra. Você só tem açúcar no sangue. Você não come nada sólido há dias e não bebe outra coisa além desse vinho doce". Ele costumava beber Tokay, como o povo das ruas. Eu costumava brigar com ele: "Porra, que francês é você que bebe essa coisa?". E Phil Whalen lhe disse: "Você não precisa de um psiquiatra; precisa botar alguma comida no estômago e aí vai parar de ter alucinações".

Em *Big Sur*, a primeira estada de Jack Duluoz na cabana dura três semanas. Se o romance é um registro preciso do tempo, Jack alternou entre longos períodos de inatividade, no quartinho escuro de janelas fechadas contra a umidade, e caminhadas ao longo de um riacho que levava ao mar através de um cânion tão estreito e de mata tão densa que a luz do sol não chegava mesmo em um dia de céu limpo. Ele imaginava as árvores conversando com ele, as pedras discutindo sua ancestralidade. Por fim, escutou o mar dizer: "VÁ AO ENCONTRO DO QUE DESEJA, NÃO FIQUE PERDENDO SEU TEMPO POR AQUI" e obedeceu.

Depois de um breve encontro com Neal, ele retornou a San Francisco e deu entrada em um antigo hotel só um pouquinho melhor do que um albergue para moradores de rua. Ali ele encontrou um isolamento um pouco mais brando. Ele podia tomar a ferrovia municipal por Nob Hill até North Beach ou visitar seus amigos literários que viviam nas comunidades mais antigas, como a East-West House, o velho casarão em Western Addition onde Phil Whalen e Lew Welch fizeram seu lar.

Mas, com o vinho à mão, as excursões sociais de Jack muitas vezes se transformavam em bebedeiras que, para seus amigos, eram difíceis de suportar. Depois de alguns dias ocorreu-lhe tornar a natureza selvagem mais urbana, e assim Jack chamou alguns amigos para que retornassem com ele para a cabana em Bixby Canyon. Um dos que se uniram ao grupo era um desconhecido, Victor Wong, então próximo dos trinta anos, o filho mais velho de um filho mais velho de um filho mais velho de uma família de Chinatown com importantes ligações com Sun-Yat-Sen e Chiang-Kai-Shek. Quando Ferlinghetti o apresentou a Jack, Wong vivia em dois mundos separados por um beco apenas, Chinatown e North Beach.

VICTOR WONG:

Quando o movimento Beat surgiu, eu já estava envolvido com arte, tentando dar meu primeiro passo de forma intuitiva. Um dia Ferlinghetti disse: "Você quer conhecer um amigo meu, Kerouac?".

Eu nunca havia lido nenhum de seus livros, nenhum dos poemas que Ferlinghetti tinha. Se tivesse, os teria escutado em uma leitura, ouvindo as pessoas, observando a inflexão de sua voz. Mas não os conhecia.

Fui com Lawrence a Japantown, um prédio, segundo andar, fundos. Lá, ao redor de uma mesa de cozinha, conversavam e bebiam Tokay: Kerouac, Welch e Whalen. Sabe, Kerouac não gostava de drogas. Nem de cerveja. Ele gostava de vinho moscatel, de Tokay — vinhos desse tipo.

Então alguém disse: "Vamos nessa", e fui com eles para Big Sur. Direto. Só peguei uma camisa, uma cueca e meus instrumentos de arte. Perguntei: "Como vamos dormir?".

Ferlinghetti disse: "Não esquenta. Tenho uns cobertores e uma lareira".

Paramos no meio do caminho para pegar Neal Cassady. Ele deu um gás na coisa toda, não parava de falar. À noite, já estávamos em Big Sur. Neal veio junto. Phil já estava lá. Um jovenzinho chamado Paul Smith — jovem, loiro, músico. Nunca mais o vi. E Michael McClure, que estava começando a escrever.

Fiquei um pouco espantado com tudo aquilo. Me sentia como um câmera, na verdade. Aquela gente não me parecia muito real, mas Kerouac era real, por alguma razão.

Todos em torno dele falavam, e ele ficava lá sentado. Perguntei se estava tudo bem e ele respondeu: "Só não tenho nada para falar".

Ele estava passando por um momento difícil. Havia ficado famoso. Aquele filme, o *Subterraneans*, tinha sido lançado. Ele estava na *Time*. Isso o deixou muito assustado, tipo "Agora que sou conhecido, como vou escrever aquelas coisas que eu escrevia quando não era uma figura pública?". Aquilo o congelou.

Quando ele voltou a San Francisco, acho que estava tentando um retorno ao mundo criativo. Conversamos sobre ser deslocado. Eu disse: "Se você está com tantos problemas para criar, por que não retoma sua infância e encontra uma resposta para esses obstáculos? Que tal ir para Lowell?". Ele disse que era uma cidade deprimente, que não achava possível voltar.

Ele sempre levava uma sacola imensa, como um saco de duzentos quilos de batatas. Ele nunca mostrou o conteúdo a ninguém, mas percebi que havia um belo maço de cartões presos com um elástico. Ele tinha dois daqueles. Um era da American League, e o outro da National League. Ele adorava beisebol, mas só inventava os jogos. Ele tinha uma tabela, temporada a temporada, que retrocedia em anos e anos com toda aquela gente fictícia. Perguntei: "Mas como se joga?". Ele respondeu: "Está tudo na minha cabeça. Sabe, quem vai ser o rebatedor, as bolas que ele rebate, o arremessador e por aí afora".

Naquela noite acendemos a lareira e começamos a beber.

MICHAEL MCCLURE:

Todo mundo estava sentado junto, e ficávamos nos perguntando: "Você já leu isso?". "Você já leu aquilo?" Era a nossa diversão na época. "Você já leu *A náusea*?" "Não, mas você já leu...?"

Jack dizia: "Isso é só masturbação intelectual, esse negócio de 'Você já leu isso?', 'Você já leu aquilo?'. Vocês precisam fazer algo construtivo. Vocês não precisam produzir esse tipo de questão e ficar se fustigando intelectualmente desse jeito. Vocês precisam oferecer informação. Não importa se a pessoa leu ou não o que você está mencionando, o que importa é sua percepção disso, a percepção que você pode oferecer ao outro. Por exemplo, você diz: 'Eu estava conversando recentemente com William Burroughs e ele me disse que estava lendo um romance sobre a indústria da caça à baleia escrito em meados do século XIX por um sujeito chamado Herman Melville, que fala da busca de um capitão baleeiro já de idade e com uma perna só, obcecado pela ideia de que um cachalote branco chamado Moby Dick se tornou o mal encarnado e seu desejo então se resumiu a atravessar a máscara da realidade e encontrar as grandes forças por trás dela, e ele via nesse cachalote uma das máscaras da realidade'. Isso não seria mais interessante do que se você perguntasse: 'Você leu *Moby Dick*?'".

VICTOR WONG:

À medida que as pessoas começaram a beber Jack pegou um livro do saco e começou a ler em voz alta. Perguntei: "Que raio de livro é esse?". Ele disse: "Estou lendo *Dr. Jekyll and Mr. Hyde*".

Depois de um tempo eu disse: "Mas você não está lendo isso tudo do livro". Ele não estava. Estava inventando a porra toda enquanto seguia. Era incrível.

Então me juntei a ele, e foi ficando cada vez mais escuro e as pessoas começaram a cair no sono, e lá estávamos apenas os dois. Por alguma razão havia uma vibração no quarto. E fomos em frente. Ele inventava uma frase. Eu inventava outra. E a gente seguiu dessa forma até que apaguei e dormi. Talvez em meu sonho eu tenha lhe pedido que continuasse. Mais tarde, li tudo aquilo em seu romance *Big Sur*. Não sei como ele se lembrou daquilo.

O que era muito interessante era que eu nunca tinha feito nada como aquilo antes. Talvez essa fosse sua grandeza: ser capaz de extrair a criatividade das pessoas. Ele fazia isso o tempo todo.

Michael McClure:

Jack não gostou de escutar Paul Smith, ele queria escutar Neal. É gozado, mas lá estava outro sujeito que falava sem parar diante de Jack, e Jack não queria ouvir o que o menino falava. Ele queria escutar Neal.

Neal havia sido preso, e Jack sentia, ao que parecia, alguma responsabilidade por Neal ter sido preso, pois ele falou sobre umas coisas que Neal fazia em um artigo que escrevera para a *Escapade*. Ele estava encontrando Neal recém-saído da cadeia e sentia-se responsável por ele ter estado lá. Eu não via Neal já fazia alguns anos.

Eu achava que Jack se encolhia quando estava ao lado de Neal. Era como se ele se tornasse o irmão mais novo, como um personagem da turma do Charlie Brown. Ele realmente admirava o Neal. Isso era curioso. Naquela época, a bebida já havia levado um pouco da beleza que emanava de Jack. Não falo de sua habilidade de escrever, mas do modo como alguém se move, fica de pé e se sente em seu relacionamento com o mundo. Jack estava fisicamente menos atraente e menos bonito. Ele estava começando a murchar.

Victor Wong:

Às vezes Jack era destemido demais. Um dia estávamos andando de carro pelas colinas em Big Sur e eu estava sentado no meio, ele à minha direita e Lew Welch era o motorista. Phil estava atrás. Os dois, Jack e Lew, começaram a brigar. "Ah, vá, seu filho da puta..." Eles estavam realmente empenhados naquilo, enquanto seguimos por aquelas estradas de montanha. Não estavam bêbados, apenas estavam no meio dessa discussão. Eram como crianças brincando com palavras, mas eles se empolgaram e começam a gritar.

Lew disse: "Puta que pariu, vamos resolver essa história agora mesmo" e encostou o carro, puxou o freio de mão e eles saíram. Por sorte, naquele tempo não haviam muitos carros. Eles se ajoelharam na faixa da pista e começaram a rezar um para o outro. Ficaram com as mãos em posição de prece, acertaram as contas, voltaram para dentro do carro, e fomos embora. Mas, nossa, se um carro tivesse passado por ali naquele instante, teria acabado com a gente. Eu fiquei dizendo: "Deus do céu, eles não podem fazer isso!". Phil retrucava no banco de trás: "Deixe-os em paz, eles estão bem". Eu disse: "Que merda, não, não, não, não". Aquilo me assustou. Mas tudo acabou dando certo.

Um dia a gente foi a um bar-restaurante em Big Sur e ficamos sentados ao sol bebendo. Foi uma das vezes em que fiquei intrigado com Jack, porque ele estava muito quieto. McClure apareceu e perguntou sua opinião sobre algum poema, e Jack ficou meio puto, como se dissesse: "Eu mal estou dando conta de mim, como posso lhe dizer o que você deve escrever?". Mas o importante aqui é que naquela noite todos começamos a beber.

No meio da noite todos disseram: "Vamos dar uma volta na praia". Precisávamos atravessar a floresta, os riachos, tudo aquilo, mas, por alguma razão estúpida, todos chaparam na ideia. Fomos em fila para a praia. Éramos homens, homens crescidos, todos alucinados. Homens adultos não agem daquela forma. Foi realmente vergonhoso. Todos regrediram à infância, mas a uma infância muito legal, não aquela infância louca.

De algum jeito, não me pergunte como — não acho nem que houvesse lua naquela noite — todos fomos rolando para a praia uns sobre os ombros dos outros, descendo até ali pendurados uns nos outros. Claro que descer deslizando é bem mais fácil. Eles recitaram poesia sobre as pedras.

Paul Smith vestia uma capa e recitou o monólogo de Hamlet, inteiro.

Depois de retornarmos de Big Sur, Jack sumiu. Não conseguíamos encontrá-lo. Não o vimos uma semana inteira. Então perguntei a Lawrence: "Onde ele está?". E Lawrence disse: "Deve estar de pileque de novo".

Por alguns dias de felicidade, a estratégia de Kerouac funcionou. Ele tinha companhia para os momentos em que o vento soprava do oceano e as folhas farfalhavam, mas um a um, à medida que a cidade os chamava de volta, a turma se desfez e, em vez de ficar sozinho, Jack os seguiu.

Em poucos dias desde seu retorno para San Francisco, Jack retornava a seu velho esquema de recrutar conhecidos para beber. Um copo chamava muitos outros, e Jack vez por outra bradava ao bar repleto de estranhos que era um romancista famoso. "Sou Jack Kerouac!", ele gritava.

Luanne Henderson:

Foi a última vez que o vi, descendo a Grant Avenue. Fiquei meio surpresa, ele queria discutir sobre tudo. A noite se arrastou e ele continuou bebendo, aquilo não era ele.

Para começo de conversa, ele nunca havia sido um beberrão, e nunca tinha sido briguento. Ele estava um saco, muito desagradável.

Certa vez, Phil Whalen observou a palidez amarelada de Jack e o convenceu a sair para uma caminhada pelo Washington Square Park, em North Beach, onde os dois poderiam se sentar ao sol e conversar. Jack levou consigo um garrafão de Tokay e bebeu até perder a consciência. Whalen nada pôde fazer para impedi-lo.

Um dia Kerouac telefonou para Ferlinghetti, que tinha uma carta de Gabrielle dizendo que o gato de Jack, Tyke, havia morrido. Ferlinghetti transmitiu a notícia da maneira mais delicada possível, mas não sabia do profundo apego de Jack por seus animais de estimação ou da ligação entre essas emoções e a morte de Gerard trinta anos antes. Ferlinghetti ficou pasmo com a reação de Jack: Kerouac desapareceu nos bares da Howard Street.

Victor Wong:

Eles o encontraram num hotelzinho vagabundo e Lawrence o levou para sua casa. Depois disso ele me procurou e disse: "Sabe, eu não estou num bom lugar, e preciso encontrar alguém mais sábio. Posso falar com o seu pai?".

E eu disse a mim mesmo: "Merda, o cara está bêbado o tempo todo, veste essas roupas horríveis e não se barbeia. O que meu pai vai dizer?". Eu vivia em um mundo muito distante do dele, que era muito discreto, embora ele morasse perto de tudo aquilo.

Então falei com Lawrence e chegamos a uma solução. Eu tinha um suéter de caxemira marrom com uns buraquinhos, não eram muito visíveis. Lawrence barbeou Jack, ou ele de algum modo se barbeou. Então o vestimos com uma camisa e o suéter.

Meu pai estava em sua loja na Jackson Street, um mercadinho. Mas era um lugar meio sujo. Ninguém nunca entrava para comprar nada porque não era realmente um mercadinho, era o escritório político de meu pai, como um daqueles escritórios de distrito eleitoral em Chicago. Nos fundos havia uma lâmpada de quinze watts com cúpula, e assim só recebia luz a pessoa que estivesse diante dela. Mas também havia um sofá porque as pessoas iam lá para conversar.

Então lá estava Jack, de banho tomado, gargarejo feito, desodorante passado. Ele entrou, e lógico que seu rosto ainda estava vermelho. Obviamente, ele havia bebido. Então ele estava sentado naquele sofá onde todos os políticos se sentavam. Meu pai me disse, em chinês: "O que é isso?". Eu disse: "Esse é um poeta muito aclamado, um homem muito culto. Um homem muito culto como o senhor é em chinês". Ele perguntou: "Por que você o trouxe aqui?". Isso tudo em chinês.

Enquanto isso, Kerouac estava sentado lá, e ele não tinha ideia do que fazer.

Então eu disse: "Venha, fale com ele. Ele está com problemas e precisa de um chinês sábio".

Meu pai se virou, deu as costas para Jack e voltou para escrever alguma coisa em chinês, em sua caligrafia. Foram dez minutos assim. Dez minutos em silêncio são um bocado de tempo. Eu pensei: "É melhor que eu contenha as emoções. Se eu disser alguma coisa, o silêncio pode se prolongar". Poderia ficar embaraçoso demais e a gente teria de ir embora.

Então eu olhei para Kerouac, mas ele não olhou para mim. Ele só olhava para as costas de meu pai.

Finalmente meu pai se virou e perguntou a Jack em seu inglês tosco: "O que você quer?".

Kerouac respondeu: "Não estou muito bem. Estou com problemas".

Meu pai: "O que você faz?".

Kerouac: "Escrevo poesia".

Então eles fizeram em pingue-pongue amistoso, mas meu pai enfim lhe disse: "Pelo visto, você gosta de beber".

Ele disse: "Sim, claro".

E meu pai disse: "Sabe, você devia ser como aqueles monges japoneses, os monges zen. Você devia subir nas montanhas, beber o quanto você quisesse e escrever poesia."

Entre o suicídio de Natalie Jackson, em 1956, e sua prisão, a namorada de Neal na cidade foi Jackie Gibson, uma frequentadora da cena de North Beach desde o início dos anos 1950. Ela era uma designer gráfica com um filho jovem e que ia aos encontros da Vedanta Society. Também demonstrava um interesse genuíno na crença e nos textos budistas.

Desde a liberação de Neal de San Quentin, Jackie o havia pressionado a trocar Carolyn por ela, e a visita de Jack à Costa Oeste naquele verão inspirou Neal a tentar um plano já utilizado antes. Mesmo antes de Kerouac chegar, Neal começou a ler suas cartas a Jackie, dizendo-lhe quanto ela tinha em comum com Kerouac.

Jackie e Jack vinham se desencontrando havia anos. Kerouac visitara seu apartamento uma vez, quando ela estava fora. Ela já havia ido a várias festas em meados dos anos 1950 onde lhe disseram que Jack acabara de sair.

Quando, em 1960, Neal apresentou os dois e se afastou, descobriram que tinham o bastante em comum para começar uma amizade que, em poucas semanas, pareceu a ambos que se transformaria em um romance. Seu apartamento era um dos refúgios de Kerouac durante o dia, e quando ela voltava do estúdio todos os dias parecia natural a Jack ficar. Falaram em casamento, e se a ideia de Jack de uma fuga com casamento no México era uma fantasia, para Jackie era uma realidade. A pedra no meio do caminho era o filho dela, Eric, que com quatro anos de idade era mais rígido com as amizades da mãe. Ele achava Jack inapropriado como possível pai e deixou isso bem claro.

Jackie contou a seu chefe que ia se casar com Jack Kerouac, e a confidência encontrou seu rumo em ambas as colunas diárias de fofoca altamente competitivas de San Francisco, a de Herb Caen e a de Jack Rosenbaum.

Sempre que o assunto era casamento, Jack falava em ficar na Califórnia e mandar Eric para o Leste viver com Mémère, ideia que a criança entendeu muito bem e que rejeitou em alto e bom som.

Para colocar as coisas em ordem, Jack planejou uma terceira viagem à cabana de Ferlinghetti em Big Sur. Jackie e o pequeno Eric iriam com ele. Seus companheiros seriam o poeta Lew

Welch, ele próprio um beberrão da pesada que outrora ganhara a vida como redator de publicidade, e a namorada de Welch, Lenore Kandel, que chocaria o meio acadêmico de Berkeley com o erotismo direto e reto dos poemas de *The Love Book*.

LENORE KANDEL:

Sempre me entendi como escritora, há tanto tempo quanto posso me lembrar, e me recordo de uma vez ter tido uma estranha intuição em uma festa. Olhei ao redor e todos eram escritores. Pensei: "Todo mundo nesta sala vai voltar para casa e escrever uma versão disto". Achei aquilo surreal. Tudo que acontecia estava sendo observado em retrospectiva *enquanto* acontecia.

No verão de 1960, fui a San Francisco e conheci Lew. Sempre fui uma leitora compulsiva e havia lido os livros de Jack, o primeiro, aquele que fora escrito por "John" Kerouac. Bem, eu estava em Nova York e viajei com um amigo para Los Angeles. A ideia era ir para San Francisco, mas decidi permanecer na cidade por um fim de semana e acabei ficando. Conheci Lew e todas as pessoas na mesma viagem, e quando Jack veio, todos fomos para Big Sur.

Ele estava morando num lugar bem ruim, e foi para lá para dar uma esvaziada na cabeça. Mas aquele é um lugar com muita natureza, Big Sur, muito ligado aos elementos, e quente pra valer. Acho que deve ser um pouco como uma viagem de ácido, uma concentração muito pesada de realidade.

Ele estava hospedado naquele hotel bizarro que era seu esconderijo, ali na Mission com não sei que outra rua. Nós o pegamos lá, e o levamos de volta para lá. Ele não queria que outras pessoas soubessem, mas tenho certeza de que outras pessoas sabiam.

Ele dizia que era um grande lugar onde você podia ir e se esconder *de verdade*. Quero dizer, haja vista o lugar de onde ele veio, que hotel para escolher! Ele escrevia e fazia outras várias coisas estranhas, mas ainda tinha um lado reservado — quase furtivo — dentro dele. Não furtivo, mas de fazer coisas não dentro, mas fora da sociedade. Isso devia provocar muitos conflitos dentro dele.

Ir para Big Sur era uma viagem muito legal. Lew era ótimo motorista, tinha uma conversa ótima, a melhor conversa que já conheci. Mesmo quando não correspondia aos fatos, a história era ótima. Ele falava, Jack falava, e todos cantávamos.

Mas a mulher com quem ele era envolvido estava enlouquecida. Ou melhor, ele trouxe sua própria loucura, um caos urbano, e o levou consigo para um lugar de enorme força natural, as forças dos elementos, que o invadiram.

Ela ficou no banco de trás, meio adormecida. Acho que ela teria se divertido mais se tivesse participado, mas por causa de alguma necessidade de Jack, ele preferia acreditar que ela queria ficar lá atrás. Os outros três de nós ficamos naquele conversar-cantar-beber-brincar pelo caminho.

Ela estava com um menininho. Não consigo lembrar seu nome, mas ela tinha um rosto lindo. Lembro-me só do rosto dela.

Jackie Gibson:

Jack e eu planejávamos nos casar. As malas estavam prontas, havíamos comprado as passagens. Aquelas pessoas estavam indo conosco, indo para o México.

Veja bem, é preciso entender o relacionamento entre Jack e Neal. Lembra os velhos filmes da MGM? Jack e Neal viviam o que eles consideravam ser um relacionamento razoável, baseado em suas experiências com o cinema. Os camaradas. Os mocinhos. Os americanos experientes da vida e que sacavam tudo.

Meu relacionamento com Neal estava um tanto estremecido. Na verdade, era o começo do fim, algo assim. Neal não sabia mais o que fazer, então chamou Jack para me tirar dele. Principalmente porque eu queria me casar. Já que ele não podia, que mal haveria de eu me casar com Jack, não é mesmo?

Jack veio para isso. E até certo ponto, eu também. Foi um bom encontro. O clima era muito legal naquela época. Muita comunicação entre as pessoas — pessoas que se identificavam umas com as outras. Era uma época de muita comunhão e aceitação.

Achávamos que íamos resolver todos os problemas do mundo, que era uma espécie de Idade de Ouro ou coisa do gênero. Quando as pessoas começaram a sacar que isso não ia acontecer, que todos tinham seus problemas e que eles não se resolveriam, a frustração foi grande e cada um lidou com aquilo da maneira que conseguiu.

Nos dias em que ficamos em Big Sur havíamos decidido que não nos casaríamos mais. Jack estava bebendo muito vinho, numa baita bebedeira antes de viajarmos. No caminho paramos na casa de Neal. Acho que Jack queria Carolyn e a mim no mesmo recinto.

Carolyn Cassady:

Lew e Lenore Kandel e Jack e Jackie passaram em casa. O filho de Jackie estava dormindo no carro, e eles deixaram Jackie no carro e entraram. Eu finalmente entendi e disse: "Não sejam ridículos. Tragam os dois para dentro". Jack estava bêbado, claro, mas muito evasivo.

Então Lew disse: "Ei, cara, vou sair para pegar um pires de leite. Ho-ho-ho". E eu disse: "Qual é o problema de vocês, caras? O que você acha que nós vamos fazer? Arrancar os cabelos uma da outra? Que ridículo". Então ela entrou.

Me surpreende que Lew pensasse que instantaneamente uma mulher rival me fizesse sentir ciúme. São ideias tão convencionais, quadradas, e todos ali eram muito alternativos. Eles acharam que, lógico, exatamente como nos filmes, nós íamos começar a brigar.

Eu sentei ali, ela sentou ali, e começamos a tagarelar sobre filhos e sabe-se lá mais o quê. E então Neal começou a andar irritado de um lado para o outro, e em *Big Sur* você lê uma explicação de Jack para o comportamento de Neal que não é verdadeira de jeito nenhum. Jack está sentado lá e na frente dela ele me pergunta se eu quero ir pra cama com ele, sem rodeios. Eu fiquei com nojo dele. A namorada dele ali, e obviamente Jack andava me tratando com pouquíssimo interesse já fazia algum tempo; aquilo foi muito grosseiro. E Neal pisando pesado de um lado para o outro, e Jack diz em *Big Sur* que Neal estava puto com ele por alguma coisa.

O caso ali era que Neal estava naquela viagem de ciúme dele por causa de Jackie. Não tinha nada a ver com Jack ter me convidado pra ir pra cama, era Jackie. Ele estava tentando chamar a atenção de Jackie. E fazia isso porque a filosofia de Neal era: uma vez dele, sempre dele.

Jack não sacou. Jack não sacou absolutamente nada, que essa era a típica viagem de Neal para ter de volta a garota que havia dispensado. Ele fez isso com Luanne milhares de vezes, quase sempre quando Luanne se interessava por alguém depois de ele tê-la dispensado e dizer: "Não me encha mais o saco". Então ele fazia aquela enorme cena de ciúme para conseguir a pessoa de volta. E ele fez aquilo comigo envolvendo Jack.

Portanto eu sabia o que ele estava fazendo. E não sei se os outros escutaram o que Jack estava fazendo comigo. Ele pensou ridiculamente que estava sendo sutil, mas até aí não sei se os demais perceberam.

Era assim que eles eram. Talvez você não consiga extrair o gênio sem a contrapartida. Não sei. Pelo menos eles me ensinaram a tomar distância. Hoje todos podem fazer o que quiserem, e cabe a mim julgar se aceito ou não. Aprendi isso. Você pode se machucar se entrar na parada, e você pode não se machucar. Esse é um problema deles, não seu. Aprendi isso com eles.

Nunca mais vi o Jack.

Jackie Gibson:

Tudo acabou bem. Neal ficou um pouco irritado com aquilo, mas eu não. Não acho que Carolyn também estivesse. Lembro que quase começamos a discutir sobre alguma coisa. Carolyn e eu, e Jack achou aquilo fantástico. E era evidente que ele estava gostando daquilo, e foi por isso que nos acalmamos. Isso irritou Neal, eu acho, porque ele não sabia o que ia acontecer.

Quando saímos para Big Sur, estava tudo em ordem.

Então ele começou a beber um pouco — mas ele não estava bebendo ali mais do que na cidade.

Na cabeça *dele*, antes de deixar a cidade nós não havíamos tomado a decisão de não nos casarmos mais, e assim estávamos apenas viajando para Big Sur para relaxar um pouco e depois voltar para a cidade. Ele ainda se sentia pressionado para tomar uma decisão sobre casamento, ser pai e marido.

E quando ele tomou essa decisão, não quis mais ficar lá. Na última noite que passamos lá ele nem sequer dormiu, e no dia seguinte realmente queria voltar. Antes disso ele estava bem. Saímos de barco, pescamos, cozinhamos peixe.

Lenore Kandel:

Na noite em que chegamos, Jack estava louco para ir embora. Ele se arrastou para dentro de seu saco de dormir. Ela imediatamente se arrastou para dentro com ele. Fiquei observando os dois naquele saco de dormir, e tudo que Jack queria fazer era dormir. Ele estava cansado. Ela foi ali para dentro e abandonou seu filhinho. Eles já haviam passado do ponto de lidar com ele, então Lew e eu colocamos o menininho na cama.

Aquela primeira noite foi realmente estranha para mim. No dia seguinte Lew quis sair para pescar e nós o levamos para a praia. Era estranho, e às vezes Jack estava muito presente. No meio de seu próprio caos ele de fato tinha sentimentos pelas demais pessoas e fazia o melhor que podia.

Muito daquilo estava dentro de Jack, muito do que aconteceu. Não era algo sobre o que ele falasse, mas nós tomamos consciência daquilo.

Ele bebia e não comia. Lew, que às vezes fazia o mesmo, tinha com alguma frequência crises de fígado e acabava rastejando para a cama e comendo torradas com leite. Ele era muito sensível à situação de Jack.

Lew tentou tomar conta dele, como quando ele pescou aquele peixe imenso e o estava preparando com muito gosto e tomando conta de cada passo da coisa toda, aquela coisa incrível de ficar falando sobre o preparo do peixe. *Querendo* que Jack o comesse. Àquela altura Jack estava pensando: "Como isso tudo é elaborado".

Ele estava começando a pensar: "Há algo por trás disso?". Toda a realidade com que ele lidava estava ficando suspeita. Ele trabalhava muito com a intuição, e ali ele sentia sua intuição de um modo estranho.

Ele não queria sentir essa desconfiança. Mas era isso que o conduzia. Ele escutava os sons do mar, e eles vinham com mensagens e muito medo. Ele adorava Lew — havia muito amor entre os dois — e no entanto estava começando a desconfiar das motivações de todos.

Acho que ele se viu desconfiando de mim. Como se ele tivesse um sentimento terreno, como se eu fosse uma figura de afeto e cuidado, e de repente ele começasse a se perguntar: teria *tudo isso* uma intenção? Era tão verdadeiro quanto ele julgava que fosse? Ou havia algo por trás disso? Ou ele estava ficando louco, pensando haver algo por trás disso?

Veja você, com o mesmo cuidado com que ele avaliava as coisas, ele dissecava esses níveis, e se você começa a fazer isso em qualquer nível de consciência ou fisicalidade, se você para e começa a analisar níveis, você começa a pirar.

Ele demonstrava um carinho caloroso em relação às pessoas, com quem quer que estivesse ali. Isso era tão verdadeiro nele quanto sua paranoia. Mas quando um sofrimento aumenta, torna-se parte de você. É bem difícil discernir o que é verdade. As duas coisas conviviam nele.

Há um estranho limite ali, seja para quem toma decisões ou se torna canal da ação. Você precisa ser bem sensível. Você não pode construir um muro em torno de você. Você tem de permanecer aberta para o que quer que entre e saia, e às vezes o que entra pode ser muito destrutivo.

Quando ele estava em Big Sur, acho que aquela sensibilidade, aquele momento de escutar que ele tinha com todas as pessoas que encontrava, também deixou entrar aquelas vibrações pesadas do oceano, da terra. Era um lugar muito selvagem, e aquilo o derrubou.

E então a mulher que o acompanhava estava naquele caos. E havia ainda o menininho dela. Nenhum dos dois conseguiria dar conta daquilo.

Fotos © Jerome Yulsman/Globe Photos/ZUMAPRESS.com

JACKIE GIBSON:

Não sei se ele achou que eu estava tentando levá-lo à loucura, ou se eu o estava de fato levando à loucura. *Big Sur* saiu como se houvesse alguma intenção de destruí-lo, e não era o caso. Como ele disse no livro, ele achava que Eric era um pequeno demônio.

Crianças de quatro anos podem ser bastante sensíveis quando cercadas de adultos. Jack não se relacionava com crianças, ponto. A primeira coisa que ele queria fazer era enviar Eric para a mãe dele. Essa era uma das condições, uma das coisas com que nós não concordávamos. Quando Eric não aceitou aquilo, Jack disse que ele poderia ir para um colégio interno, e Eric também não aceitou.

Jack era muito franco com ele, o que era um grande erro. Se você quer dizer coisas assim, é melhor que não as diga na frente da criança, porque Eric não suportava. Eric fazia muita manha, mas estava irritadíssimo com Jack e não queria nada com ele. Para ele, Jack estava chegando e tomando o controle de tudo.

Jack idealizava sua mãe. Ela era muito católica, e acho que aquilo o incomodava. Acho que ele gostava de ficar lá com ela. Ele sentia suas raízes com ela. Era seu lar. O único lar que conheceu. Não acho que ele sentia ter estabelecido bons relacionamentos. Ele achava que seus casamentos haviam sido grandes fracassos, e não tinha certeza de sua filha ser sua filha e tal, o que era a maior viagem de sua cabeça, mais do que qualquer outra coisa. Ele precisava da mãe para manter o equilíbrio.

Quando ele tomou a decisão, acho que não queria mais ficar lá. Não podíamos fugir e ter dois dias de paz em Big Sur.

A última noite de Jack insone na cabana com Jackie, seu filho, Welch e Kandel é o clímax do romance *Big Sur*. Levaria um ano até que ele se sentasse na cozinha de Nin em Orlando para escrever o livro em um rolo de telex ao longo de dez noites, mas, em vista de toda a loucura crescente à época do acontecimento propriamente dito, sua recordação daquela noite horrível é colocada com a precisão de uma lembrança completa.

Uma torrente de vozes (elas se misturavam aos sons do riacho próximo quando ele tentava desvendar-lhes as palavras) alerta Duluoz de que Romana [Kandel] faz parte de uma sociedade secreta comunista e assassina, que os vizinhos haviam envenenado o rio próximo à cabana de Monsanto [Ferlinghetti] com querosene, que Dave Wain [Lew Welch] e Romana, que sob interesses escusos elegem um macio banco de areia como seu ponto favorito para dormir, estão deitados de olhos abertos, esperando que ele morra.

"Será possível que tudo foi orquestrado por Dave Wain via Cody [Neal] para que eu conhecesse Billie [Jackie] e fosse levado à loucura e agora eles me pegaram, sozinho, na floresta e estão a ponto de me dar esta noite o veneno final que eliminará todo o meu controle de modo que de manhã eu tenha de ir para um hospital para todo o sempre e nunca mais escreva uma frase que seja? Dave Wain está ressentido por eu ter escrito dez romances? Billie já combinou com Cody que se casará comigo para que ele roube todo o meu dinheiro?"

Duluoz e Billie mudam de lugar sua cama improvisada várias vezes, mas ele não consegue dormir. Assim que fecha os olhos, as imagens do inferno aparecem.

"— Minha mãe estava certa, isso tudo estava ali pronto para me enlouquecer e agora está feito — O que direi a ela? — Ela ficará assustada, ela própria enlouquecerá — *Oh ti Tykey, aide muá* — eu que acabei de comer peixe não tenho o direito de pedir pelo irmão Tyke novamente."

De repente as vozes se calam, e Duluoz tem a visão da cruz. Ao longo da noite inteira, sempre que as vozes se tornam um som insuportável, a cruz aparece. Duluoz imagina a si próprio como o prêmio em uma batalha entre anjos e demônios. As vozes dizem que o pequeno Elliott [Eric] é um demônio, mas quando Duluoz vai à cabana para confrontar seu torturador ele encontra apenas uma criança que chutara as cobertas. Ternamente, Jack puxa o cobertor sobre a criança que dorme. Por três vezes Jack está perto de dormir, e a cada vez a criança, dormindo, chuta as cobertas e o acorda.

"O amanhecer é o pior de tudo", escreve Jack, enquanto os amigos de Duluoz começam a limpar a cabana de Monsanto. Billie cava um buraco para o lixo — "do tamanho exato para caber um pequeno Elliott morto dentro". Duluoz grita para Billie: "[P]or que você fez com que parecesse uma cova?"... Com o mesmo sorriso tranquilo e fácil, Billie diz: "Ai, mas você é muito neurótico".

Duluoz senta-se em uma cadeira de pano na varanda, fecha os olhos e, por um ou dois minutos, cai em um sono profundo. Quando ele acorda, Billie e Romana estão de pé imóveis perto dele, surpresas de tê-lo encontrado em paz. "O abençoado alívio chegou a mim naquele exato instante."

Jackie Gibson:

A viagem de volta foi muito boa. Ele se dava bem com Lew. Acho que se poderia dizer que seus espíritos batiam. Conversavam bastante.

A essa altura eu já não queria saber de nada. Ele já havia acabado com Eric. Ele insistia em entrar nos bares. Nenhum de nós bebia pra valer, e durante toda a volta ele insistiu em entrar nos bares, sentar nos bares, e eu não queria. Eu não entraria com uma criança naqueles bares de beira de estrada. Então eu li boa parte do caminho de volta.

Quando o grupo chegou à saída próxima a San Jose que levava a San Francisco, Jack pediu que Lew dirigisse mais algumas milhas adiante para a casa do conjunto habitacional onde Helen e Al Hinkle viviam.

Helen Hinkle:

A última vez que o vi foi quando ele chegou com uma espécie de séquito. Ele desabou no chão da cozinha, olhou para cima e disse: "Que lugar é esse?". E continuou: "Preciso mijar", e então eu o levei para fora e o segurei enquanto fazia xixi.

Al Hinkle:

Foi quando ele leu aquele poema, "Big Sur".

Helen Hinkle:

Oh, Deus. Que poesia. Era lindo ouvi-lo falar.

AL HINKLE:

Mesmo bêbado, era.

HELEN HINKLE:

Talvez fosse ainda mais bonito. Era muito lindo. Os sons do mar.

6

UM LIVRO-FILME MELANCÓLICO

Gary disse: "Seu velho filho da puta, você vai acabar pedindo ritos católicos no seu leito de morte". Eu perguntei: "Como você ficou sabendo, querido? Você não sabia que eu era um jesuíta de fé?". Ele ficou puto comigo.

Kerouac para Ann Charters

DEPOIS DO COLAPSO em Big Sur, Jack voltou a Nova York. De volta para casa em Northport, ele tentou restabelecer sua saúde, exercitando-se como um atleta que se prepara para uma grande prova. Levaria um ano para ele conseguir guardar forças para escrever *Big Sur*.

Gabrielle voltou para junto de Nin na Flórida, que ela considerava seu lar. Jack fez uma breve viagem para a Cidade do México, trabalhou na segunda nova seção de *Desolate Angels*, indo além de seus esboços de 1956, e bebeu.

Quando *Big Sur* foi publicado pela Farrar, Straus e Cudahy, em setembro de 1962, o livro teve ótima acolhida, talvez por retratar o "Rei dos Beats" na pior, talvez por sua assustadora honestidade. O livro, diferentemente dos que foram publicados antes, trazia Duluoz como um homem capaz de sentir e observar.

Jack nunca ficou realmente à vontade com Nin e seu marido, e naquele outubro, quando seus pensamentos se voltaram para Lowell, ele decidiu que era hora de ir viver de novo na Nova Inglaterra.

John Clellon Holmes:

Depois de *Big Sur*, Mémère nos escreveu uma carta. Ela nunca havia conhecido minha esposa, Shirley, mas escreveu-nos uma carta. Jack estava com problemas, eles estavam na Flórida, e Jack estava bebendo demais. Na verdade, ela nos escreveu uma carta dizendo: "Por favor, encontrem um lugar para Jack viver em Connecticut". Escrevemos de volta dizendo: "Nossa, claro, se é isso que ele quer". E Jack chegou de trem, três dias depois.

Ele chegou completamente sóbrio em um começo de noite de domingo. Viera para encontrar uma casa, para trazer Mémère para essa casa. Jack veio sozinho, com dinheiro, e sua intenção era encontrar uma casa.

Eu disse: "Ótimo, Jack. Levo você de carro para dar uma volta". Procuramos o máximo que pudemos.

Não o via fazia um ou dois anos — nos falávamos pelo telefone —, então ele chegou e começou a brincar comigo, eu comecei a brincar com ele, e ficamos felizes e saudosos.

Só uma semana mais tarde — *uma semana* mais tarde —, o projeto saiu de sua imaginação. A gente sentava junto todo dia, e não havia ninguém melhor para conversar do que Jack Kerouac, bêbado ou sóbrio. Ele bebia quase um litro de brandy por dia, e isso era tudo que Shirley conseguia fazer para botar comida em seu estômago e mantê-lo vivo.

Então chegou o sábado e eu disse: "Olha, Jack, puta merda, vamos procurar essa casa para você. Sua mãe escreveu pessoalmente me dizendo 'Salvem meu filho'. Está escrito: 'Salvem o Jack. Por favor, salvem-no. Ele está em frangalhos'". E eu disse mais: "Olha, Jack, vamos beber cerveja hoje e esquecer essa bebedeira toda".

E assim ele fez. Ele se barbeou pela primeira vez, também tomou banho e parecia bonito, como sempre parecia, mesmo quando estava mal.

Fomos para Deep River, dirigimos por lá procurando casas, e eu o via suando no banco de trás do carro, suor de bêbado, e tentando bravamente dar conta daquilo.

Não estava legal. Não achávamos nada. Tentamos tarde demais, e era um tipo de projeto que, de todo modo, parecia fadado ao fracasso. Aquilo não ia funcionar.

Então eu o levei a um bar em Essex, bebemos umas cervejas, ele ficou meio belicoso e começou a brigar com o atendente do balcão. Só havíamos tomado cerveja, e ele começou a ficar paranoico e brigão, e o projeto — a ideia toda de sair daquela situação na Flórida que estava claramente incomodando todo mundo — desapareceu de sua cabeça.

Voltamos para casa e nos sentamos enquanto Shirley preparava o jantar, e ele começou a tomar destilados. Então ele olhou para mim — um daqueles olhares compridos, sabe — e disse: "Preciso sair daqui...". Eu perguntei: "O que você quer fazer?". Ele respondeu: "Me leve para Lowell". Eu retruquei: "Jack, não vou levar você para Lowell. Não sou bom motorista, não quero, são 160 quilômetros daqui...".

Ele se afastou e eu pensei: "Agora vem: 'Você é um chato, você não gosta de mim', e por aí afora". Mas eu estava tão cansado de uma semana inteira daquilo que não ia ceder porque, para dizer o mínimo, aquilo ia ferrar com a minha vida.

Então ele sorriu como costumava e disse: "Talvez eu consiga um táxi". Eu disse: "Um táxi para 150 quilômetros? Você está louco, meu chapa". Àquela altura, Shirley já havia se aproximado — Shirley é muito sensível e conhecia Jack muito, mas muito bem e o adorava — e disse: "Você está falando sério?". E Jack estava sério.

Havia momentos em que ele precisava partir. Tinha de cair fora para algum lugar, senão não aguentava. Então Shirley entrou e ligou para alguém em New London e disse: "Temos um sujeito aqui que quer ir para Lowell, Massachusetts. Você poderia...?". Jack tinha dinheiro nessa época, então conseguimos um táxi para ele. O táxi chegou de New London e demos um jeito em Jack. A gente lhe deu o maior drinque do mundo. Eu arranjei um frasco de um litro, daqueles de conserva com tampa emborrachada, e lhe preparei uma bebida com brandy e soda que o manteria o caminho todo.

O motorista chegou, deu uma olhada em Jack e ficou branco, pois àquela altura ele já estava bêbado — quer dizer, já tinha parado de tomar cerveja e começado a tomar destilado. Eu trouxe o taxista para dentro e disse: "Não se preocupe com meu amigo. Ele está bem. Vai beber o caminho todo, mas não vai dar trabalho. Vai falar pelos cotovelos, mas é calmo feito um coelhinho".

Então colocamos Jack no táxi com aquele litro de brandy com soda e ele começou a falar na orelha do sujeito. Eu disse: "Entregue esse homem em Lowell, deixe-o lá e não se preocupe". Ele queria voltar a Lowell para ver G. J., que talvez nem estivesse lá. Não sei.

No meio daquela confusão, ele foi para onde pensou que fosse se sentir bem.

G. J. Apostolos:

Ele chegou em Lowell no meio do inverno usando tênis e ficou em um hotelzinho vagabundo em cima da estação ferroviária. Ele ligou às quatro da manhã e disse: "Estou aqui". De manhã até a noite, bebendo, bebendo, bebendo.

Jack era um menino lindo. Nós realmente o amávamos. Não sei o que aconteceu com ele. Não consigo ligar uma pessoa a outra. Tive de evitá-lo mais tarde. Não consegui tirar uma semana de folga. Se tivesse de fazer de novo, teria sido duro com ele mais vezes quando ele estava aqui. Não conseguia competir com ele. Mas, se tivesse de fazer de novo, teria passado mais tempo com ele.

John Clellon Holmes:

Jack me escreveu uma semana depois. Talvez tenha passado 36 horas lá, e então arranjou alguém que o levasse ao Logan Airport, em Boston, para pegar um voo para a Flórida. Ele não tinha um lugar para relaxar.

De volta à Flórida, Jack passou um bom tempo de bar em bar, infeliz com sua situação. Confusos e melancólicos, Jack e

Mémère mudaram-se de volta a Northport. Lá Jack retomou seu contato com o pintor Stanley Twardowicz, que conhecera originalmente na Cedar Tavern, um ponto de encontro de pintores em Nova York, em 1959. Twardowicz, a quem Jack chamava "Stasiu", ia com Kerouac ao Gunther's, um bar de pescadores em Northport, e oferecia-lhe a companhia intelectual e masculina de que Jack estava privado na Flórida.

"Se pudesse começar tudo de novo na minha vida, seria um pintor," dizia Jack a Stanley. Muitas das pinturas de Jack — uma da Pietà — ainda estão penduradas nas paredes do estúdio de Twardowicz.

Twardovicz lembra-se de Jack sendo bastante tolhido em suas atividades por Mémère, ainda que não lhe fizesse abertamente objeções. Certa vez Stanley o ajudou a descontar um cheque de cinco dólares que a mãe lhe dera para a semana. O estúdio de Twardowicz tornou-se um santuário para Jack — os adolescentes continuavam indo a sua casa para ver o autor de *On the Road* —, e ele convenceu Jack a doar uma cópia do manuscrito de *The Town and the City* para a biblioteca de Northport, bem como a participar de uma entrevista para os arquivos da biblioteca.

Não obstante, Jack era um homem infeliz. Embora permitisse a Stanley agir como seu guia e protetor, Twardowicz não conseguiu fazer nada em relação ao alcoolismo de Kerouac, que só piorava. Em uma noite de bebedeira em particular, Jack deitou-se nos trilhos do bonde e se recusou a levantar, determinado a manter-se ali até que fosse atropelado. Foi somente após Stanley, pensando desesperadamente em algum plano para colocar Jack de pé, dizer: "Ora veja, aqui está Jack Kerouac, de volta à estrada",[1] que ele percebeu o cômico da situação e saiu de perigo.

Antes de uma viagem à Europa, dois anos depois, para pesquisar as origens familiares — que resultaria em seu romance *Satori in Paris* — Jack tentou incluir Twardowicz na viagem, chegando a combinar com a Grove Press (que havia encomendado o projeto como uma série de artigos para a *Evergreen Review*) o pagamento das despesas de ambos. Twardowicz recusou o convite no último minuto. "Jack ficou bastante desapontado por eu não ir, mas o que ele queria era uma enfermeira, alguém que tomasse conta dele, para que ele não perdesse dinheiro, apanhasse, caísse na sarjeta. Eu não podia viajar assim."

Jack ainda fazia algumas visitas à cidade para ver Allen e Lucien e outros que continuavam por perto.

JOYCE GLASSMAN:

Topei com Jack umas poucas vezes, algumas delas na Cedar Tavern, e ele sempre estava amigável.

Quando eu era casada, ou seja, no outono de 1963, uma noite recebi uma ligação de Jack dizendo que estava na cidade e realmente queria me ver. Ele estava na casa de um amigo. Será que eu podia ir até lá vê-lo? Eu disse: "Bem, você sabe que sou casada agora. Posso levar meu marido?". E ele respondeu: "Ah, lógico. Traga seu maridinho". (Ele não era pequeno.)

1. *"Well, there's Jack Kerouac, back on the road"*, no original. Stanley faz o trocadilho com o título da obra-prima do amigo, *On the road*, literalmente, "na estrada". (N.T.)

Havia lhe contado sobre Jack, e ele quis ir. Nós fomos e lá vimos uma cena horrível. O amigo dele estava muito, mas muito bêbado. Jack também, e o cara estava queimando Jack com cigarro. Foi horrível, bem deprimente. Jack parecia inchado.

Meu marido morreu em um acidente poucos meses depois, e eu me mudei para a casa de minha mãe por algum tempo, poucos meses. Eu estava pronta para ir para a Europa. Recebi uma ligação de Jack embora ele não se recordasse sequer de que eu havia me casado, nem nada. Nem sei como foi que ele me encontrou. Foi um telefonema bem sentimental, do nada, depois de tantos anos.

Ele disse: "Você nunca quis nada de mim. Você era a mulher certa. Você nunca quis peles". Eu disse: "Peles?". Ele respondeu: "Tudo que você queria era uma sopinha de ervilhas", e assim por diante. Tentei lhe explicar o que acabara de acontecer comigo. Aquilo não penetrava sua consciência, e aquela foi a última vez que conversamos.

"Irene May":

Eu o encontrei depois do assassinato de Kennedy. Estávamos caminhando pelo 9th Circle e ele disse: "Não posso andar muito sem beber antes". Eu perguntei: "Por que não?".

"Porque eu começo a suar e então preciso beber."

Peter Orlovsky:

Uma noite Jack estava caindo de bêbado, e eu e Allen tentávamos diverti-lo, e nós dois o chupamos. Ele perguntou: "Por que você estão fazendo isso? Não sou gay, não sou veado". Eu respondi: "Ah, nós só estamos tentando fazer você feliz, Jack". Ele estava tão bêbado que nem conseguiu ficar de pau duro.

Jack e Mémère continuaram se mudando. No fim do verão de 1964 eles estavam de volta à Flórida para ficar com Nin. Jack comprou uma casa em Tampa cujas paredes pichadas foram demolidas depois de sua partida por seus companheiros de bebida daqueles dias.

Esse período de residência na Flórida seria pontuado pela viagem à França registrada em *Satori*, uma temporada solitária e interrompida que resultou em pouca coisa de valor. Jack estava permanentemente bêbado, foi maltratado (assim o compreendeu) por seu editor francês e recebeu seu "*satori*", ou iluminação, de Raymond Baillet, o taxista que o levou para que pegasse seu voo de volta. A iluminação oferecida por Baillet provou-se tão enigmática quanto o ponto de partida para a viagem — não apenas Jack foi incapaz de recuperar sua ancestralidade como não mencionou no livro o que Baillet teria dito que o iluminara. A viagem durou dez dias.

Em setembro Nin morreria em Orlando. Os Kerouac remanescentes, Ti Jean e Mémère, se mudariam de volta para o norte, dessa vez para Hyannis, em Cape Cod.

O romancista Robert Boles, que o conheceu ali, recordaria as diatribes de Jack contra a MGM por esta ter criado uma cena para o filme de *The Subterraneans* em que Leo Percepied esbofeteia Mardou, e contra os produtores da série de TV *Route 66* que, ele acreditava, haviam roubado o argumento central de

On the Road (dois homens em um carro) sem creditá-lo e nem pagar nada.

Boles combinou um encontro entre Jack e Kurt Vonnegut, Jr., que vivia nas imediações, em Barnstable. Jack estava bêbado quando chegou e juntou-se a Vonnegut e os demais em um jogo de pôquer, jogando *black jack* (embora não fosse esse o jogo) e lançando as cartas dos demais jogadores pela sala.

A essa altura Jack estava distante como nunca de seus velhos amigos dos anos 1950 e 1960. A Guerra do Vietnã tornou-se um tema público e as drogas psicodélicas estavam perto de se tornarem um suplemento diário à dieta dos mais jovens e/ou mais aventureiros membros do que a imprensa logo rotularia de "contracultura".

Jack era um homem da bebida, mas não seria de todo avesso a usar de vez em quando aquela panaceia trazida a ele por Ginsberg e Corso.

Gregory Corso:

Ah, ele deve ter tomado uma dose de morfina, mas usar deve ter sido tão glorioso em sua cabeça quanto escrever sobre aquilo. Acho que ele era medroso demais para se viciar. Nunca se viciou. Obviamente, o negócio dele era bebida. Foi o que o matou. Ele curtia anfetaminas, mas para escrever. Você escreve rápido com bolinhas. Não era aquele lance alucinado de injetar metedrina ou qualquer merda do gênero, era só rebite via oral. Muitos tomavam rebite jogando futebol americano; outros usavam para atravessar o país naqueles caminhões imensos. Ele não tinha cabeça para as drogas. Tinha mesmo para a cana.

Jack havia usado peiote. Ele tomou bem cedo na brincadeira e não quis mais. Isso é bacana. Ele lidava bem com a coisa, cara. Tomou logo que a brincadeira começou, quando ninguém sabia o que o negócio era.

No início dos anos 1960 o jornalista Dan Wakefield entrevistou Tim Leary, que recentemente publicara o primeiro número de *The Psychedelic Review* e fundara a League for Spiritual Discovery [Liga da Descoberta Espiritual]. No apartamento de Ginsberg, Leary disse a Wakefield que mesmo um alcoólatra briguento de bar e durão como Jack Kerouac tomara psilocibina e encontrara a paz e inspiração poética.

Naquele momento Jack irrompeu na sala pedindo mais da droga a Leary. Leary sugeriu que, em vez daquilo, Jack utilizasse a droga para criar. Ele deu a Kerouac uma caneta e um pedaço de papel. Jack produziu um "X" irregular e grande. "Agora", ele disse a Leary, "dê-me um pouco mais daquela psilocibina". Na memória de Ginsberg a experiência com a psilocibina deu a Jack uma ideia, a frase muitas vezes citada "Caminhar sobre as águas não foi obra de um dia".

Jack nunca pensou na psicodelia ou em qualquer droga como a resposta a qualquer coisa. Nos anos 1940 e 1950 ele havia visto os estragos de que a heroína era capaz; ele via isso, como via quase tudo, como coisas diretamente relacionadas à morte. Nos anos 1960 a morte estava bem próxima, e ele sabia disso.

Gregory Corso:

Eu estava na casa de Allen, tomando heroína, estava bem mal e Jack apareceu. Foi quando eu havia me tornado pai, e Jack disse: "Eu trouxe uma coisa para ele morrer", e que ela, tudo que ela queria, a mulher com quem casei, era uma réplica minha. Era como ele via a coisa. Eu costumava lutar com aquilo na minha cabeça o tempo todo. Eu perguntei: "O que você quer dizer com isso? O que você quer dizer com isso? Espere um minuto. Eu não trouxe ao mundo alguém para morrer", e por aí afora.

Mas havia algo bom nisso. Ele me acertou com o peso da verdade. Você traz uma criança ao mundo para que ela morra. Era assim que ele via o caso.

Na época dos protestos ativos contra a Guerra do Vietnã, Jack estava quase que totalmente afastado da vida pública. Allen e Peter estavam mais ativos do que nunca no movimento contra a guerra, e enquanto Jack sempre manteve uma filosofia geral de não violência — Jack adorou em especial o poema "Bomb", de Gregory —, não obstante reagiu ao que via como a invectiva dos manifestantes contra os Estados Unidos, seu próprio país. Ele não podia tolerar o que lhe parecia ser falta de respeito, a dessacralização da linguagem que eles praticavam e escreveu para William F. Buckley, da *National Review*. Jack ficava permanentemente bêbado, praguejando contra a nova onda, os críticos que não reconheciam seu gênio e os velhos amigos que o haviam esquecido. Ele estava sozinho e assustado, como sempre estivera, mas agora também amargo. Era o começo do fim.

Peter Orlovsky:

Uma vez Allen e eu fomos a sua casa — fomos umas duas vezes — e nós não pudemos entrar, nem ele pôde sair.

Uma vez no início dos anos 1960, 1964 ou 1965, fui sozinho visitá-lo. Eu tinha o cabelo comprido, e a mãe dele atendeu à porta e não quis me deixar entrar por causa do cabelo. Ela sabia quem eu era, tinha gostado de mim antes, mas não quis me deixar entrar.

Eu devia ter cortado o cabelo.

Quando ele estava bebendo demais, em meados dos anos 1960, desejei não ser tão dogmático nem tão ansioso em querer fazê-lo parar de beber. Deveria ter me colocado de outra forma, mais gentil e bem-humorada, não daquele jeito preocupado e apavoradíssimo. E então entramos de cabeça na política, e Allen e eu estávamos tomando o caminho da esquerda, e ele o da direita, ele nos chamando de comunistas e nós defendendo os comunistas do sul e do norte do Vietnã. Jack estava do lado dos mais reacionários.

William Burroughs:

Costuma-se dizer que Jack passou por algum tipo de mudança e se tornou mais conservador. Mas ele sempre foi conservador. Essas ideias nunca mudaram. Ele sempre foi o mesmo. Era uma espécie de dupla personalidade. De um lado ele era um budista com um ponto de vista amplo, visando à expansão, e de outro sempre teve as opiniões políticas mais conservadoras. Era um homem do tempo de Eisenhower e acreditava nas velhas e boas virtudes, na América e na decadência dos europeus, e era violentamente contra o comunismo e qualquer tipo de ideologia de esquerda. Mas isso não mudou. Isso foi algo que veio à tona em seus últimos anos. Sempre esteve lá e nunca houve mudança ao longo de todo o tempo em que o conheci. De fato, não combinava com todo o resto de seu modo de vida, mas estava lá.

No outono de 1966 Mémère sofreu um sério derrame que a paralisou parcialmente. Jack precisava de ajuda agora, não apenas para si, mas também para sua mãe.

Jack telefonou para Stella Sampas, a irmã de seu antigo amigo Sammy. Ela havia sido sua namorada em Lowell por um breve período, e por anos ele a mencionara aos amigos, dizendo que Stella esperava por ele. Em novembro daquele ano eles se casaram e quase que imediatamente se mudaram para Lowell, para a cidadezinha de Pawtucketville.

JOHN CLELLON HOLMES:

Jack nos ligou de Hyannis na noite em que se casaram. Isso foi em novembro de 1966. Nós nunca tínhamos encontrado Stella. Durante a festa de casamento ele nos ligou e colocou Stella ao telefone. Eu nunca havia visto Stella — sabia dela, claro —, e ele estava bêbado e feliz. Parecia estar ótimo.

Soube de Stella ao longo de todo o tempo de nossa amizade. Para mim, parecia aquele tipo de coisa predestinada. Ela era a irmã de seu amigo. Jack costumava dizer: "Ela quer casar comigo. Ela vai esperar por mim".

Isso foi bom para Jack. Ele fez a coisa certa. Já naquela época sua mãe tinha tido um derrame; sua vida estava muito, mas muito complicada. Não estou dizendo que foi por isso que ele se casou com Stella, mas certamente estava entre as razões. Stella era muito capaz, e era claro que o navio Kerouac precisava de comando. É certo que ela passou por maus bocados quando aceitou aquela situação. Acho que estava preparada para aquilo.

STELLA SAMPAS KEROUAC:

Jack me pediu pela primeira vez em casamento antes de se casar com sua segunda esposa, Joan. Mas eu não podia. Tinha uma família para sustentar. Sempre acompanhei a carreira de Jack, li seus livros quando foram publicados — e você sabe, ninguém em Lowell lê. Eu dizia: "Vejam só o novo livro de Jack Kerouac", e as pessoas olhavam a capa, folheavam algumas páginas e diziam: "Muito bom".

Jack amava Lowell. Quando estávamos lá, descíamos pelo rio a partir da Moody Street do lado de Lowell, na margem baixa, não de Pawtucketville, e Jack gostava de correr para ver a água em redemoinho. Todos costumávamos nadar naquele rio. Às vezes nós íamos de carro para Centralville, onde Jack nasceu, na Lupine Road, e à igreja de Saint Louis de France, onde ele fora batizado. Outras vezes ele ia à igreja de Saint Jean-Baptiste.

Mas ele detestava trânsito. Ele gostava de andar, tinha de sair para suas caminhadas e ficava irritadíssimo com os veículos. Na última vez em que fomos para lá ele voltou de uma caminhada até a loja e disse que quase havia morrido. Não poder andar mais em nenhum lugar o deixava muito irritado.

Jack estava indo bem em Lowell. Realmente estava, sem beber muito. Ele só ia ao bar de meu irmão Nick uma vez a cada duas semanas. Ele procurava Nick, e Nick cuidava dele. Ele andava com todos os meus irmãos. Uma vez ele saiu com a antiga turma e passou momentos ótimos. Na manhã seguinte o dono do bar aonde eles foram chegou — o dono não tinha estado lá na noite anterior — e encontrou um sujeito equilibrando uma garrafa sobre a cabeça gritando "U-hu!". Ele foi ao telefone chamar a polícia e o homem começou a dizer: "Stella Sampas, Stella Sampas". Então ele ligou para nossa casa e me disse: "Olha, tem um sujeito louco e bêbado aqui, deve ter invadido o bar durante a noite e fica repetindo seu nome. Talvez seja bom você vir aqui pegá-lo". Então meus irmãos foram até o bar e tiraram Jack de lá. Ele se divertiu muito.

Por algum tempo tivemos fisioterapeutas trabalhando com Mémère, uma mulher enorme e um sujeito, que vinham à nossa casa e tentavam fazê-la exercitar os membros. Eu ficava atrás de Mémère com a cadeira de rodas, no caso de ela precisar, e eles a faziam "andar" pela casa, arrastando-a e dizendo: "Veja, veja, ela está andando, ela está indo bem. Olhe para ela!". Jack estava sentado e olhando e apontando para Mémère quando disse: "Ela desmaiou, ela desmaiou!". Rapidamente, eles olharam para Mémère — como eu estava atrás, não conseguia vê-la — e ela havia mesmo desmaiado. Eles só conseguiram arrastá-la pela sala. Foi a última vez que tentamos fisioterapia.

Foi ruim para Jack viver na Flórida. Ele não tinha amigos por lá.

Em Lowell, Jack estava praticamente tão isolado quanto estivera na Flórida e, embora sua mãe estivesse incapacitada pelo derrame, ele permaneceu sob o olhar vigilante de Mémère.

Em 1967, seu velho amigo de Northport, Stanley Twardowicz, combinara com antecedência com Jack para fazer uma parada em Lowell no caminho para o Maine. Ele iria com sua nova namorada, e Jack estava feliz, dizendo-lhe para vir e passar a noite.

Twardowicz e Jack ficaram bem juntos como antes, com Kerouac obviamente feliz de ter alguma companhia, enquanto Stella bancava a anfitriã, cochichando com a mulher que o acompanhava e levando os refrescos. Mémère não apareceu, ficando em seu quarto vendo TV. Jack levou Stanley para um rápido passeio de reconhecimento de Lowell, mostrando-lhe o campo dos Dracut Tigers, a Bartlett Junior High School, o Grotto, o Textile Lunch, todos os marcos da lenda de Duluoz.

Mas naquela noite, quando era hora de dormir, Twardowicz percebeu que Jack preparara para Stanley e sua namorada quartos separados. Stanley reclamou e Jack explicou que aquela era a casa de sua mãe — casais que não fossem casados não poderiam dormir juntos sob o teto de Gabrielle. Twardowicz ficou irritado, dizendo que achava ótimo, mas que eles dormiriam em sua Kombi na rua.

Jack ficou muito nervoso, e muitas vezes durante a noite saiu e bateu na porta do furgão gritando: "Venha para fora, pare de foder essa loira! Venha para fora, vamos tomar umas!". De manhã Twardowicz e sua namorada tomaram café com Jack e Stella, e Jack ficou todo o tempo se desculpando. Stanley disse que não se importava, que compreendia, e disse a Jack para esquecer o assunto. Eles foram para o Maine naquela manhã, e essa foi a última vez que Twardowicz e Jack se viram.

Naquele ano Jack escreveria *Vanity of Duluoz*, sua revisão dos anos analisados em *The Town and the City*. Escrito em um estilo mais simples e moderado — como uma carta para Stella, a quem a narrativa é dirigida —, faltam-lhe a paixão e a ousadia dos primeiros livros, mas atravessa "com verdade" os acontecimentos, preenchendo alguns dos vazios do tratamento ficcional anterior. Ele prometera a Lucien Carr que jamais escreveria sobre o assassinato de David Kammerer, porém acabou incluindo-o em *Vanity of Duluoz* com um disfarce mínimo dos fatos e em *E os hipopótamos foram cozidos em seus tanques*. Ele também encontrou ensejo no romance para vociferar contra os hippies e o LSD, reclamar sobre como ninguém mais caminhava pelas ruas com as mãos nos bolsos, assoviando por razão nenhuma. É um livro duro, defensivo e sentimental, mas tem seus momentos. Como Allen Ginsberg observou, "Há nele uma inteligência agradável".

Vanity of Duluoz foi o primeiro livro de Jack desde *The Town and the City* que excluía Neal dos acontecimentos de que ele realmente participara. Jack e Neal não mantinham mais contato desde 1964, quando Neal chegou a Nova York com Ken Kesey e os Merry Pranksters, um encontro gravado em som e imagem pelos Pranksters para imortalizar o encontro da velha e da nova ordem. Uma bandeira norte-americana fora estendida no sofá, mas Jack a recolheu, dobrando-a cuidadosamente e colocando-a atrás do móvel. Jack achava que Kesey destruíra Neal, que ele não entendia Cassady como ele o entendera, e que a reunião não era nada agradável.

Allen tinha, contudo, mantido contato com Neal e sabia o que estava acontecendo. Desde a libertação de Neal da prisão, ele e Carolyn haviam se divorciado — fato que Kerouac se recusara a aceitar durante suas conversas por telefone com Carolyn, implorando que ela colocasse "o velho Neal na linha". Neal havia ido embora para viver no pequeno assentamento de La Honda com Kesey e seu grupo, tomando, além de ácido, anfetaminas, tudo em excesso. Foi depois de uma longa viagem a San Francisco em 1967 a partir de Bellingham, Washington, que Allen e Neal passaram uma noite juntos — com a namorada de Neal na ocasião — em um motel na Van Ness Avenue. Allen descreveu a pele de Neal como "fria, gelada, suada, como de um cadáver — a liberação química do excesso de semanas de anfetamina"; ademais, Neal parecia-lhe "irritadiço. Acho que foi a primeira vez", Allen dizia, "que eu saí da cama de Neal voluntariamente, desesperado, caminhando pela rua, refletindo no drama do destino mortal que havia destruído o idealismo juvenil do meu caso com ele".

Mas Jack nada sabia disso, ou se recusava a crer. Ele preferia pensar em Neal como havia sido nos anos 1940, "Neal se comportando bem", como Lucien colocara.

ALLEN GINSBERG:

No início dos anos 1960 eu e Jack reclamávamos que Neal silenciara, embora tenha ficado até 1965 e 1968 andando por aí com Kesey. Só uma fase. O fim da juventude e o começo da aproximação do silêncio e da morte.

LUANNE HENDERSON:

Parecia-me que com o passar do tempo, enquanto observava Neal e nós conversávamos sobre tudo, à medida que os anos passavam, ele se sentia um pouco mais esgotado. Ele mantinha as aparências. Apenas mantinha a fachada do grande ato, mas estava ficando cansado. Ele estava realmente cansado.

Eu via isso também em suas próprias conversas comigo. Umas duas vezes eu estive no ônibus dos Merry Pranksters com Kesey e os demais, mas não estava vivendo com eles. E ele estava apenas interpretando. Tinha de manter sua performance o tempo inteiro, seu papel de jogar para cima o martelo e suas camisas de cetim. Mas quando estávamos sozinhos ele deixava o martelo ir ao chão como se estivesse apenas cansado. Ele interpretava o tempo todo, e quando eu o via parecia que estava indo a cada ano a um passo ainda mais acelerado. E ele estava ficando fisicamente mal, parecia fisicamente cada vez mais cansado. A cada vez que eu o via, ele me parecia um pouco mais desesperado.

A última vez que o vi foi antes de sua viagem ao México, antes de sua morte. Eu nunca tinha visto Neal daquele jeito na minha vida. Foi realmente uma visita preocupante. Neal e eu havíamos nos visto e dito adeus milhares de vezes, mas daquela vez, quando fomos a um restaurante e tomamos um café, ele pegou na minha mão e disse: "Para onde estou indo?". E continuou: "Eu estou tão cansado que não quero ir para lugar nenhum".

Neal nunca falava daquele jeito, ou nunca havia falado em anos, de todo modo. Ele estava sempre em movimento. Era um cara naturalmente acelerado, não precisava tomar nada. Mas, é claro, ele tomava. Fazia muito tempo que eu não via o Neal quieto ou reflexivo daquela maneira. Às vezes, quando estávamos sozinhos, nós conversávamos, mas nunca daquela forma. E então ele me disse: "Bem, pelo menos fiz uma coisa". Ele estava na cidade para ver seu neto, o bebê de Cathy, e estava muito feliz por isso, por ter visto o bebê.

Mas ele... ele falava como se não estivesse mais interessado. Não consigo colocar em palavras. Tentei contar a Allen a mesma coisa, sobre a última vez que o vi, sobre como ele já não parecia ele mesmo.

Naquele momento de nossa vida nós já não éramos tão próximos e, no entanto, ainda éramos próximos. Sempre conversávamos. Mas eu estava indo por um caminho, com meus próprios problemas, e Neal rumava para o outro lado, e, exceto por me oferecer para estar lá, e ele sabia que eu sempre estaria, não havia mais muito que fazer.

Não podia dizer "Vamos fugir", o que, tenho certeza, não faria o mínimo sentido para ele. Isso talvez acarretasse lidar com outros problemas. Ou fazê-lo interessar-se por alguma coisa. Eu já havia tentado antes.

Neal sempre viveu como se o tempo fosse curto. O tempo sempre era curto demais. Desde a época em que o conheci, o tempo para ele nunca foi o suficiente.

Em fevereiro de 1968 Carolyn telefonou para Jack para dizer-lhe que Neal morrera no México. Neal estava em San Miguel de Allende e foi encontrado desacordado nos trilhos da ferrovia fora da cidade. Ele morreria logo depois no hospital local, onde a causa da morte foi determinada como parada cardíaca por exposição ao frio. "De tempo, nós entendemos!", ele dissera a Jack. Descontados o álcool e as drogas, não seria estranho concluir que o tempo finalmente consumira Neal tão facilmente quanto Neal consumira o tempo.

Depois de sua morte, Jack gostava de fingir que não pensava realmente que Neal estava morto, chegando a dizer aos entrevistadores da *Paris Review* que Neal apareceria de novo e surpreenderia a todos. Já haviam se passado mais de vinte anos desde a primeira vez que os dois pegaram a estrada. Mesmo para Jack era essa *visão* de Neal que não poderia morrer — ele ainda estava lá, o Adônis de Denver, um espectro atravessando o mito da noite chuvosa, como Jack escrevera em *On the road*.

Logo após a morte de Neal, Jack apareceu no programa de TV *Firing Line*, de William F. Buckley. Bastante acima do peso e obviamente bêbado, Kerouac foi sarcasticamente elogiado por Buckley, que mencionava o recém-publicado *Vanity of Duluoz* como talvez o melhor romance de Jack. Kerouac começou insultando os demais convidados, o poeta e músico Ed Sanders, que disse a Jack que *On the Road* previa e acendia a fagulha do movimento hippie e teve como resposta de Kerouac um "como dizia Buda, 'que a dor esteja sobre aqueles que cospem ao vento, pois o vento soprará o cuspe de volta'"; e o sociólogo Lewis Yablonsky, a quem Kerouac se referiu como "Goldstein", "erro" que Kerouac procuraria depois corrigir sem muito entusiasmo e que Yablonsky tomaria como afronta: "Não comece com antissemitismo comigo, Kerouac!", gritou. Jack apresentou uma breve fagulha de vivacidade quando, aparentemente do nada, se levantou e cantou um verso de Slim Gaillard, "Flat-foot Floggie with the floy floy!", caindo desajeitadamente de volta em sua cadeira.

No final do ano um amigo de Lowell, Joe Chaput, levou Jack, Stella e Mémère de Lowell a St. Petersburg, Flórida, onde o clima seria mais favorável às condições de Mémère. Os invernos brutais de Lowell eram duros demais com ela agora, e Jack, embora odiasse pensar na vida na costa oeste da Flórida, faria a ela essa concessão, como sempre.

Jack sempre usara o telefone para retomar subitamente o contato com velhos amigos e amantes, e assim o fato é que na época as ligações vindas da Flórida aumentaram.

John Clellon Holmes:

Ele costumava me telefonar da Flórida, mas nunca fui para lá.

Ele estava patética, tragicamente sozinho ali, e o resultado disso é que se meteu em um bocado de confusão. O que a gente podia fazer? O que a gente podia fazer?

Jack costumava me ligar e dizer: "Porra, entre no avião e venha para cá!". Eu não podia. Tinha minha própria vida. Mas devia ter escutado o tom de desespero em sua voz.

Ele ligou para umas cinco pessoas. Ele ligou para Carolyn — ligou para Allen — caso tenha encontrado Allen — ligou para Lucien, ligou para mim. Quando se sentia sozinho, ele falava sem parar. Ele conseguia falar no telefone literalmente por duas horas.

Não sei quanto custava, mas ele não desligava. Eu dizia: "Legal, Jack, olha só — eu escrevo para você amanhã", mas não, ele queria falar, falar. Ele estava sozinho. Posso até imaginar a sala, porque havia conhecido as salas em Long Island, pelo menos. Sua mãe já recolhida à cama, a televisão sem volume, apenas imagem, e lá estava ele. O que fazer? Bêbado. A bebida faz com que você sinta uma energia que na verdade não tem, e ele se sentia desligado de tudo. Havia pessoas que ele valorizava e queria ver — velhos amigos, sempre —, pois tinha um bocado de novos amigos. Aonde quer que ele fosse, fazia novas amizades, mas nunca telefonava para elas.

ALLEN GINSBERG:

Longas, estranhas, belíssimas conversas. Conversas de insulto, joguinhos de xingamento com "e sua mãe também". Fazendo todo tipo de comentário escroto antissemita, até que percebi que ele fazia aquilo para me encher o saco e ver como eu reagia e se me livraria de seus ataques para revidá-los. Então, quando eu finalmente disse: "Ah, vá se foder, Kerouac! Vai chupar aquela boceta da sua mãe toda cheia de bosta", ele começou a dar risada. Sabe, ele só estava brincando comigo para ver se eu tinha um ego para ser insultado. Ele finalmente me encheu e eu de repente pensei: "Por que estou aqui ouvindo tanta merda?". E percebi quanto era engraçado, na verdade eu estava levando aquilo tudo a sério e tentando lidar com aquilo racionalmente, em vez de começar com o joguinho do "e sua mãe também". Santa ironia...

G. J. APOSTOLOS:

Você não pode voltar atrás. Thomas Wolfe disse isso. Você não pode voltar. Não para nós, não para Mary Carney, nem mesmo para a paisagem. Mas havia aquele telefonema no meio da noite. Sempre estava frio e nevando. Nós falhamos com ele, seus velhos amigos, mas o que mais poderíamos fazer?

Jack escreveu muito pouco durante aquele último ano na Flórida. Ele estava ficando sem dinheiro e, para quitar a compra da casa de St. Petersburg, Jack concordou em pedir um adiantamento de um editor por um livro em que ele nem sequer havia planejado, algo que nunca havia feito antes. Allen convenceu-o de que a ideia era ruim e o ajudou a vender parte de sua correspondência para a Universidade Columbia e a Universidade do Texas, em Austin, para obter o dinheiro necessário. Muito embora *On the Road* ainda vendesse bem, não era o suficiente para sustentar Mémère, pagar a hipoteca e manter o vício. Stella teve de aceitar um trabalho de costureira depois de Robert Giroux ter rejeitado a proposta de Jack de que a Farrar, Straus and Giroux publicasse *Vanity of Duluoz* em formato econômico. Em vez disso, Giroux enviou-lhe um exemplar do último romance de Ken Kesey, como se dissesse — assim Jack o interpretou — que Kesey era o novo rei do pedaço, e Jack, a velha guarda.

Ele teve duas ideias para o que deveria ser seu livro seguinte, falando muitas vezes a seus novos amigos da Flórida sobre seu desejo de escrever um romance cobrindo os dez anos de sua vida desde a publicação de *On the Road*, e a Stella sobre o livro que deveria estar entre *Visions of Gerard* e *Doctor Sax*, uma história que teria lugar principalmente na gráfica de Leo. Poucas noites antes de sua morte, ele decidiu chamá-la *Spotlight Print*.

Por precisar do dinheiro, Jack trouxe mais uma vez à vida *Pic*, sua crônica imaginária de um menino negro no Sul, enrolou o suficiente para transformá-la em uma novela e vendeu-a à Grove Press. Quando Stella e Mémère criticaram seu desfecho original, em que o menino negro que narra a história pega uma carona com Dean Moriarty e Sal Paradise, Jack levou sua máquina de escrever à cama de Gabrielle, e ela o ajudou a escrever a cena final, em que um padre salva o garoto de uma vida perdida na estrada.

Os últimos dividendos que Jack ganharia de sua pena viriam de um artigo intitulado "After Me, the Deluge", um texto prolixo e terrível — sério, lógico — de ataque à contracultura, então entrincheirada, afirmando publicamente sua fidelidade às ideias de William F. Buckley Jr.

Jack raramente saía de casa. Ele já não tinha ninguém senão Stella e Mémère para conversar, e sentava-se com as persianas abaixadas contra o sol da Flórida, assistindo tevê sem volume e escutando o *Messias* de Handel na vitrola tão alto quanto pudesse. Ele tinha 47 anos.

STELLA SAMPAS KEROUAC:

Se não fosse por Mémère querer ficar na Flórida, Jack teria permanecido em Lowell. Ele quis voltar já perto de morrer. Jack falou com Mémère, que disse que não iria. Ademais, o inverno estava chegando e seria difícil demais para ela, então Jack disse que estava tudo bem, que ele esperaria e eles voltariam na primavera. "Quem disse que você não pode voltar para casa de novo?" E poucas semanas depois ele morreria.

Tínhamos ficado acordados a noite toda antes do dia em que ele morreu. Nós estávamos assistindo TV, *The Galloping Gourmet*, mais ou menos às dez e meia da manhã. Eu havia acabado de ajudar Mémère e estava indo buscar algo para Jack comer, mas ele não deixou e me fez sentar e foi à cozinha e pegou uma lata de atum. Ele comeu a lata toda. Então foi ao banheiro. Escutei um barulho e fui ver o que era.

Jack estava lá, a privada cheia de sangue. "Estou com hemorragia", ele dizia. "Estou com hemorragia."

Jack não quis ir ao hospital. Quis que o médico viesse, mas chamei a ambulância. Jack insistiu, dizia que não queria ir, mas fomos.

G. J. Apostolos:

Eu não conhecia quase ninguém no enterro.

Scotty Beaulieu:

O velório de Jack foi uma bagunça, cheio de hippies e com uma multidão de gente rindo e conversando. Estava tão cheio e barulhento que você não conseguia sequer chegar perto do caixão e ter um pouco de paz para sua última homenagem. G. J. e eu pensamos que talvez fôssemos chamados para levar o caixão, mas decidimos não falar nada sobre isso a não ser que nos perguntassem, e não perguntaram. Ficamos um pouco por lá, mas não fomos ao enterro por causa daquela multidão.

Gregory Corso:

Quando fui ao enterro, Stella disse: "Gregory, saiba que ele queria ver você. Por que não foi vê-lo enquanto ele estava vivo?". Eu respondi: "Bom, eu não sei quando as pessoas vão morrer. Não sei quando elas se vão".

Quando vi Jack na sala do velório, quando todos estavam prestando sua última homenagem, tive a ideia de pegar seu corpo e atirá-lo ao chão. Teria sido um lance zen que ele teria curtido. Porque ele não estava mais lá, era apenas o corpo. Então: *bum!* Não sei o que eles teriam feito comigo, talvez me prendido num manicômio, porque você não faz coisas desse tipo. *Não* faz.

Fico aliviado de não ter feito. Não sou tão impulsivo, mas foi um pensamento que passou pela minha cabeça, arrebentar com tudo.

"Arrebente com tudo, Gregory. Arrebente com essa merda hipócrita de enterros e tudo aquilo. Pessoas chorando por alguém que não está lá."

Foi o último momento que tive com meu amigo, mas foi quando ele estava morto.

Allen escreveu a Carolyn: "O enterro de Jack foi muito solene. Fui com Peter & Gregory & John Holmes no carro de Holmes, vi Jack no caixão na funerária Archambault em Pawtucketville St. Lowell... o caixão levado para uma grande missa no cemitério Saint Jean-Baptiste — Jack no caixão estava com a cabeça grande, os lábios sérios, um pequeno ponto de calvície no topo da cabeça, mas o cabelo ainda negro & macio, a pele gelada maquiada fria ao toque dos dedos em seu rosto, os dedos encarquilhados, as mãos peludas saídas da jaqueta esportiva segurando um terço, flores em massa ao redor do caixão & os vincos, as rugas familiares em sua fronte, olhos fechados, o semblante de meia-idade pesado como se tornara o de seu pai em décadas anteriores de sonho — foi um choque vê-lo ali no velório teatralmente iluminado como se um Buda em postura *parinirvana* tivesse vindo aqui deixar sua mensagem de piscadela de ilusão & deixado o corpo para trás".

Epílogo

LUANNE HENDERSON:

Foi meio chocante saber que *On the Road* havia se tornado um guia para os jovens.

Um amigo meu, um jovem de uns 22 anos, eu acho, veio de Los Angeles com aquelas duas meninas, de 18 anos – no fim da adolescência. Uma mulher amiga do rapaz havia morado comigo. Ela havia falado a ele sobre *On the Road* e tal. Eu nunca sequer havia falado com ele sobre aquilo, mas ele falou com as garotas, e elas tinham de falar comigo então ele as levou lá em casa.

Elas estavam a caminho de Denver para recriar a viagem de volta a Nova York, e eu estava pasma. Como assim? Para mim aquilo era uma loucura. Sabe, lá estavam aquelas duas mulheres bem criadas de famílias de classe média, dinheiro no bolso e lindas roupas, e elas estavam a caminho de Denver e passariam por tudo aquilo. Não ligo para o que elas fizeram, mas não conseguia imaginar jovens tentando recriar algo a partir de um livro como aquele. Era realmente um choque para mim imaginar o impacto que os livros de Jack teriam nas gerações mais novas.

Claro, amei o livro, mas por ter vivido aquilo e por ter estado junto a Jack e Allen e todos os outros acho que não penso naquilo como material para um livro. Era certo que John [Clellon Holmes] terminaria seu livro, pois eles eram todos dedicados e disciplinados. Eles não eram relapsos, sabe, correndo por aí sem realizar nada. Só nunca pensei que Jack ou Allen ficariam famosos. Nós todos só estávamos fazendo nossas coisas, e aquilo era uma extensão disso.

Malcolm Cowley:

Acho que muito do lugar de Jack será garantido por *On the Road*, e haverá uma pequena passagem da história da literatura norte-americana sobre sua revelação de que havia uma nova geração subterrânea com novos preceitos. Ele foi um precursor, lógico, da revolução dos anos 1960. Estranhamente, a revolução dos anos 1960 recuou, mas *On the Road* continua sendo lido.

John Clellon Holmes:

A tragédia – acho que não deveria sequer chamá-la dessa forma – mas a ironia é que ele lutou muito para projetar, colocar no papel e projetar no mundo a visão, sua visão em particular. Outros terão de julgar quão includente, quão ampla foi essa visão. Ele realmente trabalhou com seu gênio e de maneira altruísta para consegui-lo, e então quando aquilo retornou a ele, quando foi aceito, segundo acreditava, pelas razões erradas, ele não sabia como lidar com aquilo.

Não estou certo de que se você lida com a fama, você a merece. Ele a mereceu, em minha opinião, por ser um grande escritor, mas não havia nada em sua personalidade que pudesse lidar com ela, que pudesse ser judicioso com ela, que pudesse dizer, "Bom, entendo que eles não falam comigo, mas com a ideia de mim." Isso foi o que fez ser bom.

Jack tinha terríveis aspectos de – detesto chamá-los de ignorância, mas é o que eram. Mas foi o que o fizeram ser bom.

Se ele soubesse como o mundo funcionava ele nunca teria se magoado com ele.

Lucien Carr:

Jack não esteve morto para mim por um instante sequer. Quero dizer, não apenas enquanto *homem*, mas enquanto alguém que rabiscou, rabiscou, rabiscou, um escrevinhador, um escritor. Jack é muito importante para mim, e está tão vivo hoje como sempre esteve. Infelizmente, ele não pode chegar aqui e vir se ferrar com a gente um pouco.

Cara, você não vê uma planta como aquela crescendo na sua frente sem *amá-la*. O que Jack foi, Jack foi – era como se você fosse feliz de ser um homem, de estar vivo!

Poderia ter havido algum caminho de pureza em que Jack tivesse vivido? Não, ele viveu as coisas tal como elas se apresentaram a ele. Como ele poderia ter saído daquela casa, a casa de sua mãe e de seu pai, de Leo e Mémêre, quando o único sentimento real daquelas pessoas era por dinheiro, fama, e glória, e para *nada*, para *nada* que *significava* qualquer coisa?

Jack era muito corrompido pelo mundo. Um sujeito em fuga, era isso que ele era. O pobre homem! Não havia jeito, *porra de jeito nenhum*, de se juntar a Kerouac, jeito nenhum de amar Kerouac. Ele tinha de descer de uma colina que *nunca foi inventada* para ele.

Ele subiu uma colina de livros e fama, e então teve de descer a colina – *descer a colina*... ora. Por quê? Porque a mídia o colocou em um ponto em que ele não queria estar. Ele realmente queria ser aquele fóssil que era o pai dele, ele era quem Jack queria ser. E ele quis sentar-se no topo da colina e dizer *esse* sou eu, e "Eu conheço esse milionário" e "Esse é meu camarada."

Mais do que tudo, ele quis *ser* como Neal.

Disse a Kerouac, da primeira a última vez em que nos vimos, eu lhe disse: "Você tem um barril cheio de maçãs e algumas estão podres, seu filho-da-puta. Você vai arruinar sua alma." E – *meu Deus!* – foi isso que ele fez.

O que um homem pode fazer por outro? O *que* um homem pode fazer por seu irmão? *O que um homem faz por amor*? Nada. *Nada*.

É uma merda quando você tem aquela mãe e aquele pai em casa, tentando te enfiar em um time de futebol ou tentando te enfiar aqui e ali – ou morrendo de câncer. Digo-lhes, senhores, que devia ter feito mais por Jack do que ter ido para a cadeia. Quero dizer, porque perdi meu tempo na cadeia. Podia ter feito melhor. Devia ter tirado o *rabo daquele infeliz* da reta.

Teria adorado ir a Ozone Park e dizer a sua mãe e seu pai, "Ah, aqui estou eu, é tão bom estar aqui – ah, Mémêre, ah, Leo, oh, sim, claro, Leo – tudo muito bom, trouxe aqui para você esse presente, é algo para *libertar Jack*!"

Chave para a lenda de Duluoz

Dan Wakefield escreveu certa vez que os nomes que Jack escolheu para suas personagens nos livros eram como "chapéus engraçados". Na maioria dos casos eram muito levemente disfarçados e portanto facilmente reconhecíveis aos íntimos das situações descritas, como destacavam uma ou duas características — aos olhos de Jack — interessantes do caráter da personagem.

Ao longo da carreira de Jack os editores temeram que as contrapartidas da vida real de suas personagens ficcionais iniciassem processos judiciais em função do que a ficção trouxesse. (Ninguém o fez.) Em alguns casos — por exemplo, os filhos de Cassady e certo número de poetas e músicos de Nova York e San Francisco — os nomes representam pessoas reais que foram convocadas às obras como figurantes, mais ou menos como um diretor de cinema que chamasse amigos para papéis sem fala em festas de gala. (Não obstante os amigos não serem necessariamente consultados sobre a figuração.) Em outros casos, especialmente os das personagens que aparecem muitas vezes em uma infinidade de pseudônimos, as pessoas reais eram tão importantes para Jack à medida que começava a transformar sua vida em ficção que ele não podia excluí-las. Nesse último caso, os amigos e amantes utilizados são, grosso modo, como uma companhia de atores. As sombras ficcionais falam e agem, mas segundo a direção de Jack e seus propósitos artísticos. Entendido isso, a advertência padrão que precedeu cada um de seus romances está mais do que correta. Pela mesma razão, a chave que se segue não almeja ser uma identificação absoluta daqueles nomeados abaixo com as personagens e ações das figuras de Kerouac que partilham de algumas de suas mais particulares características. Ademais, não é possível dizer que as pessoas em que Jack baseou suas caracterizações se comportassem da maneira que ele atribuiu a suas contrapartidas ficcionais.

Abreviações dos títulos

The Town and the City (TC); *On the Road* (OR); *Satori in Paris* (SP); *Maggie Cassidy* (MC); *Tristessa* (T); *Visions of Gerard* (VG); *Desolate Angels* (DA); *Visions of Cody* (VC); *Vanity of Duluoz* (VD); *Big Sur* (BS); *The Subterraneans* (SUB); *The Dharma Bums* (DB); *Book of Dreams* (BD); *Lonesome Traveler* (LT); *Doctor Sax* (DS).

Nota: Referências cruzadas alfabéticas dos nomes reais e ficcionais. Nomes reais aparecem em versaletes, nomes ficcionais em maiúsculas e minúsculas.

Julian Alexander (SUB) = ANTON ROSENBERG
Ange (VD) (DS) = GABRIELLE L'EVESQUE KEROUAC
Annie (SUB) = LUANNE HENDERSON

ALAN ANSEN [Poeta amigo de Jack em Nova York]. Austin Bromberg (SUB), Rollo Greb (OR), Irwin Swenson (BD) (VC)

GEORGE APOSTOLOS [Amigo de infância de Jack] = G. J. Rigopoulos (MC) (DS), G. J. Rigolopoulos (VD), Danny "D. J." Mulverhill (TC)

Alex Aums (DA) = ALAN WATTS

GEORGE AVAKIAN [Musicólogo e produtor musical, amigo de Jack na Horace Mann] = Chuck Derounian (VD)

George Baso (BS) = ALBERT SAIJO

HENRY BEAULIEU [Amigo de infância de Jack] = Scotcho Rouleau (TC), Paul "Scotty" Boldieu (DS), Scotcho Boldieu (VD)

Dick Beck (BD) = BILL KECK

Roger Beloit (SUB) = ALAN EAGER

Charlie Bergerac (DS) = LEONA "LEO" BERTRAND

Lucky Bergerac (DS) = HAPPY BERTRAND

Vinnie Bergerac (MC) (DS) = FRED BERTRAND

Ernest Berlot (TC) = FRED BERTRAND

Charles Bernard (SUB) = ED STRINGHAM

FRED BERTRAND [Amigo de infância de Jack] = Vinnie Bergerac (MC) (DS), Ernest Berlot (TC)

HAPPY BERTRAND [Pai de Fred Bertrand] = Lucky Bergerac (DS)

LEONA "LEO" BERTRAND [Mãe de Fred Bertrand] = Charlie Bergerac (DS)

Jimmy Bisonette (MC) = CHARLIE MORRISETTE

Phil Blackman (VC) = PHIL WHITE

Blacky Blake (DA) = BERNIE BYERS

CAROLINE KEROUAC BLAKE [Irmã de Jack] = Catherine "Nin" Duluoz (DS, Nin (DB) (MC)

PAUL BLAKE [Marido de Caroline Kerouac] = Big Luke (DB)

PAUL BLAKE JR. [Filho de Paul e Caroline Blake] = Little Luke (DB)
Ron Blake (BS) = PAUL SMITH
Deni Bleu (LT) (VD) (DA) (VC) = HENRI CRU
Paul "Scotty" Boldieu (DS) = HENRY BEAULIEU
Scotcho Boldieu (VD) = HENRY BEAULIEU
Remi Boncoeur (OR) = HENRI CRU
IRIS BRODIE [Amiga de Jack em Nova York] = Roxanne (SUB)
Austin Bromberg (SUB) = ALAN ANSEN
Peter Browning (BS) = ROBERT LAVIGNE
Rosie Buchanan (DB) = NATALIE JACKSON
Ed Buckle (BD) = AL HINKLE
Helen Buckle (VC) = HELEN HINKLE
Slim Buckle (VC) = AL HINKLE
WILLIAM F. BUCKLEY JR. [Colega de escola de Jack na Horace Mann] = William F. Buckley Jr. (VD)
William F. Buckley Jr. (VD) = WILLIAM F. BUCKLEY JR.
Biff Buferd (VC) = BOB BURFORD
BEVERLY BURFORD [Irmã de Bob Burford. Conviveu com Jack em San Francisco e Denver] = Babe Rawlins (OR)
BOB BURFORD [Amigo de Jack em Denver, antigo editor da revista *New Story*] = RayRawlins (OR), Biff Buferd (VC)
DAVID BURNETT [Filho de Whit Burnett, amigo de Jack em Nova York] = Walt Fitzpatrick (SUB)
WHIT BURNETT [Poeta e editor, com Martha Folley, da revista *Story*] = Bennet Fitzpatrick (SUB)
JOAN VOLLMER ADAMS BURROUGHS [Esposa de William S. Burroughs] = Jane (SUB) (OR), Mary Dennison (TC), June (VD)
JULIE BURROUGHS [Filha de Joan Burroughs] = Dodie (OR)

WILLIAM BURROUGHS JR. [Filho de Joan e William S. Burroughs] = Ray (OR)

WILLIAM S. BURROUGHS [Romancista, autor de *The Naked Lunch*, *The Soft Machine*, *Nova Express* e outros] = Will Dennison (TC), Wilson Holmes "Will" Hubbard (VD), Old Bull Lee (OR), Frank Carmody (SUB), Bull Hubbard (DA) (BD)

BERNIE BYERS [Guarda-chefe da Marblemount Forestry Station, estado de Washington, quando Jack trabalhou como observador no monte Hozomeen] = Blacky Blake (DA)

Reinhold Cacoethes (DB) = KENNETH REXROTH

Camile (OR) = CAROLYN CASSADY

BILL CANNASTRA [Advogado amigo de Jack, decapitado no metrô de Nova York] = Finistra (VC)

Frank Carmody (OR) = WILLIAM S. BURROUGHS

MARY CARNEY [Amiga de colegial de Jack] = Maggie Cassidy (MC) (VD), Mary Gilhooley (TC)

CESSA CARR [Esposa de Lucien Carr] = Nessa (VC)

LUCIEN CARR [Amigo de Burroughs em St. Louis e de Burroughs, Kerouac e Ginsberg na Columbia e mais tarde em Nova York] = Kenny Wood (TC), Julien Love (BD) (VC), Sam Vedder (SUB), Damion (OR), Claude de Maubris (VD)

CAROLYN CASSADY [Casada com Neal Cassady por vinte anos, graduada no Bennington College, autora de *A Heart Beat: My Life with Jack & Neal*] = Camille (OR), Evelyn (VC)

CATHY CASSADY [Filha de Neal e Carolyn Cassady] = Emily Pomeray (VC), Amy Moriarty (OR)

JAMIE CASSADY [Filha de Neal e Carolyn Cassady] = Gaby Pomeray (VC), Joanie Moriarty (OR)

JOHN ALLEN CASSADY [Filho de Neal e Carolyn Cassady, batizado a partir de Jack e Allen] = Timmy Pomeray (VC), Timmy John Pomeray (BS)

NEAL CASSADY [Modelo para o protagonista do mais importante romance de Kerouac, *On the Road*, trabalhador de ferrovia, "Adônis de Denver", autor de *The First Third*, ficção autobiográfica] = Dean Moriarty (OR), Cody Pomeray (VC)

(DB) (DA) (BS) (BD), Leroy (SUB)

Maggie Cassidy (MC) (VD) = MARY CARNEY

Cecily (VD) = CELINE YOUNG

BILLY CHANDLER [Amigo de infância de Jack morto na Segunda Guerra Mundial] = Dicky Hampshire (TC) (DS) (VD)

Jay Chapman (VC) = JAY LANDESMAN

Charlie (VC) = CHARLIE MEW

HAL CHASE [Amigo de Jack na Columbia e em Denver] = Chad King (OR), Val Hayes (VC), Val King (VC)

DUKE CHIUNGAS [Companheiro de time de Jack no colegial] = Bruno Gringas (DS), Telemachus Gringas (VD), Duke Gringas (VC)

Timmy Clancy (VD) = JIM O'DAY

MARGARET COFFEY [Amiga de colegial de Jack] = Pauline "Moe" Cole (MC)(VD)

Pauline "Moe" Cole (MC) (VD) = MARGARET COFFEY

Ricci Comucca (SUB) = RICHIE KOMUCA

Paddy Cordovan (SUB) = PETER VAN METER

GREGORY CORSO [Poeta, autor de *Gasoline*, *Long Live Man*, *Elegiac Feelings American* e outros] = Yuri Gligoric (SUB), Raphael Urso (VA) (BD)

Warren Coughlin (DB) = PHILIP WHALEN

ELISE COWEN [Amiga de Joyce Glassman, namorada de Allen Ginsberg em Nova York em meados dos anos 1950] = Barbara Lipp (DA)

HENRI CRU [Amigo de Jack na Horace Mann School e mais tarde na Columbia e em Nova York] = Remi Boncoeur (OR), Deni Bleu (LT) (VD) (VA) (VC)

Elliot Dabney (BS) = ERIC GIBSON

Willamine "Billie" Dabney (BS) = JACKIE GIBSON MERCER

CLAUDE DAHLENBURG [Amigo de Jack em San Francisco] = Paul (DA), Bud Diefendorf (DB)

Damion (OR) = LUCIEN CARR

Al Damlette (T) = AL SUBLETTE

Mal Damlette (BS) = AL SUBLETTE

David D'Angeli (DA) = PHILIP LAMANTIA

Francis Da Pavia (DB) = PHILIP LAMANTIA

Lafcadio Darlovsky (DA) = LAFCADIO ORLOVSKY

Simon Darlovsky (DA) (BD) = PETER ORLOVSKY

Dave ("Dave" da revista literária *Kulchur*) = DAVID TERCERO

GUI DE ANGULO [fotógrafa e artista, filha do antropólogo Jaime de Angulo] = Gia Valencia (DA)

Claude de Maubris (VD) = LUCIEN CARR

Mary Dennison (TC) =JOAN VOLLMER ADAMS BURROUGHS

Will Dennison (TC) = WILLIAM S. BURROUGHS

Chuck Derounian (VD) = GEORGE AVAKIAN

DAVID DIAMOND [Compositor, amigo de Jack em Nova York] = Sylvester Strauss (SUB)

Diane (VC) = DIANA HANSEN

Richard di Chili (DA) = PETER DU PERU

Bud Diefendorf (DB) = CLAUDE DAHLENBURG

Dodie (OR) =JULIE BURROUGHS
Denver D. Doll (OR) =JUSTIN BRIERLY
Geoffrey Donald (DA) = ROBERT DUNCAN
BOB DONLIN [Amigo de Jack em San Francisco] = Rob Donnelly (DA)
Rob Donnelly (DA) = BOB DONLIN
Catherine "Nin" Duluoz (DS) = CAROLINE KEROUAC BLAKE
Emil "Pop" Duluoz (VG) (VD) (MC) (DS) = LEO ALCIDE KEROUAC
Gerard Duluoz (VG) (DS) = GERARD KEROUAC
ROBERT DUNCAN [Poeta, autor de *Roots and Branches*, *Bending the Bow* e outros] = Geoffrey Donald (DA)
Ed Dunkel (OR) = AL HINKLE
Galatea Dunkel (OR) = HELEN HINKLE
PETER DU PERU [Conhecido de Jack em San Francisco] = Richard di Chili (DA)
Dusty (VC) = DUSTY MORELAND
ALAN EAGER [Músico, conhecido sax tenor de *bop*] = Roger Beloit (SUB)
Kyles Elgins (VD) = KELLS ELVINS
HELEN ELLIOT [Colega de quarto de Helen Weaver] = Ruth Erickson (DA)
Elly (VC) = EDIE PARKER
KELLS ELVINS [Amigo de William Burroughs em St. Louis e mais tarde em Harvard] = Kyles Elgins (VD)
Ruth Erickson (DA) = HELEN ELLIOT
Evelyn (VC) = CAROLYN CASSADY
Ben Fagan (BS) = PHILIP WHALEN
Alex Fairbrother (DA) = JOHN MONTGOMERY

LAWRENCE FERLINGHETTI [Poeta e editor, autor de *A Coney Island of the Mind*, *Pictures of the Gone World* e outros] = Larry O'Hara [assimilado a Jerry Newman] (SUB), Lorenzo Monsanto (BS), Danny Richman (BD) (VC)

Finistra (VC) = BILL CANNASTRA

Bennet Fitzpatrick (SUB) = WHIT BURNETT

Walt Fitzpatrick (SUB) = DAVID BURNETT

Mardou Fox (SUB) = "IRENE MAY"

BEA FRANCO [Namorada de Jack na Califórnia, "The Mexican Girl"] = Terry (OR)

WILLIAM GADDIS [Romancista, autor de *The Recognitions* e *J. R.*] = Harold Sand (SUB)

Old Bull Gaines (DA) (T) = BILL GARVER

Harry Garden (DA) = LOUIS GINSBERG

Irwin Garden (VD) (DA) (BS) (BD) (VC) = ALLEN GINSBERG

BILL GARVER [Amigo de Burroughs em Nova York e na Cidade do México] = Old Bull Gaines (DA) (T), Harper (VC)

George (DB) = PETER ORLOVSKY

ERIC GIBSON [Filho de Jackie Mercer] = Elliot Dabney (BS)

EDDIE GILBERT [Amigo de Jack na Horace Mann School; mais tarde desviaria uma alta quantia de dinheiro e fugiria para o Brasil] = Jimmy Winchel (VD)

Mary Gilhooley (TC) = MARY CARNEY

ALLEN GINSBERG [Poeta, autor de "Howl", "Kaddish" e outros poemas] = Leon Levinsky (TC), Irwin Garden (VD) (DA) (BS) (BD) (VC), Carlo Marx (OR), Adam Moorad (SUB), Alvah Goldbook (DB)

LOUIS GINSBERG [Pai de Allen Ginsberg] = Harry Garden (DA)

JOYCE GLASSMAN [Namorada de Jack em Nova York na época da publicação de *On the Road*] = Alyce Newman (DA)

Yuri Gligoric (SUB) = GREGORY CORSO

Alvah Goldbook (DB) = ALLEN GINSBERG

STANLEY GOULD [Amigo de Jack em Nova York] = Ross Wallenstein (SUB), Shelley Lisle (BD)

Ed Gray (VC) = ED WHITE

Rollo Greb (OR) = ALAN ANSEN

Guy Green (BD) = ED WHITE

Tim Grey (OR) = ED WHITE

Bruno Gringas (DS) = DUKE CHIUNGAS

Duke Gringas (VC) = DUKE CHIUNGAS

Telemachus Gringas (VD) = DUKE CHIUNGAS

Dickey Hampshire (TC) (DS) (VD) = BILLY CHANDLER

DIANA HANSEN [Esposa de Neal em Nova York] = Inez (OR), Diane (VC)

Harper (VC) = BILL GARVER

ALAN HARRINGTON [Romancista e ensaísta, autor de *The Immortalist* e outros] = Hal Hingham (OR)

Elmo Hassel (OR) = HERBERT HUNCKE

JOAN HAVERTY [Segunda esposa de Jack; Kerouac escreveu *On the Road* enquanto vivia com ela em Nova York] = Laura (OR)

Val Haves (VC) = HAL CHASE

Ruth Heaper (DA) = HELEN WEAVER

LUANNE HENDERSON [Primeira esposa de Neal e companheira de estrada de Neal e Jack] = Mary Lou (OR), Joanna Dawson (VC), Annie (SUB)

AL HINKLE [Amigo de Neal em Denver e San Francisco, acompanhou Jack, Neal e Luanne em uma viagem cruzando o país] = Ed Dunkel (OR), Slim Buckle (VC), Ed Buckle (BD)

HELEN HINKLE [Esposa de Al Hinkle, também viajou com Jack, Neal e Luanne e passou um mês com William e Joan Burroughs em Nova Orleans] = Galatea Dunkel (OR), Helen Bucke (VC)

Hal Hingham (OR) = ALAN HARRINGTON

MASON HOFFENBERG [Amigo de Jack em Nova York, coautor do romance *Candy*] = Jack Steen (SUB)

JIM HOLMES [Antigo amigo de Neal Cassady em Denver] = Tom Snark (OR), Tom Watson (VC)

JOHN CLELLON HOLMES [Romancista, autor de *Go*, *The Horn* e *Get Home Free*] = Tom Saybrook (OR), Balliol MacJones (SUB), James Watson (BD), Tom Wilson (VC)

Bull Hubbard (DA) (BD) = WILLIAM S. BURROUGHS

Wilson Holmes "Will" Hubbard (VD) = WILLIAM S. BURROUGHS

Huck (BD) (VC) = HERBERT HUNCKE

HERBERT HUNCKE [Antigo amigo de Kerouac, Burroughs e Ginsberg *et al.* em Nova York, autor de *Huncke's Journal*] = Junky (TC), Elmo Hassel (OR), Huck (BD) (VC)

Inez (OR) = DIANA HANSEN

Jack (BD) = JACK KEROUAC

Jack (TC) = PHIL WHITE

NATALIE JACKSON [Namorada de Neal em San Francisco, cometeu suicídio em 1956, registrado em *The Dharma Bums*] = Rosie Buchanan (DB), Rosemarie (BD)

SANDY JACOBS [Amiga de Jack em San Francisco] = Joey Rosenberg (BS)

Jane (SUB) (OR) = JOAN VOLLMER ADAMS BURROUGHS

RANDALL JARRELL [Poeta e crítico, autor de *Poetry and the Age*, era poeta residente na Biblioteca do Congresso em Washington quando recebeu Kerouac e Corso como convidados] = Varnum Random (DA)

Jeanne (TC) = CELINE YOUNG

FRANK JEFFRIES [Amigo de Jack em Denver, viajou com ele e Neal de Denver à Cidade do México, viagem registrada em *On the Road*] = Stan Shepard (OR), Dave Sherman (VC)

Joanna (VC) = LUANNE HENDERSON

Earl Johnson (VC) = BILL TOMSON

Helen Johnson (VC) = DOROTHY TOMSON

Roy Johnson (OR) = BILL TOMSON

June (VD) = JOAN VOLLMER ADAMS BURROUGHS

Junky (TC) = HERBERT HUNCKE

DAVID KAMMERER [Amigo de Burroughs e Carr em St. Louis e Nova York] = Waldo Meister (TC), Franz Mueller (VD), Dave Stroheim (VC)

LENORE KANDEL [Poetisa, autora de *The Love Book*, *Word Alchemy* e outros] = Ramona Swartz (BS)

Johnny Kazarakis (MC) (VD) = JOHNNY KOUMENTZALIS

BILL KECK [Amigo de Jack em Nova York] = Fritz Nicholas (SUB), Dick Beck

(BD)

GABRIELLE L'EVESQUE KEROUAC [Mãe de Jack] = Marguerite Courbet Martin (TC), "tia" de Sal (OR), Ange (VD) (DS)

GERARD KEROUAC [Irmão de Jack] = Gerard Duluoz (VG) (DS), Julian Martin (TC)

JACK KEROUAC = Peter Martin [e elementos de outros irmãos Martin] (TC), Jack Duluoz (SP) (MC) (T) (VG) (DA) (BS) (VC), Leo Percepied (SUB), Ray Smith (DB), Jack (BD), Sal Paradise (OR)

LEO ALCIDE KEROUAC [Pai de Jack] = George Martin (TC), Emil "Pop" Duluoz (VG) (VD) (MC) (DS)

Chad King (OR) = HAL CHASE

Val King (VC) = HAL CHASE

RICHIE KOMUCA [Músico, sax tenor, inicialmente músico de estúdio em Los Angeles] = Ricci Comucca (SUB)

JOHNNY KOUMENTZALIS [Corredor na Lowell High School no fim dos anos 1930] = Johnny Kazarakis (MC) (VD)

PHILIP LAMANTIA [Poeta surrealista, editor associado da revista *View*, de Parker Tyler] = Francis da Pavia (DB), David D'Angeli (DA)

JAY LANDESMAN [Editor da revista *Neurotica*] = Jay Chapman (VC)

Laura (OR) = JOAN HAVERTY

Albert "Lousy" Lauzon (MC) (DS) = ROLAND SALVAS

Arial Lavalina (SUB) = GORE VIDAL

ROBERT LAVIGNE [Artista amigo de Jack em San Francisco; foi ele quem apresentou Allen Ginsberg a Peter Orlovsky] = Levesque (DA), Robert Browning (BS)

Rose Wise Lazuli (DA) = RUTH WITT-DIAMANT

Old Bull Lee (OR) = WILLIAM S. BURROUGHS

Leroy (SUB) = NEAL CASSADY

Levesque (DA) = ROBERT LAVIGNE

Leon Levinsky (TC) = ALLEN GINSBERG

Lu Libble (MC) (VD) = LOU LITTLE

Barbara Lipp (DA) = ELISE COWEN

Shelley Lisle (BD) = STANLEY GOULD

LOU LITTLE [Técnico de futebol americano de Jack na Columbia] = Lu Libble (MC) (VD)

Julien Love (BD) (VC) = LUCIEN CARR

Bit Luke (DB) = PAUL BLAKE

Little Luke (DB) = PAUL BLAKE JR.

Balliol MacJones (SUB) = JOHN CLELLON HOLMES

MICHAEL MCCLURE [Poeta, romancista, ensaísta, dramaturgo, autor de *The Beard*, *September Blackberries* e outros] = Ike O'Shay (DB), Patrick McLear (DA) (BS)

LOCKE MCCORKLE [Amigo de Gary Snyder em Mill Valley, alugou uma cabana atrás de sua casa para Gary e Jack em 1956] = Sean Monahan (DB), Kevin McLoch (DA)

Jimmy McFee (MC) = JIM O'DAY

Patrick McLear (DA) (BS) = MICHAEL MCCLURE

Kevin McLoch (DA) = LOCKE MCCORKLE

Arthur Ma (BS) = VICTOR WONG

Roland Macy (BD) = ED STRINGHAM

NORMAN MAILER [Romancista e ensaísta, autor de *The Naked and the Dead* e outros. Foi casado com Adele Morales, antiga namorada de Jack] = Harvey Marker (DA)

Roland Major (OR) = ALLAN TEMKO

Justin Mannerly (VC) = JUSTIN BRIERLY

Harvey Marker (DA) = NORMAN MAILER

George Martin (TC) = LEO ALCIDE KEROUAC

Julian Martin (TC) = GERARD KEROUAC

Marguerite Courbet Martin (TC) = GABRIELLE L'EVESQUE KEROUAC

Peter Martin [e elementos de outros irmãos Martin] (TC) = JACK KEROUAC

Carlo Marx (OR) = ALLEN GINSBERG

Mary Lou (OR) = LUANNE HENDERSON

"IRENE MAY" [Modelo para a protagonista de *The Subterraneans*, namorada de Jack em Nova York em 1953] = Mardou Fox (SUB), Irene May (BD)

Waldo Meister (TC) = DAVID KAMMERER

MÉMÈRE [Mãe de Jack, GABRIELLE L'EVESQUE KEROUAC] = Marguerite Courbet Martin (TC), "tia" de Sal (OR), Ange (VD) (DS)

JACKIE GIBSON MERCER [Amante de Neal em San Francisco, depois namorada de Jack durante sua estadia em Big Sur] = Willamine "Billie" Dabney (BS)

JAMES MERRILL [Poeta e romancista, autor de *The (Diblos) Notebook*] = Merrill Randall (DA)

CHARLIE MEW [Amigo de Neal e Jack em San Francisco] = Charlie (VC)

Allen Minko (VC) = ALLAN TEMKO

Irving Minko (BD) = ALLAN TEMKO

Sean Monahan (BD) = LOCKE MCCORKLE

Lorenzo Monsanto (BS) = LAWRENCE FERLINGHETTI

JOHN MONTGOMERY [Poeta e escritor de panfletos, autor de *Kerouac West Coast*] = Henry Morley (DB), Alex Fairbrother (DA)

Adam Moorad (SUB) = ALLEN GINSBERG

BREW MOORE [Saxofonista de bop alocado principalmente na Costa Oeste] = Brue Moore (DA)

Brue Moore (DA) = BREW MOORE

DUSTY MORELAND [Amiga de Jack e Allen em Nova York. Allen muitas vezes se referia a ela como "ignu", pessoa de inteligência elevada] = Dusty (VC)

Amy Moriarty (OR) = CATHY CASSADY

Dean Moriarty (OR) = NEAL CASSADY

Joanie Moriarty (OR) = JAMIE CASSADY

Henry Morley (DB) = JOHN MONTGOMERY

CHARLIE MORRISETTE [Amigo de Jack na Lowell, o primeiro marido de Caroline Kerouac] = Jimmy Bisonette (MC)

Franz Mueller (VD) = DAVLD KAMMERER

Danny "D. J." Mulverhill (TC) = GEORGE APOSTOLOS

Nessa (VC) = CESSA CARR

Alyce Newman (DA) =JOYCE GLASSMAN

JERRY NEWMAN [Produtor musical amigo de Jack em Nova York] = Larry O'Hara [assimilado a Lawrence Ferlinghetti] (SUB)

Fritz Nicholas (SUB) = BILL KECK

Nin (DB) (MC) = CAROLINE KEROUAC BLAKE

OMAR NOËL/JEAN FOURCHETTE [Amigo de infância de Jack que divertia seus amigos masturbando-se na frente deles] = Ali Zaza (DS), Zouzou (TC), Zaza Vauriselle (MC)

JIM O'DAY [Amigo de infância de Jack; ambos pegaram carona juntos de Lowell para Boston para se unirem aos fuzileiros navais em 1942] = Timmy Clancy (VD), Jimmy McFee (MC)

Larry O'Hara [Assimilado a Jerry Newman] (SUB) = LAWRENCE FERLINGHETTI

Larry O'Hara [Assimilado a Lawrence Ferlinghetti] (SUB) = JERRY NEWMAN

Ike O'Shay (DB) = MICHAEL MCCLURE

LAFACADIO ORLOVSKY [Irmão de Peter] = Lafcadio Darlovsky (DA)

PETER ORLOVSKY [Poeta, companheiro de longa data de Allen Ginsberg, autor de *Clean Asshole Poems* e *Smiling Vegetable Songs*] = George (DB), Simon Darlovsky (DA) (BD)

Edna "Johnnie" Palmer (VD) = EDIE PARKER

Alex Panos (TC) = SAMMY SAMPAS

Sal Paradise (OR) = JACK KEROUAC

EDIE PARKER [Namorada de Jack na Columbia; eles se casaram quando Jack estava preso na cadeia do Bronx como cúmplice pós-crime em um caso de assassinato] = Judie Smith (TC), Edna "Johnnie" Palmer (VD), Elly (VC)

Paul (DA) = CLAUDE DAHLENBERG

Leo Percepied (SUB) = JACK KEROUAC

JAMIE PERPIGNAN [Amigo de Neal em San Francisco] = Perry Yturbide (BS)

Cody Pomeray (VC) (DB) (DA) (BS) (BD) = NEAL CASSADY

Emily Pomeray (VC) = CATHY CASSADY

Gaby Pomeray (VC) = JAMIE CASSADY

Timmy Pomeray (VC) = JOHN ALLEN CASSADY

Timmy John Pomeray (BS) = JOHN ALLEN CASSADY

Merrill Randall (DA) = JAMES MERRILL

Varnum Random (DA) = RANDALL JARRELL

Babe Rawlins (OR) = BEVERLY BURFORD

Ray Rawlins (OR) = BOB BURFORD

Ray (OR) = WILLIAM S. BURROUGHS JR.

KENNETH REXROTH [Poeta e ensaísta, autor de *Assays*, *Natural Numbers*, 100 *Poems from the Chinese*, 100 *Poems from the Japanese* e muitos outros livros] = Reinhold Cacoethes (DB)

Rhoda Ryder (DB) = THEA SNYDER

Danny Richman (BD) (VC) = LAWRENCE FERLINGHETTI

G. J. Rigolopoulos (VD) = GEORGE APOSTOLOS

G. J. Rigopoulos (MC) (DS) = GEORGE APOSTOLOS

Gerard Rose (BD) = ANTON ROSENBERG

Rosemarie (BD) = NATALIE JACKSON

ANTON ROSENBERG [Amigo de Jack em Nova York] = Julian Alexander (SUB), Gerard Rose (BD)

Joey Rosenberg (BS) = SANDY JACOBS

Scotcho Rouleau (TC) = HENRY BEAULIEU

Roxanne (SUB) = IRIS BRODIE

VICKI RUSSELL (codinome de Priscilla Arminger) [Amiga de Jack em Nova York] = Vicki (VC)

Japhy Ryder (DB) = GARY SNYDER

ALBERT SAIJO [Amigo de Jack em San Francisco; viajou de lá para Nova York com Jack e Lew Welch em 1959] = George Baso (BS)

Whitey St. Clair (MC) = RED ST. LOUIS

RED ST. LOUIS [Amigo de infância de Jack que lhe apresentou Mary Carney] = Whitey St. Clair (MC)

"Tia" de Sal (OR) = GABRIELLE L'EVESQUE KEROUAC

ROLAND SALVAS [Amigo de infância de Jack] = Albert "Lousy" Lauzon (MC) (DS)

CHARLES SAMPAS [Irmão de Sammy e Stella Sampas, colunista do *Lowell Sun*] = James G. Santos (MC)

SAMMY SAMPAS [Importante amigo de adolescência e influência de Jack, irmão de Stella Sampas, terceira esposa de Jack, foi morto em Anzio durante a Segunda Guerra Mundial] = Alex Panos (TC), Sabby Savakis (VD)

STELLA SAMPAS [Terceira e última esposa de Jack, irmã de Sammy Sampas] = Stavroula Savakis (VD)

Harold Sand (SUB) = WILLIAM GADDIS
James G. Santos (MC) = CHARLES SAMPAS
Sabby Savakis (VD) = SAMMY SAMPAS
Stavroula Savakis (VD) = STELLA SAMPAS
Tom Saybrook (OR) = JOHN CLELLON HOLMES
Stan Shepard (OR) = FRANK JEFFRIES
Dave Sherman (VC) = FRANK JEFFRIES
Lionel Smart (VD) (MC) (VC) = SEYMOUR WYSE
Judy Smith (TC) = EDIE PARKER
PAUL SMITH [Passou vários dias com Kerouac na cabana de Ferlinghetti em Big Sur, 1960] = Ron Blake (BS)
Ray Smith (DB) = JACK KEROUAC
Tom Snark (OR) = JIM HOLMES
GARY SNYDER [Modelo para o protagonista de *The Dharma Bums*, poeta e ensaísta, autor de *Myths & Texts*, *Earth House Hold*, *Turtle Island* e outros] = Japhy Ryder (DB), Jarry Wagner (DA), Gary Snyder (VD)
Gary Snyder (VD) = GARY SNYDER
THEA SNYDER [Irmã de Gary Snyder] = Rhoda Ryder (DB)
Jack Steen (SUB) = MASON HOFFENBERG
Sylvester Strauss (SUB) = DAVID DIAMOND
ED STRINGHAM [Amigo de Jack em Nova York, onde trabalhou para a revista *The New Yorker*] = Charles Bernard (SUB), Ronald Macy (BD)
Dave Stroheim (VC) = DAVID KAMMERER
AL SUBLETTE [Amigo de Jack em San Francisco] = Mal Damlette (BS), Al Damlette (T)
Ramona Swartz (BS) = LENORE KANDEL
Irwin Swenson (BD) (VC) = ALAN ANSEN

ALLEN TEMKO [Crítico de arquitetura e professor universitário, amigo de Jack em Nova York e Denver] = Roland Major (OR), Irving Minko (BD), Allen Minko (VC)

DAVID TERCERO [Traficante na Cidade do México] = Dave ("Dave", história da revista *Kulchur*)

Terry (OR) = BEA FRANCO

BILL TOMSON [Amigo de Neal em Denver e San Francisco que apresentou Neal a Carolyn] = Roy Johnson (OR), Earl Johnson (VC)

DOROTHY TOMSON [Esposa de Bill Tomson] = Helen Johnson (VC)

Tristessa (T) = ESPERANZA VILLANUEVA

DON UHL [Amigo de Neal no Colorado] = Ed Wall (OR), Ed Wehle (VC)

Raphael Urso (DA) (BD) = GREGORY CORSO

Gia Valencia (DA) = GUI DE ANGULO

PETER VAN METER [Amigo de Jack em Nova York] = Paddy Cordovan (SUB)

Zaza Vauriselle (MC) = OMAR NOËL/JEAN FOURCHETTE

Sam Vedder (SUB) = LUCIEN CARR

Vicki (VC) = VICKI RUSSELL

GORE VIDAL [Romancista, ensaísta e dramaturgo, autor de *Burr*, *The City and the Pillar*, *Myra Breckenridge* e outros] = Arial Lavalina (SUB)

ESPERANZA VILLANUEVA [Amiga de Burroughs e Kerouac na Cidade do México] = Tristessa (T)

Jarry Wagner (DA) = GARY SNYDER

Dave Wain (BS) = LEW WELCH

Ed Wall (OR) = DON UHL

Ross Wallenstein (SUB) = STANLEY GOULD

James Watson (BD) =JOHN CLELLON HOLMES

Tom Watson (VC) = JIM HOLMES

ALAN WATTS [Teólogo, autor de *The Way of Zen* e outros] = Arthur Whane (BS), Alex Aums (DA)

HELEN WEAVER [Namorada de Jack em Nova York] = Ruth Heaper (DA)

Ed Wehle (VC) = DON UHL

LEW WELCH [Poeta, autor de *Ring of Bone*, *How I Work As a Poet* e, em colaboração com Kerouac e Albert Saijo, *Trip Trap*] = Dave Wain (BS)

PHILIP WHALEN [Poeta e sacerdote zen, autor de *On Bear's Head*, *The Kindness of Strangers* e outros] = Warren Coughlin (DB), Ben Fagan (BS)

Arthur Whane (BS) = ALAN WATTS

ED WHITE [Amigo de Jack na Columbia e arquiteto; foi White que despertou o interesse de Jack pelo conceito de "esboço" (*sketching*)] = Tim Grey (OR), Guy Green (BD), Ed Gray (VC)

Dr. Williams (DA) = WILLIAM CARLOS WILLIAMS

WILLIAM CARLOS WILLIAMS [Poeta e romancista] = Dr. Williams (DA)

Jimmy Winchel (VD) = EDDIE GILBERT

RUTH WITT-DIAMANT [Antiga diretora do San Francisco Poetry Center] = Rose Wise Lazuli (DA)

VICTOR WONG [Filho de um político de Chinatown, em San Francisco. Acompanhou Jack numa viagem a Big Sur] = Arthur Ma (BS)

Kenny Wood (TC) = LUCIEN CARR

SEYMOUR WYSE [Colega de quarto de Jack na Horace Mann School; foi quem despertou o interesse de Jack por jazz] = Lionel Smart (VD) (MC) (VC)

CELINE YOUNG [Namorada de Lucien Carr na Columbia] = Jeanne (TC), Cecily (VD)

Perry Yturbide (BS) = JAMIE PERPIGNAN

Ali Zaza (DS) = OMAR NOËL/JEAN FOURCHETTE

Zouzou (TC) = NOËL/JEAN FOURCHETTE

Pós-escrito

Gabrielle Kerouac — Mémère — faleceu em 1972, ano em que seu filho Jack completaria cinquenta anos.

A bibliografia da lenda de Duluoz

Bibliografia dos livros de Jack Kerouac

Título e editora	Data de escrita	Data de publicação	Época e local
Visions of Gerard (Nova York: Farrar, Straus & Giroux)	Janeiro/1956	1963	1922-1926, Lowell, Massachusetts
Doctor Sax (Nova York: Grove Press)	Julho/1952	1959	1930-1936, Lowell, Massachusetts
Maggie Cassidy (Nova York: Avon)	1953	1959	1938-1939, Lowell, Massachusetts
The Town and the City (Nova York: Harcourt, Brace & World)	1946-1949	1950	1935-1946, Lowell/ Nova York
Vanity of Duluoz (Nova York: Coward, McCann)	1968	1968	1939-1946, Lowell/ Nova York
On the Road (Nova York: Viking)	1948-1956	1957	1946-1950, Nova York/Denver/San Francisco/Nova Orleans/México e através dos EUA

Visions of Cody (Nova York: New Directions; Nova York: McGraw-Hill	1951-1952	1960;1972	1946-1952, Nova York/San Francisco/ Denver e através dos EUA
The Subterraneans (Nova York: Grove)	Outubro/1953	1958	Verão de 1953, Nova York
Tristessa (Nova York: Avon)	1955-1956	1960	1955-1956, México
The Dharma Bums (Nova York, Viking)	Novembro/1957	1960	1955-1956, Costa Oeste e Carolina do Norte
Desolation Angels (Nova York: Coward-McCann	1956, 1961	1965	1956-1957, Costa Oeste, México, Tânger, Europa, Nova York
Big Sur (Nova York: Grove)	Outubro/1961	1962	1960, San Francisco/Big Sur
Satori in Paris (Nova York: Grove)	1965	1966	Junho de 1965, Paris & Bretanha
Mexico City Blues (Nova York: Grove)	Agosto/1955	1959	
The Scripture of the Golden Eternity (Nova York: Totem Press)	Maio/1956	1960	
Pull My Daisy (Nova York: Grove)	Março/1959	1961	
Book of Dreams (San Francisco: City Lights)	1952-1960	1960	
Lonesome Traveler (Nova York: McGraw-Hill)	Compilado em 1960	1960	

Pic (Nova York: Grove)	1951; 1969	1971	
Scattered Poems (San Francisco: City Lights)	1945-1968	1971	
Two Early Stories (Nova York: Aloe Editions)	1939-1940	1973	
Old Angel Midnight (Londres: Booklegger/ Albion)	1956	1973	
Trip Trap (Bolinas: Grey Fox)	1959	1973	
Heaven & Other Poems (Bolinas: Grey Fox)	1957-1962	1977	
San Francisco Blues	Abril/1954	Inédito	
Some of the Dharma	1954-1955	Inédito	
Pomes All Sizes	Compilado em 1960	Inédito	

Índice onomástico

Este livro, composto na fonte Fairfield LH,
foi impresso em Pólen Soft 70g na gráfica Imprensa da Fé.
São Paulo, Brasil, Setembro de 2013